公路工程试验检测
误差分析与测量不确定度评定

唐利民　编著

人民交通出版社股份有限公司

北　京

内 容 提 要

本书系统介绍了误差分析理论及测量不确定度评定理论在公路工程试验检测数据处理领域的应用。本书共分十一章，主要内容包括：误差分析理论，测量不确定度评定理论与方法，路基工程、路面工程、桥涵结构物等试验检测测量不确定度评定实例，路面使用性能检测测量不确定度评定实例及测量不确定度评定结果在路面设计中应用的实例。

本书可供公路工程试验检测从业人员、高等院校相关专业的教师与研究生学习参考，亦可供从事其他土木类工程试验检测、科研、设计、施工与建设管理人员使用。

图书在版编目(CIP)数据

公路工程试验检测误差分析与测量不确定度评定 / 唐利民编著. — 北京：人民交通出版社股份有限公司，2020.11

ISBN 978-7-114-16683-9

Ⅰ. ①公… Ⅱ. ①唐… Ⅲ. ①道路工程—实验数据—误差分析②道路测量—不确定度—评定 Ⅳ. ①U41

中国版本图书馆 CIP 数据核字(2020)第 111300 号

Gonglu Gongcheng Shiyan Jiance Wucha Fenxi yu Celiang Bu Queding Du Pingding

书　　名：公路工程试验检测误差分析与测量不确定度评定
著 作 者：唐利民
责任编辑：崔　建
责任校对：赵媛媛
责任印制：刘高彤
出版发行：人民交通出版社股份有限公司
地　　址：(100011)北京市朝阳区安定门外外馆斜街 3 号
网　　址：http://www.ccpcl.com.cn
销售电话：(010)59757973
总 经 销：人民交通出版社股份有限公司发行部
经　　销：各地新华书店
印　　刷：北京交通印务有限公司
开　　本：787×1092　1/16
印　　张：18
字　　数：450 千
版　　次：2020 年 11 月　第 1 版
印　　次：2020 年 11 月　第 1 次印刷
书　　号：ISBN 978-7-114-16683-9
定　　价：68.00 元

前　　言

公路工程试验检测技术是融试验检测基本理论和测试操作技能及公路工程相关学科基础知识于一体的学科，是工程设计参数、施工质量控制、施工验收评定、养护管理决策及各种技术规范和规程修订的主要依据。在公路工程实际试验检测工作中，试验检测数据存在误差，是不可避免的。误差分析理论、测量不确定度评定理论与方法，是分析公路工程试验检测数据及其处理结果可靠性的基本理论和方法。

本书是关于公路工程试验检测数据误差分析与测量不确定度评定的专著，为方便试验检测一线从业人员理解和使用，书中给出了路基工程、路面工程、桥涵结构物等试验检测测量不确定度评定实例、路面性能检测测量不确定度评定实例及测量不确定度评定结果在路面设计中应用的实例。

全书共分为十一章，第一章介绍了误差的基本概念；第二章介绍了误差的基本性质与处理；第三章讨论了误差的合成与分配；第四章介绍了测量不确定度评定的基本知识，以及为什么要用测量不确定度评定来代替传统的误差评定；第五章为路基工程相关试验检测不确定度评定实例；第六章为路面基层相关试验检测不确定度评定实例；第七章为沥青路面相关试验检测不确定度评定实例；第八章为水泥混凝土路面相关试验检测不确定度评定实例；第九章为桥涵结构物相关试验检测不确定度评定实例；第十章为沥青路面性能检测不确定度评定实例；第十一章介绍了测量不确定度评定结果在沥青路面设计计算中的应用。每个测量不确定度评定案例均提供了详细的步骤，方便读者自行练习。

测量不确定度是建立在误差理论基础上的新概念，其理论体系是对经典误差理论的充实和完善。从误差评定到测量不确定度评定与表示，是计量学及试验检测数据分析与处理的一个新进展。测量不确定度评定与表示是目前国际上通用的试验检测数据分析与处理方法，国内公路工程试验检测行业需要加快速度推进测量不确定度评定与表示在实际试验检测工作中的应用。

测量不确定度评定理论有待进一步深入研究，希望本书的出版能在业界起到抛砖引玉的作用。

研究生谢佳伟、肖约、肖杜阳、赵秀艳参与了部分章节的编校，人民交通出版社股份有限公司的崔建编辑及全体同仁对本书的出版付出了辛勤的汗水，在此一并感谢。

本书得到了国家自然科学基金重大科研仪器研制项目(51927814)、国家重点研发计划(2017YFC0805300)、湖南省教育厅优秀青年项目(15B010)、长沙理工大学公路养护技术国家工程实验室开放基金重点资助项目(kfj140102)、长沙理工大学学术著作出版资助基金的支持，在此一并表示深切感谢！

由于作者水平有限，书中错误及不足之处在所难免，敬请广大读者批评指正。

编著者

2020 年 5 月

目　　录

第一章 绪 论

质量是工程的生命,试验检测是工程质量的重要组成部分,是工程质量科学管理的重要手段。工程试验检测贯穿设计、施工、监理、验收、养护、维修等各个环节,已成为控制和评判工程质量的重要基础,对保证工程质量起着举足轻重的作用。伴随着公路水运工程建设的发展,试验检测也得到了较快发展,试验检测在质量控制及质量评定中的作用得到了充分发挥。

我国公路水运工程试验检测起源于20世纪80年代,由于当时设备简陋,试验规范标准不全,施工质量控制大多凭经验,试验数据很少。直到20世纪90年代,国家为了加快经济的发展,交通建设投资规模急速增加。随着高速公路的建设发展、规范标准的逐步完善和质量意识的不断提高,公路工程试验检测数据已成为交(竣)工验收评定的依据,试验检测工作在质量控制方面的重要性日益显现,人们对试验检测工作的重视程度随之提高。

试验检测贯穿公路水运工程的始终,从设计初期的地质勘察到施工建设,再延伸到使用中的监控养护,均离不开试验检测。设计需要地质勘察的数据为其设计方案提供依据。施工建设工程中的质量控制需要对所用材料的质量进行检测,避免使用不合格的材料,同时对已完工的工程实体进行检测,确保工程的实体质量满足规范要求。试验检测是工程建设中质量、进度、费用三大控制的重要手段,通过试验检测,可以合理地选择原材料,优化原材料的组合,提高工程质量,降低建设成本,节约工程造价;通过试验检测,可以确定新材料的使用品质,为提升新材料的质量提供技术支撑,为发展新技术作出贡献;通过试验检测,可以不断改进施工工艺,优化施工流程,保障施工质量;通过试验检测,可以确定工程内在质量和外观质量、验证施工与设计的一致性,及时发现、消除工程质量隐患,为保证工程质量奠定基础;通过试验检测,还可以为分析工程质量事故的原因提供佐证,为实事求是地处理工程质量事故提供科学依据。可以说,试验检测工作是推进技术进步的先导,是加强质量管理的先行,是严格质量把关的重要关口,也是质量优劣评定的重要依据。

然而,在实际试验检测工作中,试验检测数据存在误差是无法避免的。因此,试验检测人员需要不断学习新的知识,包括误差理论、测量不确定度评定方法及概率与统计技术,分析试验数据及结果的可靠性,用科学、准确的数据为工程质量把好关,最大限度发挥试验检测对质量控制的作用。

德国物理学家海森堡(沃纳·卡尔·海森堡,德文原名:Werner Karl Heisenberg)于1927年提出了不确定性原理(Uncertainty principle)。这个理论是说,不可能同时知道一个粒子的位置和它的速度,粒子位置的不确定性,必然大于或等于普朗克常数除以4π,这表明微观世界的粒子行为与宏观物质很不一样。不确定性原理涉及很多深刻的哲学问题,用海森堡自己的话说:“在因果律的陈述中,即‘若确切地知道现在,就能预见未来’,所得出的并不是结论,而是前提。我们不能知道现在的所有细节,是一种原则性的事情。”因此,“测不准”也是公路工程试验检测必须面对的一个根本性问题。所以,与不确定性原理密切相关的测量和测试误差理论及测量不确定度评定理论及方法,是试验检测从业人员必须认真学习和掌握的知识。

第一节　研究误差的意义

人类为了认识自然并遵循其发展规律,需要不断地对自然界的各种现象进行测量和研究。由于实验方法和实验设备的不完善,周围环境的影响,以及受人们认识能力所限等,测量和实验所得数据与被测量的真值之间,不可避免地存在着差异,这在数值上即表现为误差。随着科学技术的日益发展和人们认识水平的不断提高,虽可将误差控制得越来越小,但终究不能完全消除它。误差存在的必然性和普遍性,已为大量实践所证明。为了充分认识并减小或消除误差,必须对测量过程和科学实验中始终存在着的误差进行研究。

研究误差的意义为:

(1)正确认识误差的性质,分析误差产生的原因,以消除或减小误差。

(2)正确处理测量和实验数据,合理计算所得结果,以便在一定条件下得到更接近于真值的数据。

(3)正确组织实验过程,合理设计仪器或选用仪器和测量方法,以便在最经济的条件下,得到理想的结果。

第二节　误差的基本概念

一、误差的定义及表示法

所谓误差,就是测得值与被测量的真值之间的差,可用下式表示:

$$\text{误差} = \text{测得值} - \text{真值} \tag{1-1}$$

例如,在长度计量测试中,测量某一尺寸的误差公式具体形式为:

$$\text{误差} = \text{测得尺寸} - \text{真实尺寸} \tag{1-2}$$

测量误差可用绝对误差表示,也可用相对误差表示。

1. 绝对误差

某量值的测得值和真值之差为绝对误差,通常简称为误差,即:

$$\text{绝对误差} = \text{测得值} - \text{真值} \tag{1-3}$$

由式(1-3)可知,绝对误差可能是正值或负值。

所谓真值是指在观测一个量时,该量本身所具有的真实大小。量的真值是一个理想的概念,一般是不知道的。但在某些特定情况下,真值又是可知的。例如:三角形三个内角之和为180°;一个整圆周角为360°;按定义规定的国际千克基准的值可认为真值是1kg等。为了使用上的需要,在实际测量中,常用被测的量的实际值来代替真值,而实际值的定义是满足规定精确度的用来代替真值使用的量值。例如,在检定工作中,把高一等级精度的标准所测得的量值称为实际值。如用二等标准活塞压力计测量某压力,测得值为9000.3N/cm^2,若该压力用高一等级的精确方法测得值为 9000.1N/cm^2，则后者可视为实际值，此时二等标准活塞压力计的测量误差为 +0.2N/cm^2。

在实际工作中，经常使用修正值。为消除系统误差而用代数法加到测量结果上的值称为修正值。将测得值加上修正值后可得近似的真值，即：

$$\text{真值} \approx \text{测得值} + \text{修正值} \tag{1-4}$$

由此得：

$$\text{修正值} \approx \text{真值} - \text{测得值} \tag{1-5}$$

修正值与误差值的大小相等而符号相反，测得值加修正值后可以消除该误差的影响。但必须注意，一般情况下难以得到真值，因为修正值本身也有误差，修正后只能得到较测得值更为准确的结果。

2. 相对误差

绝对误差与被测量的真值之比值称为相对误差。因测得值与真值接近，故也可近似用绝对误差与测得值之比值作为相对误差，即：

$$\text{相对误差} = \frac{\text{绝对误差}}{\text{真值}} \approx \frac{\text{绝对误差}}{\text{测得值}} \tag{1-6}$$

由于绝对误差可能为正值或负值，因此相对误差也可能为正值或负值。

相对误差是无名数，通常以百分数（%）来表示。例如用水银温度计测得某一温度为 20.3℃，该温度用高一等级的温度计测得值为 20.2℃，因后者精度高，故可认为 20.2℃接近真实温度，而水银温度计测量的绝对误差为 0.1℃，其相对误差为：

$$\frac{0.1}{20.1} \approx \frac{0.1}{20.2} \approx 0.5\%$$

对于相同的被测量，可用绝对误差来评定其测量精度的高低；但对于不同的被测量以及不同的物理量，就难以用绝对误差来评定其测量精度的高低，而采用相对误差来评定较为确切。

例如：用两种方法来测量某试件 $L_1 = 100\text{mm}$ 的尺寸，其测量误差分别为 $\delta_1 = \pm 10\mu\text{m}$，$\delta_2 = \pm 8\mu\text{m}$，根据绝对误差大小，可知后者的测量精度高。但如果用第三种方法测量 $L_2 = 80\text{mm}$ 的尺寸，其测量误差为 $\delta_3 = \pm 7\mu\text{m}$，此时用绝对误差就难以评定它与前两种方法精度的高低，而必须采用相对误差来评定。

第一种方法的相对误差为：

$$\frac{\delta_1}{L_1} = \pm \frac{10}{100 \times 10^3} = \pm 0.01\%$$

第二种方法的相对误差为：

$$\frac{\delta_2}{L_1} = \pm \frac{8}{100 \times 10^3} = \pm 0.008\%$$

第三种方法的相对误差为：

$$\frac{\delta_3}{L_2} = \pm \frac{7}{80 \times 10^3} = \pm 0.009\%$$

由此可知，第一种方法精度最低，第二种方法精度最高。

3. 引用误差

引用误差是指一种简化和使用方便的仪器仪表示值的相对误差，它是以仪器仪表某一刻度点的示值误差为分子，以测量范围上限值或全量程为分母所得的比值，即：

$$\text{引用误差} = \frac{\text{示值误差}}{\text{测量范围上限值}} \tag{1-7}$$

例如测量范围上限值为 19600N 的工作测力计（拉力表），在标定示值为 14700N 处的实际作用力为 14778.4N，则此测力计在该刻度点的引用误差为：

$$\frac{14778.4 - 14700}{19600} = \frac{78.4}{19600} = 0.4\%$$

在仪器全量程范围内有多个刻度点，每个刻度点都有相应的引用误差，其中绝对值最大的引用误差称为仪器的最大引用误差。

例如：某台标称示值范围为 0 ~ 150V 的电压表（即满量程为 150V），在示值为 100V 处，用标准电压表校定得到的电压表实际示值为 99.4V，求使用该电压表在测得示值为 100V 时的绝对误差、相对误差和引用误差。

由式（1-3）、式（1-6）和式（1-7），可得该电压表在 100V 处：

$$\text{绝对误差} = 100 - 99.4 = 0.6(\text{V})$$

$$\text{相对误差} = \frac{100 - 99.4}{99.4} \times 100\% \approx \frac{0.6}{100} \times 100\% = 0.6\%$$

$$\text{引用误差} = \frac{100 - 99.4}{150} \times 100\% = \frac{0.6}{150} \times 100\% = 0.4\%$$

二、误差来源

在测量过程中，误差产生的原因可归纳为以下几个方面。

1. 测量装置误差

1）标准量具误差

以固定形式复现标准量值的器具，如氪 86 灯管、标准量块、标准线纹尺、标准电池、标准电阻、标准砝码等，它们本身体现的量值，不可避免地都含有误差。

2）仪器误差

凡用来直接或间接将被测量和已知量进行比较的器具设备，称为仪器或仪表，如阿贝比较仪、天平等比较仪器，压力表、温度计等指示仪表，它们本身都具有误差。

3）附件误差

仪器的附件及附属工具，如测长仪的标准环规、千分尺的调整量棒等的误差，也会引起测量误差。

2. 环境误差

环境误差是指由于各种环境因素与规定的标准状态不一致而引起的测量装置和被测量本身的变化所造成的误差，如温度、湿度、气压（引起空气各部分的扰动）、振动（外界条件及测量人员引起的振动）、照明（引起视差）、重力加速度、电磁场等所引起的误差。通常仪器仪表在规定的正常工作条件所具有的误差称为基本误差,而超出此条件时所增加的误差称为附加误差。

3. 方法误差

方法误差是指由于测量方法不完善所引起的误差,如采用近似的测量方法而造成的误差。例如用钢卷尺测量大轴的圆周长 s,再通过计算求出大轴的直径 $d=s/\pi$,因近似数 π 取值的不同,将会引起误差。

4. 人员误差

人员误差是指由于测量者受分辨能力的限制,因工作疲劳引起的视觉器官的生理变化、固有习惯引起的读数误差,以及精神上的因素产生的一时疏忽等所引起的误差。

总之,在计算测量结果的精度时,对上述四个方面的误差来源,必须进行全面的分析,力求不遗漏、不重复,特别要注意对误差影响较大的那些因素。

三、误差分类

按照误差的特点与性质不同,误差可分为系统误差、随机误差和粗大误差三类。

1. 系统误差

在同一条件下,多次测量同一量值时,绝对值和符号保持不变,或在条件改变时,按一定规律变化的误差称为系统误差。例如,标准量值的不准确、仪器刻度的不准确而引起的误差都属于系统误差。

系统误差亦可按下列方法分类:

1)按对误差掌握的程度分

按对误差掌握的程度,系统误差可分为已定系统误差和未定系统误差。

(1)已定系统误差,是指误差绝对值和符号已经确定的系统误差。

(2)未定系统误差,是指误差绝对值和符号未能确定的系统误差,但通常可估计出误差范围。

2)按误差出现的规律分

按误差出现的规律,系统误差可分为不变系统误差和变化系统误差。

(1)不变系统误差,是指误差绝对值和符号固定的系统误差。

(2)变化系统误差,是指误差绝对值和符号变化的系统误差。根据其变化规律不同,又可分为线性系统误差、周期性系统误差和复杂规律系统误差等。

2. 随机误差

在同一测量条件下,多次测量同一量值时,绝对值和符号以不可预定方式变化的误差称为随机误差。例如仪器仪表中传动部件的间隙和摩擦、连接件的弹性变形等引起的示值不稳定都属于随机误差。

3. 粗大误差

超出在规定条件下预期的误差称为粗大误差,或称“寄生误差”。此误差值较大,明显歪曲测量结果,如测量时对错了标志、读错或记错了数、使用有缺陷的仪器以及在测量时因操作不细心而引起的过失性误差等。

上文虽将误差分为三类,但必须注意各类误差之间在一定条件下可以相互转化。对某项具体误差,在此条件下为系统误差,而在另一条件下可能为随机误差,反之亦然。如按一定基本尺寸制造的量块存在着制造误差,对某一块量块来说,其制造误差是确定数值,可认为是系统误差;但对一批量块而言,制造误差是变化的,又成为随机误差。在使用某一量块时,没有检定出该量块的尺寸偏差,而按基本尺寸使用,则制造误差属随机误差;若检定出量块的尺寸偏差,按实际尺寸使用,则制造误差属系统误差。掌握误差转化的特点,可将系统误差转化为随机误差,进而用数据统计处理方法减小误差的影响;或将随机误差转化为系统误差,用修正方法减小其影响。

总之,系统误差和随机误差之间并不存在绝对的界限。随着对误差性质认识的深化和测试技术的发展,有可能把过去作为随机误差的某些误差分离出来作为系统误差处理,或把某些系统误差当作随机误差来处理。

第三节 精 度

反映测量结果与真值接近程度的量,通常称为精度,它与误差的大小相对应。因此,可以用误差大小来表示精度的高低,误差小则精度高,误差大则精度低。

精度可分为如下三种:

(1)准确度,反映测量结果中系统误差的影响程度;

(2)精密度,反映测量结果中随机误差的影响程度;

(3)精确度,反映测量结果中系统误差和随机误差综合的影响程度,其定量特征可用测量结果的不确定度(或极限误差)来表示。

精度在数量上有时可用相对误差来表示,如相对误差为 0.01%,可笼统地说其精度为 10^{-4}。若纯属随机误差引起,则说其精密度为 10^{-4};若是由系统误差与随机误差共同引起,则说其精确度为 10^{-4}。

对于具体的测量,精密度高的准确度不一定高,准确度高的精密度也不一定高;但精确度高,则表示精密度与准确度都高。

如图 1-1 所示的打靶结果,子弹落在靶心周围有三种情况,图 1-1a)的系统误差小而随机误差大,即准确度高而精密度低;图 1-1b)的系统误差大而随机误差小,即准确度低而精密度高;图 1-1c)的系统误差与随机误差都小,即精确度高。而我们则希望得到精确度高的结果。

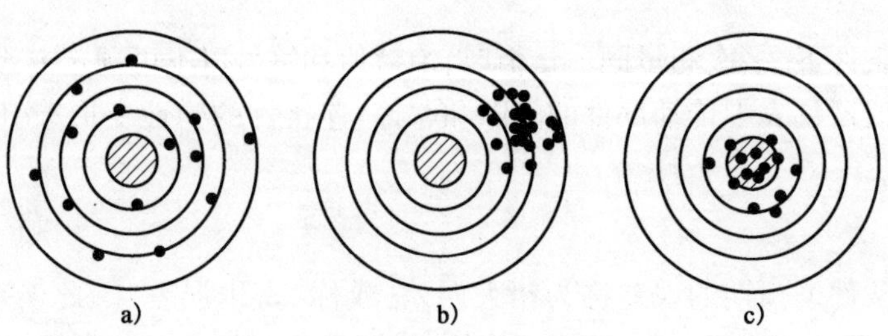

图 1-1　三种不同的打靶结果

第四节 有效数字与数据运算

在测量结果和数据运算中,确定用几位数字来表示测量或数据运算的结果,是一个十分重要的问题。测量结果既然包含有误差,就说明它是一个近似数,其精度有一定限度,在确定记录测量结果的数据位数或数据运算时的取值多少时,皆应以测量所能达到的精度为依据。如果认为不论测量结果的精度如何,在一个数值中小数点后面的位数越多,这个数值就越精确;或者在数据运算中,小数点后保留的位数越多,精度就越高,这种认识都是片面的。若将不必要的数字写出来,既费时间又无意义,一方面是因为小数点的位置决定不了精度,它仅与所采用的单位有关,如36.9mm 和0.0369m 的精度完全相同,而小数点位置则不同;另一方面,测量结果的精度与所用测量方法及仪器有关,在记录或进行数据运算时,所取的数据位数,其精度不能超过测量所能达到的精度;反之,若低于测量精度,也是不正确的,因为它将损失精度。

此外,在求解方程组时,若系数为近似值,其取值多少对方程组的解存在很大影响。例如,下面的方程组及其对应解为:

$$\begin{cases} x - y = 1 \\ x - 1.0001y = 0 \end{cases} \quad \text{对应解为} \quad \begin{cases} x = 10001 \\ y = 10000 \end{cases}$$

$$\begin{cases} x - y = 1 \\ x - 0.9999y = 0 \end{cases} \quad \text{对应解为} \quad \begin{cases} x = -9999 \\ y = -10000 \end{cases}$$

两个方程组仅有一个系数相差 0.0002,但所得结果差异极大,由此也可看出研究有效数字和数据运算规则的重要性。

按照矩阵论有关病态矩阵的知识,上述两个方程组中,系数的轻微扰动,会导致系数矩阵呈现严重病态,使得所得到的解相差极大,甚至符号相反。需要进一步学习和了解的读者,可以查阅有关病态矩阵方面的文献或书籍,也可直接阅读本书作者的博士论文《非线性最小二乘问题的不适定性及算法研究》及其他已公开发表且与病态矩阵相关的文献。

一、有效数字

含有误差的任何近似数,如果其绝对误差界是最末位数的半个单位,那么从这个近似数左方起的第一个非零的数字,称为第一位有效数字。从第一位有效数字起到最末一位数字止的所有数字,不论是零或非零的数字,都叫有效数字。若具有 n 个有效数字,就说是 n 位有效位数。例如取 $\pi = 3.14$,第一位有效数字为 3,共有 3 位有效位数;又如 0.0027,第一位有效数字为 2,共有两位有效位数;而 0.00270,则认为有 3 位有效位数。

若近似数的右边带有若干个零的数字,通常把这个近似数写成 $a \times 10^n$ 的形式,且 $1 \leqslant a < 10$。利用这种写法,可从 a 含有几个有效数字来确定近似数的有效位数。如 2.400×10^3 表示 4 位有效位数;2.40×10^3 和 2.4×10^3,分别表示 3 位和两位有效位数。

在测量结果中,最末一位有效数字取到哪一位,是由测量精度来决定的,即最末一位有效数字应与测量精度是同一量级的。例如用千分尺测量时,其测量精度只能达到 0.01mm,若测出长度 $l = 20.531$mm,显然小数点后第二位数字已不可靠,而第三位数字更不可靠,此时应只保留小数点后第二位数字,即写成 $l = 20.53$mm,为 4 位有效位数。由此可知,测量结果应保留的位数原则是：其最末一位数字是不可靠的，而倒数第二位数字应是可靠的。测量误差一般取1～2位有效数字，因此上述用千分尺测量结果可表示为$l=(20.53\pm0.01)$mm。

在进行比较重要的测量时，测量结果和测量误差可比上述原则再多取一位数字作为参考，如测量结果可表示为15.214 ± 0.042。因此，凡遇有这种形式表示的测量结果，其可靠数字为倒数第三位数字，不可靠数字为倒数第二位数字，而最后一位数字则为参考数字。

二、数字舍入规则

对于位数很多的近似数，当有效位数确定后，其后面多余的数字应予舍去，而保留的有效数字最末一位应按下面的舍入规则进行凑整：

(1)若舍去部分的数值大于保留部分的末位的半个单位，则末位加1；

(2)若舍去部分的数值小于保留部分的末位的半个单位，则末位不变；

(3)若舍去部分的数值，等于保留部分的末位的半个单位，则末位凑成偶数，即当末位为偶数时则末位不变，当末位为奇数时则末位加1。

例如，按上述舍入规则，对表1-1中第一列各个数据保留4位有效数字进行凑整，结果为表1-1中第二列数字。

原数据与"凑整后"数据 表1-1

原　数　据	"凑整"后数据	原　数　据	"凑整"后数据
3.14159	3.142	6.378501	6.379
2.71729	2.717	7.691499	7.691
4.51050	4.510	5.43460	5.435
3.21550	3.216		

由于数字舍入而引起的误差称为舍入误差，按上述规则进行数字舍入，其舍入误差皆不超过保留数字最末位的半个单位。必须指出，这种舍入规则的第三条明确规定，被舍去的数字不是"见5就入"，从而使舍入误差成为随机误差。在进行大量运算时，其舍入误差的均值趋于零。这就避免了过去采用四舍五入规则时，由于舍入误差的累积而产生的系统误差。

三、数据运算规则

在近似数运算中，为了保证最后结果有尽可能高的精度，所有参与运算的数据在有效数字后可多保留一位数字作为参考数字，该数字亦称为安全数字。

(1)在近似数加减运算时，各运算数据以小数位数最少的数据位数为准，其余各数据可多取一位小数，但最后结果应与小数位数最少的数据小数位相同。

例如：

$$2643.0+987.7+4.187+0.2354=2643.0+987.7+4.19+0.24=3635.13\approx3635.1$$

(2)在近似数乘除运算时，各运算数据以有效位数最少的数据位数为准，其余各数据要比有效位数最少的数据位数多取一位数字，而最后结果应与有效位数最少的数据位数相同。

例如：

$$15.13\times4.12=62.3356\approx62.3$$

(3)在近似数平方或开方运算时,平方相当于乘法运算,开方是平方的逆运算,故可按乘除运算处理。

(4)在进行对数运算时,n 位有效数字的数据应该用 n 位对数表或$(n+1)$位对数表,以免损失精度。

(5)在三角函数运算中,所取函数值的位数应随角度误差的减小而增多,其对应关系见表1-2。

函数值位数与角度误差的关系 表1-2

角度误差(″)	10	1	0.1	0.01
函数值位数	5	6	7	8

以上所述的运算规则,都是一些常见的最简单情况,在实际问题中数据运算皆较复杂,往往一个问题要包括几种不同的简单运算,对中间的运算结果所保留的数据位数可比简单运算结果多取一位数字。

数值修约规则记忆口诀如下:

四舍六入五考虑,
五后非零则进一,
五后皆零视奇偶,
五前为偶应舍去,
五前为奇则进一,
不论数字多少位,
都要一次修约成。

例如,当5后面的数字均为0时,若5前面的数字是奇数,则进1;当5后面的数字均为0时,若5前面的数字是偶数,则不进,保持原来的数字不变,即“奇进偶不进”。详细的数值修约规则,读者可查阅最新版的国家推荐性标准获取《数值修约规则与极限数值的表示和判定》(GB/T 8170—2008)。

第二章　误差的基本性质与处理

任何测量总是不可避免地存在误差。为了提高测量精度,必须尽可能消除或减小误差,因此有必要对各种误差的性质、出现规律、产生原因,发现与消除或减小它们的主要方法以及测量结果的评定等方面作进一步的分析。

第一节　随 机 误 差

一、随机误差的产生原因

当对同一量值进行多次等精度的重复测量时,可得到一系列不同的测量值(常称为测量列),每个测量值都含有误差,这些误差的出现又没有确定的规律,即前一个误差出现后,不能预定下一个误差的大小和方向,但就误差的总体而言,却具有统计规律性。

随机误差是由很多暂时未能掌握或不便掌握的微小因素所构成,主要有以下几方面:

(1)测量装置方面的因素,包括零部件配合的不稳定性、零部件的变形、零件表面油膜不均匀、摩擦等。

(2)环境方面的因素,包括温度的微小波动、湿度与气压的微量变化、光照强度变化、灰尘以及电磁场变化等。

(3)人员方面的因素,包括瞄准、读数的不稳定等。

二、正态分布

若测量列中不包含系统误差和粗大误差,则该测量列中的随机误差一般具有以下几个特征:

(1)绝对值相等的正误差与负误差出现的次数相等,这称为误差的对称性。

(2)绝对值小的误差比绝对值大的误差出现的次数多,这称为误差的单峰性。

(3)在一定的测量条件下,随机误差的绝对值不会超过一定界限,这称为误差的有界性。

(4)随着测量次数的增加,随机误差的算术平均值趋向于零,这称为误差的抵偿性。

其中,误差的最后一个特征可由第一特征推导出来,因为绝对值相等的正误差和负误差之和可以互相抵消。对于有限次测量,随机误差的算术平均值是一个有限小的量,而当测量次数无限增大时,它趋向于零。

服从正态分布的随机误差均具有以上4个特征。由于多数随机误差都服从正态分布,因而正态分布在误差理论中占有十分重要的地位。

设被测量的真值为 L_0,一系列测得值为 l_i,则测量列中的随机误差 δ_i 为:

$$\delta_i = l_i - L_0 \qquad (i = 1,2,\cdots\cdots,n) \tag{2-1}$$

正态分布的分布密度$f(\delta)$与分布函数$F(\delta)$为：

$$f(\delta) = \frac{1}{\sigma\sqrt{2\pi}} e^{-\delta^2/(2\sigma^2)} \tag{2-2}$$

$$F(\delta) = \frac{1}{\sigma\sqrt{2\pi}} \int_{-\infty}^{\delta} e^{-\delta^2/(2\sigma^2)} \mathrm{d}\delta \tag{2-3}$$

式中：σ——标准差（或称方均根误差）；

e——自然对数的底，其值约为2.7182。

正态分布分布密度的数学期望为：

$$E = \int_{-\infty}^{\delta} \delta f(\delta)\mathrm{d}\delta = 0 \tag{2-4}$$

其方差为：

$$\sigma^2 = \int_{-\infty}^{\delta} \delta^2 f(\delta)\mathrm{d}\delta \tag{2-5}$$

其平均误差为：

$$\theta = \int_{-\infty}^{\delta} |\delta| f(\delta)\mathrm{d}\delta = 0.7979\sigma \approx \frac{4}{5}\sigma \tag{2-6}$$

此外，由$\int_{-\rho}^{\rho} \delta f(\delta)\mathrm{d}\delta = \frac{1}{2}$，可解得或然误差为：

$$\rho = 0.6745\sigma \approx \frac{2}{3}\sigma \tag{2-7}$$

图2-1所示为正态分布曲线以及各精度参数在图中的坐标。其中，σ值为曲线上拐点A的横坐标，θ值为曲线右半部面积重心B的横坐标，ρ值的纵坐标线则平分曲线右半部面积。

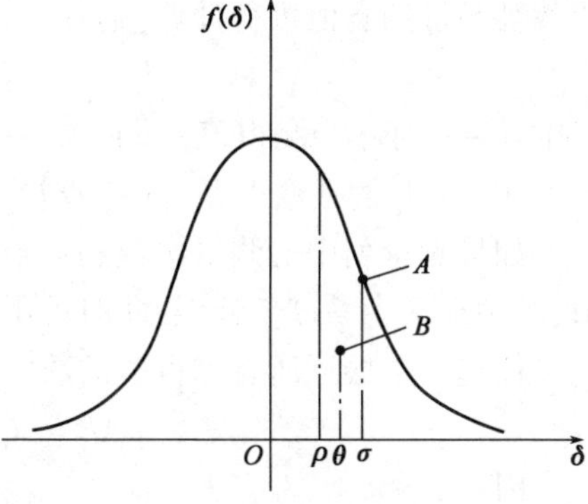

图2-1　正态分布曲线及各精度参数坐标

三、算术平均值

对某一量进行一系列等精度测量，由于存在随机误差，其测得值皆不相同，故应以全部测得值的算术平均值作为最后测量结果。

1.算术平均值的意义

在系列测量中，被测量的n个测得值的代数和除以n而得的值称为算术平均值。

设$l_1,l_2,\cdots,l_n$为n次测量所得的值，则算术平均值$\bar{x}$为：

$$\bar{x} = \frac{l_1 + l_2 + \cdots + l_n}{n} = \frac{\sum_{i=1}^{n} l_i}{n} \tag{2-8}$$

算术平均值与被测量的真值最为接近，由概率论的大数定律可知，若测量次数无限增加，则算术平均值$\bar{x}$必然趋近于真值L_0。

对式(2-1)求和，得：

$$\delta_1 + \delta_2 + \cdots + \delta_n = (l_1 + l_2 + \cdots + l_n) - nL_0$$

$$\sum_{i=1}^{n}\delta_i = \sum_{i=1}^{n} l_i - nL_0$$

$$L_0 = \frac{\sum_{i=1}^{n} l_i}{n} - \frac{\sum_{i=1}^{n}\delta_i}{n}$$

根据正态分布随机误差的第四特征可知：当 $n\to\infty$ 时，有 $\frac{\sum_{i=1}^{n}\delta_i}{n}\to 0$，所以有：

$$\bar{x} = \frac{\sum_{i=1}^{n} l_i}{n} \to L_0$$

由此可见，如果能够对某一量进行无限多次测量，就可得到不受随机误差影响的测量值，或其影响甚微，可予忽略。这就是当测量次数无限增大时，算术平均值（数学上称之为最大或然值）被认为是最接近于真值的理论依据。由于实际上都是有限次测量，人们只能把算术平均值近似地作为被测量的真值。

一般情况下，被测量的真值为未知，不可能按式（2-1）求得随机误差，这时可用算术平均值代替被测量的真值进行计算，则有：

$$v_i = l_i - \bar{x} \tag{2-9}$$

式中：l_i——第 i 个测得值，$i=1, 2,\cdots,n$；

v_i——l_i 的残余误差（简称残差）。

如果测量列中的测量次数和每个测量数据的位数皆较多，直接按式（2-8）计算算术平均值，既烦琐又容易产生错误，此时可用简便法进行计算。

任选一个接近所有测得值的数 l_0 作为参考值，计算出每个测得值 l_i 与 l_0 的差值：

$$\Delta l_i = l_i - l_0 \qquad (i = 1, 2,\cdots,n)$$

因：

$$\bar{x} = \frac{\sum_{i=1}^{n} l_i}{n}, \Delta\bar{x}_0 = \frac{\sum_{i=1}^{n}\Delta l_i}{n}$$

则有：

$$\bar{x} = l_0 - \Delta\bar{x}_0 \tag{2-10}$$

式中的 $\Delta\bar{x}_0$ 为简单数值，很容易计算，因此按式（2-10）求算术平均值比较简便。

【例 2-1】 测量某物理量 10 次，得到结果见表 2-1。求其算术平均值。

解：任选参考值 $l_0=1879.65$，计算差值 Δl_i 和 $\Delta\bar{x}_0$ 列于表中，很容易求得算术平均值 $\bar{x}=1879.64$。

某物理量 10 次测量结果 表 2-1

序　号	l_i	Δl_i	v_i
1	1879.64	−0.01	0
2	1879.69	+0.04	+0.05
3	1879.60	−0.05	−0.04
4	1879.69	+0.04	+0.05

续上表

序　　号	l_i	Δl_i	v_i
5	1879.57	-0.08	-0.07
6	1879.62	-0.03	-0.02
7	1879.64	-0.01	0
8	1879.65	0	+0.01
9	1879.64	-0.01	0
10	1879.65	0	+0.01
计算指标	$\bar{x}=1879.65-0.01$ $=1879.64$	$\Delta\bar{x}_0=\frac{\sum_{i=1}^{10}\Delta l_i}{10}$ $=-0.01$	$\sum_{i=1}^{10}v_i=-0.01$

2. 算术平均值的计算校核

算术平均值及其残余误差的计算是否正确，可用求得的残余误差代数和性质来校核。

根据式(2-9)求得的残余误差，其代数和为：

$$\sum_{i=1}^{n}v_i=\sum_{i=1}^{n}l_i-n\bar{x}$$

式中的算术平均值 i 是根据式(2-8)计算的，当求得的 $\bar{x}$ 为未经凑整的准确数时，则有：

$$\sum_{i=1}^{n}v_i=0 \tag{2-11}$$

可利用残余误差代数和为零这一性质来校核算术平均值及其残余误差计算的正确性。但是按式(2-8)计算 $\bar{x}$ 时，往往会遇到小数位较多或除不尽的情况，故必须根据测量的有效数字，按数据舍入规则，对算术平均值 $\bar{x}$ 进行截取与凑整，因此实际得到的 $\bar{x}$ 可能为经过凑整的非准确数，存在舍入误差 Δ，即：

$$\bar{x}=\frac{\sum_{i=1}^{n}l_i}{n}+\Delta$$

则：

$$\sum_{i=1}^{n}v_i=\sum_{i=1}^{n}l_i-n\left(\frac{\sum_{i=1}^{n}l_i}{n}+\Delta\right)=-n\Delta$$

经过分析证明，用残余误差代数和校核算术平均值及其残余误差，其规则如下。

(1)残余误差代数和应符合：

当 $\sum_{i=1}^{n}l_i=n\bar{x}$，求得的 $\bar{x}$ 为非凑整的准确数时，$\sum_{i=1}^{n}v_i$ 为零；

当 $\sum_{i=1}^{n}l_i>n\bar{x}$，求得的 $\bar{x}$ 为凑整的非准确数时，$\sum_{i=1}^{n}v_i$ 为正，其大小为求 $\bar{x}$ 时的余数；

当 $\sum_{i=1}^{n}l_i<n\bar{x}$，求得的 $\bar{x}$ 为凑整的非准确数时，$\sum_{i=1}^{n}v_i$ 为负，其大小为求 $\bar{x}$ 时的亏数。

(2)残余误差代数和绝对值应符合：

当 n 为偶数时，$\left|\sum_{i=1}^{n}v_i\right|\leqslant\frac{n}{2}A$；

当 n 为奇数时，$\left|\sum_{i=1}^{n} v_i\right| \leqslant \left(\frac{n}{2}-0.5\right)A$。

式中的 A 为实际求得的算术平均值 $\bar{x}$ 末位数的一个单位。

可根据实际运算情况选择以上两种校核规则中的一种进行校核，但大多数情况选用第二种规则较为方便，因为它不需要知道所有测得值之和。

【例 2-2】 用表 2-1 中数据，对计算结果进行校核。

解：因 n 为偶数，$\frac{n}{2}=\frac{10}{2}=5$，$A=0.01$，由表 2-1 知：

$$\left|\sum_{i=1}^{10} v_i\right| = 0.01 < \frac{n}{2}A = 0.5$$

故计算结果正确。

【例 2-3】 测量某直径 11 次，得到结果见表 2-2，求其算术平均值并进行校核。

解：算术平均值 $\bar{x}$ 为：

$$\bar{x} = \frac{\sum_{i=1}^{11} l_i}{11} = \frac{22000.74}{11} = 2000.0673(\text{mm})$$

取 $\bar{x}=2000.067\text{mm}$，用第一种规则校核，则有：

$$\sum_{i=1}^{11} l_i = 22000.74(\text{mm}) > n\bar{x} = 11 \times 2000.067 = 22000.737(\text{mm})$$

$$\sum_{i=1}^{11} v_i = \sum_{i=1}^{11} l_i - 11\bar{x} = 22000.74 - 22000.737 = 0.003(\text{mm})$$

某直径 11 次测量结果 表 2-2

序　号	l_i(mm)	v_i(mm)
1	2000.07	+0.003
2	2000.05	-0.017
3	2000.09	+0.023
4	2000.06	-0.007
5	2000.08	+0.013
6	2000.07	+0.003
7	2000.06	-0.007
8	2000.05	-0.017
9	2000.08	+0.013
10	2000.06	-0.007
11	2000.07	+0.003
计算指标	$\sum_{i=1}^{11} l_i = 22000.74$	$\left|\sum_{i=1}^{11} v_i\right| = 0.003$

用第二种规则校核，则有：

$$\frac{n}{2} - 0.5 = \frac{11}{2} - 0.5 = 5, A = 0.001(\text{mm})$$

$$\left|\sum_{i=1}^{11} v_i\right| = 0.003\text{mm} < \left(\frac{n}{2} - 0.5\right)A = 0.005(\text{mm})$$

故用两种规则校核皆说明计算结果正确。

四、测量的标准差

测量的标准偏差简称为标准差,也可称之为方均根误差。

1. 测量列中单次测量的标准差

由于随机误差的存在,等精度测量列中各个测得值一般皆不相同,它们围绕着该测量列的算术平均值有一定的分散,此分散度说明了测量列中单次测得值的不可靠性,必须用一个数值作为其不可靠性的评定标准。

符合正态分布的随机误差分布密度如式(2-2)所示。由式(2-2)可知,σ 值越小,则 e 的指数的绝对值越大,因而 $f(\delta)$ 减小得越快,即曲线变陡。同时,σ 值越小,e 前面的系数值变大,即对应于误差为零($\delta=0$)的纵坐标也大,曲线变高。反之,σ 值越大,$f(\delta)$ 减小越慢,曲线越平坦,同时对应于误差为零的纵坐标也小,曲线变低。如图 2-2 所示,三个测量列所得的分布曲线不同,其标准差 σ 也不相同,且 $\sigma_1<\sigma_2<\sigma_3$。

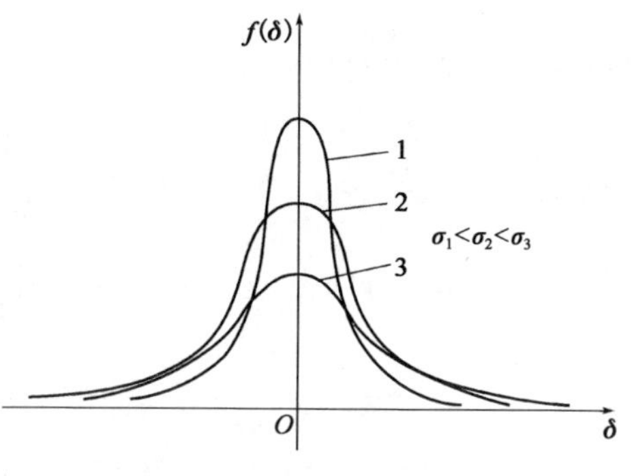

图 2-2　不同测量列的分布曲线

标准差 σ 的数值小,该测量列相应小的误差就占优势,任一单次测得值对算术平均值的分散度就小,测量的可靠性就大,即测量精度高(图 2-2 中曲线 1);反之,测量精度就低(图 2-2 中曲线 3)。因此,单次测量的标准差 σ 是表征同一被测量的 n 次测量的测得值分散性的参数,可作为测量列中单次测量不可靠性的评定标准。

应该指出,标准差 σ 不是测量列中任何一个具体测得值的随机误差,σ 的大小只说明在一定条件下等精度测量列随机误差的概率分布情况。在该条件下,任一单次测得值的随机误差 δ,一般都不等于 σ,但却可以认为这一系列测量中所有测得值都属于同样一个标准差 σ 的概率分布。在不同条件下,对同一被测量进行两个系列的等精度测量,其标准差 σ 也不相同。

在等精度测量列中,单次测量的标准差按下式计算:

$$\sigma=\sqrt{\frac{\delta_1^2+\delta_2^2+\cdots+\delta_n^2}{n}}=\sqrt{\frac{\sum_{i=1}^{n}\delta_i^2}{n}} \tag{2-12}$$

式中:n——测量次数(应充分大);

δ——测得值与被测量的真值之差。

当被测量的真值为未知时,按式(2-12)不能求得标准差。实际上,在有限次测量情况下,可用残余误差 v_i 代替真误差,而得到标准差的估计值。由式(2-1)知:

$$\delta_i=l_i-L_0$$

由此可得:

$$\left.\begin{aligned}\delta_1&=l_1-\bar{x}+\bar{x}-L_0\\\delta_2&=l_2-\bar{x}+\bar{x}-L_0\\&\vdots\\\delta_n&=l_n-\bar{x}+\bar{x}-L_0\end{aligned}\right\} \tag{2-13}$$

其中，$\bar{x}-L_0=\delta_i$ 称为算术平均值的误差，将它和式(2-9)代入式(2-13)，则有：

$$\left.\begin{aligned}\delta_1&=v_1+\delta_{\bar{x}}\\\delta_2&=v_2+\delta_{\bar{x}}\\&\vdots\\\delta_n&=v_n+\delta_{\bar{x}}\end{aligned}\right\}\tag{2-14}$$

将式(2-14)对应项相加得：

$$\sum_{i=1}^{n}\delta_i=\sum_{i=1}^{n}v_i+n\delta_{\bar{x}}$$

$$\delta_{\bar{x}}=\frac{\sum_{i=1}^{n}\delta_i}{n}-\frac{\sum_{i=1}^{n}v_i}{n}=\frac{\sum_{i=1}^{n}\delta_i}{n}\tag{2-15}$$

将式(2-14)两边同时平方后再相加，得：

$$\sum_{i=1}^{n}\delta_i^2=\sum_{i=1}^{n}v_i^2+n\,\delta_{\bar{x}}^2+2\delta_i\sum_{i=1}^{n}v_i=\sum_{i=1}^{n}v_i^2+n\,\delta_{\bar{x}}^2\tag{2-16}$$

将式(2-15)两边同时平方后，有：

$$\delta_{\bar{x}}^2=\left(\frac{\sum_{i=1}^{n}\delta_i}{n}\right)^2=\frac{\sum_{i=1}^{n}\delta_i^2}{n^2}+\frac{2\sum_{1\ll i<j}^{n}\delta_i\delta_j}{n^2}$$

当 n 适当大时，可认为 $\sum_{1\ll i<j}^{n}$ 趋近于零。将 $\delta_{\bar{x}}^2$ 代入式(2-16)得：

$$\sum_{i=1}^{n}\delta_i^2=\sum_{i=1}^{n}v_i^2+\frac{\sum_{i=1}^{n}\delta_i^2}{n}\tag{2-17}$$

由式(2-12)可知：

$$\sum_{i=1}^{n}\delta_i^2=n\,\sigma^2$$

代入式(2-17)，得：

$$n\,\sigma^2=\sum_{i=1}^{n}v_i^2+\sigma^2$$

$$\sigma=\sqrt{\frac{\sum_{i=1}^{n}v_i^2}{n-1}}\tag{2-18}$$

式(2-18)称为贝塞尔(Bessel)公式，根据此式可由残余误差求得单次测量的标准差的估计值。需要注意的是，根据我国有关名词的规定，对一列有限次 n 个测量值，应视为测量总体的取样，所求得的标准差估计值用代号 s 表示，以区别于总体标准差 σ。由此，本书各章将经常会同时出现 σ 和 s 两个代号，容易混淆。为便于叙述，对标准差估计值仍用 σ 表示，但在实际测量时计算有限次测量值的标准差，则用代号 s 表示。

评定单次测量不可靠性的参数还有或然误差 ρ 和平均误差 θ，若用残余误差表示，则分别为：

$$\rho\approx\frac{2}{3}\sqrt{\frac{\sum_{i=1}^{n}v_i^2}{n-1}}\tag{2-19}$$

$$\theta\approx\frac{4}{5}\sqrt{\frac{\sum_{i=1}^{n}v_i^2}{n-1}}\tag{2-20}$$

2. 测量列算术平均值的标准差

在多次测量的测量列中,是以算术平均值作为测量结果的,因此必须研究算术平均值不可靠性的评定标准。

如果在相同条件下对同一量值做多组重复的系列测量,则每一系列测量都有一个算术平均值。由于随机误差的存在,各个测量列的算术平均值也不相同,它们围绕着被测量的真值有一定的分散。此分散说明了算术平均值的不可靠性,而算术平均值的标准差 $\sigma_{\bar{x}}$ 则是表征同一被测量的各个独立测量列算术平均值分散性的参数,可作为算术平均值不可靠性的评定标准。

由式(2-8)已知算术平均值 $\bar{x}$ 为:

$$\bar{x} = \frac{l_1 + l_2 + \cdots + l_n}{n}$$

取方差:

$$D(\bar{x}) = \frac{1}{n^2}[D(l_1) + D(l_1) + \cdots + D(l_n)]$$

因:

$$D(l_1) = D(l_1) = \cdots = D(l_n) = D(l)$$

故有:

$$D(\bar{x}) = \frac{1}{n^2}nD(l) = \frac{1}{n}D(l)$$

所以:

$$\sigma_{\bar{x}}^2 = \frac{\sigma^2}{n}$$

$$\sigma_{\bar{x}} = \frac{\sigma}{\sqrt{n}} \tag{2-21}$$

由此可知,在 n 次测量的等精度测量列中,算术平均值的标准差为单次测量标准差的 $1/\sqrt{n}$,当测量次数 n 越大时,算术平均值越接近被测量的真值,测量精度也就越高。

增加测量次数,可以提高测量精度,但是由式(2-21)可知,测量精度与测量次数的平方根成反比,因此要显著地提高测量精度,必须付出较大的劳动。如图 2-3 所示,在 σ 一定的前提下,当 $n>10$ 以后,$\sigma_{\bar{x}}$ 已减小得非常缓慢。此外,由于测量次数越多越难保证测量条件的恒定,从而带来新的误差,故一般情况下取 $n \leqslant 10$ 较为适宜。总之,要提高测量精度,应采用适当精度的仪器,选取适当的测量次数。

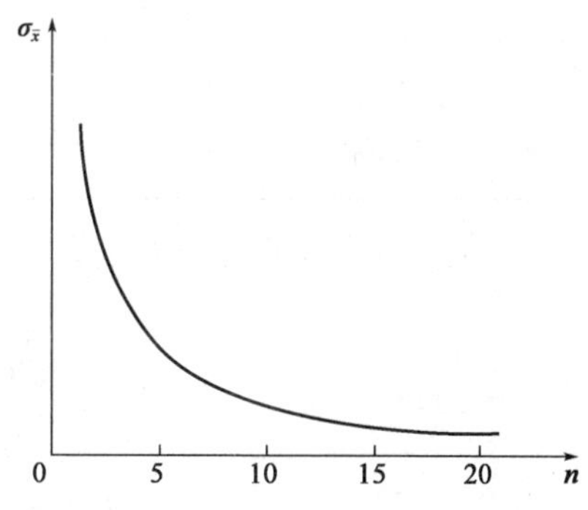

图 2-3　σ 一定的前提下 $\sigma_{\bar{x}}$ 与 n 的关系

评定算术平均值的精度标准,也可用或然误差 R 或平均误差 T,相应的计算公式为:

$$R = 0.6745\sigma_{\bar{x}} \approx \frac{2}{3}\sigma_{\bar{x}} = \frac{2}{3}\frac{\sigma}{\sqrt{n}} = \frac{\rho}{\sqrt{n}} \tag{2-22}$$

$$T = 0.7979\,\sigma_{\bar{x}} \approx \frac{4}{5}\sigma_{\bar{x}} = \frac{4}{5}\frac{\sigma}{\sqrt{n}} = \frac{\theta}{\sqrt{n}} \tag{2-23}$$

若用残余误差 v 表示上述公式,则有:

$$R \approx \frac{2}{3}\sqrt{\frac{\sum_{i=1}^{n} v_i^2}{n(n-1)}} \tag{2-24}$$

$$T \approx \frac{4}{5}\sqrt{\frac{\sum_{i=1}^{n} v_i^2}{n(n-1)}} \tag{2-25}$$

【例 2-4】 用游标卡尺对某一试件尺寸测量 10 次,假定已消除系统误差和粗大误差,得到数据如下(单位为 mm):

75.01,75.04,75.07,75.00,75.03, 75.09,75.06, 75.02, 75.05,75.08

求其算术平均值及标准差。

解:现将算术平均值的计算和校核结果列于表 2-3 中,表中的算术平均值 $\bar{x}=75.045$m, $\sum_{i=1}^{n} v_i=0$。因为 $\sum_{i=1}^{10} l_i - n\bar{x} = 750.45 - 10 \times 75.045 = 0$,与表中的 $\sum_{i=1}^{10} v_i=0$ 结果一致,故计算正确。

算术平均值计算及校核结果　　表 2-3

序　号	l_i(mm)	v_i(mm)	v_i^2(mm^2)
1	75.01	−0.035	0.001225
2	75.04	−0.005	0.000025
3	75.07	+0.025	0.000625
4	75.00	−0.045	0.002025
5	75.03	−0.015	0.000225
6	75.09	+0.045	0.002025
7	75.06	+0.015	0.000225
8	75.02	−0.025	0.000625
9	75.05	+0.005	0.000025
10	75.08	+0.035	0.001225
计算指标	$\bar{x}=75.045$	$\sum_{i=1}^{10} v_i=0$	$\sum_{i=1}^{10} v_i^2=0.00825$

根据上述各个误差计算公式可得:

$$\sigma = \sqrt{\frac{\sum_{i=1}^{n} v_i^2}{n-1}} = \sqrt{\frac{0.00825}{10-1}} = 0.0303(\text{mm})$$

$$\sigma_{\bar{x}} = \frac{\sigma}{\sqrt{n}} = \frac{0.0303}{\sqrt{10}} = 0.0096(\text{mm})$$

$$R = 0.6745\sigma_{\bar{x}} = 0.6745 \times 0.0096 = 0.0065(\text{mm})$$

$$T = 0.7979\sigma_{\bar{x}} = 0.7979 \times 0.0096 = 0.0076(\text{mm})$$

3. 标准差的其他计算法

除了贝塞尔公式外,计算标准差还有别捷尔斯法、极差法及最大误差法等。

1)别捷尔斯法(Peters)

由贝塞尔公式可得:

$$\sigma = \sqrt{\frac{\sum_{i=1}^{n} v_i^2}{n-1}} = \sqrt{\frac{\sum_{i=1}^{n} \delta_i^2}{n-1}}$$

$$\sum_{i=1}^{n} \delta_i^2 = \frac{n}{n-1} \sum_{i=1}^{n} v_i^2$$

此式近似为:

$$\sum_{i=1}^{n} |\delta_i| \approx \sum_{i=1}^{n} |v_i| \sqrt{\frac{n}{n-1}}$$

则平均误差为:

$$\theta = \frac{\sum_{i=1}^{n} |\delta_i|}{n} = \frac{1}{\sqrt{n(n-1)}} \sum_{i=1}^{n} |v_i|$$

由式(2-6)得:

$$\sigma = \frac{1}{0.7979}\theta = 1.253\theta$$

故有:

$$\sigma = 1.253 \times \frac{\sum_{i=1}^{n} |v_i|}{\sqrt{n(n-1)}} \tag{2-26}$$

式(2-26)称为别捷尔斯公式,它可由残余误差 v 的绝对值之和求出单次测量的标准差 σ,而算术平均值的标准差 $\sigma_{\bar{x}}$ 为:

$$\sigma_{\bar{x}} = 1.253 \times \frac{\sum_{i=1}^{n} |v_i|}{n\sqrt{n-1}} \tag{2-27}$$

【例 2-5】 以【例 2-4】的测量数据为基础,运用别捷尔斯法求标准差。

解:

$$\sigma = 1.253 \times \frac{0.250}{\sqrt{10 \times (10-1)}} = 0.0330(\text{mm})$$

$$\sigma_{\bar{x}} = 1.253 \times \frac{0.250}{10\sqrt{10-1}} = 0.0104(\text{mm})$$

2)极差法

用贝塞尔公式和别捷尔斯公式计算标准差均需先求算术平均值,再求残余误差,然后进行其他运算,计算过程比较复杂。当要求简便、迅速算出标准差时,可使用极差法。

若等精度多次测量测得值 $x_1, x_2, \cdots, x_n$ 服从正态分布,在其中选取最大值 $x_{\max}$ 与最小值 $x_{\min}$,两者之差称为极差,即:

$$\omega_n = x_{\max} - x_{\min} \tag{2-28}$$

根据极差的分布函数,可求出极差的数学期望为:

$$E(\omega_n) = d_n\sigma \tag{2-29}$$

因有:

$$E\left(\frac{\omega_n}{d_n}\right)=\sigma$$

故可得 σ 的无偏估计值,若仍以 σ 表示,则有:

$$\sigma=\frac{\omega_n}{d_n} \tag{2-30}$$

其中 d_n 的数值见表 2-4。

d_n 参考数值 表 2-4

n	2	3	4	5	6	7	8	9	10	11
d_n	1.13	1.69	2.06	2.33	2.53	2.70	2.85	2.97	3.08	3.17
n	12	13	14	15	16	17	18	19	20	
d_n	3.26	3.34	3.41	3.47	3.53	3.59	3.64	3.69	3.74	

3)最大误差法

在有些情况下,人们可以知道被测量的真值或满足规定精确度的用来代替真值使用的量值(称为实际值或约定真值),因而能够算出随机误差 δ_i。取其中绝对值最大的一个值 $|\delta_i|_{max}$,当各个独立测量值服从正态分布时,式(2-31)成立:

$$\sigma=\frac{|\delta_i|_{max}}{K_n} \tag{2-31}$$

但一般情况下,被测量的真值未知,不能按式(2-31)求标准差。此时,应根据最大残余误差 $|v_i|_{max}$ 进行计算,其关系式为:

$$\sigma=\frac{|v_i|_{max}}{K'_n} \tag{2-32}$$

式(2-31)和式(2-32)中两系数 K_n 、K'_n 的倒数见表 2-5、表 2-6。

系数 K_n 倒数取值 表 2-5

n	1	2	3	4	5	6	7	8	9	10
$1/K_n$	1.25	0.88	0.75	0.68	0.64	0.61	0.58	0.56	0.55	0.53
n	11	12	13	14	15	16	17	18	19	20
$1/K_n$	0.52	0.51	0.50	0.50	0.49	0.48	0.48	0.47	0.47	0.46
n	21	22	23	24	25	26	27	28	29	30
$1/K_n$	0.46	0.45	0.45	0.45	0.44	0.44	0.44	0.44	0.43	0.43

系数 K'_n 倒数取值 表 2-6

n	2	3	4	5	6	7	8
$1/K'_n$	1.77	1.02	0.83	0.74	0.68	0.64	0.61
n	9	10	15	20	25	30	
$1/K'_n$	0.59	0.57	0.51	0.48	0.46	0.44	

最大误差法简单、迅速、方便,容易掌握,因而有广泛用途。当 $n<10$ 时,最大误差法具有一定的精度。

【例 2-6】 以【例 2-4】中的测量数据为基础,按最大误差法求标准差。

解：

$$|v_i|_{\max} = 0.045(\text{mm})$$

$$\frac{1}{K'_{10}} = 0.57$$

故标准差为：

$$\sigma = \frac{|v_i|_{\max}}{K'_{10}} = 0.57 \times 0.045 = 0.0256(\text{mm})$$

【例 2-7】 某激光管发出的激光波长经检定为 $\lambda = 0.63299130\mu\text{m}$，出于某些原因未对此检定波长作误差分析，但后来又用更精确的方法测得激光波长 $\lambda = 0.63299144\mu\text{m}$，试求原检定波长的标准差。

解：因后测得的波长是用更精确的方法测得的，故可认为其测得值为实际波长（或约定真值），则原检定波长的随机误差 δ 为：

$$\delta = 0.63299130 - 0.63299144 = -14 \times 10^{-8}(\mu\text{m})$$

$$\frac{1}{K_1} = 1.25$$

故标准差为：

$$\sigma = \frac{|\delta|}{K_1} = 1.25 \times 14 \times 10^{-8} = 1.75 \times 10^{-7}(\mu\text{m})$$

在代价较高的试验中（如破坏性试验），往往只进行一次试验，此时贝塞尔公式全转化为 $\frac{0}{0}$ 形式而无法计算标准差。在这种情形下，又特别需要尽可能精确地估算其精度，因而最大误差法就显得特别有用。

以上介绍的几种标准差计算法，简便易行，且具有一定的精度，但其可靠性均较贝塞尔公式低，因此对重要的测量，当几种方法计算的结果出现矛盾时，仍应以贝塞尔公式为准。

五、测量的极限误差

测量的极限误差称为极端误差，测量结果（单次测量或测量列的算术平均值）的误差不超过该极端误差的概率为 P，差值 $1-P$ 可以忽略。

1. 单次测量的极限误差

根据概率论知识，当测量列的测量次数足够多且单次测量误差为正态分布时，可求得单次测量的极限误差。

由概率积分公式可知，随机误差正态分布曲线下的全部面积相当于全部误差出现的概率，即：

$$\frac{1}{\sigma\sqrt{2\pi}}\int_{-\infty}^{+\infty} e^{-\delta^2/(2\sigma^2)}\,\mathrm{d}\delta = 1$$

而随机误差在 $-\delta$ 至 $+\delta$ 范围内的概率为：

$$P(\pm\delta) = \frac{1}{\sigma\sqrt{2\pi}}\int_{-\delta}^{+\delta} e^{-\delta^2/(2\sigma^2)}\,\mathrm{d}\delta = \frac{2}{\sigma\sqrt{2\pi}}\int_{0}^{\delta} e^{-\delta^2/(2\sigma^2)}\,\mathrm{d}\delta \tag{2-33}$$

引入新的变量 t：

$$t = \frac{\delta}{\sigma}, \delta = t\sigma$$

式(2-33)可变换为：

$$\left.\begin{aligned} P(\pm\delta) &= \frac{2}{\sqrt{2\pi}}\int_0^t e^{-t^2/2}\mathrm{d}t = 2\Phi(t) \\ \Phi(t) &= \frac{1}{\sqrt{2\pi}}\int_0^t e^{-t^2/2}\mathrm{d}t \end{aligned}\right\} \tag{2-34}$$

此函数 $\Phi(t)$ 称为概率积分，不同 t 值对应的 $\Phi(t)$ 值可从概率与统计相关书籍或资料中查得。

若某随机误差在 $\pm t\sigma$ 范围内出现的概率为 $2\Phi(t)$，则超出的概率 α 为：

$$\alpha = 1 - 2\Phi(t)$$

表 2-7 给出了几个典型的 t 值及其对应的超出或不超出 $|\delta|$ 的概率，对应表 2-7 中数据的概率分布曲线如图 2-4 所示。

几种典型 t 值及对应的超出或不超出 $|\delta|$ 的概率 表 2-7

t	$\|\delta\| = t\sigma$	不超出 $\|\delta\|$ 的概率 $2\Phi(t)$	超出 $\|\delta\|$ 的概率 $1-2\Phi(t)$	测量次数 n	超出 $\|\delta\|$ 的测量次数
0.67	0.67 σ	0.4972	0.5028	2	1
1	1σ	0.6826	0.3174	3	1
2	2σ	0.9544	0.0456	22	1
3	3σ	0.9973	0.0027	370	1
4	4σ	0.9999	0.0001	15626	1

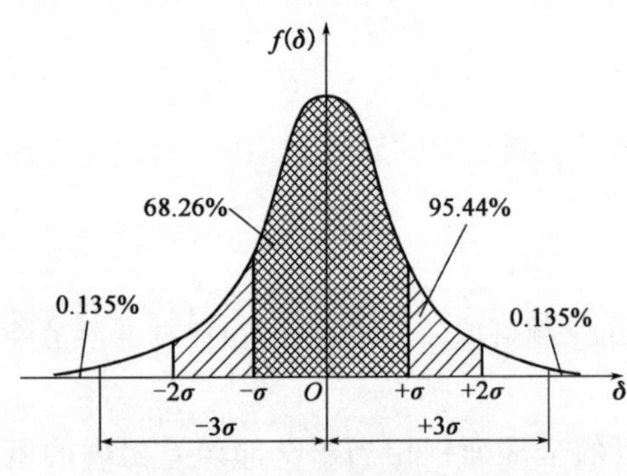

图 2-4 对应表 2-7 中数据的概率分布曲线

由表 2-7 可见，随着 t 的增大，超出 $|\delta|$ 的概率减小得很快。当 $t=2$，即 $|\delta|=2\sigma$ 时，在 22 次测量中只有 1 次的误差绝对值超出 2σ 范围；而当 $t=3$，即 $|\delta|=3\sigma$ 时，在 370 次测量中只有 1 次误差绝对值超出 3σ 范围。由于在一般测量中，测量次数很少超过几十次，因此可以认为绝对值大于 3σ 的误差是不可能出现的，通常把这个误差称为单次测量的极限误差 $\delta_{\lim}x$，即：

$$\delta_{\lim}x = \pm 3\sigma \tag{2-35}$$

当 $t=3$ 时，对应的概率 $P=99.73\%$。

在实际测量中，有时也可取其他 t 值来表示单次测量的极限误差。如取 $t=2.58$，$P=99\%$；$t=2$，$P=95.44\%$；$t=1.96$，$P=95\%$ 等。因此一般情况下，测量列单次测量的极限误差可用下式表示：

$$\delta_{\lim}x = \pm t\sigma \tag{2-36}$$

若已知测量的标准差 σ，选定置信系数 t，则可由式(2-36)求得单次测量的极限误差。

2. 算术平均值的极限误差

测量列的算术平均值与被测量的真值之差，称为算术平均值误差 $\delta_{\bar{x}}$，即：

$$\delta_{\bar{x}} = \bar{x} - L_0$$

当多个测量列的算术平均值误差$\delta_{\bar{x}i}(i=l,2,\cdots,N)$服从正态分布时，根据概率论知识，同样可得测量列算术平均值的极限误差表达式为：

$$\delta_{\lim}\bar{x} = \pm t\sigma_{\bar{x}} \tag{2-37}$$

式中：t——置信系数；

$\sigma_{\bar{x}}$——算术平均值的标准差。

通常取 $t=3$，则有：

$$\delta_{\lim}\bar{x} = \pm 3\sigma_{\bar{x}} \tag{2-38}$$

在实际测量中，有时也可取其他 t 值来表示算术平均值的极限误差。但当测量列的测量次数较少时，应按"学生氏"分布（Student Distribution，或 t 分布）来计算测量列算术平均值的极限误差，即：

$$\delta_{\lim}\bar{x} = \pm t_\alpha\sigma_{\bar{x}} \tag{2-39}$$

式(2-39)中的 t_α 为置信系数，它由给定的置信概率 $P=1-\alpha$ 和自由度 $v=n-1$ 来确定，具体数值见概率与统计相关书籍或资料；α 为超出极限误差的概率（称显著度或显著水平），通常取 $\alpha=0.01$、0.02 或 0.05；n 为测量次数；$\sigma_{\bar{x}}$ 为 n 次测量的算术平均值标准差。

对于同一个测量列，接正态分布和 t 分布分别计算时，即使置信概率的取值相同，但由于置信系数不相同，因而求得的算术平均值极限误差也不相同。

【例 2-8】 对某试验检测量进行了 6 次测量，测得数据如下：

802.40，802.50，802.38，802.48，802.42，802.46

求其算术平均值及极限误差。

解：算术平均值：

$$\bar{x} = \frac{\sum_{i=1}^{n} l_i}{6} = \frac{\sum_{i=1}^{6} l_i}{6} = 802.44$$

标准差：

$$\sigma = \sqrt{\frac{\sum_{i=1}^{n} v_i^2}{n-1}} = \sqrt{\frac{\sum_{i=1}^{6} v_i^2}{n-1}} = 0.047$$

$$\sigma_{\bar{x}} = \frac{\sigma}{\sqrt{n}} = \frac{0.0407}{\sqrt{6}} = 0.019$$

因测量次数较少，应按 t 分布计算算术平均值的极限误差。已知 $v=n-1=5$，取 $\alpha=0.01$，查询概率论与统计相关资料得 $t_\alpha=4.03$，故算术平均值的极限误差为：

$$\delta_{\lim}\bar{x} = \pm t_\alpha\sigma_{\bar{x}} = \pm 4.03\times 0.019 = \pm 0.076$$

若按正态分布计算，取 $\alpha=0.01$，相应的置信概率 $P=l-\alpha=0.99$，查询概率论与统计相关资料得 $t=2.60$，则算术平均值的极限误差为：

$$\delta_{\lim}\bar{x} = \pm t\sigma_{\bar{x}} = \pm 2.60\times 0.019 = \pm 0.049$$

由此可见，当测量次数较少时，按两种分布计算的结果有明显差别。

六、不等精度测量

前面讲述的内容皆为等精度测量问题，在一般测量实践中遇到的情况基本上都属于这种类型。但为了得到更精确的测量结果，如在科学研究或高精度测量中，往往在不同的测量条件下，用不同的仪器、不同的测量方法、不同的测量次数以及不同的测量者进行测量与对比，这种测量称为不等精度测量。

在一般测量工作中，常遇到的不等精度测量有两种情况：

第一种情况，用不同测量次数进行对比测量。例如用同一台仪器测量某一参数，先后进行 n_1 次和 n_2 次测量，分别求得算术平均值 $\bar{x}_1$ 和 $\bar{x}_2$。因为 $n_1 \neq n_2$，显然 $\bar{x}_1$ 与 $\bar{x}_2$ 精度不一样。

第二种情况，用不同精度的仪器进行对比测量。例如对于高精度或重要的测量任务，往往要用不同精度的仪器进行互比核对测量，显然所得到的结果不会相同。

对于不等精度测量，计算最后测量结果及其精度（如标准差）时，不能套用前面等精度测量的计算公式，而需推导出新的计算公式。

1. 权的概念

在等精度测量中，各个测得值可认为同样可靠，并取所有测得值的算术平均值作为最后测量结果。在不等精度测量中，各个测量结果的可靠程度不一致，因而不能简单地取各测量结果的算术平均值作为最后测量结果，应使可靠程度大的测量结果在最后结果中占的权重大一些，可靠程度小的占权重小一些。各测量结果的可靠程度可用一个数值来表示，这个数值即称为该测量结果的"权"，记为 p。因此测量结果的权可理解为，当它与另一些测量结果比较时，对该测量结果所给予的信赖程度。

2. 权的确定方法

既然测量结果的权说明了测量的可靠程度，因此可根据这一原则来确定权的大小。例如可按测量条件的优劣、测量仪器和测量方法所能达到的精度高低、重复测量次数的多少以及测量者水平高低等来确定权的大小，也即测量方法越完善，测量精度越高，所得测量结果的权也应越大。在相同条件下，由不同水平的测量者用同一种测量方法和仪器对同一被测量进行测量，显然对于经验丰富的测量者所测得的结果应给予较大的权。

最简单的方法是按测量的次数来确定权，即测量条件和测量者水平皆相同，重复测量次数越多，其可靠程度也越大，因此完全可由测量的次数来确定权的大小，即 $p_i = n_i$。

假定同一个被测量有 m 组不等精度的测量结果，这 m 组测量结果是从单次测量精度相同而测量次数不同的一系列测量值求得的算术平均值。因为单次测量精度皆相同，其标准差均为 σ，则各组算术平均值的标准差为：

$$\sigma_{\bar{x}_i} = \frac{\sigma}{\sqrt{n_i}} \qquad (i = 1,2,\cdots,m) \tag{2-40}$$

由此可得：

$$n_1 \sigma_{\bar{x}_1}^2 = n_2 \sigma_{\bar{x}_2}^2 = \cdots = n_m \sigma_{\bar{x}_m}^2 = \sigma^2$$

因为 $p_i = n_i$，故上式又可写为：

$$p_1 \sigma_{\bar{x}_1}^2 = p_2 \sigma_{\bar{x}_2}^2 = \cdots = p_m \sigma_{\bar{x}_m}^2 = \sigma^2 \tag{2-41}$$

或表示为：

$$p_1 : p_2 : \cdots : p_m = \frac{1}{\sigma_{\bar{x}_1}^2} : \frac{1}{\sigma_{\bar{x}_2}^2} : \cdots : \frac{1}{\sigma_{\bar{x}_m}^2} \tag{2-42}$$

由此可得出结论：每组测量结果的权与其相应的标准差平方成反比。若已知各组算术平均值的标准差，则可按式(2-42)确定相应权的大小。测量结果的权的数值只表示各组间的相对可靠程度，它是一个无量纲的数，允许各组的权数乘以相同的系数，使其以相同倍数增大或减小，而各组间的比例关系保持不变，但通常皆将各组的权数予以约简，使其中最小的权数为不可再约简的整数，以便用简单的数值来表示各组的权。

【例 2-9】　对一级钢卷尺的长度进行了三组不等精度测量，其结果为：

$\bar{x}_1 = 2000.45\text{mm}, \sigma_{\bar{x}_1} = 0.05\text{mm}$；$\bar{x}_2 = 2000.15\text{mm}, \sigma_{\bar{x}_2} = 0.20\text{mm}$；$\bar{x}_3 = 2000.60\text{mm}, \sigma_{\bar{x}_3} = 0.10\text{mm}$。

求各测量结果的权。

解：由式(2-42)得：

$$p_1 : p_2 : p_3 = \frac{1}{\sigma_{\bar{x}_1}^2} : \frac{1}{\sigma_{\bar{x}_2}^2} : \frac{1}{\sigma_{\bar{x}_3}^2} = \frac{1}{(0.05)^2} : \frac{1}{(0.20)^2} : \frac{1}{(0.10)^2} = 16:1:4$$

因此各组的权可取为：

$$p_1 = 16, p_2 = 1, p_3 = 4$$

3. 加权算术平均值

若对同一被测量进行 m 组不等精度测量，得到 m 个测量结果 $\bar{x}_1, \bar{x}_2, \cdots, \bar{x}_m$，设相应的测量次数为 $n_1, n_2, \cdots, n_m$，即有：

$$\bar{x}_1 = \frac{\sum_{i=1}^{n_1} l_1^i}{n_1}, \bar{x}_2 = \frac{\sum_{i=1}^{n_2} l_2^i}{n_2}, \cdots, \bar{x}_m = \frac{\sum_{i=1}^{n_m} l_m^i}{n_m} \tag{2-43}$$

根据等精度测量算术平均值原理，全部测量的算术平均值 $\bar{x}$ 为：

$$\bar{x} = \frac{\sum_{i=1}^{n_1} l_1^i + \sum_{i=1}^{n_2} l_2^i + \cdots + \sum_{i=1}^{n_m} l_m^i}{\sum_{i=1}^{m} n_i}$$

将式(2-43)代入上式，可得：

$$\bar{x} = \frac{n_1 \bar{x}_1 + n_2 \bar{x}_2 + \cdots + n_m \bar{x}_m}{n_1 + n_2 + \cdots + n_m} = \frac{p_1 \bar{x}_1 + p_2 \bar{x}_2 + \cdots + p_m \bar{x}_m}{p_1 + p_2 + \cdots + p_m}$$

或简写为：

$$\bar{x} = \frac{\sum_{i=1}^{m} p_i \bar{x}_i}{\sum_{i=1}^{m} p_i} \tag{2-44}$$

当各组的权相等，即 $p_1 = p_2 = \cdots = p_m = p$ 时，加权算术平均值可简化为：

$$\bar{x} = \frac{p \sum_{i=1}^{m} \bar{x}_i}{mp} = \frac{\sum_{i=1}^{m} \bar{x}_i}{m} \tag{2-45}$$

由式(2-45)求得的结果即为等精度的算术平均值,由此可知等精度测量是不等精度测量的特殊情况。

为简化计算,加权算术平均值可用下式表示:

$$\bar{x} = x_0 + \frac{\sum_{i=1}^{m} p_i(\bar{x}_i - x_0)}{\sum_{i=1}^{m} p_i} \tag{2-46}$$

式中的 x_0 为接近 x 的任选参考值。

【例 2-10】 在连续三天内将工作基准米尺与国家基准器比较,得到工作基准米尺的平均长度为999.9425mm(三次测量值)、999.9416mm(两次测量值)、999.9419mm(五次测量值)。假设每单次测量均为等精度测量,求最后的测量结果。

解:按测量次数来确定权:$p_1=3,p_2=2,p_3=5$。选取 $x_0=999.94\text{mm}$,则有:

$$\bar{x} = 999.94 + \frac{3\times0.0025+2\times0.0016+5\times0.0019}{3+2+5} = 999.9420(\text{mm})$$

【例 2-11】 用 A、B 两种仪器对 5V 稳压芯片的输出电压进行两次测量,测量结果分别为5.005V(标准差为0.006V)、5.002V(标准差为0.008V),求该输出电压的最佳估计值。

解:用两种仪器进行的两次测量构成了不等精度测量列,两次测量分别测得稳压芯片的输出电压为:

$$U_A = 5.005\text{V}, \sigma_A = 0.006\text{V}; U_B = 5.002\text{V}, \sigma_B = 0.008\text{V}$$

按测量结果的标准差来确定两个测量值的权,有:

$$p_A : p_B = \frac{1}{\sigma_A^2} : \frac{1}{\sigma_B^2} = \frac{1}{6^2} : \frac{1}{8^2} = 16:9$$

由此取两个测量值相权 $p_A=16,p_B=9$,则输出电压的最佳估计值 $\bar{U}$ 为:

$$\bar{U} = \frac{U_A p_A + U_B p_B}{p_A + p_B} = \frac{5.005\times16+5.002\times9}{16+9} = 5.004(\text{V})$$

4. 单位权

由式(2-41)知:

$$p_i \sigma_{\bar{x}}^2 = \sigma^2 \qquad (i=1,2,\cdots,m)$$

此式又可表示为:

$$p_i \sigma_{\bar{x}_i}^2 = p\sigma^2, p=1 \tag{2-47}$$

式(2-47)中的 σ 为等精度单次测得值的标准差。由此可认为,具有同一方差 σ^2 的等精度单次测得值的权数为1。若已知方差 σ^2,只要确定各组的权 p_i,就可按式(2-47)分别求得各组的方差$\sigma_{\bar{x}_i}^2$。由于测得值的方差 σ^2 的权数为1在此有特殊用途,故特称等于1的权为单位权,而 σ^2 为具有单位权的测得值方差,σ 为具有单位权的测得值标准差。

在不等精度测量中,各个测量结果的精度不等,权数也不相同,不能直接使用等精度测量的计算公式进行计算。有时为了计算需要,可将不等精度测量列转化为等精度测量列,这样就可用等精度测量的计算公式来处理不等精度测量结果。所采用的方法是,使权数不同的不等精度测量列转化为具有单位权的等精度测量列,即所谓的单位权化。

单位权化的实质是使任何一个量值乘以自身权数的平方根,得到新的量值权数为1。若将不等精度测量的各组测量结果 $\bar{x}_i$ 皆乘以自身权数的平方根 $\sqrt{p_i}$，此时得到的新值 z 的权数就为 1。证明如下：

设：

$$z = \sqrt{p_i}\,\bar{x}_i \qquad (i = 1,2,\cdots,m)$$

取方差：

$$D(z) = p_i D(\bar{x}_i)$$

$$\sigma_z^2 = p_i \sigma_{\bar{x}_i}^2$$

前面已知各组测量结果的权数与相应的方差成反比，若用权数来表示上式中的方差，则有：

$$\frac{1}{p_z} = p_i \frac{1}{p_i} = 1$$

故得：

$$p_z = 1$$

由此可知，单位权化以后得到的新值 z 的权数 p_z 为 1。用这种方法可将不等精度的各组测量结果都进行单位权化，使该测量列转化为等精度测量列。

5. 加权算术平均值的标准差

对同一被测量进行 m 组不等精度测量，得到 m 个测量结果 $\bar{x}_1,\bar{x}_2,\cdots,\bar{x}_m$。若已知单位权测得值的标准差 σ，则由式(2-40)知：

$$\sigma_{\bar{x}_i} = \frac{\sigma}{\sqrt{n_i}} \qquad (i = 1,2,\cdots,m)$$

而全部($m \times n$ 个)测得值的算术平均值 $\bar{x}$ 的标准差为：

$$\sigma_{\bar{x}} = \frac{\sigma}{\sqrt{n_1 + n_2 + \cdots + n_m}} = \frac{\sigma}{\sqrt{\sum_{i=1}^{m} n_i}}$$

比较上面两式，可得：

$$\sigma_{\bar{x}} = \sigma_{\bar{x}_i}\sqrt{\frac{n_i}{\sum_{i=1}^{m} n_i}} \tag{2-48}$$

由于：

$$p_i = n_i,\ \sum_{i=1}^{m} p_i = \sum_{i=1}^{m} n_i$$

代入式(2-48)得：

$$\sigma_{\bar{x}} = \sigma_{\bar{x}_i}\sqrt{\frac{p_i}{\sum_{i=1}^{m} p_i}} = \frac{\sigma}{\sqrt{\sum_{i=1}^{m} p_i}} \tag{2-49}$$

由式(2-49)可知，当各组测量的总权数 $\sum_{i=1}^{m} p_i$ 为已知时，可由任一组的标准差 $\sigma_{\bar{x}_i}$ 和相应的权 p_i，或者由单位权的标准差 σ 求得加权算术平均值的标准差 $\sigma_{\bar{x}}$。

当各组测量结果的标准差未知时，则不能直接应用式(2-49)，而必须由各测量结果的残余误差来计算加权算术平均值的标准差。

已知各测量结果的残余误差为：

$$v_{\bar{x}_i} = \bar{x}_i - \bar{x}$$

将各组 $\bar{x}_i$ 单位权化，则有：

$$\sqrt{p_i}v_{\bar{x}_i} = \sqrt{p_i}\,\bar{x}_i - \sqrt{p_i}\bar{x}$$

因为上式中各组新值 $\sqrt{p_i}\,\bar{x}_i$ 已为等精度测量列的测量结果，相应的 $\sqrt{p_i}v_{\bar{x}i}$ 也成为等精度测量列的残余误差，故可用 $\sqrt{p_i}v_{\bar{x}i}$ 代替 v_i 代入等精度测量的公式(2-18)，得到：

$$\sigma = \sqrt{\frac{\sum_{i=1}^{m} p_i v_{\bar{x}_i}^2}{m-1}} \tag{2-50}$$

再将式(2-50)代入式(2-49)，可得：

$$\sigma_{\bar{x}} = \sqrt{\frac{\sum_{i=1}^{m} p_i v_{\bar{x}_i}^2}{(m-1)\sum_{i=1}^{m} p_i}} \tag{2-51}$$

式(2-51)表明，可由各组测量结果的残余误差求得加权算术平均值的标准差，但必须指出，只有当组数 m 足够大时，才能得到较为精确的 $\sigma_{\bar{x}}$ 值。一般情况下的组数较少，只能得到近似的估计值。

【例 2-12】 求【例 2-10】中测量结果的加权算术平均值的标准差。

解：由加权算术平均值 $\bar{x}=999.9420\text{mm}$，可得各组测量结果的残余误差为：

$$v_{\bar{x}_1} = +0.5(\mu\text{m}), v_{\bar{x}_2} = -0.4(\mu\text{m}), v_{\bar{x}_3} = -0.1(\mu\text{m})$$

已知 $m=3, p_1=3, p_2=2, p_3=5$，

代入式(2-51)得：

$$\sigma_{\bar{x}} = \sqrt{\frac{3\times 0.5^2 + 2\times(-0.4)^2 + 5\times(-0.1)^2}{(3-1)\times(3+2+5)}} = \sqrt{\frac{1.12}{20}}$$

$$= 0.24(\mu\text{m}) = 0.0002(\text{mm})$$

【例 2-13】 求【例 2-11】中输出电压的加权算术平均值的标准差。

解：将【例 2-11】中两个测量值选取的权 $p_A=16$ 和 $p_B=9$，以及测量结果 5.005V 的标准差 $\sigma_A=0.006\text{V}$ 代入式(2-49)，可得加权算术平均值 $\bar{V}$ 的标准差为：

$$\sigma_{\bar{V}} = \sigma_A\sqrt{\frac{P_A}{\sum_{i=1}^{2} p_i}} = 0.006\sqrt{\frac{16}{16+9}} = 0.0048 \approx 0.005(\text{V})$$

七、随机误差的其他分布

正态分布是随机误差最普遍的一种分布规律，但不是唯一的分布规律。随着误差理论研究与应用的深入发展，研究人员发现有很多随机误差不符合正态分布，而是非正态分布，其实际分布规律可能是较为复杂的。现对其中几种常见的非正态分布及本书用到的几种统计量随机变量分布规律作简要介绍。

1. 均匀分布

在测量实践中,均匀分布是经常遇到的一种分布,其主要特点是:误差有确定的范围,在此范围内,误差出现的概率各处相等,故又称为矩形分布或等概率分布。例如仪器度盘刻度误差所引起的误差、仪器传动机构的空程误差、大地测量中基线尺受滑轮摩擦力影响的长度误差、数字式仪器在 ±1 单位以内不能分辨的误差、数据计算中的舍入误差等,均为均匀分布误差。

例如,任何一页 7 位对数表,取出一个对数,将它舍入到第五位,则得到两位数字的舍入误差。对 100 个对数进行舍入,将所得舍入误差按区间划分,可得表 2-8。表中误差以对数第七位为单位,并将误差分为 4 组,每组 25 个误差。

对数舍入结果　　表 2-8

分类		对数表舍入误差大小				
		1 ~ 25	26 ~ 50	51 ~ 75	76 ~ 100	总和
按符号分	零误差	0	0	0	1	1
	正误差	14	12	12	12	50
	负误差	11	13	13	12	49
	共计	25	25	25	25	100
按绝对值分	0 ~ 10	5	9	9	5	28
	11 ~ 20	3	5	2	5	15
	21 ~ 30	9	3	3	2	17
	31 ~ 40	4	3	6	6	19
	41 ~ 50	4	5	5	7	21
	共计	25	25	25	25	100
误差平均值		2.8	3.0	-2.8	-2.4	0.14

由表 2-8 可见,数值大的误差和数值小的误差出现的次数接近相等,正误差和负误差出现的次数也接近相等。如果试验次数很大,就会发现大误差和小误差以及正误差和负误差出现的概率相等,故舍入误差服从均匀分布。

由表中还可看出,舍入误差具有抵偿性,即误差的算术平均值随着试验次数的增大而趋于零。

均匀分布的分布密度 $f(\delta)$ 和分布函数 $F(\delta)$ 分别为:

$$f(\delta)=\begin{cases}\dfrac{1}{2a} & (|\delta|\leqslant a)\\ 0 & (|\delta|>a)\end{cases} \tag{2-52}$$

$$F(\delta)=\begin{cases}0 & (\delta\leqslant -a)\\ \dfrac{\delta+a}{2a} & (-a\leqslant\delta\leqslant a)\\ 1 & (\delta>a)\end{cases} \tag{2-53}$$

其分布密度函数如图 2-5 所示。

均匀分布的数学期望为:

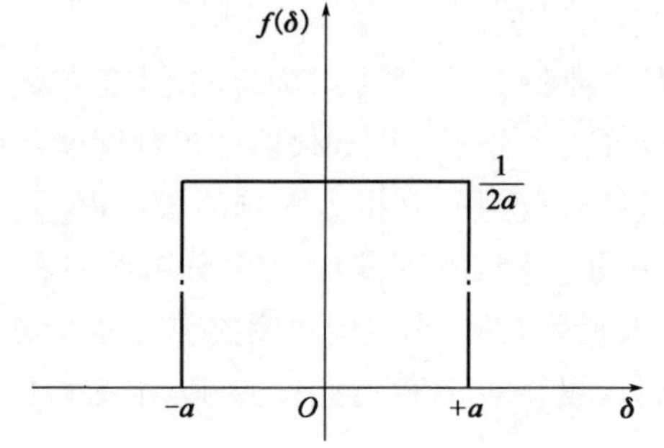

图 2-5　均匀分布的分布密度函数

$$E = \int_{-a}^{a} \frac{\delta}{2a} \mathrm{d}\delta = 0 \tag{2-54}$$

其方差为：

$$\sigma^2 = \frac{a^2}{3} \tag{2-55}$$

标准差为：

$$\sigma = \frac{a}{\sqrt{3}} \tag{2-56}$$

2. 反正弦分布

反正弦分布实际上是一种随机误差函数的分布规律，其特点是该随机误差与某一角度成正弦关系。例如仪器度盘偏心引起的角度测量误差、电子测量中谐振的振幅误差等，均为反正弦分布误差。

反正弦分布的分布密度 $f(\delta)$ 和分布函数 $F(\delta)$ 分别为：

$$f(\delta) = \begin{cases} \dfrac{1}{\pi} \dfrac{1}{\sqrt{a^2 - \delta^2}} & (|\delta| \leqslant a) \\ 0 & (|\delta| > a) \end{cases} \tag{2-57}$$

$$F(\delta) = \begin{cases} 0 & (\delta \leqslant -a) \\ \dfrac{1}{2} + \dfrac{1}{\pi} \arcsin \dfrac{\delta}{a} & (-a \leqslant \delta \leqslant a) \\ 1 & (\delta > a) \end{cases} \tag{2-58}$$

反正弦分布的分布密度函数如图 2-6 所示。

反正弦分布的数学期望为：

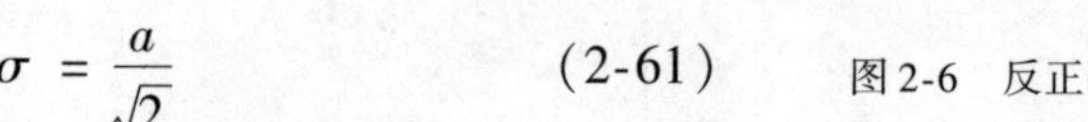

$$E = \int_{-a}^{a} \frac{\delta}{\pi \sqrt{a^2 - \delta^2}} \mathrm{d}\delta = 0 \tag{2-59}$$

其方差为：

$$\sigma^2 = \frac{a^2}{2} \tag{2-60}$$

标准差为：

$$\sigma = \frac{a}{\sqrt{2}} \tag{2-61}$$

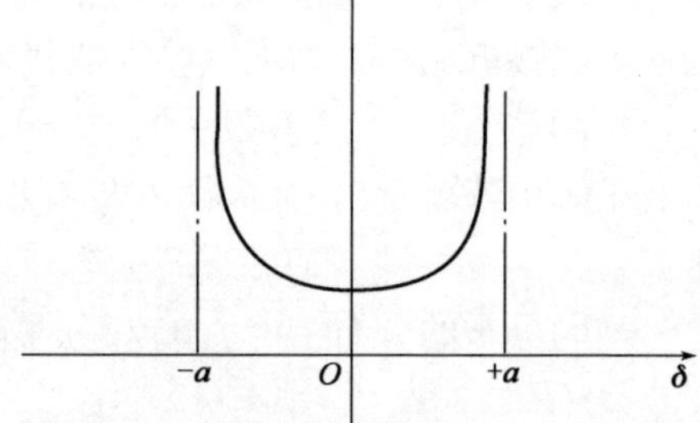

图 2-6　反正弦分布的分布密度函数

3. 三角形分布

当两个误差限相同且服从均匀分布的随机误差求和时，其和的分布规律服从三角形分布，又称辛普逊（Simpson）分布。在实际测量中，若整个测量过程必须进行两次才能完成，而每次测量的随机误差服从相同的均匀分布，则总的测量误差为三角形分布误差。例如进行两次测量过程的数据凑整的误差、用代替法检定标准砝码或电阻时的误差、两次调零不准所引起的误差等，均为三角形分布误差。

三角形分布误差的分布密度$f(\delta)$和分布函数$F(\delta)$分别为：

$$f(\delta)=\begin{cases}\dfrac{a+\delta}{a^2} & (-a\leqslant\delta\leqslant 0)\\[2ex]\dfrac{a-\delta}{a^2} & (0\leqslant\delta\leqslant a)\\[2ex]0 & (|\delta|>a)\end{cases}\tag{2-62}$$

$$F(\delta)=\begin{cases}0 & (\delta\leqslant -a)\\[1ex]\dfrac{(a+\delta)^2}{2a^2} & (-a\leqslant\delta\leqslant 0)\\[2ex]1-\dfrac{(a-\delta)^2}{2a^2} & (0\leqslant\delta\leqslant a)\\[2ex]1 & (\delta>a)\end{cases}\tag{2-63}$$

三角形分布的分布密度函数如图 2-7 所示。

三角形分布的数学期望为：

$$E=0\tag{2-64}$$

其方差为：

$$\sigma^2=\frac{a^2}{6}\tag{2-65}$$

标准差为：

$$\sigma=\frac{a}{\sqrt{6}}\tag{2-66}$$

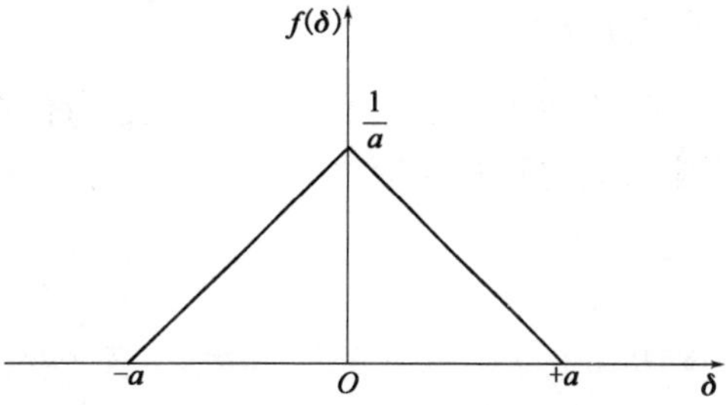

图 2-7　三角形分布的分布密度函数

必须指出，如果对两个误差限为不相等的均匀分布随机误差求和，其和不再服从三角形分布而服从梯形分布。

在测量工作中，除上述的非正态分布外，还有直角分布、截尾正态分布、双峰正态分布及二点分布等。

4. χ^2 分布

令$\xi_1,\xi_2,\cdots,\xi_v$为v个独立随机变量，且每个随机变量都服从标准化的正态分布。定义一个新的随机变量：

$$\chi^2=\xi_1^2+\xi_2^2+\cdots+\xi_v^2\tag{2-67}$$

则随机变量χ^2称为自由度为v的卡埃平方变量。自由度v表示式(2-67)中项数或独立变量的个数。

χ^2 分布的分布密度$f(\chi^2)$为：

$$f(\chi^2)=\begin{cases}\dfrac{2^{-v/2}(\chi^2)^{\frac{v}{2}-1}e^{-\chi^2/2}}{\Gamma\left(\dfrac{v}{2}\right)} & (\chi^2>0)\\[3ex]0 & (\chi^2\leqslant 0)\end{cases}\tag{2-68}$$

χ^2 分布的分布密度函数如图 2-8 所示。

χ^2 分布的数学期望为：

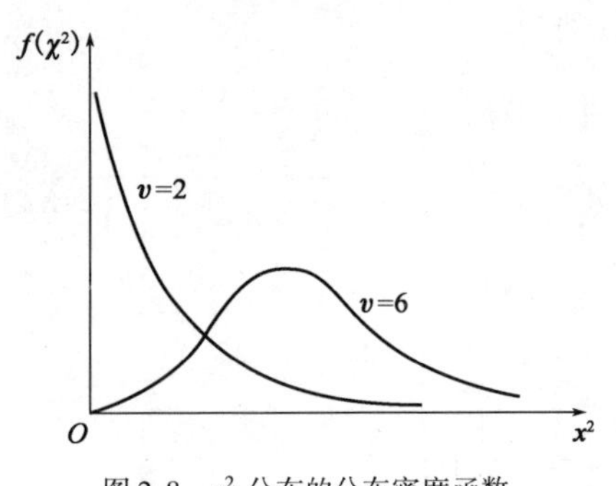

图 2-8 χ^2 分布的分布密度函数

$$E = \int_0^{\infty} \chi^2 \frac{2^{-v/2}}{\Gamma\left(\frac{v}{2}\right)} (\chi^2)^{\frac{v}{2}-1} e^{-\chi^2/2} \mathrm{d}\chi^2 = v \tag{2-69}$$

其方差为：

$$\sigma^2 = 2v \tag{2-70}$$

标准差为：

$$\sigma = \sqrt{2v} \tag{2-71}$$

χ^2 分布是 t 分布和 F 分布的基础。

由图 2-8 的两条χ^2 理论曲线可看出，当 v 逐渐增大时，曲线逐渐接近对称。可以证明，当 v 充分大时，χ^2 曲线趋近正态分布曲线。值得提出的是，自由度 v 的改变将引起分布曲线的相应改变。

5. t 分布

令 ξ 和 η 是独立的随机变量，ξ 为自由度为 v 的 χ^2 分布函数，η 为标准化正态分布函数，则定义新的随机变量为：

$$t = \frac{\eta}{\sqrt{\xi/v}} \tag{2-72}$$

则随机变量 t 称自由度为 v 的学生氏 t 变量。t 分布的分布密度 $f(t)$ 为：

$$f(t) = \frac{\Gamma\left(\frac{v+1}{2}\right)}{\sqrt{v\pi}\,\Gamma\left(\frac{v}{2}\right)} \left(1 + \frac{t^2}{v}\right)^{-(v+1)/2} \tag{2-73}$$

t 分布的分布密度函数如图 2-9 所示。

t 分布的数学期望为：

$$E = \frac{\Gamma\left(\frac{v+1}{2}\right)}{\sqrt{v\pi}\,\Gamma\left(\frac{v}{2}\right)} \int_{-\infty}^{\infty} \left(1 + \frac{t^2}{v}\right)^{-(v+1)/2} \mathrm{d}t \tag{2-74}$$

其方差为：

$$\sigma^2 = \frac{v}{v-2} \tag{2-75}$$

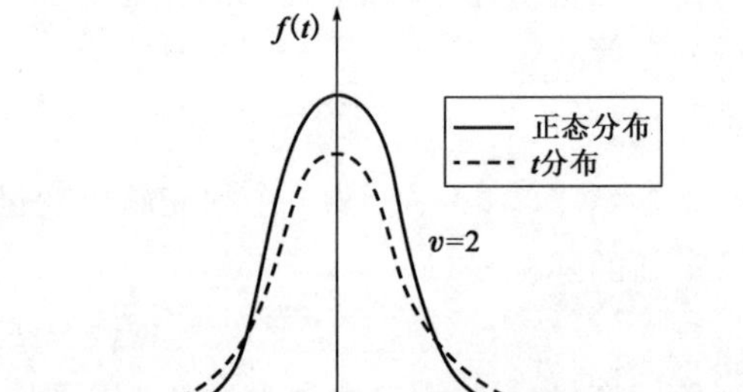

图 2-9 t 分布的分布密度函数

标准差为：

$$\sigma = \sqrt{\frac{v}{v-2}} \tag{2-76}$$

t 分布的数学期望为零，分布密度曲线关于纵轴对称，但它和标准化正态分布密度曲线有所不同。可以证明，当自由度较小时，t 分布与正态分布有明显区别；但当自由度 $v\to\infty$ 时，t 分布曲线趋近于正态分布曲线。

t 分布是一种重要分布，当测量列的测量次数较少时，在进行极限误差的估计或检验测量数据的系统误差时经常用到它。

6. F 分布

若 ξ_1 为自由度为 v_1 的卡埃平方分布函数，ξ_2 为自由度为 v_2 的卡埃平方分布函数，定义新的随机变量为：

$$F = \frac{\xi_1 / v_1}{\xi_2 / v_2} = \frac{\xi_1 v_2}{\xi_2 v_1} \tag{2-77}$$

则随机变量 F 称为自由度为 v_1、v_2 的 F 变量。F 分布的分布密度 $f(F)$ 为：

$$f(F) = \begin{cases} v_1^{\frac{v_1}{2}} v_2^{\frac{v_2}{2}} \dfrac{\Gamma\left(\dfrac{v_1 + v_2}{2}\right)}{\Gamma\left(\dfrac{v_1}{2}\right)\Gamma\left(\dfrac{v_2}{2}\right)} \dfrac{F^{\frac{v_1}{2}-1}}{(v_2 + v_1 F)^{\frac{v_1+v_2}{2}}} & (F \geqslant 0) \\ 0 & (F < 0) \end{cases} \tag{2-78}$$

F 分布的分布密度函数如图 2-10 所示。

F 分布的数学期望为：

$$E = \int_0^\infty F f(F) \mathrm{d}F = \frac{v_2}{v_2 - 2} \quad v_2 > 2 \tag{2-79}$$

其方差为：

$$\sigma^2 = \frac{2 v_2^2 (v_1 + v_2 - 2)}{v_1 (v_2 - 2)^2 (v_2 - 4)} \tag{2-80}$$

标准差为：

$$\sigma = \sqrt{\frac{2v_2^2 (v_1 + v_2 - 2)}{v_1 (v_2 - 2)^2 (v_2 - 4)}} \tag{2-81}$$

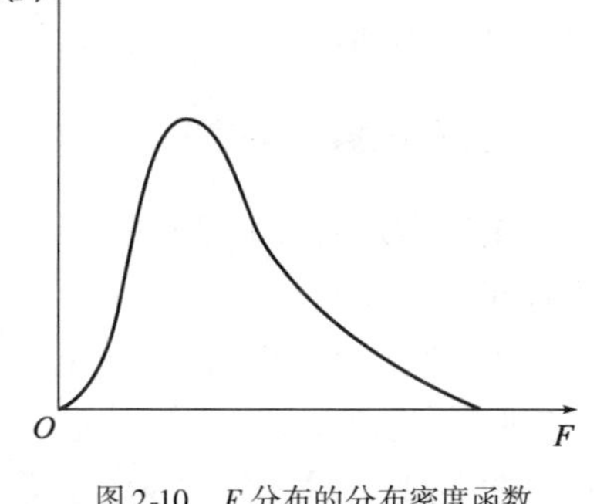

图 2-10　F 分布的分布密度函数

F 分布也是一种重要的分布，在检验统计假设和方差分析中经常用到。

第二节　系 统 误 差

前面所述的随机误差处理方法，是以测量数据中不含有系统误差为前提的。而实际测量过程中往往存在系统误差，在某些情况下的系统误差数值还比较大。因此测量结果的精度不仅取决于随机误差，还取决于系统误差。由于系统误差和随机误差同时存在测量数据之中，且不易被发现，多次重复测量又不能减小它对测量结果的影响，这种潜伏性使得系统误差比随机误差具有更大的危险性。因此，研究系统误差的特征与规律性，并通过一定的方法发现和减小或消除系统误差就显得十分重要。否则，对随机误差的严格数学处理将失去意义，或其效果甚微。

目前，对于系统误差的研究虽已引起人们的重视，但是系统误差的特殊性使得它在处理方法上与随机误差完全不同，涉及对测量设备和测量对象的全面分析，并与测量者的经验、水平以及测量技术的发展密切相关。因此，对系统误差的研究较为复杂和困难，研究新的、有效的发现减小或消除系统误差的方法，已成为误差理论的重要课题之一。

一、系统误差的产生原因

系统误差由固定不变的或按确定规律变化的因素所造成，且这些误差因素是可以掌握的。

1. 测量装置方面的因素

测量装置方面的因素包括仪器机构设计原理上的缺陷，如齿轮杠杆测微仪直线位移和转角不成比例的误差；仪器零件制造和安装不正确，如标尺的刻度偏差、刻度盘和指针的安装偏心、仪器各导轨的误差、天平的臂长不等；仪器附件制造偏差，如标准环规直径偏差等。

2. 环境方面的因素

环境方面的因素表现为测量时的实际温度对标准温度的偏差，测量过程中温度、湿度等按一定规律变化的误差。

3. 测量方法的因素

测量方法因素带来的误差为采用近似的测量方法或近似的计算公式等引起的误差。

4. 测量人员方面的因素

测量人员方面带来的误差包括如下两种：一是由于测量者的个人特点，在刻度上估计读数时，习惯偏于某一方向；二是动态测量时，记录某一信号有滞后的倾向。

二、系统误差的特征

系统误差的特征是在同一条件下，多次测量同一量值时，误差的绝对值和符号保持不变，或者在条件改变时，误差按一定的规律变化。

由系统误差的特征可知，在多次重复测量同一量值时，系统误差不具有抵偿性，它是固定的或服从一定函数规律的误差。从广义上理解，系统误差即是服从某一确定规律变化的误差。

图 2-11 所示为各种系统误差 Δ 随测量时间 t 变化而表现出的不同特征。其中，曲线 a 为不变的系统误差，曲线 b 为线性变化的系统误差，曲线 c 为非线性变化的系统误差，曲线 d 为周期性变化的系统误差，曲线 e 为复杂规律变化的系统误差。

当系统误差与随机误差同时存在时，误差表现特征如图 2-12 所示。图中设 x_0 为被测量的真实值，在多次重复测量中系统误差为固定值 Δ，而随机误差为对称分布，分布范围为 2δ，并以系统误差 Δ 为中心而变化。

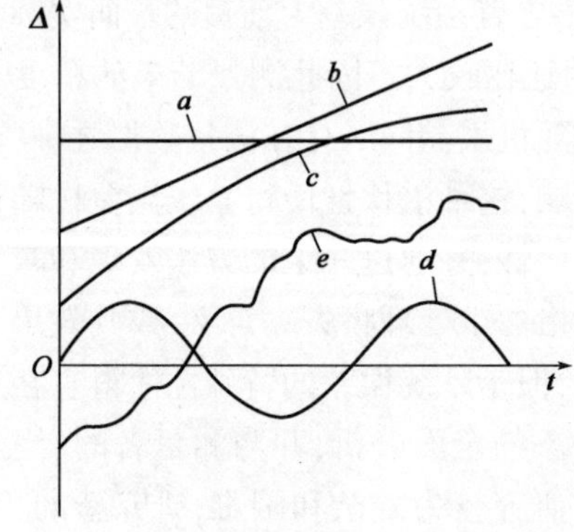

图 2-11 不同系统误差随测量时间变化的规律

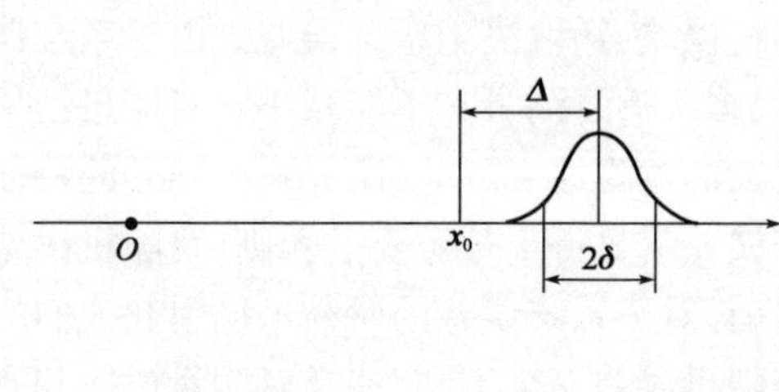

图 2-12 系统误差与随机误差同时存在时的误差特征

1. 不变的系统误差

在整个测量过程中，误差符号和大小固定不变的系统误差，称为不变的系统误差。如某量块的公称尺寸为10mm，实际尺寸为10.001mm，误差为-0.001mm。若按公称尺寸使用，量块就会存在-0.001mm的系统误差。

2. 线性变化的系统误差

在整个测量过程中，随着测量值或时间的变化，误差成比例地增大或减小，这种误差称为线性变化的系统误差。如刻度值为1mm的标准刻尺，由于存在刻划误差Δl，每一刻度间距实际为$1\text{mm}+\Delta l$，若用它与另一长度比较，得到的比为K，则被测长度的实际值为：

$$L=K(1+\Delta l)$$

若认为该长度实际值为Kmm，就产生了随测量值大小而变化的线性系统误差$-K\Delta l$。

3. 周期性变化的系统误差

在整个测量过程中，若随着测量值或时间的变化，误差是按周期性规律变化的，则称这种误差为周期性变化的系统误差。如仪表指针的回转中心与刻度盘中心有偏心值e，则指针在任一转角φ引起的读数误差（$\Delta L=e\sin\varphi$）即为周期性系统误差（图2-13）。

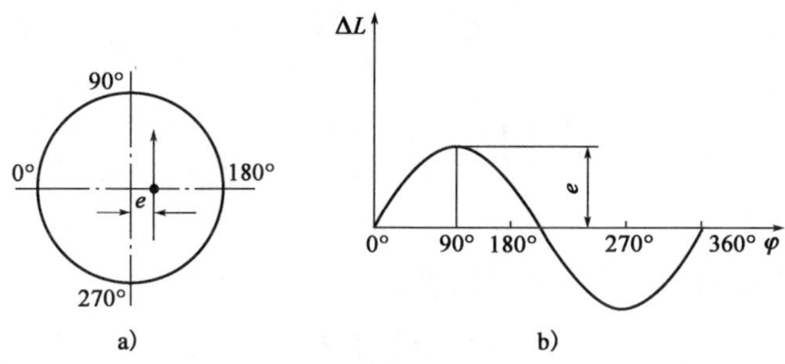

图2-13　周期性变化的系统误差

此误差变化规律符合正弦曲线，指针在0°和180°时误差为零，而在90°和270°时误差最大，误差值为$\pm e$。

4. 变化规律复杂的系统误差

在整个测量过程中，若误差是按确定且复杂的规律变化的，则称这种误差为复杂规律变化的系统误差。如测电流的微安表或测力的万能试验压力机的指针偏转角与偏转力矩不能严格保持线性关系，而表盘仍采用均匀刻度所产生的误差等。

三、系统误差的发现

因为系统误差的数值往往比较大，所以必须清除系统误差的影响，才能有效地提高测量精度。为了消除或减小系统误差，首先要解决的困难问题是如何发现系统误差。在测量过程中，形成系统误差的因素是复杂的，通常人们还难于查明所有的系统误差，也不可能全部消除系统误差的影响。在发现系统误差的过程中，必须根据具体测量过程和测量仪器进行全面、仔细的分析，这是一件困难而又复杂的工作，目前还没有能够适用于发现各种系统误差的普遍方法，下面介绍适用于发现某些系统误差的几种常用方法。

1. 试验对比法

试验对比法是通过改变产生系统误差的条件进行不同条件的测量,以发现系统误差的方法,适用于发现不变的系统误差。例如量块按公称尺寸使用时,在测量结果中就存在由于量块的尺寸偏差而产生的不变的系统误差,即使多次重复测量也不能发现这一误差,只有与另一块高一级精度的量块进行对比才能发现它。

2. 残余误差观察法

残余误差观察法是根据测量列的各个残余误差大小和符号的变化规律,直接由误差数据或误差曲线图形来判断有无系统误差的方法,主要适用于发现有规律变化的系统误差。

若有测量列 $l_1,l_2,\cdots,l_n$,其系统误差为 $\Delta l_1,\Delta l_2,\cdots,\Delta l_n$,设不含系统误差之值为 $l'_1,l'_2,\cdots,l'_n$,则有:

$$\begin{aligned} l_1 &= l'_1 + \Delta l_1 \\ l_2 &= l'_2 + \Delta l_2 \\ &\vdots \\ l_n &= l'_n + \Delta l_n \end{aligned}$$

则它们的算术平均值为:

$$\bar{x} = \bar{x}' + \Delta\bar{x}$$

因有:

$$l_i - \bar{x} = v_i, l'_i - \bar{x}' = v'_i$$

故有:

$$v_i = v'_i + (\Delta l_i - \Delta\bar{x}) \tag{2-82}$$

若系统误差显著大于随机误差,v'_i 可以忽略,则有:

$$v_i \approx \Delta l_i - \Delta\bar{x} \tag{2-83}$$

式(2-83)说明,显著含有系统误差的测量列,其任一测量值的残余误差为系统误差与测量列系统误差平均值之差。

根据测量的先后顺序,将测量列的残余误差列表或作图进行观察,可以判断有无系统误差。若残余误差大体上是正负相同,且无显著变化规律,则无理由怀疑存在系统误差(图2-14a)。若残余误差数值有规律地递增或递减,且在测量开始与结束时误差符号相反,则存在线性系统误差(图2-14b)。若残余误差符号有规律地逐渐由负变正、再由正变负,且循环交替重复变化,则存在周期性系统误差(图2-14c)。若残余误差有如图2-14d所示的变化规律,则应怀疑其同时存在线性系统误差和周期性系统误差。由式(2-82)和图2-14可以看出,若测量列中含有不变的系统误差,残余误差观察法发现不了测量列中不变的系统误差。

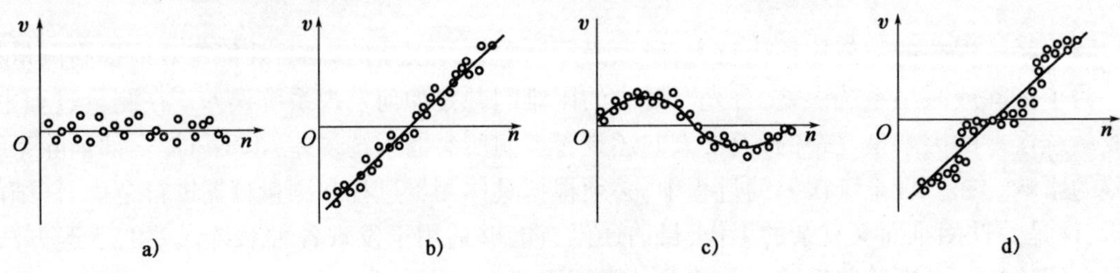

图2-14　作图法判断系统误差类型

【例 2-14】 对某路面材料试验用恒温箱温度测量 10 次，测得数据见表 2-9。判断该测量列中是否存在系统误差。

某路面材料试验用恒温箱温度测量结果　　表 2-9

序　号	t_i(℃)	v_i(℃)
1	20.06	−0.06
2	20.07	−0.05
3	20.06	−0.06
4	20.08	−0.04
5	20.10	−0.02
6	20.12	0.00
7	20.14	+0.02
8	20.18	+0.06
9	20.18	+0.06
10	20.21	+0.09
计算指标	$\bar{x}=20.12$ $\sigma=0.055$	$\sum_{i=1}^{5}v_i=-0.23$，$\sum_{i=6}^{10}v_i=+0.23$ $\sum_{i=1}^{10}v_i=-0.23+0.23=0$

解：根据测量结果，绘制 v_i 变化曲线，如图 2-15 所示。

由表 2-9 和图 2-15 可知，残余误差符号由负变正，误差值由小到大，故测量列中存在线性系统误差。

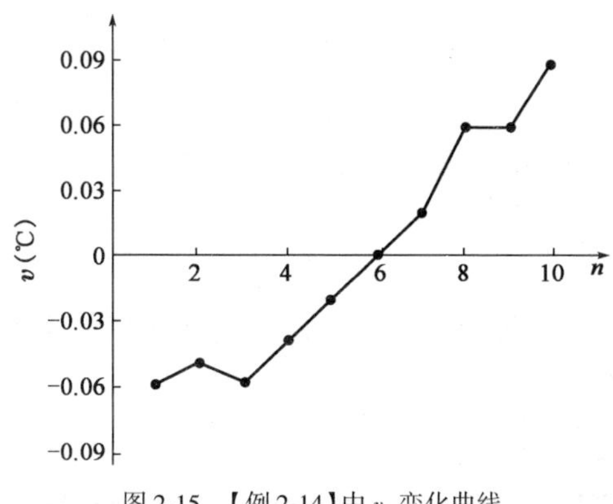

图 2-15　【例 2-14】中 v_i 变化曲线

3. 残余误差校核法

1）用于发现线性系统误差

根据式（2-82），若将测量列中前 K 个残余误差相加，后 $(n-K)$ 个残余误差相加［若 n 为偶数，取 $K=n/2$；n 为奇数，取 $K=(n+1)/2$］，将两者相减，得：

$$\begin{aligned}\Delta &= \sum_{i=1}^{K} v_i - \sum_{j=K+1}^{K} v_j \\ &= \sum_{i=1}^{K} v'_i - \sum_{j=K+1}^{K} v'_j + \sum_{i=1}^{K}(\Delta l_i - \Delta\bar{x}) - \sum_{j=K+1}^{K}(\Delta l_j - \Delta\bar{x})\end{aligned}$$

当测量次数足够多时，有：

$$\sum_{i=1}^{K} v_i' \approx \sum_{j=K+1}^{K} v_j' = 0$$

可得：

$$\Delta = \sum_{i=1}^{K} v_i - \sum_{j=K+1}^{K} v_j \approx \sum_{i=1}^{K} (\Delta l_i - \Delta \bar{x}) - \sum_{j=K+1}^{K} (\Delta l_j - \Delta \bar{x}) \tag{2-84}$$

若式(2-84)的两部分差值Δ显著不为零，则有理由认为测量列存在线性系统误差。这种校核法又称为马利科夫准则，它能有效地发现线性系统误差。但值得指出的是，有时按残余误差校核法求得差值Δ=0，也仍有可能存在系统误差。如测量列中仅仅含有图2-15所示的系统误差，其均值为零，则所得的差值Δ=0。

【例2-15】 以【例2-14】中的恒温箱温度测量数据为基础，判断测量数据中是否存在系统误差。

解： $\Delta = (-0.06 - 0.05 - 0.06 - 0.04 - 0.02) - (0 + 0.02 + 0.06 + 0.06 + 0.09)$

$= (-0.23) - (+0.23) = -0.46(℃)$

因差值Δ显著不为零，故测量列中含有线性系统误差。

2)用于发现周期性系统误差

若有一等精度测量列，接测量先后顺序将残余误差排列为$v_1, v_2, \cdots, v_n$，如果存在着按此顺序呈周期性变化的系统误差，则相邻两个残余误差的差值$(v_i - v_{i+1})$符号也将表现为有周期性的正负号变化，因此可通过差值$(v_i - v_{i+1})$判断是否存在周期性系统误差。但是这种方法只有当周期性系统误差是整个测量误差的主要成分时，才有实用效果。否则，差值$(v_i - v_{i+1})$符号变化将主要取决于随机误差，以致不能判断出周期性系统误差。在此情况下，可用统计准则进行判断。

令：

$$u = \left|\sum_{i=1}^{n-1} v_i v_{i+1}\right| = |v_1 v_2 + v_2 v_3 + \cdots + v_{n-1} v_n|$$

若有：

$$u > \sqrt{n-1}\sigma^2 \tag{2-85}$$

则认为该测量列中含有周期性系统误差。这种校核法又称阿卑-赫梅特准则，它能有效地发现周期性系统误差。

4.不同公式计算标准差比较法

对等精度测量，可用不同公式计算标准差，通过比较发现系统误差。

按贝塞尔公式计算标准差，有：

$$\sigma_1 = \sqrt{\frac{\sum_{i=1}^{n} v_i^2}{n-1}}$$

按别捷尔斯公式计算标准差，有：

$$\sigma_2 = 1.253 \times \frac{\sum_{i=1}^{n} |v_i|}{\sqrt{n(n-1)}}$$

令：

$$\frac{\sigma_2}{\sigma_1} = 1 + u$$

若：

$$|u| \geqslant \frac{2}{\sqrt{n-1}} \tag{2-86}$$

则怀疑测量列中存在系统误差。

5. 计算数据比较法

对同一量进行多组测量，可得到很多数据。比较多组计算数据，若不存在系统误差，其说明比较结果应满足随机误差条件，否则可认为存在系统误差。

若对同一量独立测得 m 组结果，并知它们的算术平均值和标准差为：

$$\bar{x}_1, \sigma_1; \bar{x}_2, \sigma_2; \cdots; \bar{x}_m, \sigma_m$$

而任意两组结果之差为：

$$\Delta = \bar{x}_i - \bar{x}_j$$

其标准差为：

$$\sigma = \sqrt{\sigma_i^2 + \sigma_j^2}$$

则任意两组结果 $\bar{x}_i$ 与 $\bar{x}_j$ 间不存在系统误差的条件是：

$$|\bar{x}_i - \bar{x}_j| < 2\sqrt{\sigma_i^2 + \sigma_j^2} \tag{2-87}$$

【例 2-16】 1894 年，雷莱（Rayleigh）用不同方法制取氮，测得氮气相对密度平均值及其标准差分别为：由化学法制取氮时，$\bar{x}_1 = 2.29971$，$\sigma_1 = 0.00041$；由大气中提取氮时，$\bar{x}_2 = 2.31022$，$\sigma_2 = 0.00019$。

解：两者差值为：

$$\Delta = \bar{x}_2 - \bar{x}_1 = 0.01051$$

其标准差为：

$$\sigma = \sqrt{\sigma_1^2 + \sigma_2^2} = \sqrt{0.00041^2 + 0.00019^2} = 0.00045$$

则：

$$\Delta \gg \sqrt{\sigma_1^2 + \sigma_2^2} = 2 \times 0.00045 = 0.0009$$

由于两种方法所得结果的差值远远大于两倍标准差，故两种方法间存在系统误差，且经过分析认为由于操作技术引起系统误差的可能性很小，因此雷莱没有企图设法改进制取氮的操作技术而使两者结果之差变小。相反，他强调了两种方法的实质差别，从而导致后来由雷塞姆对此进行深入的研究，终于发现了空气中存在惰性气体。这一新的发现，深刻揭示了两种方法产生差别的原因。

6. 秩和检验法

对某量进行两组测量，判断这两组间是否存在系统误差，可通过秩和检验法根据两组分布是否相同来确定。

设独立测得两组的数据分别为：

$$x_i \quad (i = 1,2,\cdots,n_x)$$
$$y_i \quad (i = 1,2,\cdots,n_y)$$

则将它们混合以后,按大小顺序重新排列,取测量次数较少的那一组,数出它的测得值在混合后的次序(即秩),再将所有测得值的次序相加,即得秩和 T。

通常,两组的测量次数 n_1、$n_2 \leqslant 10$,可根据测量次数较少的组的次数 n_1 和测量次数较多的组的次数 n_2,由秩和检验表 2-10 查得 T_- 和 T_+(显著度 0.05)。若 $T_- < T < T_+$ 则无理由怀疑两组间存在系统误差。

当 n_1、$n_2 > 10$ 时,秩和 T 近似服从正态分布:

$$N\left(\frac{n_1(n_1+n_2+1)}{2},\sqrt{\frac{n_1n_2(n_1+n_2+1)}{12}}\right)$$

括号中第一项为数学期望,第二项为标准差,此时 T_- 和 T_+ 可由正态分布求出。

根据求得的数学期望值 a 和标准差 σ,则有:

$$T - a = t\sigma, t = \frac{T-a}{\sigma}$$

选取概率 $\varphi(t)$,从正态分布积分表(概率与统计书籍)查得 t,若 $|t| \leqslant t_\alpha$,则无理由怀疑两组间存在系统误差。

秩和检验表 表 2-10

n_1	2	2	2	2	2	2	2	3	3	3	3	3	3	3	3
n_2	4	5	6	7	8	9	10	3	4	5	6	7	8	9	10
T_-	3	3	4	4	4	4	5	6	7	7	8	9	9	10	11
T_+	11	13	14	16	18	20	21	15	17	20	22	24	27	29	31
n_1	4	4	4	4	4	4	4	5	5	5	5	5	5	6	6
n_2	4	5	6	7	8	9	10	5	6	7	8	9	10	6	7
T_-	12	13	14	15	16	17	18	19	20	22	23	25	26	28	30
T_+	24	27	30	33	36	39	42	36	40	43	47	50	54	50	54
n_1	6	6	6	7	7	7	7	8	8	8	9	9	10		
n_2	8	9	10	7	8	9	10	8	9	10	9	10	10		
T_-	32	33	35	39	41	43	46	52	54	57	66	69	83		
T_+	58	63	67	66	71	76	80	84	90	95	105	111	127		

【例 2-17】 对某试验检测量测得两组数据如下,判断两组间有无系统误差。

$$x_i: 14.7, 14.8, 15.2, 15.6;$$
$$y_i: 14.6, 15.0, 15.1。$$

解:将两组数据混合排列,见表 2-11:

【例 2-17】中两组数据混合排列结果 表 2-11

T	1	2	3	4	5	6	7
x_i		14.7	14.8			15.2	15.6
y_i	14.6			15.0	15.1		

已知 $n_1=3,n_2=4$；计算秩和 $T=1+4+5=10$；

查表2-10，有：

$$T_-=7,T_+=17$$

因：

$$T_-=7<T=10<17=T_+$$

故无理由怀疑两组间存在系统误差。

若两组数据中有相同的数值，则该数据的秩按所排列的两个次序的平均值计算。

7. t 检验法

当两组测得值服从正态分布时，可用 t 检验法判断两组间是否存在系统误差。

若独立测得两组的数据为：

$$x_i \quad (i=1,2,\cdots,n_x)$$
$$y_i \quad (i=1,2,\cdots,n_y)$$

令变量：

$$t=(\bar{x}-\bar{y})\sqrt{\frac{n_x n_y(n_x+n_y-2)}{(n_x+n_y)(n_x\sigma_x^2+n_y\sigma_y^2)}} \tag{2-88}$$

式中，$\bar{x}=\frac{1}{n_x}\sum x_i,\bar{y}=\frac{1}{n_y}\sum y_i,\sigma_x^2=\frac{1}{n_x}\sum(x_i-\bar{x})^2,\sigma_y^2=\frac{1}{n_y}\sum(y_i-\bar{y})^2$。

则称此变量为服从自由度为(n_x+n_y-2)的 t 分布变量。

取显著度 α，由 t 分布表查 $P(|t|\leqslant t_\alpha)=\alpha$ 中的 t_α，若实测数列中 $|t|\leqslant t_\alpha$，则无理由怀疑两组间有系统误差。

【例 2-18】 对某试验检测量的量值测得两组数据如下，判断两组数据间是否有系统误差。

x:1.9,0.8,1.1,0.1,-0.1,4.4,5.5,1.6,4.6,3.4;

y:0.7,-1.6,-0.2,-1.2,-0.1,3.4,3.7,0.8,0.0,2.0。

解：

$$\bar{x}=\frac{1}{n_x}\sum x_i=\frac{1}{10}\sum x=2.33$$

$$\bar{y}=\frac{1}{n_y}\sum y_i=\frac{1}{10}\sum y=0.75$$

$$\sigma_x^2=\frac{1}{n_x}\sum(x_i-\bar{x})^2=\frac{1}{10}\sum(x_i-\bar{x})^2=3.61$$

$$\sigma_y^2=\frac{1}{n_y}\sum(y_i-\bar{y})^2=\frac{1}{10}\sum(y_i-\bar{y})^2=2.89$$

则：

$$t=(2.33-0.75)\sqrt{\frac{10\times10\times(10+10-2)}{(10+10)(10\times3.61+10\times2.89)}}=1.86$$

由 $v=10+10-2=18$，取 $\alpha=0.05$，查 t 分布表，得 $t_\alpha=2.10$。

因：

$$|t|=1.86\leqslant t_\alpha=2.10$$

故无理由怀疑两组数据间有系统误差。

上面介绍了7种系统误差发现方法，按其用途可分为两类：第一类用于发现测量列组内的系统误差，包括前四种方法，即试验对比法、残余误差观察法、残余误差校核法和不同公式计算标准差比较法；第二类用于发现各组测量之间的系统误差，包括后三种方法，即计算数据比较法、秩和检验法和t检验法。这些方法各具有不同特点，有的只能在一定条件下应用，因此必须根据具体测量仪器和测量过程来选用相应的方法。例如，试验对比法是发现各种系统误差的有效方法，但由于这种方法需要相应的高精度测量仪器和较好的测量条件，因而其应用受到限制。残余误差观察法是发现组内系统误差的有效方法，一般情况下皆可使用，但它无法发现不变的系统误差。

四、系统误差的减小和消除

在测量过程中，若发现有系统误差存在，则必须进一步分析比较，找出可能产生系统误差的因素以及减小和消除系统误差的方法。但是，这些方法使用的难易程度和具体的测量对象、测量方法、测量人员的经验有关，因此要找出普遍有效的方法比较困难，下面介绍其中最基本的方法以及适应各种系统误差的特殊方法。

1. 从误差产生源头消除系统误差

从产生误差根源上消除误差是最根本的方法，它要求测量人员对测量过程中可能产生的系统误差的环节作仔细分析，并在测量前就将误差从产生源头消除。如为了防止出现调整误差，要正确调整仪器，选择合理的被测件的定位面或支承点；又如为了防止测量过程中仪器零位发生变动，测量开始和结束时都需检查零位；再如为了防止在长期使用条件下仪器精度降低，要严格进行周期的检定与修理。如果误差是由外界条件引起的，则应在外界条件比较稳定时进行测量，当外界条件急剧变化时应及时停止测量。

2. 用修正方法消除系统误差

这种方法是预先将测量器具的系统误差检定或计算出来，作出误差表或误差曲线，然后取与误差数值大小相同而符号相反的值作为修正值，将实际测得值加上相应的修正值，即可得到不包含该系统误差的测量结果。如量块的实际尺寸不等于公称尺寸，若按公称尺寸使用，就会产生系统误差。因此，按经过检定的实际尺寸(即将量块的公称尺寸加上修正量)使用，就可避免此项系统误差的产生。

由于修正值本身也包含有一定误差，因此用修正值消除系统误差的方法，不可能将全部系统误差修正掉，而总会残留少量系统误差。这种残留的系统误差，则应按随机误差进行处理。

3. 不变系统误差消除法

对测得值中存在固定不变的系统误差，常用以下几种方法进行消除。

1)代替法

代替法的实质是在测量装置上对被测量测量后不改变测量条件，立即用一个标准量代替被测量，放到测量装置上再次进行测量，从而求出被测量与标准量的差值，即：

$$\text{被测量} = \text{标准量} + \text{差值}$$

例如在等臂天平上称重，被测质量X先与媒介物质量Q平衡，如天平的两臂长有误差，设

长度为 l_1、l_2，则有：

$$X = \frac{l_2}{l_1}Q$$

由于不能准确知道两臂长 l_1、l_2 的实际值，若取 $X = Q$，将带来固定不变的系统误差。

现移去被测量 X，用已知质量为 P 的标准砝码代替，若该砝码可使天平重新平衡，则有：

$$P = \frac{l_2}{l_1}Q$$

所以 $X = P$。

若该砝码不能使天平重新平衡，读出差值 ΔP，则有：

$$P + \Delta P = \frac{l_2}{l_1}Q$$

所以 $X = P + \Delta P$，这样就可消除由于天平两臂不等而带来的系统误差。

2）抵消法

这种方法要求进行两次测量，以便使两次读数时出现的系统误差大小相等、符号相反。取两次测得值的平均值，作为测量结果，即可消除系统误差。

例如，在工具显微镜上测量螺纹中径，由于被测螺纹轴线与工作台纵向移动方向不一致，当按螺纹牙廓的一侧测量时，所得的测得值 d_{21} 将包含系统误差 $+\Delta$。当按螺纹牙廓另一侧测量时，所得的测得值 d_{22} 将包含系统误差 $-\Delta$。取两次测得值的算术平均值作为测量结果，便可消除由于被测螺纹轴线与工作台纵向移动方向不一致所引起的误差，即：

$$\frac{d_{21} + d_{22}}{2} = \frac{d_2 + \Delta + d_2 - \Delta}{2} = d_2$$

3）交换法

这种方法旨在根据误差产生原因，将某些条件交换，以消除系统误差。例如在等臂天平上称量（图 2-16），先将被测量 X 放于左边，标准砝码 P 放于右边，调节平衡后，则有：

$$X = \frac{l_2}{l_1}P$$

将 X、P 交换位置后，由于 $l_1 \neq l_2$，P 将换为 $(P + \Delta P)$ 才能与 X 平衡，即：

$$P' = P + \Delta P = \frac{l_2}{l_1}X$$

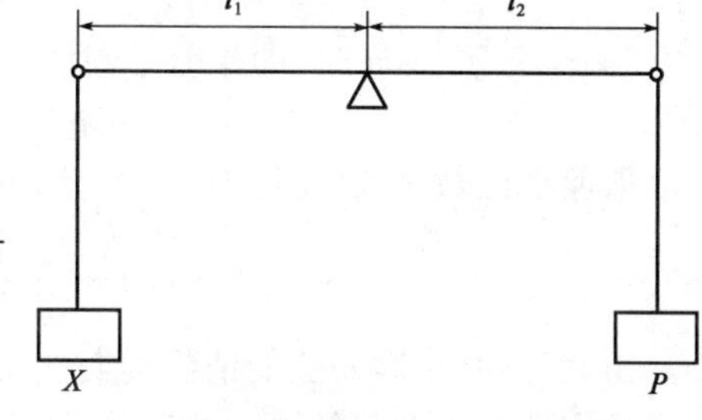

图 2-16　变换法用于等臂天平称量

取 $X = \sqrt{P'P} \approx \frac{P' + P}{2}$，即可消除两臂不等而带来的系统误差。

4. 线性系统误差消除法——对称法

对称法是消除线性系统误差的有效方法，如图 2-17 所示。随着时间的变化，被测量表现出线性增加趋势，若选定某时刻为中点，则关于此点对称时刻的系统误差算术平均值相等，即：

$$\frac{\Delta l_1 + \Delta l_5}{2} = \frac{\Delta l_2 + \Delta l_4}{2} = \Delta l_3$$

利用这一特点,可将被测量对称安排,取各对称点两次读数的算术平均值作为测得值,即可消除线性系统误差。

例如检定量块平面平行性时(图 2-18),先以标准量块 A 的中心 0 点对零,然后按图中所示被检量块 B 上的顺序逐点检定,再按相反顺序进行检定,取正反两次读数的平均值作为各点的测得值,就可消除因温度变化而产生的线性系统误差。

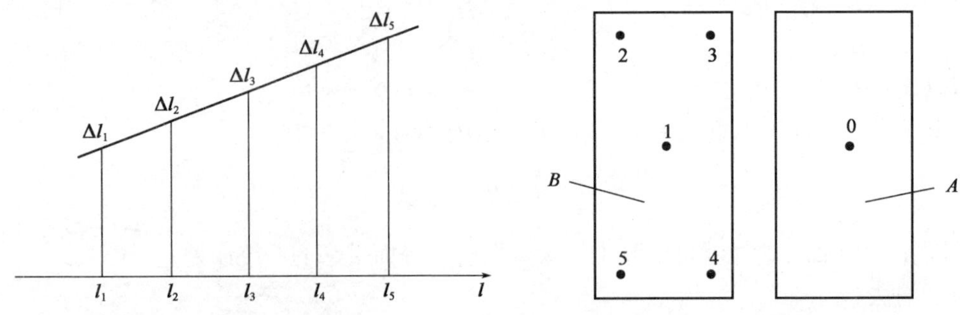

图 2-17 对称法消除系统误差

图 2-18 对称法用于检定量块平面平行性

对称法可以有效地消除随时间变化而产生的线性系统误差。很多误差都随时间变化,而在短时间内均可认为是线性变化。此外,有时按复杂规律变化的误差,也可近似地作为线性误差处理,因此,在一切有条件的场合,均宜采用对称法消除系统误差。

5. 周期性系统误差消除法——半周期法

对周期性误差,可以相隔半个周期进行两次测量,取两次读数平均值,即可有效地清除周期性系统误差。

周期性系统误差一般可表示为:

$$\Delta l = a\sin\varphi$$

设 $\varphi = \varphi_1$ 时,误差为:

$$\Delta l_1 = a\sin\varphi_1$$

当 $\varphi_2 = \varphi_1 + \pi$ 时,即相差半周期的误差为:

$$\Delta l_2 = a\sin(\varphi_1 + \pi) = -a\sin\varphi_1 = -\Delta l_1$$

取两次读数平均值,则有:

$$\frac{\Delta l_1 + \Delta l_2}{2} = \frac{\Delta l_1 - \Delta l_2}{2} = 0$$

由此可知,半周期法能消除周期性误差。仪器度盘安装偏心、测微表指针回转中心与刻度盘中心有偏心等引起的周期性误差,皆可采用半周期法消除。

第三节 粗 大 误 差

粗大误差的数值比较大,它会明显歪曲测量结果。因此,一旦发现含有粗大误差的测量值,应将其从测量结果中剔除。

一、粗大误差的产生原因

产生粗大误差的原因是多方面的,大致可归纳为以下两方面。

1. 测量人员的主观原因

测量者工作责任感不强、工作过于疲劳、工作缺乏经验操作不当，或在测量时不小心、不耐心、不仔细等，造成读数或记录错误，这是产生粗大误差的主要原因。

2. 客观外界条件的原因

测量条件意外改变（如机械冲击、外界振动等），引起仪器示值或被测对象位置的改变而产生粗大误差。

二、防止与消除粗大误差的方法

对粗大误差，除了设法从测量结果中发现和鉴别而加以剔除外，更重要的是要加强测量者的工作责任心和要求测量者以严格的科学态度对待测量工作；此外，还要保证测量条件的稳定，应避免在外界条件发生激烈变化时进行测量。若能达到以上要求，一般情况下是可以防止粗大误差产生的。

在某些情况下，为了及时发现与防止测得值中含有粗大误差，可采用不等精度测量和相互校核的方法。例如，对某一被测值，可由两位测量者进行测量、读数和记录；或者用两种不同仪器或两种不同方法进行测量（如测量薄壁圆筒内径，可通过直接测量内径或测量外径和壁厚，再经过计算求得内径，两者相互校验）。

三、判别粗大误差的准则

在判别某个测得值是否含有粗大误差时，要特别慎重，应作充分的分析和研究，并根据判别准则予以确定。通常用来判别粗大误差的准则有四种。

1. 3σ 准则（莱以特准则）

3σ 准则是最常用也最简单的判别粗大误差的准则，它以测量次数充分大为前提，但通常测量次数皆较少，因此 3σ 准则只是一个近似的准则。

对于某一测量列，若各测得值只含有随机误差，则根据随机误差的正态分布规律，其残余误差落在 $\pm 3\sigma$ 以外的概率约为 0.3%，即在 370 次测量中只有 1 次其残余误差落在 $\pm 3\sigma$ 以外。如果在测量列中，发现有大于 3σ 的残余误差的测得值，即：

$$|v_i| > 3\sigma \tag{2-89}$$

则可以认为它含有粗大误差，应予剔除。

【例 2-19】 对某试验检测量进行 15 次等精度测量，测得值见表 2-12。设这些测得值已消除了系统误差，试判别该测量列中是否含有粗大误差的测得值。

某试验检测量 15 次等精度测量结果　　表 2-12

序　号	l	v	v^2	v'	v'^2
1	20.42	+0.016	0.000256	+0.009	0.00081
2	20.43	+0.026	0.000676	+0.019	0.000361
3	20.40	−0.004	0.000016	−0.001	0.000121
4	20.43	+0.026	0.000676	+0.019	0.000361
5	20.42	+0.016	0.000256	+0.009	0.000081

续上表

序　号	l	v	v^2	v'	v'^2
6	20.43	+0.026	0.000676	+0.019	0.000361
7	20.39	-0.014	0.000196	-0.021	0.000441
8	20.30	-0.104	0.010816	—	—
9	20.40	-0.004	0.000016	-0.011	0.000121
10	20.43	+0.026	0.000676	+0.019	0.000361
11	20.42	+0.016	0.000256	+0.009	0.000081
12	20.41	+0.006	0.000036	-0.001	0.000001
13	20.39	-0.014	0.000196	-0.021	0.000441
14	20.39	-0.014	0.000196	-0.021	0.000441
15	20.40	-0.004	0.000016	-0.011	0.000121
计算指标	$\bar{x}=\frac{\sum_{i=1}^{15} l_i}{15}=20.404$	$\sum_{i=1}^{15} v_i=0$	$\sum_{i=1}^{15} v_i^2=0.0150$		$\sum_{i=1}^{15} v'^2_i=0.00337$

解：由表 2-12 可知：

$$\bar{x} = 20.404$$

$$\sigma = \sqrt{\frac{\sum_{i=1}^{n} v_i^2}{n-1}} = \sqrt{\frac{0.0150}{15-1}} = 0.033$$

根据 3σ 准则，第 8 个(表 2-11 中序号 8 一行)测得值 20.30 的残余误差：

$$|v_8| = 0.104 > 3\sigma = 0.099$$

即它含有粗大误差，故将此测得值剔除。再根据表 2-11 中剩下的 14 个测得值重新计算，得：

$$\bar{x} = 20.411$$

$$\sigma' = \sqrt{\frac{\sum_{i=1}^{15} v'^2_i}{n-1}} = \sqrt{\frac{0.00337}{14-1}} = 0.016$$

$$3\sigma' = 3 \times 0.016 = 0.048$$

由表 2-11 知，表中剩下的 14 个测得值的残余误差均满足：

$$|v'_i| > 3\sigma'$$

故可认为这些测得值不再含有粗大误差。

2. 罗曼诺夫斯基准则

当测量次数较少时，按 t 分布的实际误差分布范围来判别粗大误差较为合理。罗曼诺夫斯基准则又称 t 检验准则，其特点是首先剔除一个可疑的测得值，然后按 t 分布检验被剔除的测量值是否含有粗大误差。

设对某试验检测量进行多次等精度独立测量，得：

$$x_1, x_2, \cdots, x_n$$

若认为测量值 x_j 为可疑数据，将其剔除后计算平均值为（计算时不包括 x_j）：

$$\bar{x} = \frac{1}{n-1}\sum_{\substack{i=1\\i\neq j}}^{n} x_i$$

并求得测量列的标准差（计算时不包括 $v_j = x_j - \bar{x}$）：

$$\sigma = \sqrt{\frac{\sum_{i=1}^{n} v_i^2}{n-2}}$$

根据测量次数 n 和选取的显著度 α，并根据表2-13查得 t 分布的检验系数 $K(n,\alpha)$，若有：

$$|x_j - \bar{x}| > K\sigma \tag{2-90}$$

则认为测量值 x_j 含有粗大误差，剔除 x_j 是正确的；否则认为 x_j 不含有粗大误差，应予保留。

t 分布检验系数表　　表2-13

$K(n,\alpha)$	0.05	0.01	$K(n,\alpha)$	0.05	0.01
4	4.97	11.46	18	2.18	3.01
5	3.56	6.53	19	2.17	3.00
6	3.04	5.04	20	2.16	2.95
7	2.78	4.36	21	2.15	2.93
8	2.62	3.96	22	2.14	2.91
9	2.51	3.71	23	2.13	2.90
10	2.43	3.54	24	2.12	2.88
11	2.37	3.41	25	2.11	2.86
12	2.33	3.31	26	2.10	2.85
13	2.29	3.23	27	2.10	2.84
14	2.26	3.17	28	2.09	2.83
15	2.24	3.12	29	2.09	2.82
16	2.22	3.08	30	2.08	2.81
17	2.20	3.04			

【例2-20】　试用罗曼诺夫斯基准则判别【例2-19】的测得值中是否含有粗大误差。

解：首先怀疑第8个测得值20.30含有粗大误差，将其剔除。然后根据表2-12中剩下的14个测量值计算平均值和标准差，得：

$$\bar{x} = 20.411$$

$$\sigma = 0.016$$

选取显著度 $\alpha = 0.05$，已知 $n = 15$，查表2-13得：

$$K(n,\alpha) = 2.24$$

则：

$$K\sigma = 2.24 \times 0.016 = 0.036$$

因：

$$|x_8 - \bar{x}| = |20.30 - 20.411| = 0.111 > K\sigma = 0.036$$

故第8个测量值20.30含有粗大误差，应予剔除。

然后,对表 2-11 中剩下的 14 个测得值进行判别,可知这些测得值不再含有粗大误差。

3. 格罗布斯准则

设对某量进行多次等精度独立测量,得:

$$x_1, x_2, \cdots, x_n$$

当 x_i 服从正态分布时,相关指标的计算公式如下:

$$\bar{x} = \frac{1}{n}\sum x$$

$$v_i = x_i - \bar{x}$$

$$\sigma = \sqrt{\frac{\sum v^2}{n-1}}$$

为了检验 $x_i(i = 1,2,\cdots,n)$ 中是否存在粗大误差,将 x_i 按大小顺序排列或顺序统计量 $x_{(i)}$,且满足:

$$x_{(1)} \leqslant x_{(2)} \leqslant \cdots \leqslant x_{(n)}$$

在格罗布斯导出 $g_{(n)} = \frac{x_{(n)} - \bar{x}}{\sigma}$ 及 $g_{(1)} = \frac{\bar{x} - x_{(1)}}{\sigma}$ 分布的前提下,取定显著度 α(一般为 0.05 或 0.01),可得表 2-14 所列的临界值 $g_0(n,\alpha)$,由于:

$$P\left(\frac{x_{(n)} - \bar{x}}{\sigma} \geqslant g_0(n,\alpha)\right) = \alpha$$

及:

$$P\left(\frac{\bar{x} - x_{(1)}}{\sigma} \geqslant g_0(n,\alpha)\right) = \alpha$$

临界值 $g_0(n,\alpha)$ 取值表 表 2-14

n	α		n	α	
	0.05	0.01		0.05	0.01
	$g_0(n,\alpha)$			$g_0(n,\alpha)$	
3	1.15	1.16	17	2.48	2.78
4	1.46	1.49	18	2.50	2.82
5	1.67	1.75	19	2.53	2.85
6	1.82	1.94	20	2.56	2.88
7	1.94	2.10	21	2.58	2.91
8	2.03	2.22	22	2.60	2.94
9	2.11	2.32	23	2.62	2.96
10	2.18	2.41	24	2.64	2.99
11	2.23	2.48	25	2.66	3.01
12	2.28	2.55	30	2.74	3.18
13	2.33	2.61	35	2.81	3.24
14	2.37	2.66	40	2.87	3.34
15	2.41	2.70	50	2.96	3.59
16	2.44	2.75	100	3.17	

若认为 $x_{(1)}$ 可疑，则有：

$$g_{(1)}=\frac{\bar{x}-x_{(1)}}{\sigma}$$

若认为 $x_{(n)}$ 可疑，则有：

$$g_{(n)}=\frac{x_{(n)}-\bar{x}}{\sigma}$$

若：

$$g_{(i)}\geqslant g_0(n,\alpha) \tag{2-91}$$

即判别该测得值含有粗大误差，应予剔除。

【例 2-21】 以【例 2-19】中测得值为基础，试用格罗布斯准则判别该测量列的测得值中是否含有粗大误差。

解：由表 2-12 中数据计算得：

$$\bar{x}=20.404$$

$$\sigma=0.033$$

按测得值的大小顺序排列，得：

$$x_{(1)}=20.30, x_{(15)}=20.43$$

故有两个测得值 $x_{(1)}$、$x_{(15)}$ 可怀疑，但由于：

$$\bar{x}-x_{(1)}=20.404-20.30=0.104$$

$$x_{(15)}-\bar{x}=20.43-20.404=0.026$$

故应先怀疑 $x_{(1)}$ 是否含有粗大误差。

由于：

$$g_{(1)}=\frac{\bar{x}-x_{(1)}}{\sigma}=\frac{20.404-20.30}{0.033}=3.15$$

查表 2-14 得 $g_0(15,0.05)=2.41$，

则：

$$g_{(1)}=3.15>g_0(15,0.05)=2.41$$

故表 2-11 中第 8 个测得值 x_8 含有粗大误差，应予剔除。

对表 2-11 中剩下 14 个数据重复上述步骤计算，判别 $x_{(15)}$ 是否含有粗大误差。

由于：

$$\bar{x}=20.411, \sigma'=0.016$$

$$g_{(15)}=\frac{x_{(15)}-\bar{x}}{\sigma}=\frac{20.43-20.411}{0.016}=1.18$$

查表 2-14 得 $g_0(14,0.05)=2.37$

则：

$$g_{(15)}=1.18<g_0(14,0.05)=2.37$$

故可判断 $x_{(15)}$ 不包含粗大误差，而各 $g_{(i)}$ 皆小于 1.18，故可认为其余测得值也不含粗大误差。

4. 狄克松准则

前面三种粗大误差判别准则均需先求出标准差 σ，在实际工作中应用较为烦琐，而狄克松

准则避免了这一缺点。它是用极差比的方法,得到简化而严密的结果。

狄克松研究了 $x_1,x_2,\cdots,x_n$ 的顺序统计量 $x_{(i)}$ 的分布,当 x_i 服从正态分布时,得到$x_{(n)}$的四种统计量:

$$\left.\begin{aligned} r_{10} &= \frac{x_{(n)}-x_{(n-1)}}{x_{(n)}-x_{(1)}} \\ r_{11} &= \frac{x_{(n)}-x_{(n-1)}}{x_{(n)}-x_{(2)}} \\ r_{21} &= \frac{x_{(n)}-x_{(n-2)}}{x_{(n)}-x_{(2)}} \\ r_{22} &= \frac{x_{(n)}-x_{(n-2)}}{x_{(n)}-x_{(3)}} \end{aligned}\right\} \tag{2-92}$$

根据这四种统计量的分布,选定显著度 α,得到各统计量的临界值 $r_0(n,\alpha)$(表 2-15)。当测量的统计值 r_{ij}大于临界值时,则认为$x_{(n)}$中含有粗大误差。

四种统计量的临界值 $r_0(n,\alpha)$ 表 2-15

统计量	n	α 0.01	α 0.05	统计量	n	α 0.01	α 0.05
		$r_0(n,\alpha)$				$r_0(n,\alpha)$	
$r_{10}=\frac{x_{(n)}-x_{(n-1)}}{x_{(n)}-x_{(1)}}$ $\left(r_{10}=\frac{x_{(1)}-x_{(2)}}{x_{(1)}-x_{(n)}}\right)$	3	0.988	0.341	$r_{22}=\frac{x_{(n)}-x_{(n-2)}}{x_{(n)}-x_{(3)}}$ $\left(r_{22}=\frac{x_{(n)}-x_{(3)}}{x_{(1)}-x_{(n-2)}}\right)$	15	0.616	0.525
	4	0.899	0.765		16	0.595	0.507
	5	0.780	0.642		17	0.577	0.490
	6	0.698	0.560		18	0.561	0.475
$r_{11}=\frac{x_{(n)}-x_{(n-1)}}{x_{(n)}-x_{(2)}}$ $\left(r_{11}=\frac{x_{(1)}-x_{(2)}}{x_{(1)}-x_{(n-1)}}\right)$	7	0.637	0.507		19	0.547	0.462
	8	0.683	0.554		20	0.535	0.450
	9	0.635	0.512		21	0.524	0.440
	10	0.597	0.477		22	0.514	0.430
$r_{21}=\frac{x_{(n)}-x_{(n-2)}}{x_{(n)}-x_{(2)}}$ $\left(r_{21}=\frac{x_{(n)}-x_{(3)}}{x_{(1)}-x_{(n-1)}}\right)$	11	0.679	0.576		23	0.505	0.421
	12	0.642	0.546		24	0.497	0.413
	13	0.615	0.521		25	0.489	0.406
	14	0.641	0.546				

对最小值 $x_{(1)}$用同样的临界值进行检验,即有:

$$\left.\begin{aligned} r_{10} &= \frac{x_{(1)}-x_{(2)}}{x_{(1)}-x_{(n)}} \\ r_{11} &= \frac{x_{(1)}-x_{(2)}}{x_{(1)}-x_{(n-1)}} \\ r_{21} &= \frac{x_{(1)}-x_{(3)}}{x_{(1)}-x_{(n-1)}} \\ r_{22} &= \frac{x_{(1)}-x_{(3)}}{x_{(1)}-x_{(n-2)}} \end{aligned}\right\} \tag{2-93}$$

为了剔除粗大误差，狄克松认为：当 $n \leqslant 7$ 时，使用 r_{10} 效果好；当 $8 \leqslant n \leqslant 10$ 时，使用r_{11}效果好；当 $11 \leqslant n \leqslant 13$ 时，使用r_{21}效果好；当 $n \geqslant 14$ 时，使用r_{22}效果好。

【例 2-22】　以【例 2-19】中测得值为基础，运用狄克松准则判别该测量列的测得值中是否含有粗大误差。

解：将 x_i 排成表 2-16 所列顺序量。

【例 2-20】中 x_i 排列表　　表 2-16

x_i	顺序号 $x_{(i)}$	顺序号 $x'_{(i)}$	x_i	顺序号 $x_{(i)}$	顺序号 $x'_{(i)}$
20.30	1	—	20.42	9	8
20.39	2	1	20.42	10	9
20.39	3	2	20.42	11	10
20.39	4	3	20.43	12	11
20.40	5	4	20.43	13	12
20.40	6	5	20.43	14	13
20.40	7	6	20.43	15	14
20.41	8	7			

首先判断最大值 $x_{(15)}$ 中是否含有粗大误差。

因 $n=15$，故按式(2-92)计算统计量 r_{22}：

$$r_{22} = \frac{x_{(15)} - x_{(15-2)}}{x_{(15)} - x_{(3)}} = \frac{20.43 - 20.43}{20.43 - 20.39} = 0$$

查表 2-14 得 $r_0(n,\alpha) = r_0(15,0.05) = 0.525$，

则：

$$r_{22} = 0 \leqslant r_0 = 0.525$$

故$x_{(15)}$不含有粗大误差。

再判别$x_{(1)}$中是否含有粗大误差。按式(2-93)计算统计量r_{22}：

$$r_{22} = \frac{x_{(1)} - x_{(3)}}{x_{(1)} - x_{(15-2)}} = \frac{20.30 - 20.39}{20.30 - 20.43} = 0.692$$

因 $r_{22} = 0.692 > r_0 = 0.525$，故$x_{(1)}$ 中含有粗大误差，应予剔除。对剩下 14 个数据重复上述步骤计算。对$x'_{(14)}$，因 $n=14$，按式(2-93)计算统计量r_{22}：

$$r_{22} = \frac{x'_{(14)} - x'_{(12)}}{x'_{(14)} - x'_{(3)}} = \frac{20.43 - 20.43}{20.43 - 20.39} = 0$$

查表 2-14 得 $r_0(n,\alpha) = r_0(14,0.05) = 0.546$

则：

$$r_{22} = 0 \leqslant r_0 = 0.546$$

故$x'_{(14)}$中不含有粗大误差。

对$x'_{(1)}$，按式(2-93)计算统计量 r_{22}：

$$r_{22} = \frac{x'_{(1)} - x'_{(3)}}{x'_{(1)} - x'_{(12)}} = \frac{20.39 - 20.39}{20.39 - 20.43} = 0$$

显然 $r_{22} = 0 \leqslant r_0$，故$x'_{(1)}$ 中不含有粗大误差。

上面介绍了四种粗大误差的判别准则,其中 3σ 准则适用测量次数较多的测量列,但由于一般情况的测量次数皆较少,因而这种判别准则的可靠性不高,但它使用简便,不需查表,故在要求不高时经常应用。对测量次数较少而要求较高的测量列,应采用罗曼诺夫斯基准则、格罗布斯准则或狄克松准则判别,其中以格罗布斯准则的可靠性最高,通常测量次数为 20 ~ 100 时,其判别效果较好。当测量次数很小时,可采用罗曼诺夫斯基准则判别。若需要从测量列中迅速判别含有粗大误差的测得值,则可采用狄克松准则判别。

必须指出,按上述准则若判别出测量列中有两个以上测得值含有粗大误差,此时应首先剔除含有最大误差的测得值,然后重新计算测量列的算术平均值及其标准差,再对余下的测得值进行判别,依此程序逐步剔除,直至所有测得值皆不含粗大误差时停止。

第四节　测量结果的数据处理实例

为了得到合理的测量结果,对某量进行等精度或不等精度直接测量,应按前述误差理论对各种误差进行分析处理。现以实例分别说明等精度直接测量和不等精度直接测量的测量结果数据处理方法与步骤。

一、等精度直接测量列测量结果的数据整理实例

【例 2-23】　对某一材料试件的轴径进行 9 次等精度测量,测量数据见表 2-17,求测量结果。

某材料试件轴经 9 次等精度测量数据　　表 2-17

序　号	l_i(mm)	v_i(mm)	v_i^2(mm^2)
1	24.774	−0.001	0.000001
2	24.778	+0.003	0.000009
3	24.771	−0.004	0.000016
4	24.780	+0.005	0.000025
5	24.772	−0.003	0.000009
6	24.777	+0.002	0.000004
7	24.773	−0.002	0.000004
8	24.775	0	0
9	24.774	−0.001	0.000001
计算指标	$\sum_{i=1}^{9} l_i = 222.974$ $\bar{x} = 24.775$	$\sum_{i=1}^{9} v_i = -0.001$	$\sum_{i=1}^{9} v_i^2 = 0.000069$

解:假定该测量列不存在固定的系统误差,则可按下列步骤求测量结果。

(1)求算术平均值。

根据式(2-8)求得测量列的算术平均值$\bar{x}$:

$$\bar{x} = \frac{\sum_{i=1}^{n} l_i}{n} = \frac{222.974}{9} = 24.7749 \approx 24.775(\text{mm})$$

(2)求残余误差。

根据式(2-9)求各测得值的残余误差 $v_i = l_i - \bar{x}$，并将结果列入表2-17中。

(3)校核算术平均值及其残余误差。

根据残余误差代数和校核规则(本章第一节中规则2)进行校核，因 $A = 0.001\text{mm}, n = 9$，由表2-17知：

$$\left|\sum_{i=1}^{9} v_i\right| = 0.001 < \left(\frac{n}{2} - 0.5\right)A = 4 \times 0.001 = 0.004(\text{mm})$$

故以上计算正确。若发现计算有误，应重新进行上述计算和校核。

(4)判断系统误差。

根据残余误差观察法，由表2-17可以看出误差符号大体上正负数量相等，且无显著变化规律，因此可判断该测量列无变化的系统误差存在。

由于：

$$K = \frac{n+1}{2} = 5$$

$$\Delta = \sum_{i=1}^{5} v_i - \sum_{i=1}^{9} v_i = [0 - (-0.001)] = 0.001(\text{mm})$$

故差值 Δ 较小，可判断被测量列无系统误差存在。

(5)求测量列单次测量的标准差。

根据贝塞尔公式(2-18)或别捷尔斯公式(2-26)，求得测量列单次测量的标准差 σ 为：

$$\sigma = \sqrt{\frac{\sum_{i=1}^{n} v_i^2}{n-1}} = \sqrt{\frac{0.000069}{9-1}} = 0.0029(\text{mm})$$

$$\sigma' = 1.253 \times \frac{\sum_{i=1}^{n} |v_i|}{\sqrt{n(n-1)}} = 1.253 \times \frac{0.021}{\sqrt{9 \times 8}} = 0.0031(\text{mm})$$

用两种方法计算的标准差比值为：

$$\frac{\sigma'}{\sigma} = \frac{0.0031}{0.0029} = 1.069 = 1 + u$$

故：

$$u = 0.069$$

因：

$$|u| = 0.069 < \frac{2}{\sqrt{n-1}} = \frac{2}{\sqrt{9-1}} = \frac{2}{\sqrt{8}} \approx 0.707$$

故同样可判断该测量列无系统误差存在。

(6)判别粗大误差。

考虑 3σ 判断准则的适用特点，由于本实例测量轴径的次数较少，因而不采用 3σ 准则来判别粗大误差。

按格罗布斯判别准则判别，将测得值按大小顺序排列后有：

$$x_{(1)} = 24.771(\text{mm}), x_{(9)} = 24.780(\text{mm})$$

$$\bar{x} - x_{(1)} = 24.775 - 24.771 = 0.004(\text{mm})$$

$$x_{(9)} - \bar{x} = 24.780 - 24.775 = 0.005(\text{mm})$$

故首先判别 $x_{(9)}$ 是否含有粗大误差：

$$g_{(9)} = \frac{x_{(9)} - \bar{x}}{\sigma} = \frac{24.780 - 24.775}{0.0029} = 1.72$$

查表 2-14 得 $g_0(9,0.05) = 2.11$，

因：

$$g_{(9)} = 1.72 < g_0(9,0.05) = 2.11，且\ g_{(1)} < g_{(9)}$$

故可判别测量列不存在粗大误差。

若发现测量列存在粗大误差，应将含有粗大误差的测得值剔除，然后再按上述步骤重新计算，直至所有测得值皆不包含粗大误差时停止。

(7)求算术平均值的标准差。

根据式(2-21)计算 $\sigma_{\bar{x}}$，得：

$$\sigma_{\bar{x}} = \frac{\sigma}{\sqrt{n}} = \frac{0.0029}{\sqrt{9}} \approx 0.001(\text{mm})$$

(8)求算术平均值的极限误差。

因为测量列的测量次数较少，算术平均值的极限误差按 t 分布计算。

已知 $v = n - 1 = 8$，取 $\alpha = 0.05$，查概率与统计相关表数值，得 $t_\alpha = 2.31$。

根据式(2-39)求得算术平均值的极限误差 $\delta_{\lim}\bar{x}$：

$$\delta_{\lim}\bar{x} = \pm t_\alpha \sigma_{\bar{x}} = \pm 2.31 \times 0.001 = \pm 0.0023(\text{mm})$$

(9)得出最后测量结果。

最后的测量结果，通常用算术平均值及其极限误差来表示，即：

$$L = \bar{x} + \delta_{\lim}\bar{x} = (24.775 \pm 0.0023)(\text{mm})$$

二、不等精度直接测量列测量结果的数据整理实例

【例 2-24】 对某一角度进行 6 组不等精度测量，各组的单次测量均为等精度测量，其测量结果如下：测 6 次得 $\alpha_1 = 75°18'06''$；测 30 次得 $\alpha_2 = 75°18'10''$；测 24 次得 $\alpha_3 = 75°18'08''$；测 12 次得 $\alpha_4 = 75°18'16''$；测 12 次得 $\alpha_5 = 75°18'13''$；测 36 次得 $\alpha_6 = 75°18'09''$。求最后的测量结果。

解：假定各组测量结果不存在系统误差和粗大误差，则可按下列步骤求测量结果。

(1)求加权算术平均值。

首先根据测量次数确定各组的权。由于各单次测量为等精度测量，则有：

$$p_1 : p_2 : p_3 : p_4 : p_5 : p_6 = 1:5:4:2:2:6$$

取 $p_1 = 1, p_2 = 5, p_3 = 4, p_4 = 2, p_5 = 2, p_6 = 6$，则：

$$\sum_{i=1}^{6} p_i = 20$$

根据式(2-46)求加权算术平均值 $\bar{\alpha}$，选取参考值 $\alpha_0 = 75°18'06''$，可得：

$$\bar{\alpha} = \alpha_0 + \frac{\sum_{i=1}^{6} p_i(\alpha_i - \alpha_0)}{\sum_{i=1}^{6} p_i} = 75°18'06'' + \frac{1 \times 0'' + 5 \times 4'' + 4 \times 2'' + 2 \times 10'' + 2 \times 7'' + 6 \times 3''}{20}$$

$= 75°18'06'' + 4'' = 75°18'10''$

(2)求残余误差并进行校核。

由公式 $v_i = \alpha_i - \bar{\alpha}$, 得:

$$v_1 = -4'', v_2 = 0'', v_3 = -2'', v_4 = 6'', v_5 = 3'', v_6 = -1''$$

用加权残余误差代数和等于零来校核加权算术平均值及其残余误差的计算是否正确,即判断是否满足$\sum_{i=1}^{m} p_i v_i = 0$:

因:

$$\sum_{i=1}^{6} p_i v_i = -4'' - 8'' + 12'' + 6'' - 6'' = 0$$

故计算正确。

(3)求加权算术平均值的标准差。

根据式(2-51)求得加权算术平均值的标准差 $\sigma_{\bar{x}}$:

$$\sigma_{\bar{x}} = \sqrt{\frac{\sum_{i=1}^{n} p_i v_{\bar{x}i}^2}{(m-1)\sum_{i=1}^{m} p_i}} = \sqrt{\frac{1 \times (4'')^2 + 5 \times (0'')^2 + 4 \times (2'')^2 + 2 \times (6'')^2 + \times (3'')^2 + 6 \times (1'')^2}{(6-1) \times 20}}$$

$$= \sqrt{\frac{(128'')^2}{5 \times 20}} = 1.1''$$

(4)求加权算术平均值的极限误差。

因为对该角度进行了 6 组测量,共有 120 个直接测得值,且可认为该测量列服从正态分布,取置信系数 $t=3$,则最后结果的极限误差为:

$$\delta_{\lim} \bar{x} = \pm 3\sigma_{\bar{x}} = \pm 3 \times 1.1'' = \pm 3.3''$$

(5)得出最后的测量结果。

$$\alpha = \bar{\alpha} + \delta_{\lim} \bar{x} = 75°18'10'' \pm 3.3''$$

【例 2-25】 电子电量 e 与质量 m 比值(e/m)的两次观测结果为 $x_1 \pm \sigma_1 = 1.75080 \pm 0.00042$和 $x_2 \pm \sigma_2 = 1.75059 \pm 0.00036$(单位:$10^{11}$C/kg)。假设两次观测结果不存在系统误差和粗大误差,求测量结果。

解:因不存在系统误差和粗大误差,则可按下列步骤求测量结果。

(1)求加权算术平均值。

首先根据两次测量的标准差求各次测量的权,有:

$$p_1 : p_2 = \frac{1}{\sigma_1^2} : \frac{1}{\sigma_2^2} = \frac{1}{0.00042^2} : \frac{1}{0.00036^2} = 36 : 49$$

取 $p_1 = 36, p_2 = 49$,

根据式(2-44)求加权算术平均值 $\bar{x}$,可得:

$$\bar{x} = \frac{\sum_{i=1}^{m} p_i \bar{x}_i}{\sum_{i=1}^{m} p_i} = \frac{x_1 p_1 + x_2 p_2}{p_1 + p_2} = \frac{1.75080 \times 36 + 1.75059 \times 49}{36 + 49} \times 10^{11}$$

$$= 1.75068 \times 10^{11}\,(\mathrm{C/kg})$$

(2)求残余误差并进行校核。

由公式 $v_i = x_i - \bar{x}$,得:

$$v_1 = 0.00012 \times 10^{11}(\mathrm{C/kg}), v_2 = -0.00009 \times 10^{11}(\mathrm{C/kg})$$

用加权残余误差代数和等于求加权 $\bar{x}$ 时的余数来检验,即:

$$\sum_{i=1}^{2} p_i v_i = 36 \times 0.00012 \times 10^{11} + 49 \times (-0.00009) \times 10^{11} = -0.00009 \times 10^{11}(\mathrm{C/kg})$$

$$x_1 p_1 + x_2 p_2 - (p_1 + p_2)\bar{x} = (1.75080 \times 36 + 1.75059 \times 49) \times 10^{11} - (36 + 49) \times 1.75068 \times 10^{11} = -0.00009 \times 10^{11}\mathrm{C/kg}$$

(3)求加权算术平均值的标准差。

根据式(2-49)求加权算术平均值 $\bar{x}$ 的标准差 $\sigma_{\bar{x}}$:

$$\sigma_{\bar{x}} = \sigma_{\bar{x}_i}\sqrt{\frac{p_i}{\sum_{i=1}^{2} p_i}} = \sigma_{\bar{x}_i}\sqrt{\frac{p_1}{p_1 + p_2}} = 0.00042\sqrt{\frac{36}{36 + 49}} \times 10^{11} = 0.00027 \times 10^{11}(\mathrm{C/kg})$$

(4)求加权算术平均值 $\bar{x}$ 的极限误差。

若取置信系数 $t = 3$,则最后的极限误差为:

$$\delta_{\lim}\bar{x} = \pm 3\sigma_{\bar{x}} = \pm 0.00081 \times 10^{11}(\mathrm{C/kg})$$

(5)得出最后的测量结果。

$$x = \bar{x} + \delta_{\lim}\bar{x} = (1.75068 \pm 0.00081) \times 10^{11}(\mathrm{C/kg})$$

第三章 误差的合成与分配

任何测量结果都包含一定的测量误差，这是测量过程中各个环节一系列误差因素共同作用的结果。如何正确地分析和综合这些误差因素，并正确地表述这些误差的综合影响，这就是误差合成要研究的基本内容。

本章较为全面地论述了误差合成与分配的基本规律和基本方法，这些规律和方法不仅应用于测量数据处理中给出测量结果的精度，而且还适用于测量方法和仪器装置的精度分析计算以及解决测量方法的拟订和仪器设计中的误差分配、微小误差取舍及最佳测量方案确定等问题。

第一节 函数误差

第二章所讨论的主要是直接测量的误差计算，但在有些情况下，由于被测对象的特殊性，不能进行直接测量，或者直接测量难以保证测量精度，所以需要采用间接测量。

间接测量是通过直接测量与被测量之间有一定函数关系的其他量，按照已知的函数关系式计算出被测的量。因此，间接测量的量是直接测量所得到的各个测量值的函数，而间接测量误差则是各个直接测得值误差的函数，故称这种误差为函数误差。研究函数误差的内容，实质上就是研究误差的传递问题，这种具有确定关系的误差计算，也称为误差合成。

下面分别介绍函数系统误差和函数随机误差的计算问题。

一、函数系统误差计算

在间接测量中，函数的形式主要为初等函数，且一般为多元函数，其表达式为：

$$y = f(x_1, x_2, \cdots, x_n)$$

式中：$x_1, x_2, \cdots, x_n$——各个直接测量值；

y——间接测量值。

由高等数学知识可知，对于多元函数，其增量可用函数的全微分表示，则上式的函数增量 $\mathrm{d}y$ 为：

$$\mathrm{d}y = \frac{\partial f}{\partial x_1}\mathrm{d}x_1 + \frac{\partial f}{\partial x_2}\mathrm{d}x_2 + \cdots + \frac{\partial f}{\partial x_n}\mathrm{d}x_n \tag{3-1}$$

若已知各个直接测量值的系统误差 $\Delta x_1, \Delta x_2, \cdots, \Delta x_n$，由于这些误差值皆较小，可用来近似代替式(3-1)中的微分量 $\mathrm{d}x_1, \mathrm{d}x_2, \cdots, \mathrm{d}x_n$，从而可近似得到函数的系统误差 Δy 为：

$$\Delta y = \frac{\partial f}{\partial x_1}\Delta x_1 + \frac{\partial f}{\partial x_2}\Delta x_2 + \cdots + \frac{\partial f}{\partial x_n}\Delta x_n \tag{3-2}$$

式(3-2)称为函数系统误差公式,而 $\frac{\partial f}{\partial x_i}(i=1,2,\cdots,n)$ 为各个直接测量值的误差传递系数。

有些情况下的函数公式较简单,可直接求得函数的系统误差。

例如,若函数形式为线性公式:

$$y = a_1x_1 + a_2x_2 + \cdots + a_nx_n$$

则函数的系统误差为:

$$\Delta y = a_1\Delta x_1 + a_2\Delta x_2 + \cdots + a_n\Delta x_n \tag{3-3}$$

式中的各个误差传递系数 a_i 为常数。

当 $a_i = 1$ 时,有:

$$\Delta y = \Delta x_1 + \Delta x_2 + \cdots + \Delta x_n \tag{3-4}$$

式(3-4)说明,当函数为各测量值之和时,其函数系统误差亦为各测量值系统误差之和。

在间接测量中,也常遇到角度测量,其函数关系为三角函数式,它常以 $\sin\varphi$、$\cos\varphi$、$\tan\varphi$ 和 $\cot\varphi$ 等形式出现。对于三角函数的系统误差,可按上述同样方法进行计算。

若三角函数为:

$$\sin\varphi = f(x_1, x_2, \cdots, x_n)$$

根据式(3-2),可得三角函数的系统误差:

$$\Delta\sin\varphi = \frac{\partial f}{\partial x_1}\Delta x_1 + \frac{\partial f}{\partial x_2}\Delta x_2 + \cdots + \frac{\partial f}{\partial x_n}\Delta x_n \tag{3-5}$$

在角度测量中,需要求得的误差不是三角函数误差,而是所求角度的误差。因此必须进一步求解。

对正弦函数进行微分,得:

$$\mathrm{d}\sin\varphi = \cos\varphi\mathrm{d}\varphi$$

$$\mathrm{d}\varphi = \frac{\mathrm{d}\sin\varphi}{\cos\varphi}$$

用系统误差代替上式中相应的微分量,则有:

$$\Delta\varphi = \frac{\Delta\sin\varphi}{\cos\varphi}$$

代入式(3-5)可得正弦函数的角度系统误差公式为:

$$\Delta\varphi = \frac{1}{\cos\varphi}\left(\frac{\partial f}{\partial x_1}\Delta x_1 + \frac{\partial f}{\partial x_2}\Delta x_2 + \cdots + \frac{\partial f}{\partial x_n}\Delta x_n\right) = \frac{1}{\cos\varphi}\sum_{i=1}^{n}\frac{\partial f}{\partial x_i}\Delta x_i \tag{3-6}$$

同理,可得其他三角函数的角度系统误差公式。

对于 $\cos\varphi = f(x_1, x_2, \cdots, x_n)$,其角度系统误差公式为:

$$\Delta\varphi = \frac{1}{\sin\varphi}\sum_{i=1}^{n}\frac{\partial f}{\partial x_i}\Delta x_i \tag{3-7}$$

对于 $\tan\varphi = f(x_1, x_2, \cdots, x_n)$,其角度系统误差公式为:

$$\Delta\varphi = \cos^2\varphi\sum_{i=1}^{n}\frac{\partial f}{\partial x_i}\Delta x_i \tag{3-8}$$

对于 $\cot\varphi = f(x_1, x_2, \cdots, x_n)$，其角度系统误差公式为：

$$\Delta\varphi = -\sin^2\varphi \sum_{i=1}^{n} \frac{\partial f}{\partial x_i} \Delta x_i \tag{3-9}$$

【例 3-1】 如图 3-1 所示，用弓高弦长法间接测量直径 D，直接测得其弓高 h 和弦长 s，然后通过函数关系计算出直径 D。若弓高与弦长的测得值及其系统误差为：$h = 50\text{mm}$，$\Delta h = -0.1\text{mm}$，$s = 500\text{mm}$，$\Delta s = 1\text{mm}$，求测量结果。

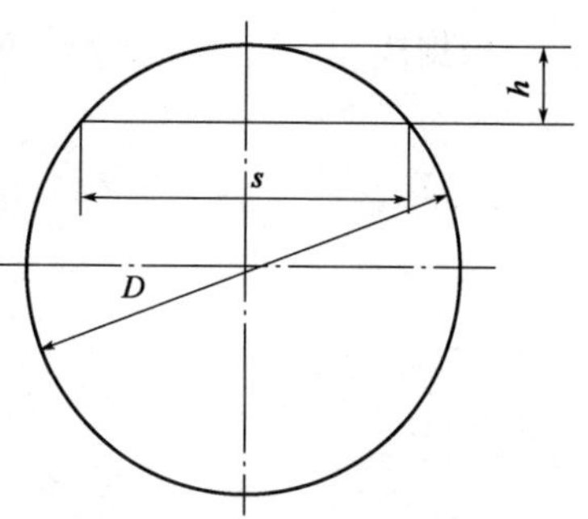

图 3-1　弓高弦长法测量直径 D

解：由图 3-1 可得函数关系式：

$$D = \frac{s^2}{4h} + h$$

若不考虑测得值的系统误差，则计算出的直径 D_0 为：

$$D_0 = \frac{s^2}{4h} + h = \frac{500^2}{4 \times 50} + 50 = 1300(\text{mm})$$

因：

$$D = f(s, h)$$

根据式(3-2)，可得直径 D 的系统误差为：

$$\Delta D = \frac{\partial f}{\partial s}\Delta s + \frac{\partial f}{\partial h}\Delta h = \frac{s}{2h}\Delta s - \left(\frac{s^2}{4h^2} - 1\right)\Delta h$$

式中，各个误差传递系数为：

$$\frac{\partial f}{\partial s} = \frac{s}{2h} = \frac{500}{2 \times 50} = 5$$

$$\frac{\partial f}{\partial h} = -\left(\frac{s^2}{4h^2} - 1\right) = -\left(\frac{500^2}{4 \times 50^2} - 1\right) = -24$$

将已知各误差值及误差传递系数代入直径的系统误差式，得：

$$\Delta D = 5 \times 1 - 24 \times (-0.1) = 7.4(\text{mm})$$

通过修正可消除所求得的直径系统误差 ΔD，则被测直径的实际尺寸为：

$$D = D_0 - \Delta D = 1300 - 7.4 = 1292.6(\text{mm})$$

二、函数随机误差计算

随机误差是用表征其取值分散程度的标准差来评定的。同理，函数的随机误差也是用函数的标准差进行评定。因此，函数随机误差计算，就是研究函数 y 的标准差与各测量值 $x_1, x_2, \cdots, x_n$ 的标准差之间的关系。但在式(3-1)中，若以各测量值的随机误差 $\delta x_1, \delta x_2, \cdots, \delta x_n$ 代替各微分量 $\mathrm{d}x_1, \mathrm{d}x_2, \cdots, \mathrm{d}x_n$，只能得到函数的随机误差 δy，而得不到函数的标准差 σ_y。因此，必须进行下列运算，以求得函数的标准差。

假设函数的一般形式为：

$$y = f(x_1, x_2, \cdots, x_n)$$

为了求得用各个测量值的标准差表示函数的标准差公式，设对各个测量值皆进行了 N 次等精度测量，其相应的随机误差可表示为：$\delta x_{11}, \delta x_{12}, \cdots, \delta x_{1N}; \delta x_{21}, \delta x_{22}, \cdots, \delta x_{2N}; \cdots; \delta x_{n1}, \delta x_{n2} \cdots \delta x_{nN}$。

根据式(3-1)，可得函数 y 的随机误差为：

$$\left.\begin{aligned} \delta y_1 &= \frac{\partial f}{\partial x_1}\delta x_{11} + \frac{\partial f}{\partial x_2}\delta x_{21} + \cdots + \frac{\partial f}{\partial x_n}\delta x_{n1} \\ \delta y_2 &= \frac{\partial f}{\partial x_1}\delta x_{12} + \frac{\partial f}{\partial x_2}\delta x_{22} + \cdots + \frac{\partial f}{\partial x_n}\delta x_{n2} \\ &\vdots \\ \delta y_1 &= \frac{\partial f}{\partial x_1}\delta x_{1N} + \frac{\partial f}{\partial x_2}\delta x_{2N} + \cdots + \frac{\partial f}{\partial x_n}\delta x_{nN} \end{aligned}\right\} \tag{3-10}$$

将式(3-10)中每个方程两端平方，得：

$$\left.\begin{aligned} \delta y_1^2 &= \left(\frac{\partial f}{\partial x_1}\right)^2\delta x_{11}^2 + \left(\frac{\partial f}{\partial x_2}\right)^2\delta x_{21}^2 + \cdots + \left(\frac{\partial f}{\partial x_n}\right)^2\delta x_{n1}^2 + 2\sum_{1 \leqslant i \leqslant j}^{n}\frac{\partial f}{\partial x_i}\frac{\partial f}{\partial x_j}\delta x_{i1}\delta x_{j1} \\ \delta y_2^2 &= \left(\frac{\partial f}{\partial x_1}\right)^2\delta x_{12}^2 + \left(\frac{\partial f}{\partial x_2}\right)^2\delta x_{22}^2 + \cdots + \left(\frac{\partial f}{\partial x_n}\right)^2\delta x_{n2}^2 + 2\sum_{1 \leqslant i \leqslant j}^{n}\frac{\partial f}{\partial x_i}\frac{\partial f}{\partial x_j}\delta x_{i2}\delta x_{j2} \\ &\vdots \\ \delta y_N^2 &= \left(\frac{\partial f}{\partial x_1}\right)^2\delta x_{1N}^2 + \left(\frac{\partial f}{\partial x_2}\right)^2\delta x_{2N}^2 + \cdots + \left(\frac{\partial f}{\partial x_n}\right)^2\delta x_{nN}^2 + 2\sum_{1 \leqslant i \leqslant j}^{n}\frac{\partial f}{\partial x_i}\frac{\partial f}{\partial x_j}\delta x_{iN}\delta x_{jN} \end{aligned}\right\} \tag{3-11}$$

将式(3-11)中各方程相加，可得：

$$\begin{aligned} \delta y_1^2 + \delta y_2^2 + \cdots + \delta y_N^2 = {} & \left(\frac{\partial f}{\partial x_1}\right)^2(\delta x_{11}^2 + \delta x_{12}^2 + \cdots + \delta x_{1N}^2) + \left(\frac{\partial f}{\partial x_2}\right)^2(\delta x_{21}^2 + \delta x_{22}^2 + \cdots + \delta x_{2N}^2) + \\ & \cdots + \left(\frac{\partial f}{\partial x_n}\right)^2(\delta x_{n1}^2 + \delta x_{n2}^2 + \cdots + \delta x_{nN}^2) + 2\sum_{1 \leqslant i \leqslant j}^{n}\sum_{m=1}^{N}\frac{\partial f}{\partial x_i}\frac{\partial f}{\partial x_j}\delta x_{im}\delta x_{jm} \end{aligned} \tag{3-12}$$

将式(3-12)的各项除以 N，结合式(2-12)，可得：

$$\sigma_y^2 = \left(\frac{\partial f}{\partial x_1}\right)^2\sigma_{x1}^2 + \left(\frac{\partial f}{\partial x_2}\right)^2\sigma_{x2}^2 + \cdots + \left(\frac{\partial f}{\partial x_n}\right)^2\sigma_{xn}^2 + 2\sum_{1 \leqslant i \leqslant j}^{n}\left(\frac{\partial f}{\partial x_i}\frac{\partial f}{\partial x_j}\frac{\sum_{m=1}^{N}\delta x_{im}\delta x_{jm}}{N}\right)$$

若定义：

$$K_{ij} = \frac{\sum_{m=1}^{N}\delta x_{im}\delta x_{jm}}{N}, \rho_{ij} = \frac{K_{ij}}{\sigma_{xi}\sigma_{xj}}$$

或：

$$K_{ij} = \rho_{ij}\sigma_{xi}\sigma_{xj}$$

则有：

$$\sigma_y^2 = \left(\frac{\partial f}{\partial x_1}\right)^2 \sigma_{x1}^2 + \left(\frac{\partial f}{\partial x_2}\right)^2 \sigma_{x2}^2 + \cdots + \left(\frac{\partial f}{\partial x_n}\right)^2 \sigma_{xn}^2 + 2\sum_{1\leqslant i\leqslant j}^{n}\left(\frac{\partial f}{\partial x_i}\frac{\partial f}{\partial x_j}\rho_{ij}\sigma_{xi}\sigma_{xj}\right) \tag{3-13}$$

式中：ρ_{ij} ——第 i 个测量值和第 j 个测量值之间的误差相关系数。

根据式(3-13)可通过各个测量值的标准差计算出函数的标准差，故称式(3-13)为函数随机误差公式，其中的 $\frac{\partial f}{\partial x_i}(i = 1,2,\cdots,n)$ 为各个测量值的误差传递系数。

若各测量值的随机误差是相互独立的，且当 N 适当大时，有相关项：

$$K_{ij} = \frac{\sum_{m=1}^{N}\delta x_{im}\delta x_{jm}}{N} = 0$$

则相关系数 ρ_{ij} 也为零，此时误差公式(3-13)可简化为：

$$\left.\begin{aligned}\sigma_y^2 &= \left(\frac{\partial f}{\partial x_1}\right)^2\sigma_{x1}^2 + \left(\frac{\partial f}{\partial x_2}\right)^2\sigma_{x2}^2 + \cdots + \left(\frac{\partial f}{\partial x_n}\right)^2\sigma_{xn}^2 \\ \sigma_y &= \sqrt{\left(\frac{\partial f}{\partial x_1}\right)^2\sigma_{x_1}^2 + \left(\frac{\partial f}{\partial x_2}\right)^2\sigma_{x_2}^2 + \cdots + \left(\frac{\partial f}{\partial x_n}\right)^2\sigma_{xn}^2}\end{aligned}\right\} \tag{3-14}$$

令 $\frac{\partial f}{\partial x_i} = a_i$，则式(3-14)可写为：

$$\sigma_y = \sqrt{a_1^2\sigma_{x1}^2 + a_2^2\sigma_{x2}^2 + \cdots + a_n^2\sigma_{xn}^2} \tag{3-15}$$

各测量值随机误差间互不相关的情况较为常见，且当各相关系数很小时，也可近似地按不相关进行处理，因此式(3-14)或式(3-15)是较常用的函数随机误差公式。

当各个测量值的随机误差服从正态分布时，式(3-15)中的标准差可用极限误差代替，此时函数的极限误差公式为：

$$\sigma_{\lim y} = \sqrt{a_1^2\delta_{\lim}^2 x_1 + a_2^2\delta_{\lim}^2 x_2 + \cdots + a_n^2\delta_{\lim}^2 x_n} \tag{3-16}$$

在多数情况下，$a_i = 1$，且函数形式较简单，即：

$$y = x_1 + x_2 + \cdots + x_n$$

则函数的标准差为：

$$\sigma_y = \sqrt{\sigma_{x1}^2 + \sigma_{x2}^2 + \cdots + \sigma_{xn}^2} \tag{3-17}$$

函数的极限误差为：

$$\sigma_{\lim y} = \sqrt{\delta_{\lim}^2 x_1 + \delta_{\lim}^2 x_2 + \cdots + \delta_{\lim}^2 x_n} \tag{3-18}$$

三角函数的随机误差计算和一般函数的随机误差计算方法基本相同。

设三角函数的角度标准差为 σ_φ，各个测量值的标准差为 $\sigma_{x1},\sigma_{x2},\cdots,\sigma_{xn}$，则根据三角函数的系统误差公式(3-6)～式(3-9)和式(3-14)，可得相应的角度标准差公式。

(1)对于 $\sin\varphi = f(x_1, x_2, \cdots, x_n)$，根据式(3-6)和式(3-14)，有：

$$\sigma_{\varphi} = \frac{1}{\cos\varphi}\sqrt{\left(\frac{\partial f}{\partial x_1}\right)^2\sigma_{x1}^2 + \left(\frac{\partial f}{\partial x_2}\right)^2\sigma_{x2}^2 + \cdots + \left(\frac{\partial f}{\partial x_n}\right)^2\sigma_{xn}^2} \tag{3-19}$$

(2)对于 $\cos\varphi = f(x_1, x_2, \cdots, x_n)$，根据式(3-7)和式(3-14)，有：

$$\sigma_{\varphi} = \frac{1}{\sin\varphi}\sqrt{\left(\frac{\partial f}{\partial x_1}\right)^2\sigma_{x1}^2 + \left(\frac{\partial f}{\partial x_2}\right)^2\sigma_{x2}^2 + \cdots + \left(\frac{\partial f}{\partial x_n}\right)^2\sigma_{xn}^2} \tag{3-20}$$

(3)对于 $\tan\varphi = f(x_1, x_2, \cdots, x_n)$，根据式(3-8)和式(3-14)，有：

$$\sigma_{\varphi} = \cos^2\varphi\sqrt{\left(\frac{\partial f}{\partial x_1}\right)^2\sigma_{x1}^2 + \left(\frac{\partial f}{\partial x_2}\right)^2\sigma_{x2}^2 + \cdots + \left(\frac{\partial f}{\partial x_n}\right)^2\sigma_{xn}^2} \tag{3-21}$$

(4)对于 $\cot\varphi = f(x_1, x_2, \cdots, x_n)$，根据式(3-9)和式(3-14)，有：

$$\sigma_{\varphi} = \sin^2\varphi\sqrt{\left(\frac{\partial f}{\partial x_1}\right)^2\sigma_{x1}^2 + \left(\frac{\partial f}{\partial x_2}\right)^2\sigma_{x2}^2 + \cdots + \left(\frac{\partial f}{\partial x_n}\right)^2\sigma_{xn}^2} \tag{3-22}$$

若用极限误差来表示角度误差，则上述各式只需作相应的误差代换即可进行计算。

【例 3-2】 若已知 $h = 50\text{mm}$，$\delta_{\lim}h = \pm 0.05\text{mm}$；$s = 500\text{mm}$，$\delta_{\lim}s = \pm 0.1\text{mm}$，运用弓高弦长法间接测量【例 3-1】中的直径 D。

解：根据式(3-16)，可求得直径的极限误差为：

$$\begin{aligned}
\delta_{\lim}D &= \pm\sqrt{\left(\frac{\partial f}{\partial s}\right)^2\delta_{\lim}^2 s + \left(\frac{\partial f}{\partial h}\right)^2\delta_{\lim}^2 h} \\
&= \pm\sqrt{\left(\frac{s}{2h}\right)^2\delta_{\lim}^2 s + \left(\frac{s^2}{4h} - 1\right)^2\delta_{\lim}^2 h} \\
&= \pm\sqrt{\left(\frac{500}{2\times 50}\right)^2\times 0.1^2 + \left(\frac{500^2}{4\times 50} - 1\right)^2\times 0.05^2} \\
&= \pm\sqrt{1.69} = \pm 1.3\ (\text{mm})
\end{aligned}$$

故所求直径的最后结果为：

$$D = (D_0 - \Delta D) + \delta_{\lim}D = (1300 - 7.4) \pm 1.3 = (1292.6 \pm 1.3)(\text{mm})$$

三、误差间的相关关系和相关系数

在进行函数误差及其他误差的合成计算时，各误差间的相关性对计算结果有直接影响。例如，式(3-13)中的相关项反映了各随机误差相互间的线性关联对函数总误差的影响程度。当相关系数 $\rho_{ij} = 0$ 时，式(3-13)可简化为式(3-15)；但若 $\rho_{ij} = 1$，则式(3-13)可简化为式(3-23)：

$$\begin{aligned}
\sigma_y &= \sqrt{a_1^2\sigma_{x1}^2 + a_2^2\sigma_{x2}^2 + \cdots + a_n^2\sigma_{xn}^2 + 2\sum_{1\leqslant i\leqslant j}^{n} a_i a_j \rho_{ij}\sigma_{xi}\sigma_{xj}} \\
&= a_1\sigma_{x1} + a_2\sigma_{x2} + \cdots + a_n\sigma_{xn}
\end{aligned} \tag{3-23}$$

式(3-23)表明,当 $\rho_{ij}=1$ 时,函数随机误差具有线性的传递关系。

以上分析结果充分说明,误差间的相关性与误差合成有密切关系。虽然通常所遇到的测量实践多为误差间线性无关或近似线性无关,但线性相关的情况也常见。当各误差间相关或相关性不能忽略时,必须先求出各个误差间的相关系数,然后才能进行误差合成计算。因此,正确处理误差间的相关问题具有重要意义。

1. 误差间的线性相关关系

误差间的线性相关关系是指它们具有线性依赖关系,这种依赖关系有强有弱。当线性依赖关系最强时,在平均意义上,一个误差的取值完全决定了另一个误差的取值,此时两误差间具有确定的线性函数关系;当两误差间的线性依赖关系最弱时,一个误差的取值与另一个误差的取值无关,这是互不相关的情况。

一般情况下,两误差的关系是处于上述两种极端情况之间,既有联系而又不具有确定性关系。此时,线性依赖关系是指在平均意义上的线性关系,即一个误差值随另一个误差值的变化具有线性关系的倾向,但两者取值又不服从确定的线性关系,而具有一定的随机性。

2. 相关系数

两误差间有线性关系时,其相关性强弱由相关系数来反映,在误差合成时应求得相关系数,并计算出相关项大小。

若两误差 ξ 与 η 之间的相关系数为 ρ,根据式(3-13)中相关系数的定义,有:

$$\rho=\frac{K_{\xi\eta}}{\sigma_{\xi}\sigma_{\eta}} \tag{3-24}$$

式中:$K_{\xi\eta}$——误差 ξ 与 η 之间的协方差;

σ_{ξ}、σ_{η}——分别为误差 ξ 与 η 的标准差。

根据概率论知识,相关系数的取值范围是 $-1\leqslant\rho\leqslant1$,且当 $0<\rho\leqslant1$ 时,两误差 ξ 与 η 正相关,即一个误差增大时,另一个误差的取值平均地增大;当 $-1<\rho<0$ 时,两误差 ξ 与 η 负相关,即一误差增大时,另一误差的取值平均地减小;当 $\rho=1$ 时,称为完全正相关;$\rho=-1$ 时,称为完全负相关。此时,两误差 ξ 与 η 之间存在着确定的线性函数关系。当 $\rho=0$ 时,两误差间无线性关系或称不相关,即一误差增大时,另一误差可能增大,也可能减小。

由上面讨论可知,相关系数确实可表示两个误差 ξ 与 η 之间线性相关的密切程度,$|\rho|$ 越接近0,ξ 与 η 之间的线性相关程度越小;反之,$|\rho|$ 值越大、越接近1,ξ 与 η 之间的线性相关程度越为密切。值得注意的是,相关系数只表示两误差的线性关系的密切程度,当 ρ 很小甚至等于0时,两误差间不存在线性关系,但并不表示它们之间不存在其他的函数关系。

确定两误差间的相关系数是比较困难的,通常可采用以下几种方法:

1)直接判断法

通过对两误差之间关系的分析,直接确定相关系数 ρ。如两误差不可能有联系或联系微弱时,则确定 $\rho=0$;如一个误差增大,另一个误差成比例地增大,则确定 $\rho=1$。

2)观察法和简略计算法

在某些情况下可直接测量两误差的多组对应值(ξ_i,η_i),用观察法或简略计算法(包括简单计算法和直接计算法)求得相关系数。

(1)观察法。

利用多组测量的对应值(ξ_i,η_i)作图,将图形与图 3-2 所示的标准图形相比,看与哪一图形相近,从而确定相关系数的近似值。

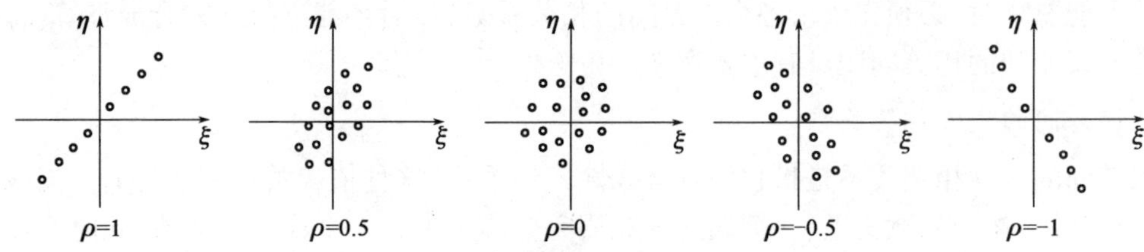

图 3-2 相关系数标准图形

(2)简单计算法。

将多组测量的对应值(ξ_i,η_i)绘制于平面坐标系上(图 3-3),然后作平行于纵轴的直线 A,将点阵左右均分,再作平行于横轴的直线 B 将点阵上下均分,并尽量使 A、B 线上没有点。

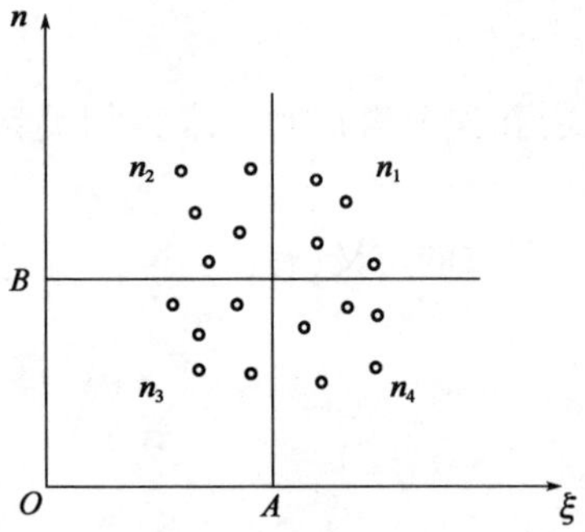

图 3-3 点阵分割示意

于是,点阵被分为四部分,设各部分的点数分别为 n_1、n_2、n_3、n_4,则可以证明相关系数为:

$$\rho \approx -\cos\left(\frac{n_1+n_3}{\sum n}\pi\right) \tag{3-25}$$

式中,$\sum n = n_1+n_2+n_3+n_4$。

(3)直接计算法。

针对多组测量的对应值(ξ_i,η_i),按相关系数的定义直接计算,得:

$$\rho = \frac{\sum(\xi_i-\bar{\xi})(\eta_i-\bar{\eta})}{\sqrt{\sum(\xi_i-\xi)^2\sum(\eta_i-\bar{\eta})^2}} \tag{3-26}$$

式中:$\bar{\xi}$、$\bar{\eta}$——ξ_i、η_i 的平均值。

3)理论计算法

有些误差间的相关系数,可根据概率论和最小二乘法直接求出。

如果求得两个误差 ξ 与 η 线性相关,即 $\xi=a\eta+b$,则相关系数为:

$$\rho = \begin{cases} 1 & (a>0) \\ -1 & (a<0) \end{cases} \tag{3-27}$$

以上讨论了误差之间相关系数的各种求法,可根据具体情况可采用不同的方法。一般先从理论上计算,若达不到目的,对于数值小或一般性的误差间的相关系数可用直观判断法计算;对于数值大或重要的误差间的相关系数宜进行多组成对观测,并分别采用不同的计算方法进行计算。

第二节 随机误差的合成

随机误差具有随机性,其取值是不可预知的,一般情况下用测量的标准差或极限误差来表征其取值的分散程度。随机误差的合成采用方和根方法,同时还要考虑到各个误差传递系数和误差间的相关性影响。

一、标准差的合成

全面分析测量过程中影响测量结果的各个误差因素。设有 q 个单项随机误差，它们的标准差分别为 $\sigma_1,\sigma_2,\cdots,\sigma_q$，其相应的误差传递系数为 $a_1,a_2,\cdots,a_q$。这些误差传递系数是由测量的具体情况来确定的，例如对间接测量可通过式(3-13)求得，对直接测量则根据各个误差因素对测量结果的影响情况来确定。

根据方和根运算方法，各个标准差合成后的总标准差为：

$$\sigma = \sqrt{\sum_{i=1}^{q}(a_i\sigma_i)^2 + 2\sum_{1\leqslant i\leqslant j}^{q}\rho_{ij}a_ia_j\sigma_i\sigma_j} \tag{3-28}$$

一般情况下，各个误差互不相关，相关系数 $\rho_{ij}=0$，故有：

$$\sigma = \sqrt{\sum_{i=1}^{q}(a_i\sigma_i)^2} \tag{3-29}$$

标准差合成有明显的优点，不仅简单方便，而且无论各单项随机误差的概率分布如何，只要给出各个标准差，均可按式(3-28)或式(3-29)计算总的标准差。

二、极限误差的合成

在测量实践中，各个单项随机误差和测量结果的总误差常以极限误差的形式来表示，因此极限误差的合成也较常见。

用极限误差来表示随机误差，有明确的概率意义。极限误差合成时，各单项极限误差应取同一置信概率。若已知各单项极限误差 $\delta_1,\delta_2,\cdots,\delta_q$（为简单起见，本章后面均用符号 δ 表示极限误差 $\delta_{\lim}$），且置信概率相同，则按方和根法合成的总极限误差为：

$$\delta = \sqrt{\sum_{i=1}^{q}(a_i\delta_i)^2 + 2\sum_{1\leqslant i\leqslant j}^{q}\rho_{ij}a_ia_j\delta_i\delta_j} \tag{3-30}$$

一般情况下，已知的各单项极限误差的置信概率可能不相同，故不能按式(3-30)进行极限误差合成。应根据各单项误差的分布情况，引入置信系数，先将误差转换为标准差，再按极限误差合成。

单项极限误差为：

$$\delta_i = \pm t_i\sigma_i \qquad (i=1,2,\cdots,q) \tag{3-31}$$

式中：σ_i——各单项随机误差的标准差；

　　t_i——各单项极限误差的置信系数。

总的极限误差为：

$$\delta = \pm t\sigma \tag{3-32}$$

式中：σ——合成后的总标准差；

　　t——合成后总极限误差的置信系数。

将式(3-28)代入式(3-32)，得：

$$\delta = \pm t\sqrt{\sum_{i=1}^{q}(a_i\sigma_i)^2 + 2\sum_{1\leqslant i\leqslant j}^{q}\rho_{ij}a_ia_j\sigma_i\sigma_j} \tag{3-33}$$

根据式(3-31)，则可得一般的极限误差合成公式为：

$$\delta = \pm t\sqrt{\sum_{i=1}^{q}\left(\frac{a_i\delta_i}{t_i}\right)^2 + 2\sum_{1\leqslant i\leqslant j}^{q}\rho_{ij}a_ia_j\frac{\delta_i}{t_i}\frac{\delta_j}{t_i}} \tag{3-34}$$

当各单项极限误差和所选取的各个置信系数确定后,即可按式(3-34)进行极限误差的合成。但必须注意,式(3-34)中的各个置信系数不仅与置信概率有关,而且与随机误差的分布有关。也就是说,对于相同分布的误差,选定相同的置信概率,其相应的各个置信系数相同;对于不同分布的误差,即使选定相同的置信概率,其相应的各个置信系数也不相同。由此可知,式(3-34)中的置信系数 $t_1,t_2,\cdots,t_q$ 一般来说并不相同。对于合成后的总误差置信系数 t,当各单项误差的数目 q 较多时,合成的总误差接近于正态分布,此时可按正态分布来确定 t 值。

当各个单项随机误差均服从正态分布时,式(3-34)中的各个置信系数完全相同,即 $t_1 = t_2 = \cdots = t_q = t$,则式(3-34)可简化为:

$$\delta = \pm\sqrt{\sum_{i=1}^{q}(a_i\delta_i)^2 + 2\sum_{1\leqslant i\leqslant j}^{q}\rho_{ij}a_ia_j\delta_i\delta_j} \tag{3-35}$$

一般情况下,$\rho_{ij}=0$,则式(3-35)可简化为:

$$\delta = \pm\sqrt{\sum_{i=1}^{q}(a_i\delta_i)^2} \tag{3-36}$$

式(3-36)形式十分简单,由于各单项误差大多服从正态分布或假设近似服从正态分布,而且它们之间常是线性无关或近似线性无关,因此式(3-36)是较为广泛使用的极限误差合成公式。

第三节　系统误差的合成

系统误差是评定测量准确度高低的指标,系统误差越大,准确度越低;反之,准确度越高。

系统误差具有确定的变化规律,不论其变化规律如何,根据对系统误差的掌握程度,可分为已定系统误差和未定系统误差。由于这两种系统误差的特征不同,其合成方法也不相同。

一、已定系统误差的合成

已定系统误差是指误差大小和方向均已被确切掌握的系统误差。在测量过程中,若有 r 个单项已定系统误差,其误差值分别为 $\Delta_1,\Delta_2,\cdots,\Delta_r$,相应的误差传递系数为 $a_1,a_2,\cdots,a_r$,则按代数和法进行合成,求得总的已定系统误差为:

$$\Delta = \sum_{i=1}^{r}a_i\Delta_i \tag{3-37}$$

在实际测量中,有不少已定系统误差在测量过程中均已被消除,而出于某些原因未被消除的已定系统误差也只是有限的少数几项,它们按代数和法合成后,还可以从测量结果中修正,故最后的测量结果中一般不再含有已定系统误差。

二、未定系统误差的合成

未定系统误差在测量实践中较为常见,对于某些影响较小的已定系统误差,为简化计算,也可不对其进行误差修正,而将其作为未定系统误差处理,因此未定系统误差的处理是测量结果处理的重要内容之一。

1. 未定系统误差的特征及其评定

未定系统误差是指误差大小和方向未能被确切掌握,或不必花费过多精力去掌握,而只能或只需估计出其不致超过某一极限范围($\pm e_i$)的系统误差。也就是说,在一定条件下客观存在的某一系统误差,一定是落在所估计的误差区间($-e_i,e_i$)内的一个取值。当测量条件改变时,该系统误差又是误差区间($-e_i,e_i$)内的另一个取值。而当测量条件在某一范围内多次改变时,未定系统误差也随之改变,其相应的取值在误差区间($-e_i,e_i$)内服从某一概率分布。对于某一单项未定系统误差,其概率分布取决于该误差源变化时所引起的系统误差变化规律。理论上此概率分布是可知的,但实际上常常较难求得。目前对未定系统误差的概率分布,均是根据测量实际情况的分析与判断来确定的,并采用两种假设:一种是按正态分布处理;另一种是按均匀分布处理。但这两种假设,在理论与实践上往往缺乏依据,因此对未定系统误差的概率分布尚属有待于作进一步研究。而某一单项未定系统误差的极限范围,是根据该误差源具体情况的分析与判断而作出估计的,其估计结果是否符合实际,往往取决于对误差源具体情况的掌握程度以及测量人员的经验和判断能力。但某些未定系统误差的极限范围是较容易确定的,例如在检定工作中,所使用的标准计量器具误差对检定结果的影响属未定系统误差,而此误差值一般是已知的。

未定系统误差在测量条件不变时有一恒定值,多次重复测量时其值固定不变,因而不具有抵偿性,利用多次重复测量取算术平均值的办法也不能减小它对测量结果的影响,这是它与随机误差的重要差别。但是当测量条件改变时,由于未定系统误差的取值在某一极限范围内具有随机性,并且服从一定的概率分布,这些特征均与随机误差相同,因而评定它对测量结果的影响时,也应与随机误差相同,即采用标准差或极限误差来表征未定系统误差取值的分散程度。

现以质量的标准器具——砝码为例,来说明未定系统误差特征及其评定方法。

在质量计量中,砝码的质量误差将直接带入测量结果。为了减小这项误差的影响,应对砝码质量进行检定,以便给出修正值。由于不可避免地存在砝码质量的检定误差,经修正后的砝码质量误差虽已大为减小,但仍有一定误差(即检定误差)影响质量的计量结果。对某一个砝码,一经检定完成,其修正值即已确定不变,由检定方法引入的误差也就被确定下来了,其值为检定方法极限误差范围内的一个随机取值。使用这一个砝码进行多次重复测量时,由检定方法引入的误差则为恒定值而不具有抵偿性。但这一误差的具体数值又未掌握,而只知其极限范围,因此属未定系统误差。对于同一质量的多个不同的砝码,相应地各个修正值的误差为某一极限范围内的随机取值,其分布规律直接反映了检定方法误差的分布。也就是说,检定方法误差的分布反映了各个砝码修正值的误差分布规律。若检定方法误差服从正态分布,则砝码修正值的误差也应服从正态分布,且两者具有同样的标准差 u_i。若用极限误差来评定砝码修正值的误差,则有 $e_i = \pm t_i u_i$(为了与随机误差的极限误差符号相区别,未定系统误差的极限误差用符号 e 表示,而其标准差用符号 u 表示;式中右下角符 i 表示第 i 项未定系统误差)。

从上述实例分析可以看出,这种未定系统误差是较为普遍的。一般情况下,针对某一批量具、仪器和设备等,其在加工、装调或检定中,随机因素带来的误差具有随机性。但对某一具体的量具、仪器和设备,随机因素带来的误差却具有确定性,实际误差为一恒定值。若尚未掌握这种误差的具体数值,则这种误差属未定系统误差。

2. 未定系统误差的合成

若测量过程中存在若干项未定系统误差,则应将这些未定系统误差正确合成,以求得最后结果。

由于未定系统误差的取值具有随机性,并且服从一定的概率分布,因而若干项未定系统误差综合作用时,它们之间就产生一定的抵偿作用。这种抵偿作用与随机误差的抵偿作用相似,因而对于未定系统误差的合成,完全可以采用随机误差的合成公式,这就给测量结果的处理带来很大方便。对于某一项误差,当难以严格区分为随机误差或未定系统误差时,因不论当作哪一种误差进行处理,最后总误差的合成结果均相同,故可将该项误差任作一种误差来处理。

1)标准差的合成

若测量过程中有 s 个单项未定系统误差,它们的标准差分别为 $u_1,u_2,\cdots,u_s$,其相应的误差传递系数为 $a_1,a_2,\cdots,a_s$,则合成后未定系统误差的总标准差为:

$$u = \pm\sqrt{\sum_{i=1}^{s}(a_iu_i)^2 + 2\sum_{1\leqslant i\leqslant j}^{s}\rho_{ij}a_ia_ju_iu_j} \tag{3-38}$$

当 $\rho_{ij}=0$ 时,有:

$$u = \pm\sqrt{\sum_{i=1}^{s}(a_iu_i)^2} \tag{3-39}$$

2)极限误差的合成

由于各个单项未定系统误差的极限误差为:

$$e_i = \pm t_iu_i \qquad (i=1,2,\cdots,s) \tag{3-40}$$

则总的未定系统误差的极限误差为:

$$e = \pm tu \tag{3-41}$$

故有:

$$e = \pm t\sqrt{\sum_{i=1}^{s}(a_iu_i)^2 + 2\sum_{1\leqslant i\leqslant j}^{s}\rho_{ij}a_ia_ju_iu_j} \tag{3-42}$$

或:

$$e = \pm t\sqrt{\sum_{i=1}^{s}\left(\frac{a_ie_i}{t_i}\right)^2 + 2\sum_{1\leqslant i\leqslant j}^{s}\rho_{ij}a_ia_j\frac{e_i}{t_i}\frac{e_j}{t_j}} \tag{3-43}$$

当各个单项未定系统误差均服从正态分布,且 $\rho_{ij}=0$ 时,式(3-43)可简化为:

$$e = \pm\sqrt{\sum_{i=1}^{s}(a_ie_i)^2} \tag{3-44}$$

第四节 系统误差与随机误差的合成

当测量过程中存在各种不同性质的多项系统误差与随机误差时,应对其进行综合,以求得最后测量结果的总误差。该误差常用极限误差来表示,但有时也用标准差来表示。

一、按极限误差合成

若测量过程中有 r 个单项已定系统误差,s 个单项未定系统误差,q 个单项随机误差,它们的误差值或极限误差分别为 $\Delta_1,\Delta_2,\cdots,\Delta_r;e_1,e_2,\cdots,e_s;\delta_1,\delta_2,\cdots,\delta_q$。为计算方便,设各个误差传递系数均为 1,则测量结果的总极限误差为:

$$\Delta_{总}=\sum_{i=1}^{r}\Delta_i\pm t\sqrt{\sum_{i=1}^{s}\left(\frac{e_i}{t_i}\right)^2+\sum_{i=1}^{q}\left(\frac{\delta_i}{t_i}\right)^2+R} \tag{3-45}$$

式中:R——各个误差间协方差之和。

当各个误差均服从正态分布,且各个误差间互不相关时,式(3-45)可简化为:

$$\Delta_{总}=\sum_{i=1}^{r}\Delta_i\pm\sqrt{\sum_{i=1}^{s}e_i^2+\sum_{i=1}^{q}\delta_i^2} \tag{3-46}$$

一般情况下,已定系统误差经修正后,测量结果的总极限误差就是总的未定系统误差与总的随机误差的方均根,即:

$$\Delta_{总}=\pm\sqrt{\sum_{i=1}^{s}e_i^2+\sum_{i=1}^{q}\delta_i^2} \tag{3-47}$$

由式(3-46)和式(3-47)可以看出,当进行多项未定系统误差和随机误差合成时,对某一项误差而言,不论经哪一种误差处理,其最后合成结果均相同。但必须注意,对于单次测量,可直接按式(3-47)求得最后结果的总误差,但对多次重复测量,由于随机误差具有抵偿性,而系统误差则固定不变,因此总误差合成公式中的随机误差项应除以重复测量次数 n,此时测量结果平均值的总极限误差计算公式为:

$$\Delta_{总}=\pm\sqrt{\sum_{i=1}^{s}e_i^2+\frac{1}{n}\sum_{i=1}^{q}\delta_i^2} \tag{3-48}$$

由式(3-48)可知,在单次测量的总误差合成中,不需严格区分各个单项误差为未定系统误差或随机误差;而在多次重复测量的总误差合成中,则必须严格区分各个单项误差的性质。

二、按标准差合成

若用标准差来表示系统误差与随机误差的合成公式,则只需考虑未定系统误差与随机误差的合成问题。

若测量过程中有 s 个单项未定系统误差,q 个单项随机误差,它们的标准差分别为:$u_1,u_2,\cdots,u_s;\sigma_1,\sigma_2,\cdots,\sigma_q$。为计算方便,设各个误差传递系数均为 1,则测量结果总的标准差为:

$$\sigma=\sqrt{\sum_{i=1}^{s}u_i^2+\sum_{i=1}^{q}\sigma_i^2+R} \tag{3-49}$$

式中:R——各个误差间协方差之和。

当各个误差间互不相关时,式(3-49)可简化为:

$$\sigma=\sqrt{\sum_{i=1}^{s}u_i^2+\sum_{i=1}^{q}\sigma_i^2} \tag{3-50}$$

与极限误差合成的原理相同，对单次测量，可直接按式(3-50)求得最后结果的总标准差；但对 n 次重复测量，测量结果平均值的总标准差计算公式则为：

$$\sigma = \sqrt{\sum_{i=1}^{s} u_i^2 + \frac{1}{n}\sum_{i=1}^{q}\sigma_i^2} \tag{3-51}$$

【例 3-3】 在万能工具显微镜上(一种以影像法和轴切法按直角坐标或极坐标精确地测量各种零件的尺寸、角度、形状和位置的仪器设备，简称“万工显”)用影像法测量某一平面工件的长度共两次，测得结果分别为 $l_1 = 50.026\text{mm}$，$l_2 = 50.025\text{mm}$。已知工件的高度 $H = 80\text{mm}$，求测量结果及其极限误差。

解：两次测量结果的平均值为：

$$L_0 = \frac{1}{2}(l_1 + l_2) = \frac{1}{2}(50.026 + 50.025) = 50.0255(\text{mm})$$

查询万工显光学刻线尺的刻度误差表，可知在50mm 位置的误差修正值$\Delta = -0.0008\text{mm}$，此项误差为已定系统误差，应予修正，则测量结果为：

$$L = L_0 + \Delta = 50.0255 - 0.0008 = 50.0247(\text{mm})$$

在万工显上用影像法测量平面工件尺寸，通过查询相关资料可知，其主要误差分析计算结果如下。

(1)随机误差。

该项误差由读数误差和工件瞄准误差所引起，其极限误差分别为：①读数误差 $\delta_1 = \pm 0.8\mu\text{m}$；②瞄准误差 $\delta_2 = \pm 1\mu\text{m}$。

(2)未定系统误差。

该项误差由阿贝误差(指测量仪器的轴线与待测工件的轴线须在同一直线上，否则即产生误差，此误差称为阿贝误差)等所引起，其极限误差分别如下。

①阿贝误差：

$$e_1 = \pm \frac{HL}{4000} = \pm \frac{80 \times 50}{4000} = \pm 1(\mu\text{m})$$

②光学刻尺刻度误差：

$$e_2 = \pm\left(1 + \frac{L}{200}\right) = \pm\left(1 + \frac{50}{200}\right) = \pm 1.25(\mu\text{m})$$

③温度误差：

$$e_3 = \pm \frac{7L}{4000} = \pm \frac{7 \times 50}{4000} = \pm 0.35(\mu\text{m})$$

④光学刻尺的检定误差：

$$e_4 = \pm 0.5(\mu\text{m})$$

在上述各误差式中，L 为被测长度，H 为被测工件的测量面高出标准刻线尺刻线面的距离，两者单位均为 mm，而求得的误差单位为 μm。

由于这 4 项误差在测量中都不具有抵偿性，也不随测量次数的增加而减小，故都属于系统误差。但它们给出的数值只是一个范围，而不是确定的数值，因此它们又应属未定系统误差。

上述各项误差汇总见表3-1。

误差类型与极限误差　　表3-1

序号	误 差 类 型	极限误差(μm)		备　　注
		随机误差	未定系统误差	
1	阿贝误差	—	±1	—
2	光学刻尺刻度误差	—	±1.25	加修正值时不计入总误差
3	温度误差	—	±0.35	—
4	读数误差	±0.8	—	—
5	瞄准误差	±1	—	—
6	光学刻尺检定误差	—	±0.5	不加修正值时不计入总误差

设各误差都服从正态分布且互不相关,则测量结果(两次测量的平均值)的极限误差如下。

未修正刻尺刻度误差时的极限误差为:

$$\delta = \pm\sqrt{\frac{1}{2}\sum_{i=1}^{2}\delta_i^2 + \sum_{j=1}^{3}e_j^2} = \pm\sqrt{\frac{1}{2}(1^2 + 0.8^2) + (1^2 + 1.25^2 + 0.35^2)}$$

$$= \pm 1.87 \approx \pm 1.9(\mu m)$$

因此测量结果应表示为:

$$L = (50.0255 \pm 0.0019)(mm)$$

当已修正刻尺刻度误差时,极限误差为:

$$\delta = \pm\sqrt{\frac{1}{2}\sum_{i=1}^{2}\delta_i^2 + \sum_{j=1}^{3}e_j^2} = \pm\sqrt{\frac{1}{2}(1^2 + 0.8^2) + (1^2 + 0.35^2 + 0.5^2)}$$

$$= \pm 1.48 \approx \pm 1.5(\mu m)$$

故测量结果应表示为:

$$L = (50.0247 \pm 0.0015)(mm)$$

【例3-4】 运用TC328B型天平,利用三等标准砝码称一不锈钢球质量。已知一次称量得钢球质量 $M = 14.0040$g,求测量结果的标准差。

解:根据TC328B型天平的称量方法,其测量结果的主要误差分析计算结果如下。

(1)随机误差。

天平示值变动性所引起的误差为随机误差。多次重复称量同一球的质量,可得天平的标准差为:

$$\sigma_1 = 0.05(mg)$$

(2)未定系统误差。

标准砝码误差和天平示值误差,在给定条件下为确定值,但由于不知道具体误差数值,而只知道误差范围(或标准差),故这两项误差均属未定系统误差。

①砝码误差。

天平称量时所用的标准砝码有三个,即10g的一个、2g的两个,它们的标准差分别为:

$$u_{11}=0.4(\mathrm{mg}),u_{12}=0.2(\mathrm{mg})$$

故三个砝码组合使用时,质量的标准差为:

$$u_1=\sqrt{u_{11}^2+u_{12}^2}=\sqrt{0.4^2+2\times0.2^2}\approx0.5(\mathrm{mg})$$

②天平示值误差。

当天平示值为 100×0.1mg 时,最大误差为 ±2×0.1mg。由于称该球质量时示值为 40×0.1mg,且对应 3 倍标准差,故该项标准差为:

$$u_2=2\times0.1\times\frac{40}{100}\times\frac{1}{3}\approx0.03(\mathrm{mg})$$

以上三项误差互不相关,而且显然可知各个误差传递系数均为 1。因此,误差合成后可得到测量结果的总标准差为:

$$\sigma=\sqrt{\sigma_1^2+u_1^2+u_2^2}=\sqrt{0.05^2+0.5^2+0.03^2}\approx0.5(\mathrm{mg})$$

则最后测量结果可表示为(1 倍标准差):

$$M=(14.0040\pm0.0005)(\mathrm{g})$$

第五节 误差分配

如上文所述,任何测量过程皆包含多项误差,而测量结果的总误差则由各单项误差的综合影响所确定。现在要研究一个新的课题,即给定测量结果总误差的允差,要求确定各个单项误差。在进行测量工作前,应根据给定测量总误差的允差来选择测量方案,合理进行误差分配,确定各单项误差,以保证测量精度。例如前述的弓高弦长法测量直径 D,若已给定直径测量的允许极限误差为 δ_D,要求确定弓高 h 和弦长 s 的测量极限误差 δ_h 及 δ_s 值,这就是误差分配问题。

误差分配应考虑测量过程中所有误差组成项的分配问题。为便于说明误差分配原理,这里只研究间接测量的函数误差分配,但其基本原理也适用于一般测量的误差分配。

函数的已定系统误差,可通过修正方法来消除,且不必考虑各个测量值已定系统误差的影响,而只需研究随机误差和未定系统误差的分配问题。由式(3-47)和式(3-50)可知,这两种误差在误差合成时可同等看待,因此在误差分配时也可同等看待,其误差分配方法完全相同。

现设各误差因素皆为随机误差,且互不相关,由式(3-14)可得:

$$\begin{aligned}\sigma_y&=\sqrt{\left(\frac{\partial f}{\partial x_1}\right)^2\sigma_1^2+\left(\frac{\partial f}{\partial x_2}\right)^2\sigma_2^2+\cdots+\left(\frac{\partial f}{\partial x_n}\right)^2\sigma_n^2}\\&=\sqrt{a_1^2\sigma_1^2+a_2^2\sigma_2^2+\cdots+a_n^2\sigma_n^2}\\&=\sqrt{D_1^2+D_2^2+\cdots+D_n^2}\end{aligned}\tag{3-52}$$

式中:D_i——函数的部分误差,$D_i=\frac{\partial f}{\partial x_i}\sigma_i=a_i\sigma_i,i=1,2,\cdots n$。

若已给定 σ_y,需确定 D_i 或相应的 σ_i,使其满足:

$$\sigma_y\geqslant\sqrt{D_1^2+D_2^2+\cdots+D_n^2}\tag{3-53}$$

显然，D_i 可以是任意值，且为不确定解，因此一般需按下列步骤求解。

一、按等作用原则分配误差

等作用原则认为各个部分误差对函数误差的影响相同，即：

$$D_1 = D_2 = \cdots = D_n = \frac{\sigma_y}{\sqrt{n}} \tag{3-54}$$

由此可得：

$$\sigma_i = \frac{\sigma_y}{\sqrt{n}} \frac{1}{\partial f / \partial x_i} = \frac{\sigma_y}{\sqrt{n}} \frac{1}{a_i} \tag{3-55}$$

或用极限误差表示为：

$$\delta_i = \frac{\delta}{\sqrt{n}} \frac{1}{\partial f / \partial x_i} = \frac{\delta}{\sqrt{n}} \frac{1}{a_i} \tag{3-56}$$

式中：δ——函数的总极限误差；

δ_i——各单项误差的极限误差。

如果各个测得值的误差满足式(3-55)及式(3-56)，则所得的函数误差不会超过允许的给定值。

二、按可能性调整误差

按等作用原则分配误差可能会出现不合理情况，这是因为计算出来的各个部分误差都相等，对于其中有的测量值，要保证它的测量误差不超出允许范围较容易实现；而对于其中有的测量值则难以满足要求，若要保证它的测量精度，势必要使用昂贵的高精度仪器，或者要付出较大的劳动。

另一方面，由式(3-55)、式(3-56)可以看出，当各个部分误差一定时，则相应测量值的误差与其传递系数成反比。所以即使各个部分误差相等，其相应测量值的误差也可能并不相等，甚至相差较大。

由于存在上述两种情况，对按等作用原则分配的误差，必须根据具体情况进行调整。对难以实现测量的误差项可适当扩大，对容易实现测量的误差项应尽可能缩小，而对其余误差项不予调整。

三、验算调整后的总误差

误差分配完成后，应按误差合成公式计算实际总误差。当超出给定的允许误差范围时，应同时选择可能缩小的误差项再予缩小。若实际总误差较小，可适当扩大难以测量的误差项的误差。

按等作用原则分配误差需注意，当有的误差已经确定而不能改变时(如受测量条件限制，必须采用某种仪器测量某一项目时)，应先从给定的允许总误差中剔除，然后再对其余误差项进行误差分配。

【例 3-5】　测量一圆柱体材料试件的体积时，可间接测量圆柱直径 D 及高度 h，并通过公

式 $V=\frac{\pi D^2}{4}h$ 求得体积 V。若要求测量体积(V)的相对误差为1%,试确定直径 D 及高度 h 的测量精度。

解:假设直径和高度的公称值为:

$$D_0=20(\mathrm{mm}),h_0=50(\mathrm{mm})$$

把 π 看作常数,取值为3.1416,则可计算出体积 V_0:

$$V_0=\frac{\pi D_0^2}{4}h_0=\frac{3.1416\times 20^2}{4}\times 50=15708(\mathrm{mm}^3)$$

而体积的绝对误差为:

$$\delta_V=V_0\times 1\%=15708\times 1\%=157.08(\mathrm{mm}^3)$$

因为测量项目有两项,即 $n=2$。

根据式(3-56)按等作用原则分配误差,则可得测量直径 D 与高度 h 的极限误差为:

$$\delta_D=\frac{\delta_V}{\sqrt{n}}\frac{1}{\partial V/\partial D}=\frac{\delta_V}{\sqrt{n}}\frac{2}{\pi Dh}=\frac{157.08}{\sqrt{2}}\frac{2}{\pi\times 20\times 50}=0.071(\mathrm{mm})$$

$$\delta_h=\frac{\delta_V}{\sqrt{n}}\frac{1}{\partial V/\partial h}=\frac{\delta_V}{\sqrt{n}}\frac{4}{\pi D^2}=\frac{157.08}{\sqrt{2}}\frac{4}{\pi\times 20^2}=0.351(\mathrm{mm})$$

由此可知,测量直径 D 的精度需要高些,而测量高度 h 的精度可低些。若用量具测量,查询各种量具的极限误差表可知,直径可用2级千分尺测量,在20mm测量范围内的极限误差为±0.013mm。而高度只需用分度值为0.10mm的游标卡尺测量,在50mm测量范围内的极限误差为±0.150mm。用这两种量具测量的体积极限误差为:

$$\delta_V=\pm\sqrt{\left(\frac{\partial V}{\partial D}\right)^2\delta_D^2+\left(\frac{\partial V}{\partial h}\right)^2\delta_h^2}=\pm\sqrt{\left(\frac{\pi Dh}{2}\right)^2\delta_D^2+\left(\frac{\pi D^2}{4}\right)^2\delta_h^2}$$

$$=\pm\sqrt{\left(\frac{\pi\times 20\times 50}{2}\right)^2\times(0.013)^2+\left(\frac{\pi\times 20^2}{4}\right)^2\times(0.150)^2}$$

$$=\pm 51.36\ (\mathrm{mm}^3)$$

因为 $|\delta_V|=51.36(\mathrm{mm}^3)<157.08(\mathrm{mm}^3)$,显然,用这两种量具测量不够合理,需进行调整,选用精度较低的量具。

现改用分度值为0.05mm的游标卡尺来测量直径和高度,在50mm测量范围内,其极限误差为±0.08mm。这时测量直径的极限误差虽超出按等作用原则分配所得的允差,但可从测量高度允差的多余部分得到补偿。

调整后的实际测量极限误差为:

$$\delta_V=\pm\sqrt{\left(\frac{\pi Dh}{2}\right)^2\delta_D^2+\left(\frac{\pi D^2}{4}\right)^2\delta_h^2}$$

$$=\pm\sqrt{\left(\frac{\pi\times 20\times 50}{2}\right)^2\times(0.08)^2+\left(\frac{\pi\times 20^2}{4}\right)^2\times(0.08)^2}$$

$$=\pm 128.45(\mathrm{mm}^3)$$

因为$|\delta_V| = 128.45(\mathrm{mm}^3) < 157.08(\mathrm{mm}^3)$，故调整后，用一把游标卡尺测量即能保证测量精度。

第六节　微小误差的取舍准则

测量过程包含有多种误差时，往往有的误差对测量结果总误差的影响较小。当这种误差数值小到一定程度后，计算测量结果总误差时可不予考虑，这种误差为微小误差。为了确定误差数值小到什么程度才能作为微小误差而予以舍去，这就需要给出一个微小误差的取舍准则。

若已知测量结果的标准差为：

$$\sigma_y = \sqrt{D_1^2 + D_2^2 + \cdots + D_{k-1}^2 + D_k^2 + D_{k+1}^2 + \cdots + D_n^2}$$

将其中的部分误差 D_k 取出后，则得：

$$\sigma_y' = \sqrt{D_1^2 + D_2^2 + \cdots + D_{k-1}^2 + D_{k+1}^2 + \cdots + D_n^2}$$

若有 $\sigma_y \approx \sigma_y'$，则称 D_k 为微小误差，在计算测量结果总误差时可予以舍去。

根据有效数字运算准则，对一般精度的测量，测量误差的有效数字取一位。在此情况下，若将某项部分误差舍去后，满足：

$$\sigma_y - \sigma_y' \leqslant (0.1 \sim 0.05)\sigma_y \tag{3-57}$$

则说明对测量结果的误差计算没有影响。

将式(3-57)写成下列形式：

$$\sqrt{D_1^2 + D_2^2 + \cdots + D_k^2 + \cdots + D_n^2} - \sqrt{D_1^2 + D_2^2 + \cdots + D_{k-1}^2 + D_{k+1}^2 + \cdots + D_n^2}$$
$$\leqslant (0.1 \sim 0.05)\sqrt{D_1^2 + D_2^2 + \cdots + D_k^2 + \cdots + D_n^2}$$

解式(3-57)，可得：

$$D_k \leqslant (0.4 \sim 0.3)\sigma_y \tag{3-58}$$

因此，满足此条件只需取：

$$D_k \leqslant \frac{1}{3}\sigma_y \tag{3-59}$$

对于比较精密的测量，误差的有效数字可取两位，则有：

$$\sigma_y - \sigma_y' \leqslant (0.01 \sim 0.005)\sigma_y \tag{3-60}$$

由此可得：

$$D_k \leqslant (0.14 \sim 0.1)\sigma_y \tag{3-61}$$

满足此条件需取：

$$D_k \leqslant \frac{1}{10}\sigma_y \tag{3-62}$$

因此，对于随机误差和未定系统误差，微小误差舍去准则是被舍去的误差必须小于或等于测量结果总标准差的1/3～1/10。

微小误差取舍准则在总误差计算和选择高一级标准量等方面都有实际意义。计算总误差或误差分配时，若发现有微小误差，可不考虑该误差对总误差的影响。选择高一级精度的标准器具时，其误差一般应为被检器具允许总误差的1/10～3/10。

第七节　最佳测量方案的确定

当测量结果与多个测量因素有关时,采用什么方法确定各个因素,才能使测量结果的误差为最小,这就是最佳测量方案的确定问题。

因为已定系统误差可用修正方法来消除,所以讨论最佳测量方案时,只需考虑随机误差和未定系统误差对测量方案的影响。为便于介绍最佳测量方案确定的基本原理,本书只研究间接测量中使函数误差为最小的最佳测量方案的各种途径,但这些途径同样也适用于其他情况的测量实践。

根据式(3-14),函数的标准差为:

$$\sigma_y = \sqrt{\left(\frac{\partial f}{\partial x_1}\right)^2 \sigma_1^2 + \left(\frac{\partial f}{\partial x_2}\right)^2 \sigma_2^2 + \cdots + \left(\frac{\partial f}{\partial x_n}\right)^2 \sigma_n^2}$$

由此式可知,欲使 σ_y 为最小,可从如下几方面来考虑。

一、选择最佳函数误差公式

一般情况下,间接测量中的部分误差项数越少,则函数误差也会越小,即直接测量值的数目越少,函数误差也就会越小。所以对于间接测量,如果可由不同的函数公式来表示,则应选取包含直接测量值最少的函数公式。若不同的函数公式所包含的直接测量值数目相同,则应选取误差较小的直接测量值的函数公式。如测量零件或试件的几何尺寸时,在相同条件下测量内尺的误差要比测量外尺寸的误差大,此时便应尽量选择包含测量外尺寸的函数公式。

【例 3-6】　测量某箱体零件的轴心距 L(图 3-4),试选择最佳测量方案。

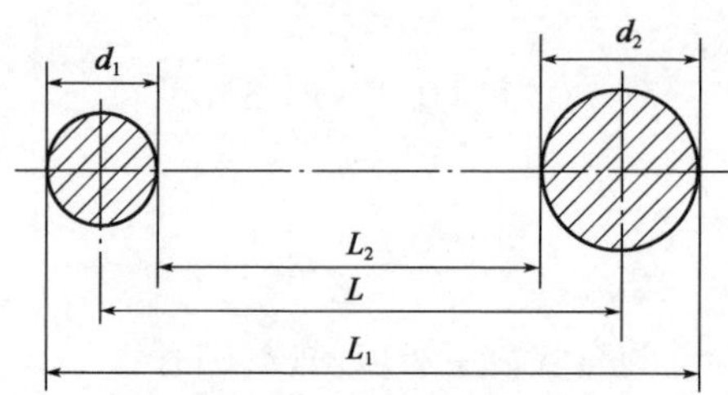

图 3-4　某箱体零件轴心距测量示意

解:根据图 3-4,测量轴心距 L 有下列三种方法:

(1)测量两轴直径 d_1、d_2 和外尺寸 L_1,其函数式为:

$$L = L_1 - \frac{1}{2}d_1 - \frac{1}{2}d_2$$

(2)测量两轴直径 d_1、d_2 和内尺寸 L_2,其函数式为:

$$L = L_2 + \frac{1}{2}d_1 + \frac{1}{2}d_2$$

(3)测量外尺寸 L_1 和内尺寸 L_2,其函数式为:

$$L = \frac{1}{2}L_1 + \frac{1}{2}L_2$$

若已知测量的标准差分别为：

$$\sigma_{d_1}=5\mu\mathrm{m},\sigma_{d_2}=7\mu\mathrm{m},\sigma_{L_1}=8\mu\mathrm{m},\sigma_{L_2}=10\mu\mathrm{m}$$

由式(3-14)可得上述三种方法的函数标准差分别为：

$$\sigma_{L_1}=\sqrt{\left(\frac{\partial f}{\partial L_1}\right)^2\sigma_{L_1}^2+\left(\frac{\partial f}{\partial d_1}\right)^2\sigma_{d_1}^2+\left(\frac{\partial f}{\partial d_2}\right)^2\sigma_{d_2}^2}=\sqrt{\sigma_{L_1}^2+\left(\frac{1}{2}\right)^2\sigma_{d_1}^2+\left(\frac{1}{2}\right)^2\sigma_{d_2}^2}$$

$$=\sqrt{8^2+2.5^2+3.5^2}=9.1(\mu\mathrm{m})$$

$$\sigma_{L_2}=\sqrt{\left(\frac{\partial f}{\partial L_2}\right)^2\sigma_{L_2}^2+\left(\frac{\partial f}{\partial d_1}\right)^2\sigma_{d_1}^2+\left(\frac{\partial f}{\partial d_2}\right)^2\sigma_{d_2}^2}$$

$$=\sqrt{\sigma_{L_2}^2+\left(\frac{1}{2}\right)^2\sigma_{d_1}^2+\left(\frac{1}{2}\right)^2\sigma_{d_2}^2}=\sqrt{10^2+2.5^2+3.5^2}=10.9(\mu\mathrm{m})$$

$$\sigma_{L_3}=\sqrt{\left(\frac{\partial f}{\partial L_1}\right)^2\sigma_{L_1}^2+\left(\frac{\partial f}{\partial L_2}\right)^2\sigma_{L_2}^2}=\sqrt{\left(\frac{1}{2}\right)^2\sigma_{L_1}^2+\left(\frac{1}{2}\right)^2\sigma_{L_2}^2}$$

$$=\sqrt{4^2+5^2}=6.4(\mu\mathrm{m})$$

由计算结果可知，第三种方法误差最小，而第二种方法误差最大。这是因为第三种方法的函数式最简单，而第二种方法的函数式包含的直接测量值数目较多，同时又测量了内尺寸。

二、使误差传递系数等于零或为最小

由函数误差公式可知，若使各个测量值对函数的误差传递系数 $\partial f/\partial x_i=0$ 或为最小，则函数误差可相应减小。

若 $\partial f/\partial x_i=0$，则该项部分误差 $D_i=\partial f/\partial x_i\sigma_i$ 也将为零，即该测量值的误差 σ_i 对函数误差没有影响。

若 $\partial f/\partial x_i$ 为最小，则可减小该项部分误差 D_i 对函数误差的影响。

根据此原则，对某些测量实践，尽管有时不可能达到使 $\partial f/\partial x_i$ 等于 0 的测量条件，但却为找寻最佳测量方案指明了方向。

【例 3-7】　以【例 3-3】中弓高弦长法测量直径 D 为基础，若已知其函数式为

$$D=\frac{s^2}{4h}+h$$

试确定最佳测量方案。

解：根据式(3-14)，可知测量直径的标准差公式为：

$$\sigma_D=\sqrt{\left(\frac{s}{2h}\right)^2\sigma_s^2+\left(\frac{s^2}{4h^2}-1\right)^2\sigma_h^2}$$

欲使 σ_D 为最小，必须满足：

(1)使 $s/(2h)=0$ 为最小。

满足 $s/(2h)=0$，必须是 $s=0$，但由图中几何关系可知，若 $s=0$ 则有 $h=0$，因而无实际意义。因此，若满足 $s/(2h)$ 为最小，则 $2h$ 值越大越好，即 s 值越接近直径值越好。

(2)使 $s^2/(4h^2)-1=0$。

满足此条件要求 $s=2h$。

由上述分析可知,欲使 σ_D 为最小,必须测量直径,此时弓高的测量误差 σ_h 已不影响直径的测量精度,而只有弦长(实际上此时的弦长也就是直径)的测量误差 σ_s 影响直径的测量精度。但针对直径 D 的测量,此条件难以满足,不过它指出了当 h 值越接近 $s/2$ 值时,直径的测量误差也越小。

【例 3-8】 测量金属导线的电导率 γ,若已知其函数式为

$$\gamma = \frac{4l}{\pi d^2 R}$$

式中的 l、d 和 R 分别为金属导线的长度、直径和电阻,试确定最佳测量方案。

解:根据式(3-14),可知电导率的标准差公式为:

$$\sigma_\gamma = \sqrt{\left(\frac{\partial\gamma}{\partial l}\right)^2\sigma_l^2 + \left(\frac{\partial\gamma}{\partial d}\right)^2\sigma_d^2 + \left(\frac{\partial\gamma}{\partial R}\right)^2\sigma_R^2}$$

$$= \sqrt{\left(\frac{4}{\pi d^2 R}\right)^2\sigma_l^2 + \left(\frac{8l}{\pi d^3 R}\right)^2\sigma_d^2 + \left(\frac{4l}{\pi d^2 R^2}\right)^2\sigma_R^2}$$

分析式中各项误差传递函数可知,欲使 σ_γ 为最小,必须满足:

(1)使 $l=0$ 或为最小。

导线长度 $l=0$,无实际意义,但表明 l 值越小越好,即意味着用短小导线来测量金属电导率 γ,导线直径 d 和电阻 R 的误差传递函数较小,可减小其误差 σ_d 及 σ_R 的影响。

(2)使 d 和 R 较大。

电导率标准差公式中各个误差传递函数的分母均有直径 d 和电阻 R,取 d 和 R 为较大值则可减小各项标准差 σ_l、σ_d 和 σ_R 对金属导线电导率 γ 测量精度的影响。

由以上分析可知,金属电导率测量的最佳方案是选择长度小、直径大的金属导线,即用短而粗的导线来测量金属电导率。此外,还可看出导线直径的标准差 σ_d 对电导率的测量标准差 σ_γ 影响较大,故需用高精度方法测量导线直径。

第四章　测量不确定度评定理论与方法

第一节　引　　言

很难追溯误差的概念起源于何时。但早在 1862 年 Foucault 采用旋转镜法在地球上测量光的速度时，给出的测量结果为：$c=(298\,000\pm500)\,\mathrm{km/s}$。即在给出测量结果的同时，还给出了测量误差。由此可见，误差的概念至少在 100 多年前就已经出现。当时已经知道，在给出测量结果的同时，还应给出其测量误差。

虽然误差的概念早已出现，但在用传统方法对测量结果进行误差评定时，还存在一些问题。简单地说，大体上遇到两个方面的困难：逻辑概念上的问题和评定方法的问题。

一、为什么要用测量不确定度评定来代替误差评定

测量误差常常简称为误差。国家计量技术规范《通用计量术语及定义》(JJF 1001—1998)中给出测量误差的定义为“测量结果减去被测量的真值”。《通用计量术语及定义》(JJF 1001—2011)版本中，对此进行了修改，定义测量误差为“测得的量值减去参考量值。”

真值定义为“与给定的特定量的定义一致的值”。也就是说，我们把被测量在观测时所具有的真实大小称为真值，因而这样的真值只是一个理想概念，只有通过完善的测量才有可能得到真值。任何测量都会有缺陷，因而真正完善的测量是不存在的。也就是说，严格意义上的真值是无法得到的。

根据误差的定义，若要得到误差就必须知道真值。但真值无法得到，因此严格意义上的误差也无法得到。虽然在误差定义的注解中同时还指出：“由于真值不能确定，实际上用的是约定真值”，但此时还需考虑约定真值本身的误差，因而可能得到的只是误差的估计值。在有些情况下对一个被测量进行测量的目的就是想要知道该被测量的值。如果知道了被测量的真值或约定真值，往往也就没有必要再进行测量了。例如，测量地球和月球之间的距离，对这一类测量根本不可能知道其真值或约定真值，也就是说不可能得到其误差，至少是无法得到符合定义要求的误差。由于真值无法获取，因此实际上误差的概念只能用于已知约定真值的情况。

从另一个角度来说，根据误差的定义，真值等于测量结果减误差。因此一旦知道了测量结果的误差，就可以对测量结果进行修正而得到真值，而这也是不可能的。

此外，在“误差”这一术语的使用上也经常出现概念混乱的情况，即经常有不符合误差定义的情况。根据误差的定义，误差是一个差值，它是测量结果与真值或约定真值之差。在数轴上它表示为一个点，而并不表示为一个区间或范围。既然它是两个量的差值，就应该是一个具有确定符号的量值。当测量结果大于真值时，误差为正值；而当测量结果小于真值时，误差为负值。由此可见误差这一参数即不应当，也不可能以“±”号的形式表示。过去人们在使用

"误差"这一术语时,有时是符合误差定义的,例如测量仪器的示值误差,它表示"测量仪器的示值与对应输入量真值之差";但经常也有误用的情况,例如过去通过误差分析所得到的测量结果的所谓"误差",实际上并不是真正的误差,而是被测量不能确定的范围,或者说被测量结果可能存在的最大误差,它不符合误差的定义。误差在逻辑概念上的混乱是经典的误差评定遇到的第一个问题。

误差评定遇到的第二个问题是评定方法的不统一。在进行误差评定时,通常要求先找出所有需要考虑的误差来源,然后根据这些误差来源的性质将它们分为随机误差和系统误差两类。随机误差用测量结果的标准偏差来表示。如果有一个以上的随机误差分量,则将它们按方和根法(即各分量的平方和之平方根)进行合成,得到测量结果的总随机误差。并且由于在正态分布情况下,标准偏差所对应区间的置信概率仅为68.27%,而通常都要求给出对应于较高置信概率的区间,故常将标准偏差扩大,用2倍或3倍的标准偏差来表示随机误差。系统误差则用该分量的最大可能误差(即误差)限来表示。在有多个系统误差分量的情况下,同样采用方和根法将各系统误差分量进行合成,得到测量结果的总系统误差。最后再将总随机误差和总系统误差按方和根法合成得到测量结果的总误差。但是,问题正来自最后随机误差和系统误差的合成方法上。由于随机误差和系统误差是两个性质不同的量,前者用标准偏差或其倍数表示,后者用可能产生的最大误差表示。由于在数学上无法解决两个不同性质的量之间的合成问题,因此长期以来在随机误差和系统误差的合成方法上一直无法统一。不仅各国间方法不一致,即使在同一国家内,不同的测量领域、甚至不同的测量人员所采用的方法往往也不完全相同。

例如,苏联的国家检定系统表中就曾分别给出计量标准的总随机误差和总系统误差两个技术指标,而并不给出两者合成后的总误差。其意是,两者如何合成的问题由使用者根据具体情况自己考虑。美国的有些国家基准往往以随机误差和系统误差之和作为其总误差,其原因是为了安全可靠。因为无论用何种方法合成,采用算术相加的方法得到的合成结果最大。而过去我国在大部分测量领域中习惯上仍采用方和根法对随机误差和系统误差进行合成。例如,在几何量测量领域,往往以3倍的标准偏差(3σ,过去常称为极限误差)作为随机误差,再采用方和根法与系统误差进行合成,得到测量结果的总误差,并通常称之为"综合极限误差"。所谓"综合"是指其中既包括了随机误差也包括了系统误差,而"极限"是指其中的随机误差用3σ表示。

不仅各国的误差评定方法不同,不同领域或不同的人员对测量误差的处理方法也往往各不相同。这种误差评定方法的不一致,使不同的测量结果之间缺乏可比性,这与当今全球化市场经济的飞速发展是不相适应的。社会、经济、科技的进步和发展都要求改变这一状况,用测量不确定度来统一评价测量结果的质量就是在这种背景下产生的。测量不确定度评定和表示方法的统一,是科技交流和国际贸易进一步发展的要求,它使得不同国家所得到的测量结果可以方便地进行相互比较,得到相互承认并达成共识。因此,各国际组织和各国的计量部门均十分重视测量不确定度评定方法和表示方法的统一。

二、测量不确定度的发展历史

为能统一地评价测量结果的质量,1963年原美国标准局(NBS)的数理统计专家埃森哈待

(Eisenhart)在研究“仪器校准系统的精密度和准确度估计”时就提出了采用测量不确定度的概念,并受到国际上的普遍关注。20 世纪 70 年代,NBS 在研究和推广测量保证方案(MAP)时,对测量不确定度的定量表示又有了新的研究进展。术语“不确定度”源于英语“uncertainty”,原意为不确定、不稳定、疑惑等,是一个定性表示的名词。现用于描述测量结果时,将其含义扩展为定量表示,即定量表示测量结果的不确定程度。此后许多年中虽然“不确定度”这一术语已逐渐在各测量领域被越来越多的人采用,但具体表示方法并不统一。为求得测量不确定度评定和表示方法的国际统一,1980 年国际计量局在征求了 32 个国家的国家计量研究院以及 5 个国际组织的意见后,发出了推荐采用测量不确定度来评定测量结果的建议书,即 INC-1(1980)。该建议书向各国推荐了测量不确定度的表示原则。1981 年第 70 届国际计量委员会(CIPM)讨论通过了该建议书,并发布了一份 CIPM 建议书,即 CI-1981。该建议书所推荐的方法,以 INC-1(1980)为基础,并要求在所有 CIPM 及其各咨询委员会参与的国际比对及其他工作中,各参加者在给出测量结果时必须同时给出合成不确定度。

由于测量不确定度及其评定不仅适用于计量领域,也可以应用于一切与测量有关的其他领域,因此 1986 年国际计量委员会要求国际计量局(BIPM)、国际电工委员会(IEC)、国际标准化组织(ISO)、国际法制计量组织(OIML)、国际理论和应用物理联合会(IUPAP)、国际理论和应用化学联合会(IUPAC)以及国际临床化学联合会(IFCC)7 个国际组织成立专门的工作组,起草关于测量不确定度评定的指导性文件。经过工作组近七年的讨论,由 ISO 第四技术顾问级第三工作组(ISO/TAG4/WG3)负责起草,并于 1993 年以 7 个国际组织的名义联合发布了《测量不确定度表示指南》(Guide to the Expression of Uncertainty in Measurement,以下简称 GUM)和第二版《国际通用计量学基本术语》(International Vocabulary of Basic and General Terms in Metrology,以下简称 VIM)。1995 年又发布了 GUM 的修订版。这两个文件为在全世界统一采用测量结果的不确定度评定和表示奠定了基础。

除上述 7 个国际组织外,国际实验室认可合作组织(ILAC)也已表示承认 GUM。这就是说,在各国的实验室认可工作中,无论检测实验室或校准实验室,在进行测量结果的不确定度评定时均应以 GUM 为基础。上述这些国际组织几乎包括了所有与测量有关的领域,这表明了 GUM 和 VIM 两个文件的权威性。

GUM 对所用术语的定义和概念、测量不确定度的评定办法以及不确定度报告的表示方式作了明确的统一规定。因此它代表了当前国际上在表示测量结果及其不确定度方面的约定做法。它使不同的国家和地区,以及不同的测量领域在表示测量结果及其不确定度时,具有相同的含义。

1998 年,我国发布了国家计量技术规范《通用计量术语及定义》(JJF 1001—1998),其中前 6 章的内容与第二版 VIM 完全对应。除此之外,还增加了国际法制计量组织所发布的有关法制计量的术语及定义。1999 年,我国发布了国家计量技术规范《测量不确定度评定与表示》(JJF 1059—1999),其基本概念以及测量不确定度的评定和表示方法与 GUM 完全一致。这两个文件就成为我国进行测量不确定度评定的基础。

测量不确定度的概念以及不确定度的评定和表示方法的采用,是计量科学的一个新进展。从 1963 年提出测量不确定度的概念,到 1993 年正式发布测量不确定度评定的指导性文件 GUM,整整花费了 30 年时间,可见改用测量不确定度对测量结果的质量进行评价并不是一个简单的任务,也不是仅依靠少数几个科学家能做到的任务,它汇集了世界各国计量学家的经验和智慧。即使看来十分简单的测量不确定度的定义表述本身,也曾几经改动。至于测量不确定度的评定和表示方法,更是经历了不断的完善和改进,最后才形成了 GUM 这样系统而完整的文件。

随着测量不确定度理论的不断发展与完善,国际上对相关规范内容进行了补充与修订,我国在 2017 年也发布了最新的测量不确定度评定规范,目前最新的版本为 2017 年颁布的《测量不确定度评定和表示》(GB/T 27418—2017)。值得注意的是,虽然短期内测量不确定度的基本理论不会发生大的改变,但读者在进行测量不确定度评定的时候,一定要参考最新版本的国家标准。

三、测量不确定度评定与表示的应用范围

国家计量技术规范《测量不确定度评定与表示》(JJF 1059. 1—2012)规定了测量不确定度的评定与表示的通用方法,适用于各种准确度等级的测量领域, 例如:

(1)国家计量基准及各级计量标准的建立与量值对比;

(2)标准物质的定值和标准参考数据的发布;

(3)测量方法、检定规程、检定系统、校准规范等技术文件的编制;

(4)计量资质认证、计量确认、质量认证以及实验室认可中对测量结果及测量能力的表述;

(5)测量仪器的校准、检定以及其他计量服务;

(6)科学研究、工程领域、贸易结算、医疗卫生、安全防护、环境检测、资源保护等领域的测量。

具体地说,测量不确定度评定可以应用于各种不同的场合。

1. 特定测量结果的不确定度评定

这是测量不确定度评定最基本的应用。由于测量已经完成,测量结果也已经得到,因此在这种情况下的测量对象、测量仪器、测量方法、测量条件以及测量人员等都是已经确定而不能改变的。如果对同一测量对象,用同样的方法和设备,并由相同的人员重新进行测量,则不仅测量结果可能会稍有不同,其测量不确定度也可能会受测量条件改变的影响而变化,这时评定得到的测量不确定度是该特定测量结果的不确定度。

2. 常规测量的不确定度评定

在实际工作中,有许多测量是常规性的,例如实物量具和其他测量仪器的检定和校准,以及质检部门对一些大宗的材料或产品的检验,对于这类测量,测量仪器、测量方法和测量程序是固定不变的。测量对象是类似的,并且满足一定要求。测量人员可以不同,但应为经过培训的合格人员。同时测量过程是在由检定规程、校准规范、国际标准、国家标准或部门标准等技术文件所规定的重复性条件下进行的。一般说来,这时的测量不确定度会受测量条件改变的影响。但由于测量条件已被限制在一定的范围内,只要满足这一规定的条件,其测量不确定度就能满足使用要求。对于这类常规的测量工作,进行测量不确定度评定时应假设其环境条件正好处于合格条件的临界状态。这样评定得到的测量不确定度是在规定条件下可能得到的最

大不确定度。也就是说,在实际的测量中只要测量条件满足要求,测量不确定度肯定不会大于此值。通常情况下,相关人员会将此不确定度提供给用户,这样做的好处是不必对每一个测量结果单独评定其不确定度,除非用户对测量不确定度另有更高的要求。这时给出的测量不确定度并不是该实验室所能达到的最小不确定度。

3.评定实验室的校准和测量能力以及最佳测量能力

在国际计量局(BIPM)和区域计量组织(RM)框架内的各国家计量院签发的校准和测量证书互认活动中经常采用校准和测量能力(calibration and measurement capability,CMC)两项指标。校准和测量能力通常是提供给用户的校准和测量水平,可用置信概率 $p=95\%$ 的扩展不确定度 U_{95}或包含因子 $k=2$ 的扩展不确定度 U 表示。校准和测量能力有时也称为最佳测量能力。

在国际实验室认可合作组织(ILAC)及其区域认可机构(RAB)框架内的实验室认可活动中经常采用最佳测量能力(best capability,BMC)指标。它是指实验室在其认可范围内,当对接近于理想的计量标准(用于定义、实现、保存或复现某量的单位或一个或多个量值,用作参考的实物量具、测量仪器、参考物质或测量系统)进行接近常规的校准时,可以达到的最小测量不确定度。或当对接近于理想的测量仪器(用于测量某量)进行接近常规的校准时,可以达到的最小测量不确定度。

在最佳测量能力的定义中,“常规的校准”是指实验室在其认可时所进行的日常校准工作应能达到规定的能力。而“接近理想”是指最佳测量能力不应取决于被校准仪器的特性,即仪器对测量不确定度不产生显著的影响,而这种仪器又是可以获得的。如果实验室可获得的理想仪器对测量不确定度也有贡献,则这种贡献也应包括在最佳测量能力中。

在评定最佳测量能力时,由于被测对象的性能,诸如重复性、稳定性、分辨力等是可获得的最佳值,故由其引入的不确定度分量最小。

最佳测量能力的表述方法应与日常校准结果的测量不确定度表示方法一致,通常用置信概率 $p=95\%$ 的扩展不确定度 U_{95}或用包含因子 $k=2$ 的扩展不确定度 U 表示。

关于最佳测量能力的完整的声明,通常可以用固定值、不确定度的范围、计算公式或矩阵表示。

4.测量过程的设计和开发

在实际工作中,经常会遇到测量过程的设计和开发问题。此时主要的测量设备往往已经确定,而且事先知道希望达到的测量不确定度。通过不确定度管理程序,采用逐步逼近法对测量不确定度进行反复评定,不仅可以得到满足所要求的测量不确定度,并且在经济上也比较合理。

另外,也可以通过不确定度管理程序来判定所用的测量设备是否能满足要求。

5.两个或多个测量结果的比较

在常规的实验室测量中,为了避免可能产生的粗大误差,往往需要对同一个测量对象进行两次或更多次的重复测量,并根据这些测量结果之间差别的大小,来判别是否可能存在粗大误差。这就需要对同一测量对象的两个或多个测量结果进行比较,而其判断的标准,将与测量不确定度有关。或者说,应通过测量不确定度的评定来确定判断的标准。

在实验室认可工作中,要求通过能力验证来对实验室的测量能力作出评价,而能力验证的内容之一就是进行不同实验室之间的比对。在两个或多个实验室进行比对时,需要判定各实验室得到的测量结果是否处于合理范围内,这时的判断标准除与所采用的参考值有关外,还与实验室所声称的测量不确定度有关。

6. 工件或测量仪器的合格判定

在生产和测量领域,经常需要通过测量来判定工件或产品,是否符合技术指标(称为规范)的要求。在计量部门,经常要判定所用的测量仪器是否合格,即测量仪器的示值误差是否符合所规定的最大允许误差(例如实物量具或其他测量仪器的检定)。在生产领域,经常要检验工件是否符合技术图纸上所标明的公差要求。在质检部门,也经常需要判定所用的材料或产品是否合格。在这类合格判定中,其合格或不合格的判据除与所规定的技术指标有关外,也还与测量不确定度有关。

第二节　测量不确定度评定的基本概念

一、测量不确定度的定义及分类

测量不确定度定义为表征合理地赋予被测量之值的分散性,与测量结果相联系的参数。此参数可以是标准差或其倍数,或说明了置信水准的区间的半宽度,其值恒为正值。

不确定度一词意指可疑程度。就广义而言,测量不确定度意为对测量结果正确性的可疑程度。为此,测量不确定度也曾有不同形式的定义:“由测量结果给出的被测量估计值的可能误差的度量”“表征被测量的真值所处范围的评定”“由于测量误差的存在,使得测量结果不能肯定的程度”。所有的测量不确定度的定义没有本质上的区别,其评定方法均相同,表达形式也一样。

一个完整的测量结果应当包括被测量之值的最佳估计值和测量不确定度两部分。例如,被测量 X 的测量结果为 $x \pm U$,其中 x 为 X 的最佳估计值,U 为 x 的测量不确定度。测量结果又可展开表示为 $(x-U, x+U)$,显然被测量 X 的测量结果所表示的并非一个确定的点数值,而是一个区间范围,它表征了对被测量真值所处范围的评定。

以标准差表示的测量不确定度称为标准不确定度。标准不确定度依据其评定方法不同分为“A”“B”两类。用对观测列进行统计分析的方法来评定的标准不确定度称为不确定度的A类评定,又称为A类不确定度评定,简称A类不确定度。它的特点是必须对被测量进行多次测量,通过对观测列用统计分析方法评定得出。表征A类评定所得不确定度分量的方差估计值记为 u^2,由一系列重复观测值算得,u^2 即统计方差 σ^2 的估计值 s^2。而A类标准不确定度 u 为 u^2 的正平方根值,故 $u=s$。

用不同于对观测列进行统计分析的方法来评定的标准不确定度称为不确定度的B类评定,有时又称为B类不确定度评定,简称B类不确定度。A类以外的不确定度均属于B类不确定度。B类不确定度依据有关信息评定,所得的不确定度分量的估计方差为 u^2,则B类标准不确定度为 u。

将标准不确定度区分为A类和B类的目的,在于说明计算不确定度分量的两种不同途径,仅仅是为了便于研究而已,并非执意表明两种方法得到的不确定度分量在本质上存在差异。两种评定方法均基于概率分布,并都用标准差表征。

这里需要说明,A类标准不确定度与随机误差并不是对应关系,B类标准不确定度与系统误差也不是对应关系。“随机”与“系统”表示两种不同的性质,而“A类”与“B类”表示两种不同的评定方法。因此简单地把A类不确定度对应于随机误差导致的不确定度,把B类不确定度对应于系统误差导致的不确定度的做法,都是错误的。

当测量结果是通过若干个其他量的值求得时,按其他各量的方差或协方差算得的标准不确定度称为合成标准不确定度,统一规定用符号 u_c 表示。它是测量结果标准差的估计值。

由于标准偏差所对应的置信水准(也称为置信概率)通常还不够高,在正态分布情况下仅为68.27%,因此还规定测量不确定度也可以用标准偏差的倍数 $k\sigma$ 来表示。这种不确定度称为扩展不确定度,有时也称展伸不确定度或范围不确定度,统一规定用大写英文字母 U 表示。于是可得标准不确定度和扩展不确定度之间的关系:

$$U = k\sigma = ku \tag{4-1}$$

式中:k——包含因子(有时也称为覆盖因子)。

扩展不确定度表示具有较大置信水准区间的半宽度。包含因子有时也用 k_p 表示,它与标准不确定度 $u_c(y)$ 相乘后,得到对应于置信水准为 p 的扩展不确定度 $U_p = k_p u_c(y)$。

在实际使用中,往往希望知道测量结果的置信区间,因此还规定测量不确定度也可以用说明了置信水准的区间的半宽度 a 来表示。实际上它也是一种扩展不确定度,当规定的置信水准为 p 时,扩展不确定度可以用符号 U_p 表示。

当已知包含因子 k 时,扩展不确定度 U 是从其中包含多少个(k 个,k 即为包含因子)标准不确定度 u 的角度出发所描述的扩展不确定度。当 p 已知时,扩展不确定度 U_p 则是从该区间所对应的置信水准 p 的角度出发来描述的扩展不确定度。两者各自分别从不同的角度出发来描述扩展不确定度,因此包含因子 k 与置信水准 p 之间应该存在某种联系。但他们之间的关系与被测量的分布有关。也就是说,只有在知道被测量分布的情况下,才可以由 k 确定 p,或由 p 确定 k。这就是为什么在测量不确定度评定中经常需要考虑被测量分布的原因。

国家计量技术规范《测量不确定度评定与表示》(JJF 1059.1—2012)规定,当置信水准 p 为0.99和0.95时,U_p 可分别以 U_{99} 和 U_{95} 表示。

误差可以用绝对误差和相对误差两种形式来表示,不确定度也同样可以有绝对不确定度和相对不确定度两种形式。绝对形式表示的不确定度与被测量有相同的量纲。相对形式表示的不确定度,其量纲为1,或称为无量纲。被测量 x 的标准不确定度 $u(x)$ 和相对标准不确定度 $u_{rel}(x)$ 间的关系为:

$$u_{rel}(x) = \frac{u(x)}{x} \tag{4-2}$$

根据定义,测量不确定度是与测量结果相联系的参数,意指测量不确定度是一个与测量结果“在一起”的参数,在测量结果的完整表述中应该包括测量不确定度。

既然测量不确定度是与测量结果相联系的参数,就是说只有测量结果才有不确定度,或者说不是测量结果就没有不确定度。因此一般不用测量不确定度来表示测量仪器的特性,因为没有对测量仪器的不确定度下过定义,只有用仪器得到的测量结果才有不确定度,而测量仪器的特性可以用示值误差或最大允许误差等术语来描述,因此一般不采用“测量仪器的不确定度”或“计量标准的不确定度”这种说法。

可以将测量仪器或计量标准的不确定度理解为他们所提供的标准量值的不确定度。对于经过校准而已知其示值误差的测量仪器,有时也简单地将示值误差的不确定度叫作测量仪器的不确定度。实际上它们还是测量结果的不确定度,因为该标准量值或示值误差就是对该仪器进行校准时的测量结果。

2017 年颁布的《测量不确定度评定和表示》(GB/T 27418—2017)中第 3 部分对测量不确定度相关的概念给出了解释。

3 术语和定义

3.1 测量不确定度 measurement uncertainty;uncertainty of measurement

不确定度 uncertainty

利用可获得的信息,表征赋予被测量量值分散性的非负参数。

注 1:测量不确定度包括由系统效应引起的分量,如与修正量和测量标准所赋量值有关的分量及定义的不确定度。有时对估计的系统效应未作修正,而是当作不确定度分量处理。

注 2:此参数可以是诸如称为标准测量不确定度的标准差(或其特定倍数),或是说明了包含概率的区间半宽度。

注 3:测量不确定度一般由若干分量组成。其中一些分量可根据一系列测量值的统计分布,按测量不确定度的 A 类评定进行评定,并可用标准差表征,而另一些分量则可根据经验或其他信息所获得的概率密度函数,按测量不确定度的 B 类评定进行评定,也用标准差表征。

注 4:通常,对于一组给定的信息,测量不确定度是相应于所赋予被测量的值的,该值的改变将导致相应的不确定度的改变。

3.2 标准不确定度 standard uncertainty

以标准差表示的测量不确定度。

3.3 [标准不确定度的]A 类评定 type A evaluation (of standard uncertainty)

对在规定测量条件下测得的量值用统计分析的方法进行的测量不确定度分量的评定。

3.4 [标准不确定度的]B 类评定 type B evaluation (of standard uncertainty)

用不同于测量不确定度 A 类评定的方法对测量不确定度分量进行的评定。

示例:

评定基于以下信息:

——权威机构发布的量值;

——有证参考物质的量值;

——校准证书;

——仪器的漂移;

——经检定的测量仪器的准确度等级;

——根据人员经验推断的极限值等。

3.5 合成标准不确定度 combined standard uncertainty

由在一个测量模型中各输入量的标准测量不确定度获得的输出量的标准测量不确定度。

注:如果测量模型中的输入量相关,当计算合成标准不确定度时应考虑协方差。

3.6　扩展不确定度　expanded uncertainty

合成标准测量不确定度与一个大于1的数字因子的乘积。

注1:该因子取决于测量模型中输出量的概率分布类型及所选取的包含概率。

注2:本定义中术语“因子”是指包含因子。

注3:扩展测量不确定度在INC-1(1980)建议书的第5段中被称为“总不确定度”。

3.7　包含因子　coverage factor

为获得扩展不确定度,对合成标准不确定度所乘的大于1的数。

注:包含因子通常用符号k表示。

另一种理解是,不带形容词的“测量不确定度”用于一般概念和定性描述,可以简称“不确定度”。带形容词的测量不确定度,如标准不确定度、合成标准不确定度和扩展不确定度等,用于在不同场合对测量结果作定量描述。

二、测量误差与测量不确定度

测量误差和测量不确定度是误差理论中两个重要的概念,它们具有相同点,都是评价测量结果质量高低的重要指标。但它们又有明显的区别,必须正确认识和区分,以防混淆和误用。

1.定义

测量误差和测量不确定度两者最根本的区别在于:误差表示测量结果对真值的偏离,因此它是一个确定的值;不确定度表明被测量之值的分散性,它以分布区间的半宽表示,因此它表示一个区间。

2.分类

在测量结果中,误差通常分为两类:随机误差和系统误差。随机误差表示测量结果与无限多次测量结果的平均值(也称为总体均值)之差,而系统误差则是无限多次测量结果的平均值与真值之差,因此它们都是无限多次测量的理想概念。由于实际上只能进行有限次测量,因此只能用有限次测量的平均值,即样本均值来作为无限多次测量结果平均值的估计值。也就是说,在实际工作中我们只能得到随机误差和系统误差的估计值。而不确定度则是根据对其标准不确定度的评定方法而分成A类和B类,它们与“随机误差”和“系统误差”的分类之间不存在简单的对应关系。“随机”和“系统”表示两种不同的性质,而“A类”和“B类”表示两种不同的评定方法。目前,国际上一致认为,为避免误解和混淆,不再使用“随机不确定度”和“系统不确定度”这两个术语。在进行测量不确定度评定时,一般不必区分各不确定度分量的性质。若确实需要区分时,应表述为“由随机效应引入的测量不确定度分量”和“由系统效应引入的不确定度分量”。

3.可操作性

误差的概念与真值相联系,而系统误差和随机误差又与无限多次测量的平均值有关,因此两者都是理想化的概念。实际上只能得到其估计值,因而误差的可操作性较差。不确定度则可以根据实验、资料、经验等信息进行评定,从而可以定量确定。

4.数值符号

根据误差的定义,误差表示两个量的差值。当测量结果大于真值时误差为正值,当测量结果小于真值时误差为负值。因此误差不应当以“ ± ”号的形式出现。而根据规定，不确定度恒为正值，故在不确定度之前也不能冠以“ ± ”号。

5. 合成方法

误差是一个确定的值，因此对各误差分量进行合成时，采用代数相加的方法进行合成；而不确定度表示一个区间，因此当各不确定度分量彼此独立或不相关时，用方和根法进行合成；否则应考虑加入相关项。

6. 结果修正

已知系统误差的估计值时，可以对测量结果进行修正，得到已修正的测量结果，但不能用不确定度对测量结果进行修正。对已修正测量结果进行不确定度评定时，应考虑修正不完善引入的不确定度分量。

7. 结果说明

测量结果的不确定度表示在重复性或复现性条件下测量结果的分散性，因此测量不确定度仅与测量方法有关，而与具体测得的数值大小无关。此处所述的测量方法应包括测量原理、测量仪器、测量环境条件、测量程序、测量人员以及数据处理方法等，而根据定义，测量结果的误差仅与测量结果以及真值有关，而与测量方法无关。

例如，用钢尺测量某一物体的长度，得到测量结果为 14.5mm。如果为测量得更准确一些而改用卡尺进行测量，假设得到的测量结果仍为 14.5mm。不少人可能会认为后者的测量误差更小一些，但实际是由于两者的测量结果相同，真值也相同，因此它们的测量误差也相同。而两者的测量不确定度则是不同的，这是由于如果两种方法分别进行多次重复测量，它们的测量结果的分散性不同。

虽然测量误差和测量不确定度都可用来描述测量结果，但测量误差是描述测量结果对真值的偏离，而测量不确定度则描述被测量之值的分散性，因此两者在数值上并无确定的关系。测量结果可能非常接近于真值，此时其误差很小，但由于对不确定度来源认识不足，评定得到的不确定度可能很大。也有可能测量误差实际上较大，但由于分析估计不足，评定得到的不确定度可能很小，例如当存在还未发现的较大系统误差时。

由于误差等于测量结果减去被测量的真值，因此只有在已知约定真值的条件下才可能通过测量结果得到误差。所以说，误差是由测量得到的，而不是由分析评定得到的。而不确定度则可以通过分析评定得到，有时还需要辅以必要的试验测量。

误差理论是测量不确定度的基础。研究测量不确定度首先需要研究误差，只有对误差的性质、分布规律、相互联系及对测量结果的误差传递关系等有了充分的认识和了解，才能更好地估计各不确定度分量，正确得到测量结果的不确定度。测量不确定度是建立在误差理论基础上的新概念，其理论体系是对经典误差理论的充实和完善。

三、测量过程的数学模型的建立

测量不确定度的分析与评定是从确定测量方法和建立测量过程的数学模型开始的，它是正确合理评定测量不确定度的基础。

建立数学模型也称测量模型化，目的是要建立满足测量不确定度评定要求的数学模型，即

被测量 Y 和所有各影响量 $X_i(i=1,2,\cdots,n)$ 间的函数关系，其一般形式可写为：

$$Y=f(X_1,X_2,\cdots,X_n) \tag{4-3}$$

式中：Y——被测量或输出量；

X_i——影响量或输入量，$i=1,2,\cdots,n$。

若被测量 Y 的估计值为 y，输入量 X_i 的估计值为 $x_i(i=1,2,\cdots,n)$，则有：

$$y=f(x_1,x_2,\cdots,x_n) \tag{4-4}$$

1. 对数学模型的要求

数学模型应包含能影响测量结果的全部影响量，它既能用来计算测量结果，又能用来全面地评定测量结果的不确定度。由于在许多情况下，用来计算测量结果的公式是一个近似式，因此不能把数学模型简单地理解为就是计算测量结果的公式，也不能理解为就是测量的基本原理公式。在许多情况下，数学模型和公式是有区别的。

原则上，所有对测量结果有影响的输入量都应该在计算公式中出现，但实际情况却不然，有些输入量虽然对测量结果有影响，但由于信息量的缺乏，在具体测量时无法定量地计算出它对测量结果影响的大小。此时，只能将其作为测量不确定度进行处理，这些输入量将不会出现在测量结果的计算公式中。此外，也有些输入量由于对测量结果的影响很小而被忽略，故在测量结果的计算公式中也不出现，但其对测量结果不确定度的影响却是必须要考虑的。如果仅从计算公式出发来进行不确定度评定，则上述这些不确定度分量就可能被遗漏。

在不确定度评定中，建立一个合适的数学模型是测量不确定度评定合理与否最关键的一步。一个好的数学模型应该能满足下述条件：

(1)数学模型应包含能影响测量结果的全部输入量；

(2)不遗漏任何能影响测量结果的不确定度分量；

(3)不重复计算任何一项对测量结果有影响的不确定度分量；

(4)当选取的输入量不同时，有时数学模型可以写成不同的形式。不同输入量之间的相关性可能不同，此时应选择合适的输入量，以避免处理较麻烦的相关性。

建立数学模型应和寻找各影响测量不确定度的来源同步反复进行。一般先根据测量原理设法从理论上导出初步的数学模型。然后再将初步模型中遗漏的能影响测量不确定度的输入量一一补充，使数学模型逐步完善。

2. 数学模型的建立

若被测量的值能够通过计量器具直接测得，而且不需要经过任何其他计算，这种被称为直接测量的测量方程式可简单表示为：

$$Y=X \tag{4-5}$$

式中：X——输入量，也称被测量；

Y——输出量，也称被测量。

直接测量问题在实际测量中非常常见，如用一卡尺测量工件尺寸时，则工件的尺寸就等于卡尺的示值。需要说明的是，当测量准确度要求较高，必须考虑被测量以外的影响量时(如温度变化对工件尺寸的影响)，其数学模型随之变成为如下所述的间接测量过程形式。

在实际测量的很多情况下，被测量 Y 不能被直接测得，而是先直接测量与之有关的其他

量 $X_1, X_2, \cdots, X_n$，然后通过函数关系式来确定：

$$Y = f(X_1, X_2, \cdots, X_n) \tag{4-6}$$

这种函数关系式就称为间接测量过程的数学模型，简称数学模型。

由于数学模型可能不完善，所有有关的量应充分地反映其实际情况的变化，以便可以根据尽可能多地观测数据来评定不确定度。在可能的情况下，应采用按长期积累的数据建立起来的经验模型。核查标准和控制图可以表明测量过程是否处于统计控制状态之中，有助于数学模型的建立和测量不确定度的评定。

设式(4-6)中被测量 Y 的估计值为 y，输入量 X_i 的估计值为 x_i，则有：

$$y = f(x_1, x_2, \cdots, x_N) \tag{4-7}$$

在式(4-7)中，大写字母表示的量的符号既代表可测的量，也代表随机变量。当叙述为只具有某概率分布时，这个符号的含义就是随机变量。在一列观测值中，第 k 个 X_i 的观测值用 x_{ik} 表示。

在式(4-7)中，当被测量 Y 的最佳估计值 y 是通过输入量 $X_1, X_2, \cdots, X_N$ 的估计值 $x_1, x_2, \cdots, x_N$ 得出时，可有以下两种方法。

(1)第一种：

$$y = \frac{1}{n}\sum_{k=1}^{n} y_k = \frac{1}{n}\sum_{k=1}^{n} f(x_{1k}, x_{2k}, \cdots, x_{Nk}) \tag{4-8}$$

在式(4-8)中，y 是取 Y 的 n 次独立观测值 y_k 的算术平均值，其每个观测值 y_k 的不确定度相同，且每个 y_k 都是根据同时获得的 N 个输入量 X_i 的一组完整的观测值求得的。

(2)第二种：

$$y = f(\bar{x}_1, \bar{x}_2, \cdots, \bar{x}_N) \tag{4-9}$$

在式(4-9)中，$\bar{x}_i = \frac{1}{n}\sum_{k=1}^{n} X_{ik}$，它是独立观测值 x_{ik} 的算术平均值。这一方法的实质是先求 X_i 的最佳估计值 $\bar{x}_i$，再通过函数关系式得出 y。

在以上两种方法中，当 f 是输入量 X_i 的线性函数时，它们的结果相同。但当 f 是 X_i 的非线性函数时，用式(4-8)和式(4-9)计算出 Y 的最佳估计值可能不同，而以式(4-8)的计算方法较为优越。

四、测量不确定度传播律

测量不确定度通常由测量过程的数学模型和不确定度的传播律来评定。测量过程的数学模型建立之后，确定测量不确定度传播公式则是测量不确定度评定的又一重要步骤。

由 $y = f(x_1, x_2, \cdots, x_N)$ 可得到输出量(被测量)Y 的估计值 y(测量结果)的不确定度为：

$$u^2(y) = \left(\frac{\partial f}{\partial x_1}\right)^2 u^2(x_1) + \left(\frac{\partial f}{\partial x_2}\right)^2 u^2(x_2) + \cdots + \left(\frac{\partial f}{\partial x_N}\right)^2 u^2(x_N) + 2\sum_{i=1}^{N-1}\sum_{j=i+1}^{N} \frac{\partial f}{\partial x_i}\frac{\partial f}{\partial x_j} u(x_i, x_j) \tag{4-10}$$

式中：$\frac{\partial f}{\partial x_i}$——灵敏系数；

$u(x_i)$——输入量 X_i 的估计值 x_i 的标准不确定度；

$u(x_i,x_j)$——任意两输入量估计值的协方差函数。

式(4-10)称为测量不确定度传播定律。

各输入估计值 x_i 及其标准不确定度 $u(x_i)$ 来自输入量 X_i 可能值的概率分布。此概率分布可能是基于 X_i 的观测列的频率分布,也可能是基于经验和有用信息的先验分布。标准不确定度分量的 A 类评定基于频率分布,B 类评定基于先验分布。应认识到,A、B 两类评定只是评定方法不同,其本质是相同的。

第三节　测量不确定度的评定步骤

根据《测量不确定度评定和表示》(GB/T 27418—2017),测量不确定度的评定步骤如下。

一、确定测量不确定度的来源

测量不确定度分析的第一步是找出引入不确定度的来源。以工程试验检测为例,对试验结果有影响的因素均是引入不确定度的来源。为了保证测量不确定度分析结果的准确性,原则上需要将各种影响量做到不遗漏但也不可重复分析。

二、建立数学模型

建立数学模型也称为测量模型化。以 Y 表示输出量, X_i 为输入量,则数学模型可表示为:

$$y = f(X_1,X_2,\cdots,X_i)$$

以 x_i 表示输入量 X_i 的估计值,$u(x_i)$ 为 x_i 估计值的标准不确定度。将输入量 X_i 的最佳估计值 x_i 代入测量模型,则可计算出输出量 Y 的估计值。因此,输出量 Y 的标准不确定度由各输入量的标准不确定度 $u(x_i)$ 确定。

三、确定各输入量的标准不确定度

以标准偏差为输入量的标准不确定度,在评定方法上分为 A 类评定和 B 类评定。

1. 输入量估计值标准不确定度的 A 类评定

A 类评定是指对多组测量值采用统计分析的方法计算标准偏差,常用的方法为贝塞尔法。

设被测量 X 在重复性条件下进行了 n 次独立测量,测量结果分别为 $x_k(k=1,2,\cdots,n)$,则以多次测量结果的平均值表示被测量 X 的最佳估计值为:

$$\bar{x} = \frac{\sum_{i=1}^{n} x_i}{n} \tag{4-11}$$

以单次测量结果的标准偏差 $s(x_k)$ 表示标准不确定度,则各测量结果 x_k 的标准不确定度 $u(x_k)$ 可由贝塞尔公式计算:

$$u(x_k) = s(x_k) = \sqrt{\frac{\sum_{k=1}^{n}(x_k-\bar{x})^2}{n-1}} \tag{4-12}$$

以 n 次测量结果的平均值为最佳估计值,则平均值 $\bar{x}$ 的试验标准偏差 $s(\bar{x})$,即被测量 X 的标准不确定度为:

$$u(\bar{x}) = s(\bar{x}) = \frac{u(x_k)}{\sqrt{n}} \tag{4-13}$$

2. 输入量估计值标准不确定度的 B 类评定

在实际试验测量工作中,有许多影响量无法使用数学统计的方法进行计算,例如无法复现的科学试验、测量仪器的显示误差等。通常情况下,将无法使用统计学进行计算的不确定度统称为不确定度的 B 类评定。测量不确定度的 B 类评定是以相关规范文件或手册等为依据进行计算的,其信息来源包括:

(1)以前的测量数据;

(2)对有关材料和仪器特性的经验或了解;

(3)生产厂提供的技术说明书;

(4)校准证书或其他证书提供的数据;

(5)手册给出的参考数据的不确定度。

假设鉴定证书或校准证书提供的被测量 X 的扩展不确定度为 $U_p(x)$,且其对应的包含概率为 p 时,被测量 X 的标准不确定度可表示为:

$$u(x) = \frac{U_p(x)}{k_p} \tag{4-14}$$

式中:k_p——包含概率 p 所对应的包含因子。

在正态分布的情况下,不同包含概率对应的包含因子见表 4-1。

正态分布情况下包含概率 p 与包含因子 k_p 的关系 表 4-1

p(%)	50	68.27	90	95.45	99	99.73
k_p	0.675	1	1.960	2	2.576	3

当由其他资料获得了某一影响量分布的极限范围为$(-a,a)$时,则区间半宽度的绝对值 a 可以看作为包含概率 $p=100\%$ 时,该影响量的扩展不确定度。则该影响量的标准不确定度为:

$$u(x) = \frac{a}{k} \tag{4-15}$$

式中:k——包含概率 $p=100\%$ 时的包含因子。

不同分布类型的包含因子 k 见表 4-2。

常见分布类型的 k 值 表 4-2

分布类型	两点分布	反正弦分布	矩阵(均匀)分布	梯形分布	三角分布	正态分布
k	1	$\sqrt{2}$	$\sqrt{3}$	2	$\sqrt{6}$	3

四、确定各输入量对应的标准不确定度分量

以 $u_i(y)$ 表示各输入量的标准不确定度分量,则有:

$$u_i(y) = c_i u(x_i) = \left|\frac{\partial f}{\partial x_i}\right| u(x_i) \tag{4-16}$$

式中:c_i——灵敏系数,由输入量 x_i 在数学模型中的偏导数计算得到。

五、确定输出量的合成标准不确定度

对于线性测量模型,可分为以下两种形式合成标准不确定度。

1. 标准形式的线性测量模型

当线性测量模型的函数形式如下式时:

$$y = f(x_1, x_2, \cdots, x_n) = y_0 + c_1 y_1 + c_2 y_2 + \cdots + c_n y_n \tag{4-17}$$

在各输入量相互独立或输入量之间的相关性可以忽略的情况下,输出量 Y 的合成方差 $u_c^2(y)$ 可表示为:

$$u_c^2 = \sum_{i=1}^{n}\sum_{j=1}^{n} \frac{\partial f}{\partial x_i}\frac{\partial f}{\partial x_j} u(x_i, x_j) = \sum_{i=1}^{n}\left(\frac{\partial f}{\partial x_i}\right)^2 u^2(x_i) \tag{4-18}$$

采用灵敏系数的符号来表示,则输出量 Y 的合成标准不确定度为:

$$u_c(y) = \sqrt{\sum_{i=1}^{n} c_i^2 u^2(x_i)} = \sum_{i=1}^{n} u_i(y) \tag{4-19}$$

式(4-19)也称为不确定度的传播定律。

2. 另一种线性测量模型

当线性测量模型的函数形式如下式时:

$$y = f(x_1, x_2, \cdots, x_n) = k x_1^{p_1} x_2^{p_2} \cdots x_n^{p_n} \tag{4-20}$$

将式(4-20)两边取对数,并令 $z = \ln y, w_i = \ln x_i$, 则式(4-20)可转化成线性函数:

$$z = \ln k + p_1 w_1 + p_2 w_2 + \cdots + p_n w_n \tag{4-21}$$

若输入量 x_i 之间相互独立或相关性可忽略,则在 $y \neq 0$ 和 $x_i \neq 0$ 的条件下,由式(4-18)可计算 y 的相对合成方差:

$$\left[\frac{u_c(y)}{y}\right]^2 = \frac{\sum_{i=1}^{n}\left(\frac{\partial f}{\partial x_i}\right)^2 u^2(x_i)}{y^2} = \frac{\sum_{i=1}^{n}\left(\frac{p_i y}{x_i}\right)^2 u^2(x_i)}{y^2} = \sum_{i=1}^{n}\left[\frac{p_i u(x_i)}{x_i}\right]^2 \tag{4-22}$$

由于相对标准不确定度 $u_{crel}(y) = \frac{u_c(y)}{y}$ 和 $u_{crel}(x_i) = \frac{u_c(x_i)}{x_i}$, 于是式(4-22)可写作:

$$u_{crel}^2(y) = \sum_{i=1}^{n} p_i^2 u_{rel}^2(x_i) = \sum_{i=1}^{n} u_{irel}^2(y) \tag{4-23}$$

则输出量 Y 的相对合成标准不确定度为:

$$u_{crel}(y) = \sqrt{\sum_{i=1}^{n} u_{irel}^2(y)} \tag{4-24}$$

以输出量 Y 的平均值 $\overline{Y}$ 为期望值,则输出量 Y 的合成标准不确定度为:

$$u_c(y) = \overline{Y} u_{crel}(y) \tag{4-25}$$

六、确定扩展不确定度并给出测量不确定度报告

在工业技术领域,通常采用置信概率约为95%的包含因子 $k(k=2)$,则扩展不确定度可由下式计算:

$$U = k u_c(y) \tag{4-26}$$

在确定了扩展不确定度后,应同时列出被测量的最佳估计值及其测量不确定度的包含因

子等尽可能多的信息,以便他人查阅及进行数据更新。

第四节　标准不确定度的 A 类评定

一、单次测量结果实验标准差与平均值实验标准差

对被测量 X,在重复性条件下进行 n 次独立重复观测,观测值为 $x_i(i=1,2,\cdots,n)$,则算术平均值 $\bar{x}$ 为:

$$x=\frac{1}{n}\sum_{i=1}^{n}x_i \tag{4-27}$$

设 $s(x_i)$ 为单次测量的实验标准差,由贝塞尔公式得:

$$s(x_i)=\sqrt{\frac{1}{n-1}\sum_{i=1}^{n}(x_i-\bar{x})^2} \tag{4-28}$$

设 $s(\bar{x})$ 为平均值的实验标准差,其值为:

$$s(\bar{x})=\frac{s(x_i)}{\sqrt{n}} \tag{4-29}$$

假设某物理量的观测值,若已消除了系统误差,只存在随机误差,则观测值散布在其期望值附近,当取若干组观测值时,它们各自的平均值也散布在期望值附近,但比单个观测值更靠近期望值。也就是说,多次测量的平均值比一次测量值更准确,且随着测量次数的增加,平均值收敛于期望值。因此,通常以样本的算术平均值 $\bar{x}$ 作为被测量值的估计(即测量结果),以平均值的实验标准差 $s(\bar{x})$ 作为测量结果的标准不确定度,即 A 类标准不确定度。

如果测量结果是取上面 n 次独立重复观测中的 m 次的算术平均值 $\bar{x}_m(1\leqslant m\leqslant n)$,则 $\bar{x}_m$ 对应的 A 类标准不确定度为 $s(x_i)/\sqrt{m}$。

所以,当测量结果取观测到的任一次 x_i 时,所对应的 A 类不确定度为:

$$u(x)=s(x_i) \tag{4-30}$$

当测量结果取 n 次的算术平均值时,x 所对应的 A 类不确定度为:

$$u(\bar{x})=\frac{s(x_i)}{\sqrt{n}} \tag{4-31}$$

当测量结果取其中的 m 次平均值 $\bar{x}_m$ 时,$\bar{x}_m$ 所对应的 A 类不确定度为:

$$u(\bar{x}_m)=\frac{s(x_i)}{\sqrt{m}} \tag{4-32}$$

上述公式中,$u(x)$,$u(\bar{x})$,$u(\bar{x}_m)$ 的自由度是相同的,都为 $v=n-1$。

只有当观测次数 n 充分大时,才能使 A 类不确定度的评定可靠。一般认为 n 应大于 6。但也要视实际情况而定,当该 A 类不确定度分量对合成标准不确定度的贡献较大时,n 不宜太小;反之,当该 A 类不确定度分量对合成标准不确定度的贡献较小时,n 可以适当减小。

式(4-32)用于测量结果取测量 2~3 次的算术平均值时,如检定规程要求这样做,是为了获得较高的自由度,采取较多次的测量得到 $s(x_i)$。

对于获取 $s(x_i)$,并不要求对每一次、每一个测量点都要进行多次测量,而可以采用以前或

同类测量所得到的实验标准差。在一个量程有多个受检点的情况下(如检定材料试验机的示值误差),可以选取示值变动性最大的点进行多次测量而得到试验标准差 $s(x_i)$,用以代表整个量程中的各个点。

当不确定度以绝对形式表示(如千分尺测量)时,通常选取整个量程最大检定点进行多次测量,计算试验标准差 $s(x_i)$,用以代表整个量程各点。当不确定度以相对形式表示(如材料试验机测量)时,通常选取整个量程最小点进行多次测量,计算相对试验标准差 $s_{rel}(x_i)$,用以代表整个量程各点。但也有例外的情况,如常规型橡胶国际硬度计的测量范围为(30~90)IRHD,其示值变动性最大的点往往出现在60IRHD,这时,试验标准差 $s(x_i)$ 的测定可选取在60 IRHD附近。有时,同一量程中不同点得到的试验标准差 $s(x_i)$ 相差可能比较大(如金属洛氏硬度计),此时便不能用一个点的试验标准差去代替其他点。

【例4-1】 对一等标准活塞压力计的活塞有效面积进行检定。在各种压力下测得10次活塞有效面积 S_0 与工作基准活塞面积 S_s 之比 l_i 分别为0.250670,0.250673,0.250670,0.250671,0.250675,0.250671,0.250675,0.250670,0.250673,0.250670,求其不确定度。

解:其最佳估计值 $\bar{l}$ 为:

$$\bar{l} = \frac{\sum l_i}{n} = \frac{\sum l_i}{10} = 0.250672$$

由贝塞尔公式求得单次测量标准差 $s(l_i)$ 为:

$$s(l_i) = \sqrt{\frac{\sum(l_i - \bar{l})^2}{n-1}} = \sqrt{\frac{38 \times 10^{-12}}{10-1}} = 2.05 \times 10^{-6}$$

由测量重复性导致的标准不确定度 $u_1(l)$ 为:

$$u_1(l) = s(\bar{l}) = \frac{s(l_i)}{\sqrt{n}} = \frac{2.05 \times 10^{-6}}{\sqrt{10}} = 0.65 \times 10^{-6}$$

式中,$u_1(l)$ 是表示一等标准活塞压力计活塞有效面积 S_0 与工作基准活塞面积 S_s 之比 l 的由测量重复性引起的不确定度分量(还有其他分量,如工作基准活塞面积 S_s 的不确定度、加力砝码的质量、温度影响等),由 $l = S_0/S_s$ 可知,由测量重复性引起的 S_0 的标准不确定度分量为:

$$u_1(S_0) = S_s \cdot u_1(l) = 0.65 \times 10^{-6} S_s$$

以相对不确定度表示为:

$$u_{1rel}(S_0) = \frac{S_s}{S_0} \cdot u_1(l) = \frac{1}{l} \cdot u_1(l) \approx \frac{1}{\bar{l}} \cdot u_1(l) = \frac{0.65 \times 10^{-6}}{0.250672} = 2.6 \times 10^{-6}$$

二、不确定度A类评定的独立性

在重复性条件下所得的测量列的不确定度,通常比用其他评定方法所得到的不确定度更为客观,并具有统计学的严格性,但要求有充分大的重复次数。此外,这一测量程序中的重复观测值应相互独立,例如:

(1)被测量是一批材料的某一特性,所有重复观测值来自同一样品,而取样又是测量程序

的一部分,则观测值不具有独立性,必须把不同样本间可能存在的随机差异导致的不确定度分量考虑进去;

(2)测量仪器的调零,是测量程序的一部分,重新调零应成为重复性的一部分;

(3)通过直径的测量计算圆的面积,在直径的重复测量中,应随机地选取不同的方向观测;

(4)当使用测量仪器的同一测量段进行重复测量时,测量结果均带有相同的这一测量段的误差,而降低了测量结果间的相互独立性;

(5)在一个气压表上重复多次读取示值,把气压表扰动一下,然后让它恢复到平衡状态再进行读数,因为即使大气压力并无变化,还可能存在示值和读数的误差。

在介绍不确定度来源时,我们知道各不确定度来源可能相关,不确定度来源中的任何一项都可能影响到另外一项,即在相同条件下被测量在重复观测中的变化,这一项通常采用 A 类评定的方法,所以 A 类不确定度评定不仅要注意不要把影响量遗漏,更要注意影响量要相互独立,不要重复计算。

影响量的相互影响有时是难免的,所以也可能出现重复计算。例如,在标准量块的校准中,量块长度差的试验标准差可能已包含了比较大的随机效应,但当这些量对合成标准不确定度的贡献比较大时,应考虑把重复计算的影响量扣除。例如,采用标准洛氏硬度块检定金属洛氏硬度计,硬度块的均匀性既影响到硬度块的不确定度,又影响到硬度计的测量重复性,而且影响相当大,这时要注意不能重复计算。

三、阿伦方差

如果被测量随时间或空间的变化呈随机性,则可采用专门的方差分析方法求得其标准差。例如,在频率稳定度的测量方面,由于闪烁噪声对振荡器的影响,若用贝塞尔公式估计其标准差,则其值不收敛,即随着取样次数 n 的增大,标准差也增大。因此,对频率随机起伏的参量,测量频率稳定度时宜采用阿伦方差法。

设对被测量频率进行 $m+1$ 次测量,每次测量的取样时间为τ,以每两次测量为一组,其测量值分别为 y_i 和 y_{i+1},则由下式求得的方差称为阿伦方差:

$$s_y^2(\tau) = \frac{1}{2m}\sum_{i=1}^{m}[y_{i+1}(\tau) - y_i(\tau)]^2 \tag{4-33}$$

频率稳定度测量的标准差为:

$$s_y(\tau) = [s_y^2(\tau)]^{1/2}$$

第五节 标准不确定度的 B 类评定

一、B 类不确定度评定的信息来源

如果实验室拥有足够多的时间和资源,我们就可以对不确定度的每个了解到的原因进行详尽的统计研究,例如,采用各种不同类型的仪器、不同的测量方法、方法的不同应用以及测量理论模型的不同近似等。于是,所有这些不确定度分量就可用观测列的统计标准差来表征。

换言之,所有不确定度分量可以通过 A 类评定得到。然而,这样的研究并非经济可行,很多不确定度分量实际上还必须通过其他方法来评定。

当被测量 X 的估计值 x_i 不是通过重复观测得到时,其标准不确定度 $u(x_i)$ 可用 x_i 的可能变化的有关信息或资料来评定。

B 类评定的信息来源,一般有以下 6 项:

(1)以前的观测数据;

(2)对有关技术资料和测量仪器特性的了解和经验;

(3)生产部门提供的技术说明文件;

(4)校准证书、检定证书或其他文件提供的数据、准确度的等别或级别,包括目前暂在使用的极限误差等;

(5)手册或某些资料给出的参考数据及其不确定度;

(6)规定试验方法的国家标准或类似技术文件中给出的重复性限 r 或复现性限 R 。

用这类方法得到的估计方差 $u^2(x_i)$,可简称为 B 类方差。对 B 类评定的不确定度,给出其标准不确定度的主要信息来源为各种标准和规程等技术性文件对产品和材料性能的规定、生产部门提供的技术说明文件,以及测量人员对有关技术资料和测量仪器特性的了解和经验。因此,在测量不确定度的 B 类评定中,往往会在一定程度上带有某种主观的因素,如何恰当并合理地给出 B 类评定的标准不确定度是测量不确定度评定的关键问题之一。

二、B 类不确定度的评定方法

1. 已知置信区间和包含因子

根据经验和有关信息或资料,先分析或判断被测量值落入的区间 $[\bar{x}-a,\bar{x}+a]$,并估计区间内被测量值的概率分布,再按置信水准 p 来估计包含因子 k,则 B 类标准不确定度 $u(x)$ 为:

$$u(x)=\frac{a}{k} \tag{4-34}$$

式中:a——置信区间半宽;

k——对应于置信水准的包含因子。

2. 已知扩展不确定度 U 和包含因子 k

如估计值 x_i 来源于制造部门的说明书、校准证书、手册或其他资料,其中同时还明确给出了其扩展不确定度 $U(x_i)$ 是标准差 $s(x_i)$ 的 k 倍,且指明了包含因子 k 的大小,则标准不确定度 $u(x)$ 可取 $U(x_i)/k$,而估计方差 $u^2(x_i)$ 为其平方。

例如,校准证书上指出标称值为 1kg 的砝码的实际质量 $m=1000.00032$g,并说明按包含因子 $k=3$ 给出的扩展不确定度 $U=0.24$mg,则该砝码的标准不确定度 $u(m)=0.24/3=80(\mu g)$,估计方差为 $u^2(m)=(80)^2=6.4\times10^3(\mu g^2)$,其相应的相对标准不确定度为:

$$u(m)=u(m)/m=80\times10^{-9}$$

在这个例子中,砝码使用其实际值 1000.00032g,而不使用其标称值,即砝码是以“等”使用。评定出的标准不确定度 80μg 是 1000.00032g 的标准不确定度。

3. 已知扩展不确定度 U_p 和置信水准 p 的正态分布

如 x_i 的扩展不确定度不是按标准差 $s(x_i)$ 的 k 倍给出，而是给出了置信水准 p 和置信区间的半宽 U_p，这种情况下除非另有说明，一般按正态分布考虑评定其标准不确定度 $u(x_i)$：

$$u(x_i) = \frac{U_p}{k_p} \tag{4-35}$$

正态分布的置信水准（置信概率）p 与包含因子 k_p 之间的关系见表4-1。

这种情况在以“等”使用的仪器中出现最多。例如使用某一等量块，我们可以查到该等别量块的扩展不确定度 U_{99} 与量块的标称值 L 的关系式，通过表4-1和式(4-35)就可以计算出量块的标准不确定度。

例如，校准证书上给出标称值为 10Ω 的标准电阻器的电阻 R_s 在23℃时为：

$$R_s(23℃) = (10.00074 \pm 0.00013)(\Omega)$$

同时说明置信水准 $p=99\%$，由于 $U_{99}=0.13\mathrm{m}\Omega$，按表4-1中数据取 $k_p=2.58$，则其标准不确定度为 $u(R_s)=0.13/2.58=50(\mu\Omega)$，估计方差为 $u^2(R_s)=(50\mu\Omega)^2=2.5\times10^{-9}(\Omega^2)$，其相应的相对标准不确定度为：

$$u_{rel}(R_s) = u(R_s)/R_s = 5\times10^{-6}$$

又如，根据所获得的资料表明，输入量 X_i 的值有50%的概率落于 $(-a, a)$ 区间内，取 X_i 的最佳估计值 x_i 为该区间的中点。由于该区间的半宽为 a，在假设 X_i 的可能值接近正态分布的前提下，由表4-1知 $k_{50}=0.67$，则取 x_i 的标准不确定度 $u(x_i)=a/0.67$，其方差 $u^2(x_i)=(a/0.67)^2$。

4. 已知扩展不确定度 U_p 以及置信水准 p 与有效自由度 V_{eff} 的 t 分布

若 x_i 的扩展不确定度不仅给出了扩展不确定度 U_p 和置信水准 p，而且给出了有效自由度 V_{eff} 或包含因子 k_p，这时必须按 t 分布处理：

$$u(x_i) = \frac{U_p}{t_p(V_{eff})} \tag{4-36}$$

这种情况提供给不确定度评定的信息比较齐全，常出现在标准仪器的校准证书上。

例如，校准证书上给出标称值为5kg的砝码的实际质量为 $m=5000.078\mathrm{g}$，并给出了 m 的测量结果扩展不确定度 $U_{95}=48\mathrm{mg}$，有效自由度 $V_{eff}=35$。

查 t 分布表可得知 $t_{95}(35)=2.03$，故B类标准不确定度为：

$$u(x_i) = \frac{U_{95}}{t_{95}(V_{eff})} = \frac{48}{2.03} = 24(\mathrm{mg})$$

5. 其他几种常见的分布

除正态分布和 t 分布外，其他常见的分布有均匀分布、反正弦分布、三角分布、梯形分布及两点分布等。

如已知信息表明 X_i 之值 x_i 分散区间的半宽为 a，且 x_i 落于 (x_i-a, x_i+a) 的概率 p 为100%，即全部落在此范围中，通过对其分布的估计，可以得出标准不确定度 $u(x_i)=a/k$，因为 k 与分布状态有关（表4-2）。

在缺乏任何其他信息的情况下，一般估计为矩形分布是较合理的。但如果已知被研究的

量 X_i 的可能值出现在 $(-a,a)$ 中心附近的概率大于接近区间的边界时，则最好按三角分布计算。如果 x_i 本身就是重复性条件下的几个观测值的算术平均值，则可估计为正态分布。三角分布是均匀分布和正态分布之间的一种折中。

在不确定度的B类评定方法中，我们遇到的一个问题是，如何假设其概率分布。根据概率论的"中心极限定理"，尽管被测量的值 X_i 的概率分布是任意的，但只要测量次数足够多，其算术平均值的概率分布为近似正态分布。如果被测量受许多个相互独立的随机影响量的影响，这些影响量变化的概率分布各不相同，但每个变量影响均很小时，被测量的随机变化将服从正态分布。如果被测量既受随机影响又受系统影响，而又对影响量缺乏任何其他信息的情况下，一般假设为均匀分布。有些情况下，可采用同行的共识，如微波测量中的失配误差为反正弦分布等。B类不确定度评定的可靠性取决于可利用的信息的质量，在可能情况下应尽量充分利用长期实际观测的值来估计其概率分布。

6. 界限不对称的考虑

在输入量 X_i 可能值的下界 a_- 和上界 a_+ 相对于其最佳估计值 x_i 不对称的情况下，即下界 $a_- = x_i - b_-$，上界 $a_+ = x_i + b_+$，其中 $b_- \neq b_+$。这时由于 x_i 不处于 (a_-,a_+) 区间的中心，故 X_i 的概率分布在此区间内不会是对称的，在缺乏用于准确判定其分布状态的信息时，按矩形分布处理可采用下列近似评定：

$$u^2(x_i) = \frac{(b_+ + b_-)^2}{12} = \frac{(a_+ + a_-)^2}{12} \tag{4-37}$$

7. 由重复性限或复现性限求不确定度

在规定试验方法的国家标准或类似技术文件中，按规定的测量条件，当明确指出两次测量结果之差的重复性限 r 或复现性限 R 时，如无特殊说明，则测量结果标准不确定度为：

$$u(x_i) = r/2.83 \quad 或 \quad u(x_i) = R/2.83 \tag{4-38}$$

这里，重复性限 r 或复现性限 R 的置信水准为95%，并作为正态分布处理。

8. 以"等"使用的仪器的不确定度计算

当测量仪器检定证书上给出准确度等别时，可按检定系统或检定规程所规定的该等别的测量不确定度的大小，按上述第2或第3种的方法计算标准不确定度分量。当检定证书既给出扩展不确定度，又给出有效自由度时，按第4种方法计算。

以"等"使用仪器的不确定度计算一般采用正态分布或 t 分布。

对于以"等"使用的仪器，上面计算所得到的不确定度分量已包含了其上一个等别仪器所使用等别的仪器进行检定或校准带来的不确定度，因此，不需考虑上一等别检定或校准的不确定度。

以"等"使用的指示类仪器，使用时要对示值进行修正或使用校准曲线；量具要使用其实际值。所以要考虑仪器长期稳定性的影响，通常把两次检定或校准周期之间的差值，作为不确定度的一个分量，除非上一次证书给出的不确定度已考虑了这个问题。

以"等"使用的仪器，当使用时的环境条件偏离参考条件或上一级检定或校准的环境条件时，要考虑环境条件引起的不确定度分量。

9. 以“级”使用仪器的不确定度计算

当测量仪器检定证书上给出准确度级别时，可按检定系统或检定规程所规定的该级别的最大允许误差进行评定。假定最大允许误差为 $\pm A$，一般采用均匀分布，得到示值允差引起的标准不确定度分量为：

$$u(x)=\frac{A}{\sqrt{3}} \tag{4-39}$$

以“级”使用的仪器，上面计算所得到的不确定度分量并没有包含上一个级别仪器对所使用级别仪器进行检定带来的不确定度，因此，当上一级别检定的不确定度不可忽略时，还要考虑这一项不确定度分量。

以“级”使用的指示类仪器，使用时直接使用其示值而不需要进行修正；量具使用其标称值。所以可以认为仪器的示值允差中已包含了仪器长期稳定性的影响，不需要考虑仪器长期稳定性引起的不确定度。

以“级”使用的仪器，使用时环境条件只要不超出允许使用范围，仪器的示值误差始终没有超出示值允差的要求，在这种情况下，不必考虑环境条件引起的不确定度分量。

第六节　合成标准不确定度的评定

被测量 Y 的估计值 y 的标准不确定度，由相应输入量 $x_1,x_2,\cdots,x_N$ 的标准不确定度适当合成求得，估计值 y 的合成标准不确定度记为 $u_c(y)$，它表征合理赋予被测量估计值 y 的分散性。

一、输入量不相关时标准不确定度的合成

(1)当全部输入量 X_i 彼此独立或不相关时，合成标准不确定度 $u_c(y)$ 由式(4-40)求得：

$$u_c^2(y)=\sum_{i=1}^{N}\left(\frac{\partial f}{\partial x_i}\right)^2 u^2(x_i) \tag{4-40}$$

式中：f——被测量 y 与直接测得量 x_i 的函数关系；

$u(x_i)$——A 类或 B 类评定标准不确定度。

不确定度 $u_c(y)$ 是一个估计标准差，它表征合理赋予被测量 Y 的分散性。式(4-40)是基于 $Y=f(X_1,X_2,\cdots,X_N)$ 的泰勒级数一阶近似，称为不确定度传播定律。

这里，当 f 非线性显著时，式(4-40)中应考虑计入泰勒级数展开的高阶项。特别当各 X_i 分布对称时，式(4-40)需要增加的下一个重要的高阶项为：

$$\sum_{i=1}^{N}\sum_{j=1}^{M}\left\{\frac{1}{2}\left(\frac{\partial^2 f}{\partial x_i\partial x_j}\right)+\frac{\partial f}{\partial x_i}\frac{\partial^2 f}{\partial x_i\partial x_j^2}\right\}u^2(x_i)\ u^2(x_j)$$

当函数 $y=f(x_i)$ 为完全线性时，二阶以上偏导数为零，因此不必考虑泰勒级数展开的高阶项。

(2)$\partial f/\partial x_i$ 是函数 $y=f(x_1,x_2,\cdots,x_N)$ 在 $X_i=x_i$ 时的偏导数，这些偏导数称为灵敏系数，记为 c_i，即 $c_i=\partial f/\partial x_i$，它表示了输出估计值 y 随输入估计值 $x_1,x_2,\cdots,x_N$ 的变化而变化的程度。

特别是当输入估计值 x_i 有微小的变化 Δx_i 时,输出估计值 y 的相对变化 $\Delta y_i=(\partial f/\partial x_i)\Delta x_i$。如果这个变化来自输入估计值 x_i 的标准不确定度,那么输出估计值 y 的相应变化就是 $(\partial f/\partial x_i)\Delta x_i$。因此,合成方差 $u_c^2(y)$ 可视为伴随各项输入分量 x_i 的估计方差而引起输出估计值 y 的估计方差。因此式(4-40)可表示为:

$$u_c^2(y)=\sum_{i=1}^{N}[c_iu(x_i)]^2=\sum_{i=1}^{N}u_i^2(y) \tag{4-41}$$

式中,$c_i=\partial f/\partial x_i$,$u_i(y)=|c_i|u(x_i)$。

(3)如果函数关系不十分明确,或者需要进行验证时,此时灵敏系数 c_i 也可通过试验测定,即通过变化第 i 个 x_i,而保持其余输入量不变,测定 Y 随 x_i 的改变量,从而计算出 c_i。

(4)如果将被测量:

$$Y=f(X_1,X_2,\cdots,X_N)$$

对输入量 X_i 的标称值 X_{i0} 作一阶展开:

$$Y=Y_0+c_1\delta_1+c_2\delta_2+\cdots+c_N\delta_N$$

式中,$Y_0=f(X_{10},X_{20},\cdots,X_{N0})$,$c_i=\partial f/\partial x_i$,即对 $Y=f(X_1,X_2,\cdots,X_N)$ 在 $X_i=X_{i0}$ 处求导,$\delta_i=X_i-X_{i0}$。为了分析不确定度,常将 X_i 变换为 δ_i,从而使被测量近似为线性函数。

(5)在 X_i 彼此独立的条件下,如果函数 f 的形式为:

$$Y=f(X_1,X_2,\cdots,X_N)=aX_1^{p_1}X_2^{p_2}\cdots X_N^{p_N}$$

系数 a 并非灵敏系数,指数 p_i 可以是正数、负数或分数。设 p_i 的不确定度 $u(p_i)$ 可忽略不计,则合成方差为:

$$[u_c(y)/y]^2=\sum_{i=1}^{N}[p_iu(x_i)/x_i]^2 \tag{4-42}$$

这里给出的是相对合成方差,式(4-42)说明在这一函数关系下,采用相对标准不确定度 $u_{crel}=u_c(y)/y$ 和 $u_{rel}=u(x_i)/|x_i|$ 进行评定比较方便,但要求 $y\neq0$ 且 $x\neq0$。

若 $y=x^n$,则有:

$$\frac{u_c(y)}{y}=n\frac{u(x)}{x}$$

即当 y 为 x 的 n 次幂时,y 的相对不确定度为 x 的相对不确定度的 n 倍。

二、输入量相关时标准不确定度的合成

上述推导仅当输入量 X_i 之间互不相关时才成立。如果一些量 X_i 之间明显相关时,就必须考虑其相关性。即使两个量 X_i,X_j 无真正关联,但在得到它们的估计值的过程中,某些因素可能使它们的估计值 x_i,x_j 产生某种关联,使得在进行不确定度处理时,仍要考虑它们之间的相关性。

若在对两输入量的测定中,使用了具有显著不确定度的相同测量仪器、实物测量标准、参考数据,则两量间的相关性较为显著。如输入量 X_i 估计值的温度修正使用了某温度计,另一输入量 X_j 估计值的温度修正也用了同一温度计,则这两个输入量会显著相关。然而,在这个例子中,若重新确定 X_i 与 X_j 为不相关量,只需将温度计的不确定度作为附加输入量引入,此时 X_i 与 X_j 间的相关性可以消去。

当输入量相关时，测量结果的合成方差 $u_c^2(y)$ 应表示为如下的不确定度传播律：

$$u_c^2(y) = \sum_{i=1}^{N}\left(\frac{\partial f}{\partial x_i}\right)^2 u^2(x_i) + 2\sum_{i=1}^{N-1}\sum_{j=i+1}^{N}\frac{\partial f}{\partial x_i}\frac{\partial f}{\partial x_j}u(x_i,x_j) \tag{4-43}$$

式中：$u(x_i,x_j)$——x_i,x_j 的估计协方差。

x_i,x_j的相关程度可以估计相关系数 $r(x_i,x_j)$ 表示为：

$$r(x_i,x_j) = \frac{u(x_i,x_j)}{u(x_i)u(x_j)}$$

对于相关系数的求法，有统计法和物理（试验）判断法等。

第七节　扩展不确定度的评定

一、输出量的分布特征

上一节介绍了合成标准不确定度，评定的基本过程是由各个不确定度分量 $u_i(y)=c_iu(x_i)$，通过数学计算求出合成标准不确定度 $u_c(y)$。在计算过程中，需要注意以下两点：

（1）各输入量 X_i 可能遵从不同的分布（如正态、均匀、三角分布等），对应于每一个输入量 X_i 有 3 个参量，即标准不确定度 $u(x_i)$、自由度 v_i 及它的分布特征。

（2）输出量（被测量）Y 也具有 3 个参量，即合成标准不确定度 u_c、有效自由度 v_{eff}及分布特征。

很明显，合成标准不确定度 $u_c(y)$ 及有效自由度 v_{eff}可以由相应的数学公式直接计算得出。现在的问题是，输出量 Y 遵从什么分布？对于这个问题，统计学中有系统的论述，下面只作一些不够严谨的简单说明。

如果 $Y=c_1X_1+c_2X_2+\cdots+c_NX_N=\sum_{i=1}^{N}c_iX_i$以及所有的 X_i 是用正态分布表征的，则 Y 的卷积分布结果也呈正态分布。然而，即使 X_i不服从正态分布，根据“中心极限定理”可知，Y 的分布通常可以用正态分布近似。

需要强调的是，对应于上面的第二句话，N 应较大（即 X_i的个数较多），而且各 X_i 对 Y 的贡献应相对比较均衡。但当 N 较小，而且各 X_i的贡献很不平衡时，将导致 Y 较多地具有占主导地位的输入量 X_i的分布特性。例如：

（1）在有关量块测量不确定度分析中，合成不确定度由多个不同分布的分量构成，各分量相对比较均衡，且数量较多(6 个)，故可以认为被测量近似遵从正态分布。

（2）如果输出量（被测量）$Y=X_1+X_2$，其中 X_1 服从正态分布，X_2 服从均匀分布，且 $u(x_1)$ 比 $u(x_2)$ 小很多，则可认为输出量较多地具有均匀分布的特征。

二、扩展不确定度的含义

扩展不确定度分为两种，分别记为 U 与 U_p。前者为标准差的倍数，后者为具有概率 p 的置信区间的半宽。它们的含义不同，必要时应采用符号下标加以区别。

扩展不确定度 U 由合成标准不确定度 $u_c(y)$乘以包含因子 k 得到：

$$U = ku_c(y)$$

测量结果可表示为 $Y = y \pm U$,其中 y 是被测量 Y 的最佳估计值,被测量 Y 的可能值以较高的置信水平落于区间 $[y - U, y + U]$ 中,即 $y - U \leqslant Y \leqslant y + U$。

对于任一给定的置信概率 p,其扩展不确定度记为 U_p,表示为:

$$U_p = k_p u_c(y)$$

三、包含因子的选择

(1)如果 $u_c(y)$ 的自由度较小,并要求区间具有规定的置信水准 p,当按中心极限定理估计接近正态分布时,k_p 采用 t 分布临界值。

用 $u_c(y)$ 乘以给定概率 p 的包含因子 k_p,可得到扩展不确定度 U_p,进而可以期望在 $[y - U_p, y + U_p]$ 区间内,以概率 p 包含了测量结果的可能值。$k_p = t_p(v_{elf})$,一般采用的 p 值为 99% 和 95%。多数情况下,采用 $p = 95\%$。对某些测量标准的检定或校准,根据有关规定可采用 $p = 99\%$。当 v_{elf} 充分大而被测量可能值又接近正态分布时,可以近似认为 $k_{95} = 2$,$k_{99} = 3$,从而分别得出 $U_{95} = 2u_c(y)$,$U_{99} = 3u_c(y)$。此处应注意 U_p 的写法,写成 U_{99} 及 U_{95},而不写成 $U_{0.99}$ 及 $U_{0.95}$。

(2)如果可以确定 Y 可能值的分布不是正态分布,而是接近于其他某种分布,则绝不能按 $k = 2 \sim 3$ 或 $k_p = t_p(v_{eff})$ 计算 U 或 U_p。例如,当 Y 的可能值近似为矩形分布时,则包含因子 k_p 与 U_p 之间的关系是:对于 U_{95},$k_p = 1.65$;对于 U_{99},$k_p = 1.71$。

(3)当 y 和 $u_c(y)$ 所表征的概率分布近似为正态分布,且 $u_c(y)$ 的有效自由度较大时,在合成标准不确定度 $u_c(y)$ 确定后,乘以一个包含因子 k,可得 $U = ku_c(y)$,此时可以期望在 $[y - U, y + U]$ 区间包含了测量结果可能值的较大部分。k 值一般取 $2 \sim 3$,在大多数情况下取 $k = 2$,当取其他值时,应说明其来源。

当只给出扩展不确定度 U 时,不必评定各分量及合成标准不确定度的自由度 v_i 及 v_{eff}。值得注意的是,当直接选取包含因子 k 时,一般不给出置信水准 p。在日常校准工作中,若用户不提出 p 的要求,则可采用此方式给出扩展不确定度;若要求给出 p,就应给出 v_{eff}。

在实际工作中,若对 Y 可能值的分布作正态分布的估计,虽未计算 v_{eff},但可估计其值并不太小时,则 $U = 2u_c(y)$ 大约是置信概率近似为 95% 的置信区间的半宽,而 $U = 3u_c(y)$ 大约是置信概率近似为 99% 的置信区间的半宽。

第八节　测量不确定度的报告与表示

一、测量结果及其不确定度的报告

完整的测量结果含有两个基本量,一是被测量 Y 的最佳估计值 y,一般由数据测量列的算术平均值给出;另一个就是描述该测量结果分散性的量,即测量结果的不确定度。它实际上是测量过程中来自测量设备、环境、人员、测量方法及被测对象所有的不确定度因素的集合。一般以合成标准不确定度 $u_c(y)$、扩展不确定度 $U(y)$ 或它们的相对形式 $u_{crel}(y)$、$U_{rel}(y)$ 给出。

(1)被测量的最佳估计值一般是有量纲的量,例如 20.5℃,1.218mm 等。而对量纲为 1 的量,其测量结果表达为一个数。

(2)测量不确定度以 $u_c(y)$,$U(y)$形式给出时,具有同被测量最佳估计值相同的量纲。如 $U_{95}=1.8℃$,$u_c(l)=32mm$ 等。测量不确定度若以 $u_{crel}(y)$、$U_{rel}(y)$形式给出时,则均为无量纲量,如 $U_{95rel}=7.9\times10^{-6}$等。当以相对形式给出测量不确定度时,置信区间半宽由相对测量不确定度与最佳估计值相乘得到。

国家计量技术规范《测量不确定度评定与表示》(JJF 1059.1—2012)中对将最佳估计值与测量不确定度的表述格式作了明确规定。显然,以 JJF 1059.1—2012 中规定之外的形式表示测量结果,是不合适也不允许的。这是因为:

(1)以规定的形式报告具有国际通用性,便于各技术机构相互交流、比对。

(2)以规定的形式报告提供足够多的信息量,便于使用者分析引用。如各级计量部门进行具体的不确定度分析时,需引入上级标准的不确定度分量,它体现了不确定度的"传播性"。

不确定度的信息量包含从被测量的定义、函数关系、相关性、处理方法直至得到 U_p,p,v_{eff}以及报告结果的所有信息。当然,并不要求对所有的测量都必须提供全部信息,只要根据具体情况提供足够多的信息即可。

二、测量不确定度的报告方式

报告测量不确定度有两种方式。一类是直接用(未扩展的)合成标准不确定度,另一类是使用扩展不确定度。

1. 使用合成标准不确定度

1)适用范围

(1)基础计量学研究;

(2)基本物理常量测量;

(3)复现国际单位制的国际比对。

例如铯频率基准的不确定度用合成标准不确定度表示,属于基础计量学研究;又如 1986 年 CIPM 要求所有成员国进行 CIPM 及其咨询委员会主持下的国际比对或其他工作中,给出结果时应使用合成标准不确定度。

2)应包括的内容

当用合成标准不确定度报告测量结果的不确定度时,除上述内容要求外,还须注意:

(1)明确说明被测量 Y 的定义;

(2)给出被测量 Y 的估计值 y、合成标准不确定度 $u_c(y)$及其单位,必要时还应给出自由度 v_{elf}。

(3)必要时也可给出相对标准不确定度 $u_{crel}(y)$。

3)报告的三种基本形式

合成标准不确定度 $u_c(y)$的报告可使用以下三种形式之一。例如,标准砝码的质量为 m_s,被测量的估计值为 100.02147g,合成标准不确定度 $u_c(m_s)$为 0.35mg,则:

(1)$m_s=100.02147g$;合成标准不确定度 $u_c(m_s)=0.35mg$。

(2)$m_s=100.02147(35)g$;括号内的数是合成标准不确定度的值,其末位与前面结果内末位数对齐。

(3)$m_s = 100.02147(0.000\ 35)$g;括号内是合成标准不确定度的值,与前面结果有相同计量单位。

形式(2)一般用于公布常数、常量。

2.使用扩展不确定度

1)适用范围

除上述指明的三种情况及某些特殊要求情况外,一般皆使用扩展不确定度 $U(U_{rel})$ 或 $U_p(U_{prel})$。

2)应包括的内容

当用 U 或 U_p 报告测量扩展不确定度时,除国家计量技术规范所涉及的内容外,还应注意:

(1)明确说明被测量 Y 的定义;

(2)给出被测量 Y 的估计值 y、扩展不确定度 U 或 U_p 及其单位;

(3)必要时也可给出相对扩展不确定度 U_{rel};

(4)对 U 应给出 k 值;对 U_p 应明确 p 值,最好再给出自由度 v_{elf},以便于不确定度传播到下一级。

3)报告的基本形式

(1)$U = ku_c(y)$的报告可用以下两种形式之一,例如,$u_c(y) = 0.35$mg,取包含因子 $k = 2$,$U = 2 \times 0.35 = 0.70$(mg),则:

①$m_s = 100.02147$g,$U = 0.70$mg;$k = 2$。

②$m_s = (100.02147 \pm 0.00070)$g;$k = 2$。

(2)$U_p = k_p u_c(y)$的报告可用以下四种形式之一,例如 $u_c(y) = 0.35$mg,$v_{eff} = 9$,$p = 95\%$,查表得 $k_p = t_{95}(9) = 2.26$,$U_{95} = 2.26 \times 0.35 = 0.79$(mg),则:

①$m_s = 100.02147$g,$U_{95} = 0.79$mg;$v_{eff} = 9$。

②$m_s = (100.02147 \pm 0.00079)$g;$v_{eff} = 9$。括号内第二项为 U_{95}之值。

③$m_s = 100.02147(79)$g;$v_{eff} = 9$。括号内为 U_{95}之值,其末位与前面结果内末位数对齐。

④$m_s = 100.02147(0.00079)$g;$v_{eff} = 9$。括号内为 U_{95}之值,与前面结果有相同的计量单位。

(3)不确定度也可以相对形式 U_{rel}或 U_{prel}报告,例如:

①$m_s = 100.02147(1 \pm 7.9 \times 10^{-4})$g;$p = 95\%$,式中 7.9×10^{-4}为 U_{95rel}之值。

②$m_s = 100.02147$g,$U_{95rel} = 7.9 \times 10^{-4}$。

三、测量结果及其不确定度的有效位

估计值 y 的数值和它的标准不确定度 $u_c(y)$或扩展不确定度 U 的数值都不应该给出过多的位数。通常 $u_c(y)$和 U[以及输入估计值 x_i 的标准不确定度 $u(x_i)$]最多为两位有效数字。虽然在某些情况下,为了在连续计算中避免修约误差而必须保留多余的位数。

在报告最终结果时,有时可能要将不确定度最末位后面的数都进位而不是舍去。例如:$u_c(y) = 10.47$mΩ,可以进位到 11mΩ。但一般的修约规则[参见《有关量、单位和符号的一般原则》(GB 3101—1993)]也应该可用,如 $u(x_i)=28.05\text{kHz}$,经修约后写成 28kHz。输入和输出的估计值,应修约到与它们不确定度的位数一致。例如,如果 $y=10.05762\Omega$,其 $u_c(y)=27\text{m}\Omega$,则 y 应进位到 10.058Ω。如果相关系数的绝对值接近 1,则相关系数应给出三位有效数字。

(1)通常 $u_c(y)$ 和 U 最多为两位有效数字,可以理解为取 1 位或 2 位皆可以,一般不给出 2 位以上。这是指最后结果的形式,计算过程可适当保留多位。

(2)一旦测量不确定度的有效位数确定了,则应采用它的修约间隔来修约测量结果,以确定其有效位数至哪一位。也就是说,当采用同一测量单位来表述测量结果和其不确定度时,它们的末位应是对齐的。

例如:被测质量的测量结果为 $m=100.02144550\text{g}$,其扩展不确定度 $U_{95}=0.355\text{mg}$,保留 2 位应修约成 0.36mg,其修约间隔为 0.01mg。用这个修约间隔来修约测量结果,得 $m=100.02145\text{g}$;$U_{95}=0.36\text{mg}$。

(3)当采用同一测量单位来表示测量结果和其不确定度时,它们的末位必须是对齐的。

若出现测量结果实际位数不够而无法与测量不确定度对齐时,一般的操作方法是补零后对齐。例如,若测量结果 $m=100.0214\text{g}$,而 $U_{95}=0.36\text{mg}$,则表示成 $m=100.02140\text{g}$;$U_{95}=0.36\text{mg}$。

提醒读者的是,测量不确定度的报告与表示,会随着标准或规范的修订,有所变化。读者应该以最新版的国家计量技术规范《测量不确定度评定与表示》(JJF 1059.1—2012)所建议的方式为准。

第五章　路基工程试验检测不确定度评定实例

公路是一种修筑在地面上，供车辆行驶的线形工程构造物，主要承受车辆荷载的重复作用和经受各种自然环境因素的长期影响，这就要求公路不仅要有缓和的纵坡、平顺的线形，而且要有牢固的人工构造物（桥梁、涵洞、通道、隧道、支挡结构物等）、稳定坚实的路基、平整耐用的路面，以及其他必要防护工程和附属设施。

公路路基是按照路线位置和一定技术要求修筑的带状构造物，是路面的基础，承受由路面传来的行车荷载，是公路的承载主体。因此，路基材料性质直接影响路基的质量和使用性能。在评价路基施工及使用性能的试验检测中，以土的含水率、密度、压实度等参数为重点，分析路基的长期稳定性及耐久性。本章结合测量不确定度的评定方法，以路基土含水率、湿密度、最大干密度、压实度为分析对象，主要介绍含水率、密度及压实度等测量结果的不确定度评定实例。

第一节　土的含水率测量结果的不确定度评定

一、土的含水率试验步骤及分析

根据《公路土工试验规程》（JTG 3430—2020），使用烘干法测定土的含水率的试验步骤为：

（1）取具有代表性的试样，细粒土 15 ~ 30g，放入称量盒内，立即盖好盒盖，称质量。称量时，可在天平一端放上与该称量盒等质量的砝码，移动天平游码，平衡后称量结果减去称量盒质量即为湿土质量。

（2）揭开盒盖，将试样和盒放入烘箱内，在温度 105 ~ 110℃恒温下烘干。烘干时间不得少于 8h。

（3）将烘干后的试样和盒取出，放入干燥器内冷却（一般只需 0.5 ~ 1h 即可）。冷却后盖好盒盖，称质量，精确至 0.01g。

（4）试验结果取两次平行试验的平均值。

分析试验步骤可知，烘干前后的含水率测定和试验工具的精度为含水率测量不确定度的主要来源。

二、烘干法含水率试验的测量分析

根据《公路土工试验规程》（JTG 3430—2020）规定，烘干法测定含水率的数学模型（也称测量模型）为：

$$w = \frac{m - m_s}{m_s} \times 100 = \left(\frac{m}{m_s} - 1\right) \times 100 \tag{5-1}$$

式中：w——土样的含水率，%，计算至0.1；

m——湿土质量，g；

m_s——干土质量，g。

根据烘干法的试验步骤，现取细粒土试样10份，每份为15～30g，进行平行试验，实测及计算结果见表5-1。

烘干法含水率试验结果　　表5-1

序　号	湿土质量(g)	干土质量(g)	含水率(%)
1	21.03	17.13	18.54
2	21.98	17.86	18.74
3	19.94	16.38	17.85
4	19.82	16.23	18.11
5	20.34	16.83	17.26
6	20.34	16.66	18.09
7	21.22	17.40	18.00
8	18.99	15.55	18.11
9	21.23	17.23	18.84
10	22.11	18.11	18.09
平均值	20.70	16.94	18.16
标准差	0.990	0.774	0.458
变异系数(%)	4.78	4.57	2.52

三、烘干法含水率试验测量结果的不确定度评定

根据以上试验步骤与数学模型可知，烘干法含水率试验的不确定度来源主要是湿土和干土质量的测量误差以及试件的离散性。本次试验分别采用不同天平称量湿土质量与干土质量，分析式(5-1)，不考虑相关性，则有贡献的方差为：

$$u^2(w) = \left(\frac{\partial w}{\partial m}\right)^2 u^2(m) + \left(\frac{\partial w}{\partial m_s}\right)^2 u^2(m_s) \tag{5-2}$$

令 $c_1 = \frac{\partial w}{\partial m}, c_2 = \frac{\partial w}{\partial m_s}$，根据不确定度的传播定律(4-19)，则含水率的标准不确定度 $u(w)$ 为：

$$u(w) = \sqrt{[c_1 u(m)]^2 + [c_2 u(m_s)]^2} \tag{5-3}$$

通常以样本的算术平均值 $\overline{w}$ 作为被测量值的估计值(即测量结果)，故当含水率测量结果取试验10次的算术平均值时，根据式(4-31)可知，含水率算术平均值 $\overline{w}$ 所对应的A类标准不确定度为：

$$u(\overline{w}) = \frac{s(w_i)}{\sqrt{10}} \tag{5-4}$$

其中，$s(w_i)$由贝塞尔公式 $s(w_i)=\sqrt{\frac{1}{10-1}\sum_{i=1}^{10}(w_i-\overline{w})^2}$ 计算得到。

再由式(4-40)，当全部输入量 X_i 是彼此独立或不相关时，合成方差 $u_c^2(y)=\sum_{i=1}^{N}\left(\frac{\partial f}{\partial x_i}\right)^2 u^2(x_i)$，综合式(5-2)及式(5-4)，可得到有贡献的方差为：

$$u_c^2(w)=u(w)^2+u(\overline{w})^2=[c_1u(m)]^2+[c_2u(m_s)]^2+u(\overline{w})^2 \tag{5-5}$$

即在多次测量时，烘干法含水率测量结果的合成标准不确定度为：

$$u_c(w)=\sqrt{[c_1u(m)]^2+[c_2u(m_s)]^2+u(\overline{w})^2} \tag{5-6}$$

式中：$u_c(w)$——烘干法含水率测量结果的合成标准不确定度(无量纲)；

$u(m)$——土样湿土质量的标准不确定度，g；

$u(m_s)$——土样干土质量的标准不确定度，g；

c_1、c_2——灵敏系数；

$u(\overline{w})$——重复性试验引入的标准不确定度。

需要再次说明的是，当只采用一次测量就确定土的含水率，则烘干法含水率测量结果的合成标准不确定度为：

$$u_c(w)=\sqrt{[c_1u(m)]^2+[c_2u(m_s)]^2} \tag{5-7}$$

即对于不重复试验，只采用一次测量数据就确定土的含水率，在其合成标准不确定度中，没有重复性试验引入的A类标准不确定度 $u(\overline{w})$ 这一项。

本试验中，取细粒土试样10份实测质量的平均值，则湿土质量平均值 m 为20.70g，干土质量平均值 m_s 为16.94g。c_1、c_2 分别为对应输入量的灵敏系数，由于 $u(\overline{w})$ 不在式(5-1)中，无法依据数学模型计算灵敏系数，可考虑其灵敏系数为1。根据数学模型，按下式计算 c_1、c_2(单位为 g^{-1})：

$$c_1=\frac{\partial w}{\partial m}=\frac{1}{m_s}=\frac{1}{16.94}=0.05903$$

$$c_2=\frac{\partial w}{\partial m_s}=-\frac{m}{m_s^2}=-\frac{20.70}{16.94^2}=-0.07213$$

1. 湿土质量的标准不确定度

1)电子天平示值误差引入的不确定度

根据说明书可知，天平的示值误差为±0.01g。采用B类评定方法，以均匀分布估计，则天平示值误差引入的标准不确定度为：

$$u(m)_1=\frac{a}{k}=\frac{0.01}{\sqrt{3}}=0.00577(\text{g})$$

2)电子天平最小分辨力引入的不确定度

称量湿土质量所用百分之一天平，其精度为0.01g，采用B类评定方法，按均匀分布估计，则其标准不确定度为：

$$u(m)_2 = \frac{a}{k} = \frac{0.01}{2\sqrt{3}} = 0.00289(\mathrm{g})$$

以上两个影响因素相互独立，故湿土质量的标准不确定度合成为：

$$u(m) = \sqrt{u(m)_1^2 + u(m)_2{}^2} = 0.00648(\mathrm{g})$$

则湿土质量的合成标准不确定度 $u_c(m)$ 为：

$$u_c(m) = |c_1|u(m) = 0.05903 \times 0.00648 = 0.000383(\mathrm{g})$$

本次试验湿土质量的期望值(平均值)为 20.70g，则湿土质量的相对标准不确定度为：

$$u_{crel}(m) = \frac{0.000383}{20.70} = 0.0018\%$$

2. 干土质量的标准不确定度

称量干土质量采用另外一台相同型号的电子天平进行测量，故干土质量由电子天平的示值误差及最小分辨力引入的合成标准不确定度 $u_c(m_s)$ 为：

$$u(m_s) = u(m) = 0.00648(\mathrm{g})$$

$$u_c(m_s) = |c_2|u(m_s) = 0.07213 \times 0.00648 = 0.000467(\mathrm{g})$$

本次试验干土质量的期望值(平均值)为 16.94g，则干土质量的相对标准不确定度为：

$$u_{crel}(m) = \frac{0.000467}{16.94} = 0.0028\%$$

3. 土样的离散性引入的不确定度

土样的含水率由 10 个平行试件确定，故土样的离散性引入的标准不确定度为 10 个试件的含水率。根据表 5-1，采用 A 类评定方法，由贝塞尔公式计算的标准差为：

$$\overline{w} = \frac{\sum_{k=1}^{n} w}{n} = 18.17\%$$

$$u(w) = \sqrt{\frac{\sum_{k=1}^{n}(w - \overline{w})}{n - 1}} = 0.458\% = 0.46\%$$

则由土样的离散性引入的标准不确定度为：

$$u(\overline{w}) = \frac{u(w)}{\sqrt{n}} = \frac{0.46\%}{\sqrt{10}} = 0.145\%$$

相对标准不确定度为：

$$u_{rel}(\overline{w}) = \frac{0.145}{18.16} = 0.0080\%$$

4. 列出不确定度分量汇总表

烘干法含水率的标准不确定度分量见表 5-2。

含水率标准不确定度分量汇总表　　表 5-2

输入量 X_i	不确定度来源	标准不确定度分量 $u(x_i)$	标准不确定度分量合成 $u(x)$	相对标准不确定度分量 $u_{rel}(x_i)$	合成标准不确定度分量 $u_c(y_i)$
湿土质量(g)	示值误差	0.00577	0.00648	0.0018%	0.000383
	最小分辨力	0.00289			
干土质量(g)	示值误差	0.00577	0.00648	0.0028%	0.000467
	最小分辨力	0.00289			
重复试验	土样差异性	0.145%	0.145%	0.0080%	0.00145

5. 计算合成标准不确定度

若不考虑量纲统一的问题，直接采用各输入量的合成标准不确定度分量 $u_c(y_i)$ 进一步合成，则烘干法含水率的合成标准不确定度 $u_c(w)$ 可表示为：

$$\begin{aligned}u_c(w) &= \sqrt{[c_1u(m)]^2 + [c_2u(m_s)]^2 + u(\overline{w})^2}\\ &= \sqrt{u_c(m)^2 + u_c(m_s)^2 + u(\overline{w})^2}\\ &= \sqrt{(0.000383)^2 + (0.000467)^2 + (0.00145)^2}\\ &= 0.157076\% \approx 0.16\%\end{aligned}$$

但在式(5-1)中，同时出现乘除、加减关系，考虑到量纲的统一，则合成标准不确定度 $u_c(w)$ 需按相对标准不确定度分量 $u_{rel}(x_i)$ 来合成：

$$\begin{aligned}u_c(w) &= \overline{w} \times \sqrt{[u_{crel}(m)^2 + u_{crel}(m_s)^2 + u_{crel}(\overline{w})^2}\\ &= 18.16 \times \sqrt{(0.0018\%)^2 + (0.0028\%)^2 + (0.0080\%)^2}\\ &= 0.157354\% \approx 0.16\%\end{aligned}$$

本例中，相对标准不确定度合成与标准不确定度的合成，其数值的精确结果是不一致的。

在不确定度合成中，通常是以各标准不确定度分量合成后得到合成标准不确定度。但是如果计算相对合成标准不确定度，则需要注意各输入量的关系。

第一种情况，当数学模型中各输入量为乘除关系时，是可以直接用相对不确定度直接合成得到相对合成标准不确定度；而当各输入量为非乘除关系时，相对合成标准不确定度不能由各输入量的相对标准不确定度直接合成。

第二种情况，当各输入量彼此不相关，且在数学模型中为非乘除关系时，则应当先计算测得值的合成标准不确定度，再除以被测量，得到相对合成标准不确定度。

在烘干法含水率计算公式(5-1)中，各输入量之间不完全是乘除关系，还有加减关系。因此，在合成标准不确定度评定中，需要考虑是直接采用各分量的标准不确定度合成，还是采用各分量的相对标准不确定度合成。本例中，采用标准不确定度分量合成的数值 0.157076%，小于采用相对标准不确定度分量合成的数值 0.157354%，从提高置信概率的角度看，应该考虑采用相对标准不确定度分量直接合成。另外，从量纲统一的角度考虑，测量模型中若同时出现乘除、加减关系，是应该采用相对标准不确定度分量来合成，如此，才不会导致出现合成后的不确定度量纲不一致的问题。且式(5-1)最右边为$w=\left(\frac{m}{m_s}-1\right)\times 100$,即$m$跟$m_s$只有乘除关系,故含水率的合成标准不确定度,要采用相对标准不确定度分量直接合成。限于篇幅,本章及后面章节各示例中,不再赘述为何有些采用标准不确定度分量直接合成,有些采用相对标准不确定度分量合成。有兴趣的读者,可以查阅最新的关于合成不确定度研究的文献资料。

6. 计算扩展不确定度

取包含因子$k=2$,则烘干法含水率的扩展不确定度为:

$$U=ku_c(w)=0.32\%$$

故烘干法含水率测量结果的测量不确定度报告可表示为:

$$w=18.17\%,U=0.32\%,k=2$$

根据表5-2分析可知,烘干法含水率的主要影响因素为土样采样的离散性。

$u_c(w)$的有效位数为什么取0.16%而不是0.157%,已在第四章中作了详细的说明。

需要注意的是,当采用同一台天平测量湿土和干土的质量时,根据不确定度的传播定律,烘干法含水率的合成标准不确定度不再是式(5-3)或式(5-5),要考虑同一台天平测量湿土和干土的相关性。

烘干法过程中使用了烘箱,温度控制在105~110℃。温度的控制会对烘干后土样的质量造成影响,因此理应考虑温度控制的不确定度。但如果没有获得温度与干土质量之间的关系,即没有具体的数学表达式,也可以不考虑烘箱温度控制的不确定度。如果式(5-1)中有温度表示这一项,就需要考虑烘箱温度控制的不确定度。

在表5-1的计算过程中,若使用Excel内置函数计算标准差,因求标准差的统计函数有stdev与stdevp两个,需要清楚两个函数的准确定义。在测量不确定度评定过程中,根据贝塞尔公式的定义,应采用stdev函数计算标准差,而不应采用stdevp函数。

第二节　环刀体积测量结果的不确定度评定

一、环刀体积测量方法及步骤

环刀是用来取原状土(未扰动)试验用样的一种常用仪器,用来做重度、压缩、剪切和渗透等试验。环刀是路基路面工程中用来取样的一种常用容器,其体积的测量有很多种测量方法,这里只介绍用游标卡尺直接测量环刀直径、高度后,通过公式计算,所得测量结果的不确定度。环刀的体积测量,主要包括以下步骤:

(1)环刀内径。用游标卡尺测量,测量环刀内径时,连续测量多次,取平均值。

(2)环刀高度。用游标卡尺测量,连续测量多次,取平均值。

(3)环刀壁厚。用游标卡尺测环刀壁厚,连续测量多次,取平均值。

二、环刀体积的测量分析

环刀体积的数学模型为:

$$V = \frac{\pi D^2}{4}h \tag{5-8}$$

式中：V——环刀体积，mm^3；

D——被测环刀内径，mm；

h——被测环刀高度，mm。

根据环刀体积测量的试验步骤，采用最大允许示值误差为 ±0.02mm，分度值为 0.02mm 的游标卡尺，测量内径 79.8mm，高度 20mm，容积 $100cm^3$ 的环刀，对内径和高度各进行了 10 次测量，实测及计算结果见表 5-3。

环刀体积测量结果(单位：mm)　　表 5-3

序　号	环刀内径 D	环刀高度 h
1	79.82	19.99
2	79.79	20.01
3	79.78	19.99
4	79.78	19.98
5	79.81	19.98
6	79.79	20.01
7	79.81	20.01
8	79.79	20.00
9	79.81	19.99
10	79.79	19.98
平均值	79.80	19.99
标准差	0.0142	0.0126
变异系数(%)	0.02	0.06

三、环刀体积测量结果的不确定度评定

根据以上试验步骤与数学模型可知，环刀体积测量的不确定度来源主要是环刀内径和环刀高度的测量误差以及重复性试验。分析式(5-8)，不考虑相关性，则有贡献的方差为：

$$u^2(V) = \left(\frac{\partial V}{\partial D}\right)^2 u^2(D) + \left(\frac{\partial V}{\partial h}\right)^2 u^2(h) \tag{5-9}$$

令 $c_1 = \frac{\partial V}{\partial D}, c_2 = \frac{\partial V}{\partial h}$，根据不确定度的传播定律及合成标准不确定度公式，考虑游标卡尺示值误差引入的标准不确定度 $u(\Delta)$，则环刀体积的合成标准不确定度为：

$$u_c(V) = \sqrt{[c_1u(D)]^2 + [c_2u(h)]^2 + u(\Delta)^2} \tag{5-10}$$

式中：$u_c(V)$——环刀体积的合成标准不确定度(无量纲)；

$u(D)$——环刀内径的标准不确定度，%；

$u(h)$——环刀高度的标准不确定度，%；

c_1、c_2——灵敏系数；

$u(\Delta)$——游标卡尺示值误差引入的标准不确定度，其中 $u(\Delta) = \sqrt{u_D^2(\Delta) + u_h^2(\Delta)}$，$u_D(\Delta) = |c_1|u(\Delta)$，$u_h(\Delta) = |c_2|u(\Delta)$。由于环刀体积测量结果表 5-3 中，并没有体积 V 的平均值和标准差，故式(5-9)中就没有重复性试验引入的 A 类标准不确定度 $u(\bar{V})$ 这一项。换句话说，不是用每一次测量的环刀高度和内径计算得到体积，而是采用多次测量后环刀平均高度和平均内径，只计算一次，得到环刀的体积。

重复测量 10 次，则环刀内径 D 平均值为 79.80mm。根据式(5-8)，可按下式计算 c_1、c_2（单位为 mm^2）：

$$c_1 = \frac{\partial V}{\partial D} = \frac{\pi D}{2}h = \frac{3.14 \times 79.80 \times 19.99}{2} = 5008.934$$

$$c_2 = \frac{\partial V}{\partial h} = \frac{\pi D^2}{4} = \frac{3.14 \times 79.80^2}{4} = 4998.911$$

1. 内径测量重复性引入的标准不确定度分量 $u(D)$

测量重复性引入的标准不确定度分量 $u(D)$，可以通过连续测量得到测量列，采用 A 类方法评定。

由表 5-3 知，$\bar{D} = \frac{1}{n}\sum_{i=1}^{n} D_i = 79.80(\text{mm})$，标准偏差 $S(D) = \sqrt{\frac{\sum_{i=1}^{n}(D_i - \bar{D})}{n-1}} = 0.0142(\text{mm})$。

在实际测量时，在重复性条件下连续测量 2 次，以 2 次测量算术平均值为测量结果，则可得到内径因重复性试验引入的标准不确定度为：

$$u(D) = |c_1|\frac{S(D)}{\sqrt{2}} = 5008.934 \times \frac{0.0142}{\sqrt{2}} = 50.29(\text{mm}^3)$$

自由度 $v(D) = 10 - 1 = 9$。

2. 高度测量重复性引入的标准不确定度分量 $u(h)$

测量重复性引入的标准不确定度分量 $u(h)$，可以通过连续测量得到测量列，采用 A 类方法评定。

由表 5-3 知，$\bar{h} = \frac{1}{n}\sum_{i=1}^{n} h_i = 19.99(\text{mm})$，标准偏差 $S(h) = \sqrt{\frac{\sum_{i=1}^{n}(h_i - \bar{h})}{n-1}} = 0.0126(\text{mm})$。

在实际测量时，在重复性条件下连续测量 4 次，以 4 次测量算术平均值为测量结果，则可得到高度因重复性试验引入的标准不确定度为：

$$u(h) = |c_2|\frac{S(h)}{\sqrt{2}} = 4998.911 \times \frac{0.0126}{\sqrt{4}} = 31.49(\text{mm}^3)$$

自由度 $v(h) = 10 - 1 = 9$。

3. 游标卡尺的示值误差引入的标准不确定度分量

设游标卡尺示值误差引入的标准不确定度分量为 $u(\Delta)$，游标卡尺的示值误差为 ±0.02mm，采用 B 类评定方法，以均匀分布估计，则游标卡尺示值误差引入的标准不确定度为：

$$u(\Delta)=\frac{a}{k}=\frac{0.02}{\sqrt{3}}=0.012(\mathrm{mm})$$

由此引入的直径和高度测量的标准不确定度分量分别为：

$$u_D(\Delta)=|c_1|u(\Delta)=5008.934\times0.012=60.11(\mathrm{mm}^3)$$

$$u_h(\Delta)=|c_2|u(\Delta)=4998.911\times0.012=59.99(\mathrm{mm}^3)$$

$$u(\Delta)=\sqrt{u_D^2(\Delta)+u_h^2(\Delta)}=84.92(\mathrm{mm}^3)$$

估计其相对不确定度为25%，则自由度为：

$$v(\Delta)=\frac{1}{2}\times\left(\frac{25}{100}\right)^2=8$$

4. 列出不确定度分量汇总表

环刀体积测量结果的标准不确定度分量见表5-4。

环刀体积测量结果标准不确定度分量汇总表　　表5-4

输　入　量	不确定度来源	标准不确定度分量	灵 敏 系 数	合成标准不确定度分量
D	内径重复性测量	0.0142	5008.934	50.29
h	高度重复性测量	0.0126	4998.911	31.49
Δ	游标卡尺示值误差	0.012	—	84.92

5. 计算合成标准不确定度

根据不确定度的传播定律，环刀体积测量的合成标准不确定度可表示为：

$$u_c(V)=\sqrt{[c_1u(D)]^2+[c_2u(h)]^2+u(\Delta)^2}$$

$$=\sqrt{50.29^2+31.49^2+84.92^2}=103.60(\mathrm{mm}^3)$$

6. 计算扩展不确定度

取包含因子 $k=2$，环刀体积测量结果的扩展不确定度为：

$$U=ku_c(V)=207.2(\mathrm{mm}^3)=0.21(\mathrm{cm}^3)$$

则环刀体积测量结果的测量不确定度报告可表示为：

$$V=99.98\mathrm{cm}^3,U=0.21\mathrm{cm}^3,k=2$$

其中 $V=\frac{\pi D^2}{4}h=99.98(\mathrm{cm}^3)$，由表5-3中内径测量平均值7.980cm和高度测量平均值1.999cm计算得到。

若采用有效自由度来确定扩展不确定度，则需计算有效自由度。如本例中：

$$v_{\mathrm{eff}}(V)=\frac{u_c^4(V)}{\frac{u^4(D)}{u(D)}+\frac{u^4(h)}{u(h)}+\frac{u^4(\Delta)}{u(\Delta)}}=\frac{103.60^4}{\frac{50.29^4}{9}+\frac{31.49^4}{9}+\frac{84.92^4}{8}}=16$$

查 t 分布表，取 $p=95\%$，得 $t_{95}(16)=2.12$。于是，扩展不确定度可表示为：

$$U_p=t_{95}(16)u_c(V)=2.12\times103.60=219.632(\mathrm{mm}^3)=0.22(\mathrm{cm}^3)$$

通过以上分析，使用游标卡尺测量一个标称尺寸为100cm³ 的环刀，其测量的扩展不确定度为0.22cm^3。测量结果可表示为：$V=(99.98\pm0.22)\text{cm}^3$，$v=16$。

第三节 土的密度测量结果的不确定度评定

一、环刀法土的密度试验步骤及分析

密度是土的基本物理性指标之一，利用它可以计算土的干密度、孔隙比、孔隙率、饱和度等指标。无论在室内试验或野外勘察以及施工质量控制中，均须测定密度。环刀法操作简便而准确，在室内和野外普遍采用，但只能用于测定不含砾石颗粒的细粒土的密度。

根据《公路土工试验规程》(JTG 3430—2020)，环刀法的试验步骤为：

(1)按工程需要取原状土或制备所需状态的扰动土样，整平两端，环刀内壁涂一薄层凡士林，刀口向下放在土样上。

(2)用修土刀或钢丝锯将土样上部削成略大于环刀直径的土柱，然后将环刀垂直下压，边压边削，至土样伸出环刀上部为止。削去两端余土，使土样与环刀口面齐平，并用剩余土样测定含水率。

(3)擦净环刀外壁，称环刀与土合质量 m_1，准确至0.1g。

分析试验步骤可知，环刀体积、环刀质量、湿土质量、含水率等为测量不确定度的来源。

二、环刀法土的密度试验测量分析

根据《公路土工试验规程》(JTG 3430—2020)，对于环刀法土的密度试验，按下列公式计算湿密度及干密度：

$$\rho = \frac{m_1 - m_2}{V} \tag{5-11}$$

$$\rho_d = \frac{\rho}{1 + 0.01w} \tag{5-12}$$

式中：ρ——湿密度，g/cm^3，计算至0.01；

m_1——环刀与土合质量，g；

m_2——环刀质量，g；

V——环刀体积，cm^3；

ρ_d——干密度，g/cm^3，计算至0.01；

w——土样的含水率，%。

根据本章第二节内容可知，本次试验采用内径79.8mm、高度20mm、容积100cm^3、质量100g的环刀进行试验，试验结果见表5-5。

环刀法密度试验结果 表5-5

序号	环刀质量(g)	土+环刀质量(g)	土样质量(g)	湿密度(g/cm^3)	含水率(%)	干密度(g/cm^3)
1	100	278.6	178.6	1.79	13.5	1.58
2	100	281.4	181.4	1.81	14.2	1.58

续上表

序　号	环刀质量(g)	土+环刀质量(g)	土样质量(g)	湿密度(g/cm^3)	含水率(%)	干密度(g/cm^3)
3	100	293.6	193.6	1.94	18.2	1.64
4	100	294.8	194.8	1.95	19.4	1.63
5	100	305.8	205.8	2.06	20.5	1.71
6	100	307.2	207.2	2.07	21.2	1.71
平均值	—	—	193.57	1.94	17.8	1.64
标准差	—	—	11.9086	0.1189	3.2562	0.0584
变异系数(%)	—	—	0.06	0.06	0.18	0.036

三、环刀法土的湿密度测量结果的不确定度评定

根据以上试验步骤与数学模型可知，土的湿密度的不确定度来源主要是环刀与土合质量和环刀质量的测量误差、环刀体积的测量误差以及土样的离散性。分析式(5-11)，不考虑相关性，则有贡献的方差为：

$$u^2(\rho) = \left(\frac{\partial\rho}{\partial m_1}\right)^2 u^2(m_1) + \left(\frac{\partial\rho}{\partial m_2}\right)^2 u^2(m_2) + \left(\frac{\partial\rho}{\partial V}\right)^2 u^2(V) \tag{5-13}$$

令 $c_1 = \frac{\partial\rho}{\partial m_1}, c_2 = \frac{\partial\rho}{\partial m_2}, c_3 = \frac{\partial\rho}{\partial V}$，考虑重复试验引入的标准不确定度，则土的湿密度的合成标准不确定度为：

$$u_c(\rho) = \sqrt{[c_1u(m_1)]^2 + [c_2u(m_2)]^2 + [c_3u(V)]^2 + u(\bar{\rho})^2} \tag{5-14}$$

式中：$u_c(\rho)$——土的湿密度的合成标准不确定度；

$u(m_1)$——环刀与土合质量的标准不确定度；

$u(m_2)$——环刀质量的标准不确定度；

$u(V)$——环刀体积的标准不确定度；

c_1、c_2、c_3——灵敏系数；

$u(\bar{\rho})$——重复性试验引入的不确定度。

取土试样6份，湿土密度平均值 ρ 为 1.94 g/cm^3，土样含水率平均值 w 为 17.8%。根据式(5-11)，可按下式计算 c_1、c_2、c_3：

$$c_1 = \frac{\partial\rho}{\partial m_1} = \frac{1}{V} = \frac{1}{100} = 0.01$$

$$c_2 = \frac{\partial\rho}{\partial m_2} = -\frac{1}{V} = -0.01$$

$$c_3 = \frac{\partial\rho}{\partial V} = -\frac{m_1 - m_2}{V^2} = -\frac{193.57}{100^2} = -\frac{193.57}{10000} = -0.00193.57$$

1. 环刀与土合质量的标准不确定度

1) 天平示值误差引入的不确定度

天平的示值误差为 ±0.01g。采用B类评定方法，以均匀分布估计，则天平示值误差引入

的标准不确定度为：

$$u(m_1)_1 = \frac{a}{k} = \frac{0.01}{\sqrt{3}} = 0.005774(\mathrm{g})$$

2）天平最小分辨力引入的不确定度

称量环刀与土质量所用天平，其精度为0.01g，采用B类评定方法，按均匀分布估计，则其标准不确定度为：

$$u(m_1)_2 = \frac{a}{k} = \frac{0.01}{2\sqrt{3}} = 0.002887(\mathrm{g})$$

以上两个影响因素相互独立，故环刀与土质量的标准不确定度合成为：

$$u(m_1) = \sqrt{u(m_1)_1^2 + u(m_1)_2^2} = 0.006456(\mathrm{g})$$

则环刀与土质量 $u_c(m_1)$ 的合成标准不确定度为：

$$u_c(m_1) = |c_1|u(m_1) = 0.01 \times 0.006456 = 0.006456\%$$

2. 环刀质量的标准不确定度

1）天平示值误差引入的不确定度

天平的示值误差为±0.01g。采用B类评定方法，以均匀分布估计，则天平示值误差引入的标准不确定度为：

$$u(m_2)_1 = \frac{a}{k} = \frac{0.01}{\sqrt{3}} = 0.005774(\mathrm{g})$$

2）天平最小分辨力引入的不确定度

称量环刀质量所用天平，其精度为0.01g，采用B类评定方法，按均匀分布估计，则其标准不确定度为：

$$u(m_2)_2 = \frac{a}{k} = \frac{0.01}{2\sqrt{3}} = 0.002887(\mathrm{g})$$

以上两个影响因素相互独立，故环刀质量的标准不确定度合成为：

$$u(m_2) = \sqrt{u(m_2)_1^2 + u(m_2)_2^2} = 0.006456(\mathrm{g})$$

则环刀质量 $u_c(m_2)$ 的合成标准测量不确定度为：

$$u_c(m_2) = |c_2|u(m_2) = 0.01 \times 0.006456 = 0.006456\%$$

3. 环刀体积的标准不确定度

根据本章第二节内容，环刀体积测量的标准不确定度为：

$$\begin{aligned} u_c(V) &= \sqrt{[c_1u(D)]^2 + [c_2u(h)]^2 + u(\Delta)^2} \\ &= \sqrt{50.29^2 + 31.49^2 + 84.92^2} \\ &= 103.60(\mathrm{mm}^3) = 0.0001036(\mathrm{cm}^3) \end{aligned}$$

则环刀体积 $u_c(m_2)$ 的合成标准不确定度为：

$$u_c(m_2) = |c_3|u(m_2) = 0.0019357 \times 0.0001036 = 0.00002005385\%$$

4. 重复试验引入的不确定度

根据表5-5，采用A类评定方法，由贝塞尔公式计算土的湿密度标准偏差，得：

$$\bar{\rho}=\frac{\sum_{i=1}^{n}\rho_i}{6}=1.94$$

$$u(\rho)=\sqrt{\frac{\sum_{i=1}^{n}(\rho_i-\bar{\rho})}{n-1}}=0.1189$$

土的湿密度以6个试件的平均值确定,则因重复性试验引入的标准不确定度为:

$$u(\bar{\rho})=\frac{u(\rho)}{\sqrt{6}}=\frac{0.1189}{\sqrt{6}}=4.85\%$$

5. 列出不确定度分量汇总表

土的湿密度的标准不确定度分量见表5-6。

土的湿密度标准不确定度分量汇总表　　表5-6

输　入　量	不确定度来源	标准不确定度分量	灵 敏 系 数	合成标准不确定度分量
m_1	环刀与土质量	0.006456	0.01	0.006456%
m_2	环刀质量	0.006456	-0.01	0.006456%
V	环刀体积	103.60	-0.0019357	0.00002005%
重复试验	试件离散性	0.1189	—	4.85%

6. 计算合成标准不确定度

各标准不确定度分量之间相互独立,故土的湿密度的合成标准不确定度为:

$$\begin{aligned}u_c(\rho)&=\sqrt{[c_1u(m_1)]^2+[c_2u(m_2)]^2+[c_3u(V)]^2+u(\bar{\rho})^2}\\&=\sqrt{[0.006456\%]^2+[0.006456\%]^2+[0.00002005\%]^2+(4.85\%)^2}\\&=0.0485\end{aligned}$$

7. 计算扩展不确定度

取包含因子 $k=2$,则环刀法测定土的湿密度的扩展不确定度为:

$$U=ku_c(\rho)=0.0485\times2\approx0.10$$

故土的湿密度的扩展不确定度报告为:

$$\rho=1.94\text{g/cm}^3,U=0.10,k=2$$

根据表5-5分析可知,环刀法测定土的湿密度测量结果的不确定度主要来自重复试验引入的不确定度,也就是土样本身的不均匀性及离散性。

四、环刀法土的干密度测量结果的不确定度评定

分析式(5-12),不考虑相关性,则有贡献的方差为:

$$u^2(\rho_d)=\left(\frac{\partial\rho_d}{\partial\rho}\right)^2u^2(\rho)+\left(\frac{\partial\rho_d}{\partial w}\right)^2u^2(w)\tag{5-15}$$

令 $c_{d1}=\frac{\partial\rho_d}{\partial\rho},c_{d2}=\frac{\partial\rho_d}{\partial w}$,考虑重复试验引入的标准不确定度,土的干密度的合成标准不确定度为:

$$u_c(\rho_d)=\sqrt{[c_{d1}u(\rho)]^2+[c_{d2}u(w)]^2+u(\overline{\rho_d})^2} \quad (5\text{-}16)$$

式中：$u_c(\rho_d)$——土的干密度的合成标准不确定度；

$u(\rho)$——土的湿密度的标准不确定度；

$u(w)$——烘干法含水率的标准不确定度；

c_{d1}、c_{d2}——灵敏系数；

$u(\overline{\rho_d})$——重复性试验引入的不确定度。

仍取土试样6份，干土密度平均值ρ_d为1.64g/cm^3，土样含水率平均值为17.8%。根据式(5-12)，可按下式计算c_{d1}、c_{d2}：

$$c_{d1}=\frac{\partial\rho_d}{\partial\rho}=\frac{1}{1+0.01w}=\frac{1}{1+0.01\times17.8}=0.84890$$

$$c_{d2}=\frac{\partial\rho_d}{\partial m_s}=-0.01\times\frac{\rho}{(1+0.01w)^2}=-0.01\times\frac{1.94}{(1+0.01\times17.8)^2}=-0.01398$$

1. 土的湿密度的标准不确定度

取前述环刀法土的湿密度试验标准不确定度的评定结果，$u_c(\rho)=0.0485$。

2. 含水率的测量不确定度

取本章第一节土的含水率标准不确定度的评定结果，$u_c(w)=0.16\%$。

3. 重复试验引入的不确定度

根据表5-5，采用A类评定方法，由贝塞尔公式计算土的干密度标准偏差，得：

$$\overline{\rho_d}=\frac{\sum_{i=1}^{n}\rho_i}{6}=1.64;u(\rho_d)=\sqrt{\frac{\sum_{i=1}^{n}(\rho_i-\bar{\rho})}{n-1}}=0.0584$$

土的干密度以6个试件的平均值确定，则因重复性试验引入的标准不确定度为：

$$u(\rho_{\bar{d}})=\frac{u(\rho_d)}{\sqrt{6}}=\frac{0.0584}{\sqrt{6}}=2.38\%$$

4. 列出不确定度分量汇总表

土的干密度的标准不确定度分量见表5-7。

土的干密度标准不确定度分量汇总表 表5-7

输入量	不确定度来源	标准不确定度分量	灵敏系数	合成标准不确定度分量
ρ	土的湿密度	0.0485	0.84890	0.04117
w	含水率	0.16%	−0.01398	−0.0000224
重复试验	试件离散性	0.0584	—	2.38%

5. 计算合成标准不确定度

各标准不确定度分量之间相互独立，故土的干密度的合成标准不确定度为：

$$\begin{aligned}u_c(\rho_d)&=\sqrt{[c_{d1}u(\rho)]^2+[c_{d2}u(w)]^2+u(\overline{\rho_d})^2}\\&=\sqrt{[0.04117]^2+[-0.0000224]^2+(0.0238)^2}\\&=0.0476\end{aligned}$$

6. 计算扩展不确定度

取包含因子 $k=2$,则环刀法测定土的干密度的扩展不确定度为:

$$U = ku_c(\rho) = 0.0476 \times 2 \approx 0.10$$

故土的湿密度的扩展不确定度报告为:

$$\rho = 1.64\text{g/cm}^3, U = 0.10, k = 2$$

根据表5-5分析可知,环刀法测定土的干密度的不确定度主要来自重复试验引入的不确定度,也就是土样本身的不均匀性及离散性。

分析土的湿密度、干密度的合成标准不确定度,密度的合成标准不确定度来源主要是土样的不均匀性及离散性,试验方法带来的合成标准不确定度是很小的。可以明确,《公路土工试验规程》(JTG 3430—2020)中规定环刀法的试验方法,是比较合理的。

第四节 土的最大干密度测量结果的不确定度评定

一、土的击实试验方法及分析

击实试验可以测定土的最大干密度和最优含水率。击实试验得到的试样的最大干密度,可以评定路基填土的压实质量。根据《公路土工试验规程》(JTG 3430—2020),击实试验的步骤为:

(1)根据工程要求,按相关规定选择轻型或重型试验方法。根据土的性质(含易击碎风化石数量多少、含水率高低),按相关规定选用干土法(土不重复使用)或湿土法。

(2)将击实筒放在坚硬的地面上,在筒壁上抹一薄层凡士林,并在筒底(小试筒)或垫块(大试筒)上放置蜡纸或塑料薄膜。取制备好的土样分3~5次倒入筒内。对于小试筒,按三层法时,每次约800~900g(其量应使击实后的试样等于或略高于筒高的1/3);按五层法时,每次约400~500g(其量应使击实后的土样等于或略高于筒高的1/5)。对于大试筒,先将垫块放入筒内底板上,按三层法,每层需试样1700g左右。整平表面,并稍加压紧,然后按规定的击数进行第一层土的击实,击实时击锤应自由垂直落下,锤迹必须均匀分布于土样面,第一层击实完后,将试样层面"拉毛"然后再装入套筒,重复上述方法进行其余各层土的击实。小试筒击实后,试样不应高出筒顶面5mm;大试筒击实后,试样不应高出筒顶面6mm。

(3)用修土刀沿套筒内壁削刮,使试样与套筒脱离后,扭动并取下套筒,齐筒顶细心削平试样,拆除底板,擦净筒外壁,称量,准确至1 g。

(4)用推土器推出筒内试样,从试样中心处取样测其含水率,计算至0.1%。测定含水率用试样的数量按相关规定取样(取出有代表性的土样)。两个试样含水率的精度应符合试验相关规定。

(5)对于干土法(土不重复使用)和湿土法(土不重复使用),将试样搓散,然后按规定方法进行洒水、拌和,每次约增加2%~3%的含水率,其中有两个大于和两个小于最佳含水率。

同理,按上述步骤进行其他含水率试样的击实试验。

二、击实试验土的最大干密度的测量分析

根据《公路土工试验规程》(JTG E40—2007)规定,按式(5-17)计算击实后各点的干密度:

$$\rho_d = \frac{\rho}{1 + 0.01w} \tag{5-17}$$

式中：ρ——湿密度，g/cm^3，计算至0.01；

ρ_d——干密度，g/cm^3，计算至0.01；

w——土样的含水率，%。

现以筒容积997cm^3，击锤质量4.5kg，落距45cm为标准，对某土样（大于5mm的颗粒含量）进行击实试验，试验记录及结果的计算见表5-8。

击实试验记录及结果　　表5-8

序　　号	筒质量（g）	筒+土质量（g）	湿土质量（g）	湿密度（g/cm^3）	含水率（%）	干密度（g/cm^3）
1	1103	2981.8	1878.8	1.88	10.2	1.71
2	1103	3057.1	1954.1	1.96	11.8	1.75
3	1103	3130.9	2027.9	2.03	13.0	1.80
4	1103	3215.8	2112.8	2.12	15.8	1.83
5	1103	3191.1	2088.1	2.09	19.0	1.76
平均值	—	3115.3	2012.3	2.02	14.0	1.77
标准差	—	99.564	99.564	0.0976	3.4825	0.0464
变异系数（%）	—	3.0996	4.7986	4.8423	24.9465	2.6197
	最佳含水率=15%			最大干密度=1.83g/cm^3		

三、土的最大干密度测量结果的不确定度评定

分析以上试验步骤与式（5-17）可知，土的干密度需要通过湿密度和含水率获得。由于湿密度的不确定度来源主要是环刀与土合质量和环刀质量的测量误差、环刀体积的测量误差以及土样的离散性。根据不确定度传播定律，土的湿密度的合成标准不确定度为：

$$u_c(\rho) = \sqrt{[c_1u(m_1)]^2 + [c_2u(m_2)]^2 + [c_3u(V)]^2 + u(\bar{\rho})^2} \tag{5-18}$$

式中：$u_c(\rho)$——土的湿密度的合成标准不确定度；

$u(m_1)$——环刀与土合质量的标准不确定度；

$u(m_2)$——环刀质量的标准不确定度；

c_1、c_2、c_3——灵敏系数；

$u(\bar{\rho})$——重复性试验引入的标准不确定度。

在本章第三节环刀法测定土的密度的测量不确定度评定中，环刀与土合质量、环刀质量、环刀体积的标准不确定度已经评定，本试验仍旧采用环刀法测定土的湿密度，故只需评定由重复试验引入的标准不确定度。

根据表5-8，采用A类评定方法，由贝塞尔公式计算土的湿密度标准偏差，得：

$$\bar{\rho} = \frac{\sum_{i=1}^{n}\rho_i}{5} = 2.02$$

$$u(\rho) = \sqrt{\frac{\sum_{i=1}^{n}(\rho_i - \bar{\rho})}{n-1}} = 0.0976$$

土的湿密度以5个试件的平均值确定，则因重复性试验引入的标准不确定度为：

$$u(\bar{\rho}) = \frac{u(\rho)}{\sqrt{5}} = \frac{0.0976}{\sqrt{5}} = 4.36\%$$

则合成标准不确定度为：

$$\begin{aligned} u_c(\rho) &= \sqrt{[c_1u(m_1)]^2 + [c_2u(m_2)]^2 + [c_3u(V)]^2 + u(\bar{\rho})^2} \\ &= \sqrt{[0.006456\%]^2 + [0.006456\%]^2 + [0.00002005\%]^2 + (4.36\%)^2} \\ &= 0.0436 \end{aligned}$$

取包含因子 $k=2$，则扩展不确定度为：

$$U = ku_c(\rho) = 0.0436 \times 2 \approx 0.09$$

故土的湿密度的扩展不确定度报告为：

$$\rho = 2.02\text{g/cm}^3, U = 0.09, k = 2$$

土的干密度的合成标准不确定度为：

$$u_c(\rho_d) = \sqrt{[c_{d1}u(\rho)]^2 + [c_{d2}u(w)]^2 + u(\overline{\rho_d})^2} \tag{5-19}$$

式中：$u_c(\rho_d)$——土的干密度的合成标准不确定度；

$u(\rho)$——土的湿密度的标准不确定度；

$u(w)$——烘干法含水率的标准不确定度；

c_{d1}、c_{d2}——灵敏系数；

$u(\overline{\rho_d})$——重复性试验引入的标准不确定度。

烘干法含水率的标准不确定度，可以参考本章第一节土的含水率标准不确定度的评定结果。由表5-2所知，重复实验是含水率标准不确定度的主要分量。本试验中，根据表5-8，采用A类评定方法，由贝塞尔公式计算的标准差为：

$$\bar{w} = \frac{\sum_{k=1}^{n} w}{n} = 14.0\%$$

$$u(w) = \sqrt{\frac{\sum_{k=1}^{n}(w - \bar{w})}{n - 1}} = 3.4825\%$$

则由土样的离散性引入的含水率标准不确定度为：

$$u(\bar{w}) = \frac{u(w)}{\sqrt{5}} = \frac{3.4825\%}{\sqrt{5}} = 1.557\%$$

烘干法含水率的合成标准不确定度可表示为：

$$u_c(w) = \sqrt{[c_1u(m)]^2 + [c_2u(m_s)]^2 + u(\bar{w})^2} \approx \sqrt{(1.557\%)^2} = 0.16\%$$

本章第三节环刀法测定土的密度的标准不确定度评定中，干密度的评定过程适用于本次评定，但主要区别是需重新评定由重复试验引入的标准不确定度。

干土密度平均值 ρ_d 为 1.77g/cm^3，土样含水率平均值 $\bar{w}$ 为14.0%。根据式(5-17)，可按下式计算 c_{d1}、c_{d2}：

$$c_{d1} = \frac{\partial\rho_d}{\partial\rho} = \frac{1}{1 + 0.01w} = \frac{1}{1 + 0.01 \times 14.0} = 0.87719$$

$$c_{d2} = \frac{\partial\rho_d}{\partial w} = -0.01 \times \frac{\rho}{(1 + 0.01w)^2} = -0.01 \times \frac{2.02}{(1 + 0.01 \times 14.0)^2} = -0.01554$$

根据表5-8,采用A类评定方法,由贝塞尔公式计算土的干密度标准偏差,得:

$$\overline{\rho_{\mathrm{d}}} = \frac{\sum_{i=1}^{n} \rho_i}{5} = 1.77$$

$$u(\rho_{\mathrm{d}}) = \sqrt{\frac{\sum_{i=1}^{n} (\rho_i - \bar{\rho})}{n-1}} = 0.0464$$

土的干密度以5个试件的平均值确定,因重复性试验引入的标准不确定度为:

$$u(\overline{\rho_{\mathrm{d}}}) = \frac{u(\rho_{\mathrm{d}})}{\sqrt{5}} = \frac{0.0464}{\sqrt{5}} = 2.08\%$$

则土的干密度的合成标准不确定度为:

$$\begin{aligned} u_{\mathrm{c}}(\rho_{\mathrm{d}}) &= \sqrt{(0.87719 \times 0.0436)^2 + (-0.01554 \times 0.16\%)^2 + (0.0208)^2} \\ &= \sqrt{(0.03824)^2 + (-0.0000249)^2 + (0.0208)^2} \\ &= 0.0389 \end{aligned}$$

取包含因子 $k=2$,则扩展不确定度为:

$$U = ku_{\mathrm{c}}(\rho) = 0.0389 \times 2 \approx 0.08$$

故土的干密度的扩展不确定度报告为:

$$\rho = 1.77\mathrm{g/cm^3}, U = 0.08, k = 2$$

分析土的湿密度、干密度的合成标准不确定度,密度的合成标准不确定度来源主要是土样的不均匀性及离散性,试验方法带来的合成标准不确定度是很小的。所以,在本例评定中,即使环刀与土合质量、环刀质量、环刀体积、烘干法含水率的标准不确定度与本节没有完全的对应与符合,即这四种标准不确定度的数值稍有差异,实际上也不影响本节中土的湿密度、干密度的合成标准不确定度及扩展不确定度的数值大小(当取小数点后三位数时)。

以上只是评定了击实试验中干密度的测量不确定度。对于最大干密度的确定,应绘制含水量-干密度关系曲线,并根据此关系曲线确定材料的最佳含水量和最大干密度。考虑到绘制曲线的测量不确定度难以评定,可考虑直接采用土的干密度的合成测量不确定度及扩展不确定度。例如,本例中,若根据含水量-干密度关系确定土的最大干密度是1.83g/cm³,则土的最大干密度的扩展不确定度报告为:$\rho = 1.83\mathrm{g/cm^3}, U = 0.08, k = 2$。

确定最大干密度的过程,从数学模型看,实际上是非线性最小二乘法的一种拟合。在测量不确定度评定中,有数据拟合模型诸如最小二乘法的评定理论与方法。一般线性最小二乘法拟合的数学模型,评定较为方便,而非线性最小二乘法拟合的数学模型,评定过程比较复杂,建议有兴趣的读者作进一步的学习和研究。

第五节　压实度测量结果的不确定度评定

一、挖坑灌砂法测试压实度试验方法及分析

挖坑灌砂法的基本原理是,利用粒径0.30~0.60mm清洁、均匀的量砂,从一定高度自由下落到试洞内,即用标准砂来置换试洞中的集料,根据砂的松方密度不变的原理,来测量试洞

的容积,并结合集料的含水量来推算出试样的实测干密度。现场干密度除以同种材料击实的最大干密度即是压实度。

根据《公路路基路面现场测试规程》(JTG E60—2019),挖坑灌砂法的测试步骤为:

(1)在试验地点,选一块平坦表面,将其清扫干净,面积不得少于基板面积。

(2)将基板放在此平坦表面上。当表面的粗糙度较大时,将盛有量砂(m_1)的灌砂筒放在基板中孔上,做好基板位置标识。将灌砂筒的开关打开,让砂流入基板中孔内,直到储砂筒内的砂不再下流时关闭开关,取下罐砂筒,并称量储砂筒内砂的质量(m_5),精确至1g。

(3)取走基板,收回留在试验地点未混入杂质的量砂,重新将表面清扫干净。

(4)将基板放回原处并固定,沿基板中孔凿洞(洞的直径与灌砂筒直径一致)。在凿洞过程中,不应使凿出的试样丢失,并随时将凿松的材料取出装入塑料袋中或大铝盒内密封,防止水分蒸发。试洞的深度应等于测试层厚度,但不得有下层材料混入。称取洞内材料质量 m_w,精确至1g。当需要测试厚度时,应先测量厚度后再称量材料总质量。

(5)从挖出的全部材料中取有代表性的试样,放在铝盒或洁净的搪瓷盘中,按照《公路土工试验规程》(JTG E40—2007)的有关规定测试其含水率(w)。单组取样数量如下:用小灌砂筒测试时,对于细粒土,不少于100g;对于各种中粒土,不少于500g。用中灌砂筒测试时,对于细粒土,不少于200g;对于各种中粒土,不少于1000g;对于粗粒土或水泥、石灰、粉煤灰等无机结合料稳定材料,宜将取出的材料全部烘干,且不少于2000g,称其质量(m_d)。用大型灌砂筒测试时,宜将取出的材料全部烘干,称其质量(m_d)。

(6)储砂筒内放满砂到要求质量 m_1,将基板安放在试坑原位上。灌砂筒安放在基板中间,下口对准基板中孔,打开灌砂筒开关,让砂流入试坑内。在此期间,不应碰灌砂筒,直到储砂筒内的砂不再下流时,关闭开关。取走灌砂筒,并称量筒内剩余砂的质量(m_4),精确至1g。

(7)如清扫干净的平坦表面粗糙度不大,也可省去步骤(2)和步骤(3)的操作。在试洞挖好后,将灌砂筒直接对准试坑,中间不需要放基板。打开灌砂筒开关,让砂流入试坑内。在此期间,不应碰灌砂筒,直到储砂筒内的砂不再下流时,关闭开关。取走灌砂筒,并称量剩余砂的质量(m'_4),准确至1g。

(8)取出储砂筒内的量砂,以备下次试验时再用。

(9)取走基板,将留在试坑内未混入杂质的量砂收回;将坑内剩余量砂清理干净后,回填与被测结构同材质的填料,并用铁锤分3~4层夯实。

(10)回收的量砂烘干、过筛,并放置24h以上,使其与空气的湿度达到平衡后可以继续使用。若量砂中混有杂质,则应废弃。

二、挖坑灌砂法测定压实度的测量分析

挖坑灌砂法测定压实度的相关计算公式如下。

1. 试坑材料的湿密度

$$\rho_w = \frac{m_w}{m_b} \times \rho_s \tag{5-20}$$

式中:ρ_w——湿密度,g/cm³;

m_w——试坑中取出的全部材料的质量,g;

m_b——填满试坑的砂的质量,g;

ρ_s——量砂的松方密度,g/cm^3。

2. 试坑材料的干密度

$$\rho_d = \frac{\rho_w}{1 + 0.01w} \tag{5-21}$$

式中:ρ_d——干密度,g/cm^3;

ρ_w——湿密度,g/cm^3;

w——试坑材料的含水率,%。

3. 试坑材料的压实度

$$K = \frac{\rho_d}{\rho_c} \times 100 \tag{5-22}$$

式中:ρ_d——干密度,g/cm^3;

ρ_c——由击实试验得到的试样的最大干密度,g/cm^3。

由于压实度检测记录表格内容很多,表 5-9 列出了某路基工程挖坑灌砂法压实度测试的含水率、现场湿密度、现场干密度及计算后的压实度结果。

挖坑灌砂法压实度测试记录及结果　　表 5-9

序号	试坑湿土质量(g)	试坑砂质量(g)	含水率(%)	现场湿密度(g/cm^3)	现场干密度(g/cm^3)	最佳干密度(g/cm^3)	压实度(%)
1	4594.0	3159.8	13.0	2.05	1.81	1.83	98.91
2	4557.6	3150.1	13.2	2.04	1.80	1.83	98.36
3	4508.9	3131.8	13.4	2.03	1.79	1.83	97.81
4	4470.6	3120.6	13.6	2.02	1.78	1.83	97.27
5	4458.6	3112.2	14.0	2.02	1.77	1.83	96.72
6	4424.0	3103.4	14.2	2.01	1.76	1.83	96.17
平均值	4502.3	3129.6	13.567	2.03	1.785	—	97.54
标准差	64.1186	21.9423	0.4633	0.0147	0.0187	—	1.0241
变异系数(%)	0.0142	0.0070	0.0342	0.0073	0.0105	—	0.0105

三、挖坑灌砂法测定压实度测量结果的不确定度的评定

根据以上试验步骤与数学模型可知,现场压实度 K 的测量不确定度的来源主要为现场干密度 ρ_d 和击实的最大干密度 ρ_c。分析式(5-22),不考虑相关性,则有贡献的方差为:

$$u^2(K) = \left(\frac{\partial K}{\partial \rho_d}\right)^2 u^2(\rho_d) + \left(\frac{\partial K}{\partial \rho_c}\right)^2 u^2(\rho_c) \tag{5-23}$$

令 $c_1 = \frac{\partial K}{\partial \rho_d}, c_2 = \frac{\partial K}{\partial \rho_c}$,考虑重复试验引入的标准不确定度,则挖坑灌砂法测定压实度的合成标准不确定度为:

$$u_c(K) = \sqrt{[c_1u(\rho_d)]^2 + [c_2u(\rho_c)]^2 + u(\overline{K})^2} \tag{5-24}$$

式中：$u_c(K)$——挖坑灌砂法测定压实度的合成标准不确定度(无量纲)；

$u(\rho_d)$——现场干密度的标准不确定度；

$u(\rho_c)$——由击实试验得到的试样的最大干密度的标准不确定度；

c_1、c_2——灵敏系数；

$u(\overline{K})$——重复试验引入的标准不确定度。

土的干密度的合成标准不确定度为：

$$u_c(\rho_d) = \sqrt{[c_{d1}u(\rho_w)]^2 + [c_{d2}u(w)]^2 + u(\overline{\rho_d})^2} \tag{5-25}$$

式中：$u_c(\rho_d)$——土的干密度的合成标准不确定度；

$u(\rho_w)$——土的湿密度的标准不确定度；

$u(w)$——烘干法含水率的标准不确定度；

c_{d1}、c_{d2}——灵敏系数；

$u(\overline{\rho_d})$——重复性试验引入的标准不确定度。

由式(5-20)，土的湿密度的合成标准不确定度为：

$$u_c(\rho_w) = \sqrt{[c_{w1}u(m_w)]^2 + [c_{w2}u(m_b)]^2 + [c_{w3}u(\rho_s)]^2 + u(\overline{\rho_w})^2} \tag{5-26}$$

式中：$u_c(\rho_w)$——土的湿密度的合成标准不确定度；

$u(m_w)$——试坑中取出的全部材料的质量的标准不确定度；

$u(m_b)$——填满试坑砂的质量的标准不确定度；

$u(\rho_s)$——量砂的松方密度的标准不确定度；

c_{w1}、c_{w2}、c_{w3}——灵敏系数；

$u(\overline{\rho_w})$——重复性试验引入的标准不确定度。

1. 量砂松方密度的合成标准不确定度

根据《公路路基路面现场测试规程》(JTG E60—2019)，量砂的松方密度 ρ_s 的计算公式为：

$$\rho_s = \frac{m_a}{V} \tag{5-27}$$

式中：ρ_s——量砂的松方密度，g/cm^3；

m_a——标定罐中砂的质量，g；

V——标定罐的体积，cm^3。

量砂的松方密度的合成标准不确定度为：

$$u_c(\rho_s) = \sqrt{[c_{s1}u(m_a)]^2 + [c_{s2}u(V)]^2 + u(\overline{\rho_s})^2} \tag{5-28}$$

式中：$u_c(\rho_s)$——量砂的松方密度的合成标准不确定度；

$u(m_a)$——标定罐中砂的质量的标准不确定度；

$u(V)$——标定罐的体积的标准不确定度；

c_{s1}、c_{s2}——灵敏系数；

$u(\overline{\rho_s})$——重复性试验引入的标准不确定度。

表 5-10 为某一种标准砂的标定试验记录。

灌砂筒及标准砂标定试验记录表　　表 5-10

试验次数		1	2	3
灌砂筒标定	灌砂筒质量(g)	700.0	700.0	700
	灌砂前筒+砂总质量(g)	7477.5	7470.0	7472.0
	灌砂后筒+砂总质量(g)	3057.5	3082.5	3065.0
	锥体砂质量(g)	675.0	681.0	678.0
	锥体砂质量平均值(g)	678.0		
标准砂标定	标定罐质量(g)	287.5	287.5	287.5
	标定罐+玻璃板质量(g)	552.5	552.5	552.5
	标定罐+水+玻璃板质量(g)	3202.5	3177.5	3190.5
	标定罐体积(cm^3)	2650.0	2625.0	2638.0
	标定罐体积平均值(cm^3)	2637.7		
	灌砂前筒+砂总质量(g)	7477.5	7470.0	7472.0
	灌砂后筒+砂总质量(g)	3057.5	3082.5	3065.0
	标定罐+砂质量(g)	4032.5	3994.0	4016.5
	标定罐内砂的质量(g)	3745.0	3706.5	3729.0
	标定罐内砂的密度(g/cm^3)	1.413	1.412	1.414
	标定砂的平均密度(g/cm^3)	1.41		
结论	该砂的平均密度为 $1.41g/cm^3$			

三次试验中,标定罐体积 V 平均值为 $2637.7cm^3$,标定罐内砂的质量 m_a 平均值为 3726.8g。根据式(5-27),可按下式计算 c_{s1}、c_{s2}:

$$c_{s1} = \frac{\partial \rho_s}{\partial m_a} = \frac{1}{V} = \frac{1}{2637.7} = 0.000379$$

$$c_{s2} = \frac{\partial \rho_s}{\partial V} = -\frac{m_a}{V^2} = -0.000536$$

1)标定罐内砂的质量 m_a 的标准不确定度

根据《公路路基路面现场测试规程》(JTG E60—2019),计算填满标定罐所需砂的质量计算公式为:

$$m_a = m_1 - m_2 - m_3 \tag{5-29}$$

式中:m_a——标定罐中砂的质量,g;

m_1——装入储砂筒内砂的质量,g;

m_2——灌砂筒下部圆锥体内砂的质量,g;

m_3——灌砂入标定罐后,筒内剩余砂的质量,g。

标定罐内砂的质量 m_a 的合成标准不确定度为:

$$u_c(m_a) = \sqrt{[c_{a1}u(m_1)]^2 + [c_{a2}u(m_2)]^2 + [c_{a3}u(m_3)]^2 + u(\overline{m_a})^2} \tag{5-30}$$

式中:$u_c(m_a)$——标定罐内砂的质量的合成标准不确定度;

$u(m_1)$——灌入储砂筒内砂的质量的标准不确定度;

$u(m_2)$——灌砂筒下部圆锥体内砂的质量的标准不确定度；

$u(m_3)$——灌砂入标定罐后，筒内剩余砂的质量的标准不确定度；

c_{a1}、c_{a2}、c_{a3}——灵敏系数；

$u(\overline{m_a})$——重复性试验引入的标准不确定度。

根据式(5-29)，可按下式计算 c_{a1}、c_{a2}、c_{a3}：

$$c_{a1}=\frac{\partial m_a}{\partial m_1}=1$$

$$c_{a2}=\frac{\partial m_a}{\partial m_2}=-1$$

$$c_{a3}=\frac{\partial m_a}{\partial m_3}=-1$$

不考虑 m_1、m_2、m_3 的使用天平的相关性，则 m_1、m_2、m_3 由于天平示值误差、天平最小分辨力引入的不确定度是相同的。本次试验中，采用分度值为 0.1g 的电子秤。电子秤的分度值是电子秤可以细分测量质量的最小值。

(1) $m_{i(i=1,2,3)}$ 天平示值误差引入的不确定度。

天平的示值误差为 ±0.1g。采用 B 类评定方法，以均匀分布估计，则天平示值误差引入的标准不确定度为：

$$u[m_{i(i=1,2,3)}]_1=\frac{a}{k}=\frac{0.1}{\sqrt{3}}=0.05774(\mathrm{g})$$

(2) $m_{i(i=1,2,3)}$ 天平最小分辨力引入的不确定度。

分度值为 0.1g 的电子秤，其精度为 0.1g，采用 B 类评定方法，按均匀分布估计，则其标准不确定度为：

$$u[m_{i(i=1,2,3)}]_2=\frac{a}{k}=\frac{0.1}{2\sqrt{3}}=0.02887(\mathrm{g})$$

以上两个影响因素相互独立，故 m_i 质量的标准不确定度合成为：

$$u[m_{i(i=1,2,3)}]=\sqrt{u[m_{i(i=1,2,3)}]_1^2+u[m_{i(i=1,2,3)}]_2^2}=0.06456(\mathrm{g})$$

(3) 重复试验引入的不确定度。

根据表 5-10，采用 A 类评定方法，由贝塞尔公式计算标定罐内砂的质量标准偏差，得：

$$\overline{m_a}=\frac{\sum_{i=1}^{n}m_{ai}}{3}=3726.8$$

$$u(m_a)=\sqrt{\frac{\sum_{i=1}^{n}(m_{ai}-\overline{m_a})}{n-1}}=19.34$$

标定罐内砂的质量以 3 次平行试验的平均值确定，则因重复性试验引入的标准不确定度为：

$$u(\overline{m_a})=\frac{u(m_a)}{\sqrt{3}}=\frac{19.34}{\sqrt{3}}=11.17$$

标定罐内砂的质量 $u_c(m_a)$ 的合成标准不确定度为：

$$u_c(m_a)=\sqrt{[c_{a1}u(m_1)]^2+[c_{a2}u(m_2)]^2+[c_{a3}u(m_3)]^2+u(\overline{m_a})^2}$$

$$= \sqrt{(1\times 0.06456)^2+(-1\times 0.06456)^2+(-1\times 0.06456)^2+11.17^2}$$
$$= 11.1706$$

2)标定罐体积的标准不确定度

本次试验中,标定罐体积是通过测量标定罐内水的质量,再根据水的密度换算成体积的,故其标准不确定度的来源是标定罐内水的质量的标准不确定度。试验采用分度值为0.1g的电子秤。同样地,根据标定罐内砂的质量 m_a 的标准不确定度评定方法,称量水的天平示值误差、天平最小分辨力引入的不确定度是相同的,故可直接得到水的质量的不确定度合成值为0.06456,从而可得标定罐体积的合成标准不确定度为:

$$u_c(V) = |c_{s2}|u(V) = -0.000536\times 0.06456 = -0.0000346$$

3)重复试验引入的标准不确定度

根据表5-10,采用A类评定方法,由贝塞尔公式计算量砂的松方密度标准偏差,得:

$$\overline{\rho_s} = \frac{\sum_{i=1}^{n}\rho_{si}}{3} = 1.41$$

$$u(\rho_s) = \sqrt{\frac{\sum_{i=1}^{n}(\rho_{si}-\overline{\rho_s})}{n-1}} = 0.001$$

量砂的松方密度以3次重复试验的平均值确定,则因重复性试验引入的标准不确定度为:

$$u(\overline{\rho_s}) = \frac{u(\rho_s)}{\sqrt{3}} = \frac{0.001}{\sqrt{3}} = 0.000577$$

4)列出不确定度分量汇总表

量砂的松方密度的标准不确定度分量见表5-11。

量砂的松方密度标准不确定度分量汇总表　　表5-11

输　入　量	不确定度来源	标准不确定度分量	灵 敏 系 数	合成标准不确定度分量
m_a	标定罐内砂的质量	11.1706	0.000379	0.0042336
V	标定罐体积	0.06456	-0.000536	-0.0000346
重复试验	试样离散性	0.001	—	0.000577

5)计算合成标准不确定度

各测量不确定度分量之间相互独立,故量砂的松方密度的合成标准不确定度为:

$$u_c(\rho_s) = \sqrt{[c_{s1}u(m_a)]^2+[c_{s2}u(V)]^2+u(\overline{\rho_s})^2}$$
$$= \sqrt{(0.0042336)^2+(-0.0000346)^2+(0.000577)^2}$$
$$= 0.00427$$

6)计算扩展不确定度

取包含因子 $k=2$,量砂的松方密度的扩展不确定度为:

$$U = ku_c(\rho_s) = 0.00427\times 2 = 0.0085 \approx 0.01$$

故量砂的松方密度的扩展不确定度报告为:

$$\rho = 1.41\text{g/cm}^3, U = 0.01, k = 2$$

《公路路基路面现场测试规程》(JTG E60—2019)在关于挖坑灌砂测试压实度方法的条文说明中写到,量砂的松方密度标定结果直接影响压实度测试结果。因此,在标定时尽量使标定罐深度与试坑深度相近。但现场试验数据表明,当标定罐深度每增加5cm时,量砂松方密度增加0.15%左右,对现场测试结果无实质影响,所以在大规模施工检测中可以用深度为15cm的标定罐标定的量砂松方密度测试不同厚度的压实层,但层厚不应超过30cm。

本次试验中,量砂松方密度的扩展不确定度 $U = ku_c(\rho_s) = 0.0085$,换算成百分比为 $0.0085 \div 1.14 \times 100\% = 6.01\%$,大于条文说明中的"量砂松方密度增加0.15%左右"的条件。按照区间分析理论,扩展不确定度可以视为一个区间数。例如本例中,量砂的松方密度区间数是 $[1.41 - 0.0085, 1.41 + 0.0085] = [1.4015, 1.4185]\text{g/cm}^3$,即不位于条文说明"量砂松方密度增加0.15%左右"所示区间之内,故采用本例试验测量结果获得的量砂松方密度,会对现场测试结果会产生实质性影响。量砂的合成标准不确定度,不确定度来源主要是由标定罐内砂的质量重复性试验引起的。这是从测量不确定度评定与分析的角度进行的进一步确认,故量砂松方密度的试验过程务必做到仔细和认真。

2. 填满试坑砂的质量合成标准不确定度

根据《公路路基路面现场测试规程》(JTG E60—2019),当灌砂时,试坑上不放基板,故填满试坑的砂的质量计算公式为:

$$m_b = m_1 - m_4' - m_2 \tag{5-31}$$

式中:m_b——填满试坑砂的质量,g;

m_1——灌砂前灌砂筒内砂的质量,g;

m_4'——灌砂后,灌砂筒内剩余砂的质量,g;

m_2——灌砂筒下部圆锥体内砂的质量,g。

填满试坑的砂的质量 m_b 的合成标准不确定度为:

$$u_c(m_b) = \sqrt{[c_{b1}u(m_1)]^2 + [c_{b2}u(m_4')]^2 + [c_{b3}u(m_2)]^2 + u(\overline{m_b})^2} \tag{5-32}$$

式中:$u_c(m_b)$——填满试坑的砂的质量的合成标准不确定度;

$u(m_1)$——装入灌砂筒内砂的质量的标准不确定度;

$u(m_4')$——灌砂后,灌砂筒内剩余砂质量的标准不确定度;

$u(m_2)$——灌砂筒下部圆锥体内砂质量的标准不确定度;

c_{b1}、c_{b2}、c_{b3}——灵敏系数;

$u(\overline{m_b})$——重复性试验引入的标准不确定度。

根据式(5-31),可按下式计算 c_{b1}、c_{b2}、c_{b3}:

$$c_{b1} = \frac{\partial m_b}{\partial m_1} = 1$$

$$c_{b2} = \frac{\partial m_b}{\partial m_4'} = -1$$

$$c_{b3} = \frac{\partial m_b}{\partial m_2} = -1$$

不考虑 m_1、m_4'、m_3 的使用天平的相关性,则 m_1、m_4'、m_3 由于天平示值误差、天平最小分辨力引入的不确定度是相同的。本次试验中,采用分度值为0.1g的电子秤。

1) $m_{i(i=1,4,3)}$ 天平示值误差引入的不确定度

天平的示值误差为 ±0.1g。采用 B 类评定方法,以均匀分布估计,则天平示值误差引入的标准不确定度为:

$$u[m_{i(i=1,2,3)}]_1 = \frac{a}{k} = \frac{0.1}{\sqrt{3}} = 0.05774(\text{g})$$

2) $m_{i(i=1,4,3)}$ 天平最小分辨力引入的不确定度

分度值为 0.1g 的电子秤,其精度为 0.1g,采用 B 类评定方法,按均匀分布估计,则其标准不确定度为:

$$u[m_{i(i=1,4,3)}]_2 = \frac{a}{k} = \frac{0.1}{2\sqrt{3}} = 0.02887(\text{g})$$

以上两个影响因素相互独立,故 m_i 质量的标准不确定度合成为:

$$u(m_{i(i=1,4,3)}) = \sqrt{u[m_{i(i=1,4,3)}]_1^2 + u[m_{i(i=1,4,3)}]_2^2} = 0.06456(\text{g})$$

3) 重复试验引入的不确定度

在压实度试验检测中,一般不对同一个坑洞进行重复性试验,即同一坑洞的填满试坑的砂的质量,没有重复试验,故可取 $u(\overline{m_b}) = 0$。或者说,填满试坑的砂的质量 m_b 的合成标准不确定度为:

$$u_c(m_b) = \sqrt{[c_{b1}u(m_1)]^2 + [c_{b2}u(m_4')]^2 + [c_{b3}u(m_2)]^2} \tag{5-33}$$

则填满试坑的砂的质量 $u_c(m_b)$ 的合成标准不确定度为:

$$\begin{aligned} u_c(m_b) &= \sqrt{[c_{b1}u(m_1)]^2 + [c_{b2}u(m_4')]^2 + [c_{b3}u(m_2)]^2} \\ &= \sqrt{(1 \times 0.06456)^2 + (-1 \times 0.06456)^2 + (-1 \times 0.06456)^2} \\ &= 0.1118 \end{aligned}$$

3. 试坑湿土质量的合成标准不确定度

试坑湿土质量采用天平直接量测一次获得,故只需考虑称量本身引入的标准不确定度。

1) 天平示值误差引入的不确定度

天平的示值误差为 ±0.1g。采用 B 类评定方法,以均匀分布估计,则天平示值误差引入的标准不确定度为:

$$u(m_w)_1 = \frac{a}{k} = \frac{0.1}{\sqrt{3}} = 0.05774(\text{g})$$

2) 天平最小分辨力引入的不确定度

分度值为 0.1g 的电子秤,其精度为 0.1g,采用 B 类评定方法,按均匀分布估计,则其标准不确定度为:

$$u(m_w)_2 = \frac{a}{k} = \frac{0.1}{2\sqrt{3}} = 0.02887(\text{g})$$

以上两个影响因素相互独立,故 m_w 质量的标准不确定度合成为:

$$u(m_w) = \sqrt{u(m_w)_1^2 + u(m_w)_2^2} = 0.06456(\text{g})$$

4. 土的湿密度的合成标准不确定度

由式(5-20),土的湿密度的合成标准不确定度为:

$$u_c(\rho_w)=\sqrt{[c_{w1}u(m_w)]^2+[c_{w2}u(m_b)]^2+[c_{w3}u(\rho_s)]^2}$$

式中：$u_c(\rho_w)$——土的湿密度的合成标准不确定度；

$u(m_w)$——试坑中取出的全部材料的质量的标准不确定度；

$u(m_b)$——填满试坑砂的质量的标准不确定度；

$u(\rho_s)$——量砂的松方密度的标准不确定度；

c_{w1}、c_{w2}、c_{w3}——灵敏系数。

根据式(5-20)，可按下式计算 c_{w1}、c_{w2}、c_{w3}：

$$c_{w1}=\frac{\partial\rho_w}{\partial m_w}=\frac{\rho_s}{m_b}=\frac{1.41}{m_b}$$

$$c_{w2}=\frac{\partial\rho_w}{\partial m_b}=-\frac{m_w\times\rho_s}{m_b^2}=-\frac{m_w\times1.41}{m_b^2}$$

$$c_{w3}=\frac{\partial\rho_w}{\partial\rho_s}=\frac{m_w}{m_b}$$

以表5-9序号为1的试验数据为例，土的湿密度的合成标准不确定度为：

$$\begin{aligned}u_c(\rho_w)&=\sqrt{[c_{w1}u(m_w)]^2+[c_{w2}u(m_b)]^2+[c_{w3}u(\rho_s)]^2}\\&=\sqrt{\left(\frac{1.41}{3159.8}\times0.06456\right)^2+\left(-\frac{4594.0\times1.41}{3159.8^2}\times0.1118\right)^2+\left(\frac{4594.0}{3159.8}\times0.00427\right)^2}\\&=\sqrt{0.0000288^2+(-0.0000725)^2+0.00621^2}\\&=0.0062\end{aligned}$$

5. 含水率的合成标准不确定度

试坑土的含水率，按照《公路土工试验规程》(JTG E40—2007)规定的烘干法测定含水率试验测定。本例中，仍按本章第一节烘干法测定含水率试验不确定度的评定步骤进行，得 $u_c(w)=0.16\%$。

6. 土的干密度的合成标准不确定度

土的干密度的合成标准不确定度为：

$$u_c(\rho_d)=\sqrt{[c_{d1}u(\rho_w)]^2+[c_{d2}u(w)]^2}$$

式中：$u_c(\rho_d)$——土的干密度的合成标准不确定度；

$u(\rho_w)$——土的湿密度的标准不确定度；

$u(w)$——烘干法含水率的标准不确定度；

c_{d1}、c_{d2}——灵敏系数。

根据式(5-21)，可按下式计算 c_{d1}、c_{d2}：

$$c_{d1}=\frac{\partial\rho_d}{\partial\rho}=\frac{1}{1+0.01w}$$

$$c_{d2}=\frac{\partial\rho_d}{\partial m_s}=-0.01\times\frac{\rho}{(1+0.01w)^2}$$

仍以表 5-9 序号为 1 的试验数据为例,土的干密度的合成标准不确定度为:

$$
\begin{aligned}
u_c(\rho_d) &= \sqrt{[c_{d1}u(\rho_w)]^2 + [c_{d2}u(w)]^2} \\
&= \sqrt{\left[\frac{1}{1+0.01\times 13.0}\times 0.0062\right]^2 + \left[-0.01\times\frac{2.05}{(1+0.01\times 13.0)^2}\times 0.0016\right]^2} \\
&= \sqrt{0.0054867^2 + (-0.0000257)^2} \\
&= 0.0055
\end{aligned}
$$

7. 挖坑灌砂法测定压实度的合成标准不确定度

只考虑一次试验结果,不考虑 $u(\bar{K})$ 为重复试验引入的标准不确定度,则挖坑灌砂法测定压实度的合成标准不确定度为:

$$
u_c(K) = \sqrt{[c_1u(\rho_d)]^2 + [c_2u(\rho_c)]^2}
$$

式中:$u_c(K)$——挖坑灌砂法测定压实度的合成标准不确定度(无量纲);

$u(\rho_d)$——现场干密度的标准不确定度;

$u(\rho_c)$——由击实试验得到的试样的最大干密度的标准不确定度;

c_1、c_2——灵敏系数。

根据数学模型(5-22),可按下式计算 c_1、c_2:

$$
c_1 = \frac{\partial K}{\partial \rho_d} = \frac{1}{\rho_c}
$$

$$
c_2 = \frac{\partial K}{\partial \rho_c} = -\frac{\rho_d}{\rho_c^2}
$$

本例中,$u(\rho_c)$按本节所述方法进行评定,得 $u(\rho_c)=0.0038$。

仍以表 5-9 序号为 1 的试验数据为例,挖坑灌砂法测定压实度的合成标准不确定度为:

$$
\begin{aligned}
u_c(K) &= \sqrt{[c_1u(\rho_d)]^2 + [c_2u(\rho_c)]^2} \\
&= \sqrt{\left(\frac{1}{1.83}\times 0.0055\right)^2 + \left(-\frac{1.81}{1.83^2}\times 0.0038\right)^2} \\
&= \sqrt{0.003005^2 + (-0.002054)^2} \\
&= 0.0036348 \approx 0.36\%
\end{aligned}
$$

取包含因子 $k=2$,则扩展不确定度为:

$$
U = ku_c(K) = 0.36\% \times 2 = 0.72\%
$$

故表 5-9 序号为 1 的试验数据,其挖坑灌砂法测定压实度的扩展不确定度报告为:

$$
K=98.91\%, U=0.72\%, k=2
$$

挖坑灌砂法测定压实度的合成标准不确定度,决定于土的干密度和最大干密度的合成标准不确定度。本例中,最大干密度的合成标准不确定度若取 $u(\rho_c)=0.0389$,则 $u_c(K)\approx 2.12\%$,扩展不确定度报告为:$K=98.91\%$,$U=4.24\%$,$k=2$。若按 96 区路基要求的压实度要达到 96%,表 5-9 中序号为 1 的压实度,其合格的概率是偏低的。

第六章　基层试验检测不确定度评定实例

路面基层是道路结构中的承重层，对稳定路面具有重要的作用，其力学性能与路面整体的使用功能紧密相关。因此，基层材料质量的好坏直接影响路面的质量和使用性能。在评价基层性能的试验中，以强度、模量等力学参数及疲劳性能为重点，主要分析基层材料的抗变形能力及耐久性。本章结合测量不确定度的评定方法，以水泥剂量为5%、龄期为90d的水泥稳定碎石为分析对象，介绍水泥稳定碎石的抗压强度、劈裂强度、弯拉强度、疲劳试验及抗压回弹模量测量结果的不确定度评定。

第一节　抗压强度测量结果的不确定度评定

一、抗压强度试验方法及分析

根据《公路工程无机结合料稳定材料试验规程》(JTG E51—2009)，水泥稳定碎石抗压强度的试验步骤为：

(1)调整万能材料试验机(MTS)，并在支座和上下顶板涂上机油，使支座能够灵活转动；

(2)将已浸水一昼夜的试件从水中取出，用软布吸去试件表面的水分，并称试件的质量 m_a；

(3)将试件放在MTS试验仪上，试验过程中，应保持加载速率为1mm/min，记录试件破坏时的最大压力 P(N)。

水泥稳定碎石抗压强度测试如图6-1所示。分析试验步骤可知，试件的破坏荷载和试验工具的精度为水泥稳定碎石抗压强度测量不确定度的来源。

图6-1　抗压强度测试

二、抗压强度试验的测量分析

根据《公路工程无机结合料稳定材料试验规程》(JTG E51—2009)规定,无机结合料抗压强度的数学模型为:

$$R_e = \frac{P}{A} \tag{6-1}$$

$$A = \frac{1}{4}\pi D^2 \tag{6-2}$$

式中:R_e——试件的抗压强度,MPa;

P——试件所受最大荷载,N;

D——试件的直径,mm。

根据抗压强度的试验步骤,利用MTS进行13组平行试验,结合抗压强度的数学模型,得到实测及计算结果见表6-1。

抗压强度试验结果　　表6-1

序　　号	破坏荷载(kN)	抗压强度(MPa)
1	282.2	15.98
2	256.5	14.52
3	212.8	12.05
4	198.0	11.21
5	271.8	15.39
6	240.4	13.61
7	261.8	14.82
8	193.2	10.94
9	241.3	13.66
10	203.5	11.52
11	226.8	12.84
12	267.9	15.17
13	198.3	11.23
平均值	235.0	13.30
标准差	—	1.78
变异系数(%)	—	13.42

三、抗压强度测量结果的不确定度评定

根据以上试验步骤与数学模型可知,无机结合料抗压强度的不确定度来源主要是MTS的示值与量值误差、直径D的测量误差以及试件破坏荷载平行试验的离散性。分析式(6-1)、式(6-2),不考虑相关性,则有贡献的方差为:

$$u^2(R_e) = \left(\frac{\partial R_e}{\partial P}\right)^2 u^2(P) + \left(\frac{\partial R_e}{\partial D}\right)^2 u^2(D) \tag{6-3}$$

令 $c_1=\frac{\partial R_e}{\partial P}, c_2=\frac{\partial R_e}{\partial D}$，根据不确定度的传播定律及合成标准不确定度公式，考虑重复试验引入的标准不确定度，采用相对标准不确定度表示，则水泥稳定碎石抗压强度的合成标准不确定度可表示为：

$$u_c(R_e)=\overline{R_e}\times\sqrt{[c_1u_{rel}(P)]^2+[c_2u_{rel}(D)]^2+u_{rel}(\overline{P})^2} \tag{6-4}$$

式中：$u_c(R_e)$——水泥稳定碎石抗压强度的合成标准不确定度；

$\overline{R_e}$——水泥稳定碎石抗压强度测量结果的平均值；

$u_{rel}(P)$——试件所受最大荷载即破坏荷载的相对标准不确定度；

$u_{rel}(D)$——试件直径 D 的相对标准不确定度；

$u_{rel}(\overline{P})$——试件离散性引入的相对标准不确定度；

c_1、c_2——灵敏系数。

将式(6-2)代入式(6-1)，可得灵敏系数 c_1、c_2：

$$c_1=\frac{\partial R_e}{\partial P}=\frac{1}{A}=\frac{4}{\pi D^2}$$

$$c_2=\frac{\partial R_e}{\partial D}=-\frac{8P}{\pi D^3}$$

观察以上两式可知，由于破坏荷载 P、试件直径 D 数值较大，按照这两式计算得到的 c_1、c_2，是一个远小于 1 的数值。如此就会大大降低破坏荷载 P、试件直径 D 对水泥稳定碎石抗压强度 R_e 测量的不确定度的贡献，甚至相比于试件离散性引入的测量的不确定度，可忽略不计。

考虑到《公路工程无机结合料稳定材料试验规程》(JTG E51—2009)关于水泥稳定碎石抗压强度的试验步骤及操作实际情形，本节实例中，不再按以上两式计算 c_1、c_2，而是对破坏荷载 P、试件直径 D、试件离散性三个影响测量不确定度的因素，作同等重要考虑，灵敏系数均取为 1。

当然，从另一方面考虑，由于 c_1、c_2 远小于 1，即破坏荷载 P、试件直径 D 对抗压强度 R_e 的测量不确定度的贡献是比较小的，这也反映了破坏荷载、试件直径的测量结果，不会明显影响抗压强度的测量不确定度的数值大小。故主要影响因素还是几组试验中试件抗压强度的离散性。

由 $u_{crel}(P)=c_1u_{rel}(P)$，$u_{crel}(D)=c_2u_{rel}(D)$ 知，若取 $c_1=1$，$c_2=1$，则 $u_{crel}(P)=u_{rel}(P)$，$u_{crel}(D)=u_{rel}(D)$，那么，水泥稳定碎石抗压强度的合成标准不确定度可表示为：

$$u_c(R_e)=\overline{R_e}\times\sqrt{u_{crel}(P)^2+u_{crel}(D)^2+u_{rel}(\overline{P})^2} \tag{6-5}$$

式中：$u_c(R_e)$——水泥稳定碎石抗压强度的合成标准不确定度；

$\overline{R_e}$——水泥稳定碎石抗压强度测量结果的平均值；

$u_{crel}(P)$——试件所受最大荷载即破坏荷载的合成相对标准不确定度；

$u_{crel}(D)$——试件直径 D 的合成相对标准不确定度；

$u_{rel}(\overline{P})$——试件离散性引入的相对标准不确定度。

1. 破坏荷载 P 的标准不确定度

1)试验机示值误差引入的不确定度

MTS试验机的示值相对最大允许误差为±0.5%,采用B类评定方法,按均匀分布估计,则其相对标准不确定度为:

$$u_{rel}(P)_1 = \frac{a}{k} = \frac{0.5\%}{\sqrt{3}} = 0.289\%$$

2)标准测力仪校准引入的不确定度

试验机采用0.3级标准测力仪进行鉴定,该校准源的不确定度为0.3%,置信因子 $k=2$,采用B类评定方法,则由标准测力仪校准引入的相对标准不确定度为:

$$u_{rel}(P)_2 = \frac{a}{k} = \frac{0.3\%}{2} = 0.15\%$$

3)最小分辨力引入的不确定度

试验机荷载读数的分度值为0.1kN,采用B类评定方法,按均匀分布估计,则最小分辨力引入的标准不确定度为:

$$u(P)_3 = \frac{a}{k} = \frac{0.05}{\sqrt{3}} = 0.0289(\mathrm{kN})$$

以试验均值235.0kN为试件破坏荷载的期望值,则由最小分辨力引入的相对标准不确定度为:

$$u_{rel}(P)_3 = \frac{0.0289}{235.0} = 0.012\%$$

以上各影响量之间相互独立,取 $|c_1|=1$,水泥稳定碎石抗压破坏荷载 P 由试验机引入的合成相对标准不确定度为:

$$u_{crel}(P) = |c_1|\sqrt{u_{rel}(P)_1^2 + u_{rel}(P)_2^2 + u_{rel}(P)_3^2} = 0.326\%$$

2. 试件直径 D 的标准不确定度

1)直尺测量引入的不确定度

采用钢制直尺测量试件直径,直尺的最大允许误差为±0.1mm,采用B类评定方法,按均匀分布估计,则直尺测量引入的标准不确定度为:

$$u(D)_1 = \frac{a}{k} = \frac{0.1}{\sqrt{3}} = 0.0577(\mathrm{mm})$$

2)最小分辨力引入的不确定度

钢直尺的最小分辨力为1mm,采用B类评定方法,按均匀分布估计,则由最小分辨力引入的标准不确定度为:

$$u(D)_2 = \frac{a}{k} = \frac{0.5}{\sqrt{3}} = 0.289(\mathrm{mm})$$

以上两个影响量之间相互独立,取 $|c_2|=1$,试件直径 D 的合成标准不确定度为:

$$u_c(D) = |c_2|\sqrt{u(D)_1^2 + u(D)_2^2} = 0.295(\mathrm{mm})$$

以150mm为试件直径的期望值，则试件直径引入的相对标准不确定度为：

$$u_{\mathrm{crel}}(D)=\frac{u_{\mathrm{c}}(D)}{150}=\frac{0.295}{150}=0.197\%$$

3. 试件的离散性引入的不确定度

试件的抗压强度由13个平行试件确定，故试件的离散性引入的标准不确定度为13个试件的破坏荷载值。根据表6-1，采用A类评定方法，由贝塞尔公式计算的标准差为：

$$\overline{P}=\frac{\sum_{k=1}^{n}P}{n}=235.0(\mathrm{kN})$$

$$u(P)=\sqrt{\frac{\sum_{k=1}^{n}(P-\overline{P})}{n-1}}=31.5(\mathrm{kN})$$

以一组13个试件进行平行试验，则由试件的离散性引入的标准不确定度为：

$$u(\overline{P})=\frac{u(P)}{\sqrt{n}}=\frac{31.5}{\sqrt{13}}=8.7(\mathrm{kN})$$

相对标准不确定度为：

$$u_{\mathrm{rel}}(\overline{P})=\frac{8.7}{235.0}=3.718\%$$

4. 列出不确定度分量汇总表

水泥稳定碎石抗压强度的标准不确定度分量汇总见表6-2。

抗压强度标准不确定度分量汇总表　　表6-2

输入量 X_i	不确定度来源	标准不确定度 $u(x_i)$	期望值	相对标准不确定度分量 $u_{\mathrm{rel}}(x_i)$	合成标准相对不确定度 $u_{\mathrm{crel}}(y_i)$
破坏荷载 P	示值误差	—	235.0kN	0.289%	0.326%
	校准引入	—		0.15%	
	读数误差	0.00289kN		0.012%	
试件直径 D	允许误差	0.0577mm	150mm	0.197%	0.197%
	读数误差	0.289mm			
试件离散性	试件差异性	8.7kN	235.0kN	3.718%	3.718%

5. 计算合成标准不确定度

根据式(6-5)，水泥稳定碎石抗压强度的合成标准不确定度可表示为：

$$\begin{aligned}u_{\mathrm{c}}(R_{\mathrm{e}})&=\overline{R_{\mathrm{e}}}\times\sqrt{u_{\mathrm{crel}}(P)^2+u_{\mathrm{crel}}(D)^2+u_{\mathrm{rel}}(\overline{P})^2}\\&=13.3\times\sqrt{(0.326\%)^2+(0.197\%)^2+(3.718\%)^2}\\&=0.497(\mathrm{MPa})\end{aligned}$$

6. 计算扩展不确定度

取包含因子 $k=2$，则水泥稳定碎石抗压强度的扩展不确定度为：

$$U = ku_c(R_e) = 0.99(\text{MPa})$$

故水泥稳定碎石抗压强度的测量不确定度报告可表示为：

$$R_e = 13.30\text{MPa}, U = 0.99\text{MPa}, k = 2$$

根据表6-2分析可知，水泥稳定碎石抗压强度测量不确定度的主要影响因素为试件的离散性。

第二节　劈裂强度测量结果的不确定度评定

一、劈裂强度试验方法及分析

根据《公路工程无机结合料稳定材料试验规程》(JTG E51—2009)，水泥稳定碎石劈裂强度的试验步骤为：

(1)准备尺寸为150mm×150mm的圆柱体试件，将已浸水一昼夜的试件从水中取出，用软布吸去试件表面的可见自由水，并称试件的质量；

(2)在压力机的升降台上放上下压条，将试件横置在压条上，在试件的顶面放好上压条，使上下压条与试件的接触线必须位于试件直径的两端，并与升降台垂直；

(3)在上压条上面放置球形支座，球形支座应位于试件的中部；

(4)试验过程中应使试验的形变等速增加，保持加载速率为1mm/min，记录试件破坏时的最大压力P(N)。

水泥稳定碎石劈裂强度试验如图6-2所示。分析试验步骤可知，试件的破坏荷载和试验工具的精度为水泥稳定碎石劈裂强度测量结果不确定度的来源。

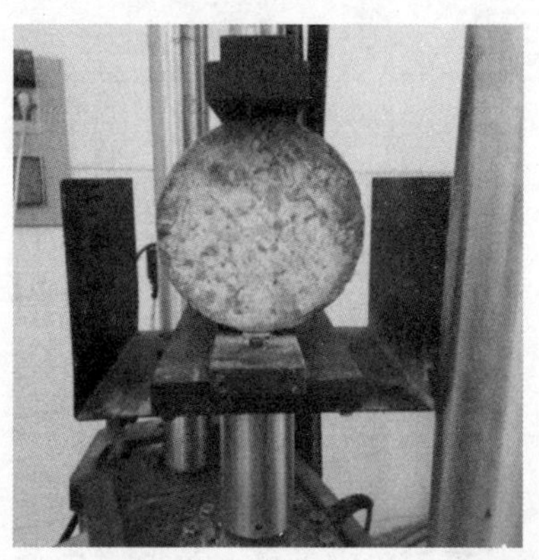

图6-2　劈裂强度试验

二、劈裂强度试验的测量分析

根据《公路工程无机结合料稳定材料试验规程》(JTG E51—2009)规定，对于大试件，无机结合料劈裂强度测量的数学模型为：

$$R_i = 0.004178\frac{P}{A} \tag{6-6}$$

$$A = \frac{1}{4}\pi D^2 \tag{6-7}$$

式中：R_i——试件的劈裂强度，MPa；

P——试件破坏时的最大压力，N；

D——试件的直径，mm。

根据劈裂强度的试验步骤，利用 MTS 进行 13 组平行试验，结合劈裂强度的数学模型，实测及计算结果见表 6-3。

劈裂强度试验结果　　表 6-3

序　号	破坏荷载（N）	劈裂强度（MPa）
1	199.98	2.71
2	143.16	1.94
3	172.68	2.34
4	180.06	2.44
5	149.80	2.03
6	173.42	2.35
7	165.30	2.24
8	198.51	2.69
9	208.84	2.83
10	188.17	2.55
11	156.44	2.12
12	183.75	2.49
13	194.82	2.64
平均值	178.07	2.41
标准差	—	0.28
变异系数（%）	—	11.42

三、劈裂强度测量结果的不确定度评定

分析以上试验步骤与数学模型可知，无机结合料劈裂强度测量结果不确定度的来源主要是 MTS 的示值与量值误差、直径 D 的测量误差以及试件破坏荷载平行试验的离散性。分析式（6-6）、式（6-7），不考虑相关性，则有贡献的方差为：

$$u^2(R_i) = \left(\frac{\partial R_i}{\partial P}\right)^2 u^2(P) + \left(\frac{\partial R_i}{\partial D}\right)^2 u^2(D) \tag{6-8}$$

令 $c_1 = \frac{\partial R_i}{\partial P}, c_2 = \frac{\partial R_i}{\partial D}$，根据不确定度的传播定律及合成标准不确定度公式，考虑重复试验引入的标准不确定度，采用相对标准不确定度表示，则水泥稳定碎石劈裂强度的合成标准不确定度可表示为：

$$u_c(R_i) = \overline{R_i} \times \sqrt{[c_1 u_{rel}(P)]^2 + [c_2 u_{rel}(D)]^2 + u_{rel}(\overline{P})^2} \tag{6-9}$$

式中：$u_c(R_i)$——水泥稳定碎石劈裂强度的合成标准不确定度；

$\overline{R_i}$——水泥稳定碎石劈裂强度测量结果的平均值；

$u_{rel}(P)$——试件所受最大荷载即破坏荷载的相对标准不确定度；

$u_{rel}(D)$——试件直径 D 的相对标准不确定度；

$u_{rel}(\overline{P})$——试件离散性引入的相对标准不确定度；

c_1、c_2——灵敏系数。

由 $u_{crel}(P)=c_1u_{rel}(P)$，$u_{crel}(D)=c_2u_{rel}(D)$ 知，若取 $c_1=1$，$c_2=1$，则 $u_{crel}(P)=u_{rel}(P)$，$u_{crel}(D)=u_{rel}(D)$，那么，水泥稳定碎石劈裂强度的合成标准不确定度可表示为：

$$u_c(R_i)=\overline{R_i}\times\sqrt{u_{crel}(P)^2+u_{crel}(D)^2+u_{rel}(\overline{P})^2} \tag{6-10}$$

式中：$u_c(R_i)$——水泥稳定碎石劈裂强度的合成标准不确定度；

$\overline{R_i}$——劈裂强度测量结果的平均值；

$u_{crel}(P)$——试件所受最大荷载即破坏荷载的合成相对标准不确定度；

$u_{crel}(D)$——试件直径 D 的合成相对标准不确定度；

$u_{rel}(\overline{P})$——试件离散性引入的相对标准不确定度。

1. 破坏荷载 P 的标准不确定度

1）试验机示值误差引入的不确定度

MTS 试验机的示值相对最大允许误差为 ±0.5%，采用 B 类评定方法，按均匀分布估计，则其相对标准不确定度为：

$$u_{rel}(P)_1=\frac{a}{k}=\frac{0.5\%}{\sqrt{3}}=0.289\%$$

2）标准测力仪校准引入的不确定度

试验机采用 0.3 级标准测力仪进行鉴定，该校准源的不确定度为 0.3%，置信因子 $k=2$，采用 B 类评定方法，则由标准测力仪校准引入的相对标准不确定度为：

$$u_{rel}(P)_2=\frac{a}{k}=\frac{0.3\%}{2}=0.15\%$$

3）最小分辨力引入的不确定度

选用精度为 1N 的试验机，采用 B 类评定方法，按均匀分布估计，则最小分辨力引入的标准不确定度为：

$$u(P)_3=\frac{a}{k}=\frac{0.5}{\sqrt{3}}=0.289(\mathrm{N})$$

以试验均值 178.07N 为试件破坏荷载的期望值，则由最小分辨力引入的相对标准不确定度为：

$$u_{rel}(P)_3=\frac{0.289}{178.07}=0.162\%$$

以上各影响量之间相互独立,取$|c_1|=1$,则水泥稳定碎石劈裂破坏荷载P由试验机引入的合成相对标准不确定度为:

$$u_{crel}(P) = |c_1|\sqrt{u_{rel}(P)_1^2 + u_{rel}(P)_2^2 + u_{rel}(P)_3^2} = 0.364\%$$

2. 试件直径D的标准不确定度

1)直尺测量引入的不确定度

采用钢制直尺测量试件直径,直尺的最大允许误差为±0.1mm,采用B类评定方法,按均匀分布估计,则直尺测量引入的标准不确定度为:

$$u(D)_1 = \frac{a}{k} = \frac{0.1}{\sqrt{3}} = 0.0577(\mathrm{mm})$$

2)最小分辨力引入的不确定度

钢直尺的最小分辨力为1mm,采用B类评定方法,按均匀分布估计,则由最小分辨力引入的标准不确定度为:

$$u(D)_2 = \frac{a}{k} = \frac{0.5}{\sqrt{3}} = 0.289(\mathrm{mm})$$

以上两个影响量之间相互独立,取$|c_2|=1$,则试件直径D合成标准不确定度为:

$$u_c(D) = |c_2|\sqrt{u(D)_1^2 + u(D)_2^2} = 0.295(\mathrm{mm})$$

以150mm为试件直径的期望值,则试件直径引入的相对标准不确定度为:

$$u_{crel}(D) = \frac{u_c(D)}{150} = \frac{0.295}{150} = 0.197\%$$

3. 试件的离散性引入的不确定度

试件的劈裂强度由13个平行试件确定,故试件的离散性引入的标准不确定度为13个试件的破坏荷载值。根据表6-3,采用A类评定方法,由贝塞尔公式计算的标准差为:

$$\overline{P} = \frac{\sum_{k=1}^{n} P}{n} = 178.07(\mathrm{N})$$

$$u(P) = \sqrt{\frac{\sum_{k=1}^{n}(P-\overline{P})}{n-1}} = 20.34(\mathrm{N})$$

以一组13个试件进行平行试验,则由试件的离散性引入的标准不确定度为:

$$u(\overline{P}) = \frac{u(P)}{\sqrt{n}} = \frac{20.34}{\sqrt{13}} = 5.64(\mathrm{N})$$

相对标准不确定度为:

$$u_{rel}(\overline{P}) = \frac{5.64}{178.07} = 3.168\%$$

4. 列出不确定度分量汇总表

水泥稳定碎石劈裂强度的标准不确定度分量汇总见表6-4。

劈裂强度标准不确定度分量汇总表　　表 6-4

<table>
<tr><th>输 入 量 X_i</th><th>不确定度来源</th><th>标准不确定度 $u(x_i)$</th><th>期 望 值</th><th>相对标准不确定度分量 $u_{rel}(x_i)$</th><th>合成相对标准不确定度 $u_{crel}(y_i)$</th></tr>
<tr><td rowspan="3">破坏荷载 P</td><td>示值误差</td><td>—</td><td rowspan="3">235.0kN</td><td>0.289%</td><td rowspan="3">0.364%</td></tr>
<tr><td>校准引入</td><td>—</td><td>0.15%</td></tr>
<tr><td>读数误差</td><td>0.00289kN</td><td>0.0012%</td></tr>
<tr><td rowspan="2">试件直径 D</td><td>允许误差</td><td>0.0577mm</td><td rowspan="2">150mm</td><td rowspan="2">0.197%</td><td rowspan="2">0.197%</td></tr>
<tr><td>读数误差</td><td>0.289mm</td></tr>
<tr><td>试件离散性</td><td>试件差异性</td><td>5.64N</td><td>178.07N</td><td>3.168%</td><td>3.168%</td></tr>
</table>

5. 计算合成标准不确定度

根据式(6-10)，水泥稳定碎石劈裂强度的合成标准不确定度可表示为：

$$\begin{aligned} u_c(R_i) &= \overline{R_i} \times \sqrt{u_{crel}(P)^2 + u_{crel}(D)^2 + u_{rel}(\overline{P})^2} \\ &= 2.41 \times \sqrt{(0.364\%)^2 + (0.197\%)^2 + (3.168\%)^2} \\ &= 0.080(\text{MPa}) \end{aligned}$$

6. 计算扩展不确定度

取包含因子 $k=2$，则水泥稳定碎石劈裂强度的扩展不确定度为：

$$U = ku_c(R_i) = 0.16(\text{MPa})$$

故水泥稳定碎石劈裂强度测量结果的不确定度报告可表示为：

$$R_i = 2.41\text{MPa}, U = 0.16\text{MPa}, k = 2$$

根据表 6-4 分析可知，水泥稳定碎石劈裂强度测量结果的不确定度与抗压强度的分析结果相同，其主要来源均为试件的离散性。

第三节　弯拉强度测量结果的不确定度评定

一、弯拉强度试验方法及分析

根据《公路工程无机结合料稳定材料试验规程》(JTG E51—2009)，水泥稳定弯拉强度的试验步骤为：

(1)准备尺寸为 150mm × 150mm × 550mm 的长方体试件，设定 MTS 试验机的加载速率为 50mm/min；

(2)将浸水试件取出后，用湿毛巾覆盖并及时进行试验，保持试件干湿状态不变；

(3)在试件中部量出其宽度和高度，精确至 1mm；

(4)在试件侧面标出三分点位置，安放球形支座，并在梁跨中安放位移传感器，测量破坏极限荷载时的跨中位移；

(5)加载时，应保持均匀连续，加载速率为 50mm/min，直至试件破坏，记录破坏极限荷载 P(N)。

水泥稳定碎石弯拉强度测试过程如图6-3所示。分析试验步骤可知，试件的破坏荷载和试验工具的精度为水泥稳定碎石弯拉强度测量结果不确定度的来源。

图6-3　弯拉强度测试

二、弯拉强度试验的测量分析

根据《公路工程无机结合料稳定材料试验规程》(JTG E51—2009)，无机结合料弯拉强度的计算公式为：

$$R_s = \frac{PL}{b^2h} \tag{6-11}$$

式中：R_s——试件的弯拉强度，MPa；

P——试件破坏极限荷载，N；

L——试件的跨距(两支点间的距离)，mm；

b——试件的宽度，mm；

h——试件的高度，mm。

根据弯拉强度的试验步骤，利用MTS进行13组平行试验，结合弯拉强度的测量模型，实测及计算结果见表6-5。

弯拉强度试验结果表　　表6-5

序　号	破坏荷载(kN)	弯拉强度(MPa)
1	11.2	1.49
2	8.4	1.12
3	10.5	1.4
4	9.3	1.24
5	8.3	1.11
6	10.1	1.34
7	9.2	1.23
8	8.6	1.15
9	8.2	1.09
10	10.4	1.38

续上表

序　号	破坏荷载(kN)	弯拉强度(MPa)
11	10.6	1.41
12	11.0	1.46
13	12.3	1.64
14	9.1	1.21
15	12.5	1.67
平均值	10.0	1.33
标准差	—	0.19
变异系数(%)	—	14.0

三、弯拉强度测量结果的不确定度评定

分析以上试验步骤与计算公式可知,无机结合料弯拉强度的不确定度来源主要是 MTS 的示值与量值误差、试件宽度 b、高度 h 及跨距 L 的测量误差以及试件破坏荷载平行试验的离散性。分析式(6-11),不考虑相关性,则有贡献的方差为:

$$u^2(R_s) = \left(\frac{\partial R_s}{\partial P}\right)^2 u^2(P) + \left(\frac{\partial R_s}{\partial b}\right)^2 u^2(b) + \left(\frac{\partial R_s}{\partial h}\right)^2 u^2(h) + \left(\frac{\partial R_s}{\partial L}\right)^2 u^2(L) \tag{6-12}$$

令 $c_1 = \frac{\partial R_s}{\partial P}, c_2 = \frac{\partial R_s}{\partial b}, c_3 = \frac{\partial R_s}{\partial h}, c_4 = \frac{\partial R_s}{\partial L}$,根据不确定度的传播定律及合成标准不确定度公式,考虑重复试验引入的标准不确定度,采用相对标准不确定度表示,则无机结合料弯拉强度的合成标准不确定度可表示为:

$$u_c(R_s) = \overline{R_s} \times \sqrt{[c_1 u_{rel}(P)]^2 + [c_2 u_{rel}(b)]^2 + [c_3 u_{rel}(h)]^2 + [c_2 u_{rel}(L)]^2 + u_{rel}(\overline{P})^2} \tag{6-13}$$

式中:$u_c(R_s)$——水泥稳定碎石弯拉强度的合成标准不确定度;

$\overline{R_s}$——水泥稳定碎石弯拉强度测量结果的平均值;

$u_{rel}(P)$——试件所受最大荷载即破坏荷载的相对标准不确定度;

$u_{rel}(b)$——试件宽度 b 的相对标准不确定度;

$u_{rel}(h)$——试件高度 h 的相对标准不确定度;

$u_{rel}(L)$——试件跨径 L 的相对标准不确定度;

$u_{rel}(\overline{P})$——试件离散性引入的相对标准不确定度;

c_1、c_2、c_3——灵敏系数。

取 $c_1 = 1$、$c_2 = 1$、$c_3 = 1$、$c_4 = 1$,根据不确定度的传播定律,采用相对标准不确定度表示,则水泥稳定碎石弯拉强度的合成标准不确定度可表示为:

$$u_c(R_s) = \overline{R_s} \times \sqrt{u_{crel}(P)^2 + u_{crel}(b)^2 + u_{crel}(h)^2 + u_{crel}(L)^2 + u_{rel}(\overline{P})^2} \tag{6-14}$$

式中:$u_c(R_s)$——水泥稳定碎石弯拉强度的合成标准不确定度;

$\overline{R_s}$——弯拉强度测量结果的平均值;

$u_{crel}(P)$——试件所受最大荷载即破坏荷载的合成相对标准不确定度；

$u_{crel}(b)$——试件宽度 b 的合成相对标准不确定度；

$u_{crel}(h)$——试件高度 h 的合成相对标准不确定度；

$u_{crel}(L)$——试件跨径 L 的合成相对标准不确定度；

$u_{rel}(\overline{P})$——试件离散性引入的相对标准不确定度。

1. 破坏荷载 P 的标准不确定度

1）试验机示值误差引入的不确定度

MTS 试验机的示值相对最大允许误差为 ±0.5%，采用 B 类评定方法，按均匀分布估计，则其相对标准不确定度为：

$$u_{rel}(P)_1 = \frac{a}{k} = \frac{0.5\%}{\sqrt{3}} = 0.289\%$$

2）标准测力仪校准引入的不确定度

试验机采用 0.3 级标准测力仪进行鉴定，该校准源的不确定度为 0.3%，置信因子 $k=2$，采用 B 类评定方法，则由标准测力仪校准引入的相对标准不确定度为：

$$u_{rel}(P)_2 = \frac{a}{k} = \frac{0.3\%}{2} = 0.15\%$$

3）最小分辨力引入的不确定度

试验机荷载读数的分度值为 0.1kN，采用 B 类评定方法，按均匀分布估计，则最小分辨力引入的标准不确定度为：

$$u(P)_3 = \frac{a}{k} = \frac{0.05}{\sqrt{3}} = 0.0289(\text{kN})$$

以试验均值 10.0kN 为试件破坏荷载的期望值，则由最小分辨力引入的相对标准不确定度为：

$$u_{rel}(P)_3 = \frac{0.0289}{10.0} = 0.289\%$$

以上各影响量之间相互独立，取 $|c_1|=1$，则水泥稳定碎石弯拉破坏荷载 P 由试验机引入的合成相对标准不确定度为：

$$u_{crel}(P) = |c_1|\sqrt{u_{rel}(P)_1^2 + u_{rel}(P)_2^2 + u_{rel}(P)_3^{\ 2}} = 0.435\%$$

2. 试件宽度 b 及高度 h 的标准不确定度

1）直尺测量引入的不确定度

采用钢制直尺测量试件直径，直尺的最大允许误差为 ±0.1mm，采用 B 类评定方法，按均匀分布估计，则直尺测量引入的标准不确定度为：

$$u(D)_1 = \frac{a}{k} = \frac{0.1}{\sqrt{3}} = 0.0577(\text{mm})$$

2）最小分辨力引入的不确定度

钢直尺的最小分辨力为 1mm，采用 B 类评定方法，按均匀分布估计，则由最小分辨力引入的标准不确定度为：

$$u(D)_2=\frac{a}{k}=\frac{0.5}{\sqrt{3}}=0.289(\mathrm{mm})$$

以上两个影响量之间相互独立,取$|c_2|=1$,$|c_3|=1$,故试件宽度b及高度h的合成标准不确定度为:

$$u_c(D)=|c_2|\sqrt{u(D)_1^2+u(D)_2^2}=|c_3|\sqrt{u(D)_1^2+u(D)_2^2}=0.295(\mathrm{mm})$$

以150mm为试件宽度(高度)的期望值,则试件宽度(高度)的相对标准不确定度为:

$$u_{\mathrm{crel}}(b)=u_{\mathrm{crel}}(h)=\frac{0.295}{150}=0.197\%$$

3. 试件跨径L的标准不确定度

进行弯拉强度试验时,由于加载需要将试件放置于相应的夹具上,根据规范要求确定好450mm的跨径,跨径由试验夹具来控制。根据加工公差控制为±1mm,以均匀分布估计,则试件跨径的标准不确定度为:

$$u(L)=\frac{1}{\sqrt{3}}=0.5774(\mathrm{mm})$$

以450mm为试件跨径的期望值,则试件跨径的相对标准不确定度为:

$$u_{\mathrm{ref}}(L)=\frac{0.5774}{450}=0.13\%$$

取$|c_4|=1$,则试件跨径L引入的合成相对标准不确定度为:

$$u_{\mathrm{crel}}(L)=|c_4|u_{\mathrm{ref}}(L)=0.13\%$$

4. 试件的离散性引入的不确定度

试件的弯拉强度由15个平行试件确定,故试件的离散性引入的标准不确定度为15个试件的破坏荷载值。根据表6-5,采用A类评定方法,由贝塞尔公式计算的标准差为:

$$\overline{P}=\frac{\sum_{k=1}^{n}P}{n}=10.0(\mathrm{kN})$$

$$u(P)=\sqrt{\frac{\sum_{k=1}^{n}(P-\overline{P})}{n-1}}=1.29(\mathrm{kN})$$

以一组15个试件进行平行试验,则由试件的离散性引入的标准不确定度为:

$$u(\overline{P})=\frac{u(P)}{\sqrt{n}}=\frac{1.29}{\sqrt{15}}=0.33(\mathrm{kN})$$

相对标准不确定度为:

$$u_{\mathrm{rel}}(\overline{P})=\frac{0.33}{10.0}=3.30\%$$

5. 列出不确定度分量汇总表

水泥稳定碎石弯拉强度的标准不确定度分量汇总见表6-6。

弯拉强度标准不确定度分量汇总表 表 6-6

输入量 X_i	不确定度来源	标准不确定度 $u(x_i)$	期望值	相对标准不确定度分量 $u_{rel}(x_i)$	合成相对标准不确定度 $u_{crel}(y_i)$
破坏荷载 P	示值误差	—	10.0kN	0.289%	0.435%
	校准引入	—		0.15%	
	读数误差	0.00289kN		0.289%	
试件宽度 b	允许误差	0.0577mm	150mm	0.197%	0.197%
	读数误差	0.289mm			
试件高度 h	允许误差	0.0577mm	150mm	0.197%	0.197%
	读数误差	0.289mm			
试件跨径 L	加工公差	0.5774mm	450mm	0.13%	0.13%
试件离散性	试件差异性	1.29kN	10.0kN	3.30%	3.30%

6. 计算合成标准不确定度

根据式(6-14),水泥稳定碎石弯拉强度的合成标准不确定度可表示为:

$$\begin{aligned}u_c(R_s) &= \overline{R_s} \times \sqrt{u_{crel}(P)^2 + u_{crel}(b)^2 + u_{crel}(h)^2 + u_{crel}(L)^2 + u_{rel}(\overline{P})^2} \\ &= 10.0 \times \sqrt{(0.435\%)^2 + (0.197\%)^2 + (0.197\%)^2 + (0.13\%)^2 + (3.30\%)^2} \\ &= 0.334(\mathrm{MPa})\end{aligned}$$

7. 计算扩展不确定度

取包含因子 $k=2$,则水泥稳定碎石弯拉强度的扩展不确定度为:

$$U = ku_c(R_s) = 0.67(\mathrm{MPa})$$

故水泥稳定碎石弯拉强度测量结果的不确定度报告可表示为:

$$R_s = 10.0\mathrm{MPa}, U = 0.67\mathrm{MPa}, k = 2$$

根据表 6-6 分析可知,水泥稳定碎石弯拉强度测量结果的不确定度主要来源为试件离散性引入的不确定度。结合水泥稳定碎石抗压强度与弯拉强度测量结果的不确定度的评定结论发现,无论在何种应力状态下,试件的不均匀性是水泥稳定碎石强度测量结果的不确定度最主要的影响因素。

第四节 疲劳试验测量结果的不确定度评定

一、疲劳试验方法及分析

根据《公路工程无机结合料稳定材料试验规程》(JTG E51—2009),MTS 万能材料试验系统测试水泥稳定碎石弯曲疲劳的试验过程如图 6-4 所示。其试验步骤为:

(1)准备尺寸为 150mm×150mm×550mm 的梁式试件,并进行梁式试件的弯拉强度测定,以确定疲劳试验的荷载水平;

(2)根据测定的试件弯拉强度,取 4~6($K=\sigma/S$)个应力比;

(3)将试件安放在疲劳试验的模具上，注意疲劳试验的荷载方向应与试件成型时的压力方向一致；

(4)在施加正式试验荷载前，应取0.2倍应力强度比水平的荷载预压2min，以减少接触不良造成的试验偏差；

(5)施加荷载为连续的Havesine波，荷载标准频率为10Hz；

(6)在疲劳试验过程中，需要用湿毛巾或塑料布覆盖试件，以保持其湿润，并且应时刻监测荷载波形和试件的相应变形波形；

(7)试件破坏后，采集分级荷载下重复作用的次数，即疲劳寿命。

a)弯曲强度试验

b)弯曲疲劳试验

c)试验用梁式试件

图6-4　弯曲疲劳试验过程

分析试验步骤可知，试件的极限弯拉破坏荷载、试验工具的精度、试验过程中试件的摆放方式及预压过程都会对试验结果产生影响。

二、疲劳试验的测量分析

根据《公路工程无机结合料稳定材料试验规程》(JTG E51—2009)，水泥稳定碎石弯曲疲劳寿命在一定的应力强度比下确定，其数学模型为：

$$R_S = \frac{PL}{b^2h} \tag{6-15}$$

$$\lg N = m + n\frac{\sigma}{R_s} \tag{6-16}$$

式中：R_S——梁式试件的弯拉强度，MPa；

P——破坏极限荷载，N；

L——两支点间的跨距，mm；

b——试件宽度，mm；

h——试件高度，mm；

N——荷载作用次数，次；

σ——作用荷载，N；

m、n——回归系数。

在不同的应力比条件下，进行13次疲劳试验，实测的水泥稳定碎石弯曲疲劳寿命结果见表6-7。

水泥稳定碎石弯曲疲劳寿命表　　表6-7

序　号	疲劳寿命 lg$N$				
	应力比				
	0.5	0.6	0.7	0.8	0.9
1	4.93	4.36	4.27	3.50	2.84
2	4.97	4.96	4.77	3.55	2.86
3	5.46	4.97	4.82	4.06	2.89
4	5.73	5.60	4.83	4.12	2.90
5	5.86	5.66	4.89	4.45	2.98
6	5.90	5.70	4.92	4.50	3.00
7	5.94	5.71	4.98	4.75	3.20
8	5.98	5.72	4.98	4.95	3.21
9	6.10	5.80	5.14	4.99	3.27
10	6.13	5.83	5.17	5.05	3.35
11	6.30	5.98	5.20	5.06	3.40
12	6.34	6.00	5.29	5.06	3.60
13	6.41	6.10	5.29	5.09	3.62
平均值	5.85	5.57	4.97	4.55	3.16
标准差	0.476	0.501	0.274	0.576	0.273
变异系数(%)	8	9	6	13	9

三、弯曲疲劳试验测量结果的不确定度评定

根据水泥稳定碎石弯曲疲劳试验过程的分析可知，疲劳试验结果的测量不确定度主要来自梁式试件的弯拉强度、MTS试验机的测试与显示误差、试件差异性引入的不确定度。其中，试件的极限弯拉破坏荷载、试件的宽度、高度及跨距测量的获取和重复测量则是造成试件弯拉

强度测量结果不确定度的主要因素。根据不确定度的传播定律,采用相对标准不确定度表示,则水泥稳定碎石弯曲疲劳寿命对数值的合成标准不确定度可表示为:

$$u_c(\lg N) = \overline{\lg N} \times \sqrt{u_{crel}(R_S)^2 + u_{crel}(M)^2 + u_{rel}(\lg N)^2} \tag{6-17}$$

式中:$u_c(\lg N)$——水泥稳定碎石弯曲疲劳寿命对数值的合成标准不确定度;

$\overline{\lg N}$——弯曲疲劳寿命数值测量结果的平均值;

$u_{crel}(R_S)$——试件弯拉破坏强度的合成相对标准不确定度;

$u_{crel}(M)$——MTS 试验系统的合成相对标准不确定度,即作用荷载 σ 的相对标准不确定度;

$u_{rel}(\lg N)$——试件差异性引入的相对标准不确定度。

1. 试件弯拉破坏强度的标准不确定度

根据本章弯拉强度测量结果的不确定度的评定与分析过程,可以得出试件弯拉破坏强度的相对标准不确定度为:

$$u_{crel}(R_S) = \sqrt{u_{crel}(P)^2 + u_{crel}(b)^2 + u_{crel}(h)^2 + u_{crel}(L)^2 + u_{rel}(\overline{P})^2} = 3.34\%$$

2. MTS 试验机的标准不确定度

1) 试验机示值误差引入的不确定度

MTS 试验机的示值相对最大允许误差为 ±0.5%,采用 B 类评定方法,按均匀分布估计,则其相对标准不确定度为:

$$u_{rel}(P)_1 = \frac{a}{k} = \frac{0.5\%}{\sqrt{3}} = 0.289\%$$

2) 标准测力仪校准引入的不确定度

试验机采用 0.3 级标准测力仪进行鉴定,该校准源的不确定度为 0.3%,置信因子 $k=2$,采用 B 类评定方法,则由标准测力仪校准引入的相对标准不确定度为:

$$u_{rel}(P)_2 = \frac{a}{k} = \frac{0.3\%}{2} = 0.15\%$$

以上影响量之间相互独立,疲劳试验结果由试验机引入的合成相对标准不确定度,当灵敏系数取 1 时为:

$$u_{crel}(M) = \sqrt{u_{rel}(P)_1^2 + u_{rel}(P)_2^2} = 0.326\%$$

3. 试件差异性的标准不确定度

根据表 6-7 实测的疲劳寿命对数结果,则在不同的应力比下,由试件差异性引入的相对标准不确定度为:

$$u_{crel}(\lg N)_{t=0.5} = \frac{0.476}{5.85} = 8.139\%$$

$$u_{crel}(\lg N)_{t=0.6} = \frac{0.501}{5.57} = 8.996\%$$

$$u_{crel}(\lg N)_{t=0.7} = \frac{0.274}{4.97} = 5.519\%$$

$$u_{crel}(\lg N)_{t=0.8}=\frac{0.576}{4.55}=12.662\%$$

$$u_{crel}(\lg N)_{t=0.9}=\frac{0.273}{3.16}=8.667\%$$

4. 列出不确定度分量汇总表

水泥稳定碎石对数弯曲疲劳寿命的标准不确定度分量汇总见表6-8。

弯曲疲劳寿命标准不确定度分量汇总表 表6-8

输入量 X_i		不确定度来源	标准不确定度 $u(x_i)$	期望值	相对标准不确定度分量 $u_{rel}(x_i)$	合成相对标准不确定度 $u_{crel}(y_i)$
试件的弯拉强度 R_s		—	—	—	3.34%	3.34%
MTS 试验系统 M		示值误差	—	—	0.289%	0.326%
		校准误差			0.15%	
试件的不均匀性 $\lg N$	$t=0.5$	试件差异性	0.476	5.58	8.139%	8.139%
	$t=0.6$		0.501	5.57	8.996%	8.996%
	$t=0.7$		0.274	4.97	5.519%	5.519%
	$t=0.8$		0.576	4.55	12.662%	12.662%
	$t=0.9$		0.273	3.16	8.667%	8.667%

5. 计算合成标准不确定度

根据式(6-17),在不同的应力比下,水泥稳定碎石弯曲疲劳寿命对数值的合成标准不确定度分别为:

$$u_c(\lg N)=\overline{\lg N}\times\sqrt{u_{crel}(R_s)^2+u_{crel}(M)^2+u_{rel}(\lg N)^2}$$

$$u_c(\lg N)_{t=0.5}=5.85\times\sqrt{(3.34\%)^2+(0.326\%)^2+(8.139\%)^2}=0.52$$

$$u_c(\lg N)_{t=0.6}=5.57\times\sqrt{(3.34\%)^2+(0.326\%)^2+(8.996\%)^2}=0.53$$

$$u_c(\lg N)_{t=0.7}=4.97\times\sqrt{(3.34\%)^2+(0.326\%)^2+(5.519\%)^2}=0.32$$

$$u_c(\lg N)_{t=0.8}=4.55\times\sqrt{(3.34\%)^2+(0.326\%)^2+(12.662\%)^2}=0.60$$

$$u_c(\lg N)_{t=0.9}=3.16\times\sqrt{(3.34\%)^2+(0.326\%)^2+(8.667\%)^2}=0.29$$

6. 计算扩展不确定度

取包含因子 $k=2$,则在不同的应力比下,水泥稳定碎石弯曲疲劳寿命对数值的扩展不确定度分别为:

$$U_{t=0.5}=ku_c(\lg N)_{t=0.5}=1.04$$

$$U_{t=0.6}=ku_c(\lg N)_{t=0.6}=1.06$$

$$U_{t=0.7}=ku_c(\lg N)_{t=0.7}=0.64$$

$$U_{t=0.8}=ku_c(\lg N)_{t=0.8}=1.20$$

$$U_{t=0.9}=ku_c(\lg N)_{t=0.9}=0.58$$

则不同应力比下的水泥稳定碎石弯曲疲劳寿命对数值的标准不确定度报告可分别表示为：

$$\lg N=5.85, U_{t=0.5}=1.04, k=2$$

$$\lg N=5.57, U_{t=0.6}=1.06, k=2$$

$$\lg N=4.97, U_{t=0.7}=0.64, k=2$$

$$\lg N=4.55, U_{t=0.8}=1.2, k=2$$

$$\lg N=3.16, U_{t=0.9}=0.58, k=2$$

根据表6-8分析可知,水泥稳定碎石对数疲劳寿命测量结果的不确定度主要来自试件弯拉强度和不均匀性引入的不确定度。结合水泥稳定碎石弯拉强度测量结果的不确定度的主要影响原因可知,疲劳寿命溯源的最大不确定度影响因素为试件的离散性。这是由试件内部材料组成的不均匀性造成的,揭示了在养生龄期为90d的条件下,同一级配和水泥用量的试件在材料组成、成型和养生过程中存在较大的差异性。因此,试件之间的不均匀性是造成疲劳试验结果离散较大的根本原因。

第五节　抗压回弹模量测量结果的不确定度评定(顶面法)

一、抗压回弹模量试验方法及分析

根据《公路工程无机结合料稳定材料试验规程》(JTG E51—2009),水泥稳定碎石抗压回弹模量的试验步骤为：

(1)准备尺寸为150mm×150mm的圆柱体试件,选择加载板上计算单位压力为0.6MPa;

(2)将试件浸水24h后从水中取出,并用布擦干后放在加载底板上,在试件顶面撒少量0.25~0.5mm的细砂,并手压加载板在试件顶面边加压边旋转,使细砂填补表面微观的不平整处,并使多余的砂流出,以增加顶板与试件的接触面积;

(3)将带有测变形装置的试件放到路面材料强度试验仪的升降台上,调整升降台的高度,使测力环下端的压头中心与加载板的中心接触;

(4)先用拟施加的最大荷载的一半进行两次加载卸载预压试验,使加载顶板与试件表面紧密接触。每两次卸载后等待1min,然后将千分表的短指针调到中间位置,并将长指针调到0,记录千分表的原始读数;

(5)将预定的单位压力分成5~6等份,作为每次施加的压力值(本次试验分析以选定的单位压力值0.6MPa为例);

(6)施加第1级荷载,待荷载作用时间达1min时,记录千分表的读数,同时卸去荷载,让试件的弹性变形恢复,到0.5min时记录千分表的读数,同前,如此逐级进行,直至记录下最后一级荷载下的回弹变形。

分析试验步骤可知,试验工具的精度、试验过程中试件的预压都会对试验结果产生影响。

二、抗压回弹模量试验的测量分析

根据《公路工程无机结合料稳定材料试验规程》(JTG E51—2009),使用顶面法计算无机结合料抗压回弹模量的数学模型为：

$$E_s = \frac{Ph}{l} \tag{6-18}$$

$$l = l_{加载} - l_{卸载} \tag{6-19}$$

式中：E_s——试件的抗压回弹模量，MPa；

P——试件的单位压力，MPa；

h——试件的高度，mm；

l——试件的回弹变形，mm；

$l_{加载}$——试件加载时的千分表读数，mm；

$l_{卸载}$——试件卸载时的千分表读数，mm。

根据抗压回弹模量的试验步骤，利用 MTS 进行 13 组平行试验，结合抗压回弹模量的数学模型，实测及计算结果见表 6-9。

抗压回弹模量试验结果表　　表 6-9

序　　号	加载时的变形量(mm)	卸载时的变形量(mm)	回弹变形(mm)	抗压回弹模量(MPa)
1	0.3091	0.2597	0.0494	1822
2	0.2857	0.2290	0.0567	1588
3	0.3354	0.2835	0.0519	1733
4	0.2594	0.2081	0.0513	1756
5	0.2716	0.2236	0.0480	1873
6	0.2991	0.2518	0.0473	1903
7	0.2497	0.1963	0.0534	1685
8	0.2882	0.2414	0.0468	1924
9	0.3055	0.2505	0.0550	1637
10	0.3226	0.2772	0.0454	1980
11	0.2568	0.2027	0.0541	1663
12	0.2696	0.2279	0.0417	2158
13	0.3119	0.2531	0.0588	1529
平均值	0.2896	0.2388	0.0508	1789

三、抗压回弹模量测量结果的不确定度评定

由水泥稳定碎石抗压回弹模量试验步骤和数学模型分析可知，抗压回弹模量测量结果的不确定度主要来自试件的高度和回弹变形量引入的不确定度。其中，试件回弹变形测量结果的不确定度的影响因素为加载时的变形量与卸载后的变形量。根据不确定度的传播定律，采用相对标准不确定度表示，则水泥稳定碎石抗压回弹模量的合成标准不确定度可表示为：

$$u_c(E_c) = \overline{E_c} \times \sqrt{u_{crel}(P)^2 + u_{crel}(h)^2 + u_{crel}(l)^2} \tag{6-20}$$

式中：$u_c(E_c)$——水泥稳定碎石抗压回弹模量的合成标准不确定度；

$\overline{E_c}$——抗压回弹模量测量结果的平均值；

$u_{crel}(P)$——试件所受单位压力 P 的合成相对标准不确定度；

$u_{crel}(h)$——试件高度 h 的合成相对标准不确定度；

$u_{crel}(l)$——变形量的合成相对标准不确定度。

1.单位压力 P 的标准不确定度

1）试验机示值误差引入的不确定度

试验机的示值相对最大允许误差为 ±0.5%，采用 B 类评定方法，按均匀分布估计，则其相对标准不确定度为：

$$u_{rel}(P)_1 = \frac{a}{k} = \frac{0.5\%}{\sqrt{3}} = 0.289\%$$

2）标准测力仪校准引入的不确定度

试验机采用 0.3 级标准测力仪进行鉴定，该校准源的不确定度为 0.3%，置信因子 $k=2$，采用 B 类评定方法，则由标准测力仪校准引入的相对标准不确定度为：

$$u_{rel}(P)_2 = \frac{a}{k} = \frac{0.3\%}{2} = 0.15\%$$

3）最小分辨力引入的不确定度

试验机荷载读数的分度值为 0.1kN，采用 B 类评定方法，按均匀分布估计，则最小分辨力引入的标准不确定度为：

$$u(P)_3 = \frac{a}{k} = \frac{0.05}{\sqrt{3}} = 0.0289(\mathrm{kN})$$

以单位压力值 0.6MPa 为期望值，则由最小分辨力引入的相对标准不确定度为：

$$u_{rel}(P)_3 = \frac{0.0289}{600} = 0.00481\%$$

以上各影响量之间相互独立，当灵敏系数取 1 时，单位压力 P 由试验机引入的合成相对标准不确定度为：

$$u_{crel}(P) = \sqrt{u_{rel}(P)_1^2 + u_{rel}(P)_2^2 + u_{rel}(P)_3^2} = 0.325\%$$

2.试件高度 h 的标准不确定度

1）直尺测量引入的不确定度

采用钢制直尺测量试件直径，直尺的最大允许误差为 ±0.1mm，采用 B 类评定方法，按均匀分布估计，则直尺测量引入的标准不确定度为：

$$u(h)_1 = \frac{a}{k} = \frac{0.1}{\sqrt{3}} = 0.0577(\mathrm{mm})$$

2）最小分辨力引入的不确定度

钢直尺的最小分辨力为 1mm，采用 B 类评定方法，按均匀分布估计，则由最小分辨力引入的标准不确定度为：

$$u(h)_2 = \frac{a}{k} = \frac{0.5}{\sqrt{3}} = 0.289(\mathrm{mm})$$

以上两个影响量之间相互独立，当灵敏系数取1时，试件高度 h 的合成标准不确定度为：

$$u_c(h) = \sqrt{u(h)_1^2 + u(h)_2^2} = 0.295(\mathrm{mm})$$

以150mm为试件高度的期望值，则试件高度的相对标准不确定度为：

$$u_{crel}(h) = \frac{0.295}{150} = 0.197\%$$

3. 回弹变形量 l 的标准不确定度

回弹变形量 l 引入的不确定度由变形量 $l_{加载}$、$l_{卸载}$ 和 l 重复测量引入的不确定度组成。

1) $l_{加载}$ 标准不确定度的评定

(1) 允许误差引入的不确定度。

已知千分表的示值允许误差为±0.5%，采用B类评定方法，以均匀分布估计，则其相对标准不确定度为：

$$u_{rel}(l_{加载})_1 = \frac{a}{k} = \frac{0.5\%}{\sqrt{3}} = 0.289\%$$

(2) 最小分辨力引入的不确定度。

千分表的最小分辨力为0.001mm，采用B类评定方法，以均匀分布估计，则最小分辨力引入的标准不确定度为：

$$u(l_{加载})_2 = \frac{a}{k} = \frac{0.0005}{\sqrt{3}} = 2.89 \times 10^{-4}(\mathrm{mm})$$

考虑由试验机变形量最小分辨力引入的不确定度很小，因此可以忽略不计。则 $l_{加载}$ 引入的相对标准不确定度为：

$$u_{rel}(l_{加载}) = u_{rel}(l_{加载})_1 = 0.289\%$$

2) $l_{卸载}$ 标准不确定度的评定

$l_{卸载}$ 标准不确定度的评定与 $l_{加载}$ 的评定方法相同，故 $l_{卸载}$ 引入的相对标准不确定为：

$$u_{rel}(l_{卸载}) = u_{rel}(l_{加载}) = 0.289\%$$

3) l 重复测量引入的不确定度

根据表6-9，试件回弹变形量引入的测量不确定度为13个试件对应的变形量。采用A类评定方法，根据贝塞尔公式计算回弹变形量的标准差为：

$$u(l) = \sqrt{\frac{\sum_{k=1}^{n}(l_k - \bar{l})}{n-1}} = 0.00488(\mathrm{mm})$$

以一组13个试件进行平行试验，则重复测量引入的标准不确定度为：

$$u(\bar{l}) = \frac{u(l)}{\sqrt{n}} = \frac{0.00488}{\sqrt{13}} = 0.00135(\mathrm{mm})$$

以回弹变形量0.0508mm为期望值，则重复测量引入的相对标准不确定度为：

$$u_{rel}(l) = \frac{0.00135}{0.0508} = 2.664\%$$

以上各因素互不相关，当灵敏系数取1时，试件回弹变形量的合成相对标准不确定度为：

$$u_{crel}(l) = \sqrt{u_{rel}(l_{加载})^2 + u_{rel}(l_{卸载})^2 + u_{rel}(l)^2} = 2.691\%$$

4. 列出不确定度的分量汇总表

根据以上计算结果,水泥稳定碎石抗压回弹模量标准不确定度的分量汇总见表 6-10。

水泥稳定碎石抗压回弹模量标准不确定度的分量汇总表 表 6-10

<table>
<tr><th>输入量 X_i</th><th>不确定度来源</th><th>标准不确定度 $u(x_i)$</th><th>期望值</th><th>相对标准不确定度分量 $u_{rel}(x_i)$</th><th>合成相对标准不确定度 $u_{crel}(y_i)$</th></tr>
<tr><td rowspan="2">试件高度 h</td><td>允许误差</td><td>0.0577mm</td><td rowspan="2">150mm</td><td rowspan="2">0.197%</td><td rowspan="2">0.197%</td></tr>
<tr><td>读数误差</td><td>0.289mm</td></tr>
<tr><td>单位压力 P</td><td>综合误差</td><td>0.00195MPa</td><td>0.6MPa</td><td>0.325%</td><td>0.325%</td></tr>
<tr><td rowspan="5">回弹变形量 l</td><td rowspan="2">加载时的变形量</td><td>0.289%</td><td>—</td><td rowspan="2">0.289%</td><td rowspan="5">2.691%</td></tr>
<tr><td>2.89×10^{-5}mm</td><td>0.2896mm</td></tr>
<tr><td rowspan="2">卸载后的变形量</td><td>0.289%</td><td>—</td><td rowspan="2">0.289%</td></tr>
<tr><td>2.89×10^{-5}mm</td><td>0.2388mm</td></tr>
<tr><td>测量重复性</td><td>0.00135mm</td><td>0.0508mm</td><td>2.664%</td></tr>
</table>

5. 计算合成标准不确定度

由表 6-9 可知,水泥稳定碎石抗压回弹模量测量结果的均值为 1789MPa,根据式(6-20),其抗压回弹模量的标准不确定度为:

$$
\begin{aligned}
u_c(E_c) &= \overline{E_c} \times \sqrt{u_{crel}(P)^2 + u_{crel}(h)^2 + u_{crel}(l)^2} \\
&= 1789 \times \sqrt{(0.325\%)^2 + (0.197\%)^2 + (2.691\%)^2} \\
&= 48.62(\text{MPa})
\end{aligned}
$$

6. 计算扩展不确定度

取包含因子 $k=2$,则水泥稳定碎石抗压回弹模量的扩展不确定度为:

$$U = ku_c(E_c) = 2\times48.62 = 97.24 \approx 97(\text{MPa})$$

故水泥稳定碎石抗压回弹模量测量结果的扩展不确定度报告为:

$$E_c = 1789\text{MPa},\ U = 97\text{MPa},\ k = 2$$

根据表 6-10 分析可知,水泥稳定碎石抗压回弹模量测量结果的不确定度主要来自回弹变形量引入的不确定度。根据以上对水泥稳定碎石在不同应力状态下的抗压强度和抗压回弹模量测量结果不确定度的评定与分析过程可知,现有的对强度或模量等力学参数测量结果的判定方法是不够完善的。特别是对于这些指标在规范要求范围临界值附近的测量结果,其值是否合格必须考虑不确定度对测量结果的影响范围,因为测量结果合格与否的判定与其扩展不确定度的大小相关。

第七章　沥青路面试验检测不确定度评定实例

沥青混合料的基本参数在路面级配设计与结构层设计中被广泛应用,并且混合料的基本性能参数与路面的施工成型和实际使用状况直接相关。为了分析沥青混合料基本参数测量结果的可靠性,本章以 AC-16C 型沥青混合料为分析对象,对沥青混合料的毛体积相对密度、马歇尔模数、动稳定度、劈裂强度和抗压回弹模量的测量结果进行了不确定度的评定与分析。

第一节　毛体积相对密度测量结果的不确定度评定

一、表干法试验方法及分析

由沥青混合料试验规程可知,密实型沥青混合料的毛体积相对密度试验采用表干法(图 7-1),试验步骤如下:

(1)称取标准马歇尔干燥试件的空中质量 m_a;

(2)在流水槽中放入吊篮并安装好天平,待水流稳定后,将天平调零,然后将混合料试件移入网篮中,浸水 3 ~5min 后,读取天平稳定时的水中质量 m_w;

(3)提起吊篮,取出试件,用洁净柔软且拧干的湿毛巾将试件表面多余的水分擦干(避免吸走孔隙中的水分),在试样保持面干的状态下称取试样的表干质量 m_f,从试件拿出水面到擦拭结束不应超过 5s。

图 7-1　马歇尔试件及表干法测试装置

由表干法试验步骤可知，试件的空中质量、水中质量和表干质量是计算毛体积相对密度的主要技术指标。在读取试件的水中质量时，一定要待溢流孔处无水流或等待3min以上时方可读取天平上的数据，不可因等不及而提前记录数据。测量试件的表干质量时，在使用拧干的湿毛巾擦去试件表面自由水的同时，应避免吸出试件表面空隙中的水分。

二、表干法试验的测量分析

根据沥青混合料试验规程，混合料毛体积相对密度的数学模型如下：

$$\gamma_f = \frac{m_a}{m_f - m_w} \tag{7-1}$$

式中：γ_f——毛体积相对密度（无量纲）；

m_a——试件的空中质量，g；

m_w——试件的水中质量，g；

m_f——试件的表干质量，g。

根据表干法试验步骤，测量8个标准的AC-16C试件，按照数学模型计算各试件的毛体积相对密度，计算结果见表7-1。

AC-16C试件毛体积相对密度试验参数 表7-1

序　号	空中质量 m_a(g)	水中质量 m_w(g)	表干质量 m_f(g)	毛体积相对密度 γ_f
1	1242.0	731.1	1244.2	2.421
2	1253.3	745.3	1255.0	2.459
3	1258.4	745.6	1260.0	2.446
4	1238.7	736.5	1239.7	2.462
5	1256.1	737.7	1257.2	2.418
6	1250.4	747.3	1252.3	2.476
7	1246.7	732.6	1248.8	2.415
8	1240.6	734.2	1244.5	2.431
平均值	1248.3	738.8	1250.2	2.441
标准差	7.425	6.393	7.103	0.023
变异系数(%)	0.59	0.86	0.57	0.94

三、毛体积相对密度测量结果不确定度的评定

由粗集料表观相对密度测量的试验过程及数学模型分析可知，质量 m_a、m_w 是在同一台天平上测量的，是相关量。但是 m_a、m_w 在计算公式中为相减或相除关系，其系统偏差被抵消，因此，此处采用互不相关的关系进行不确定度的合成。为了减少每次称量后合并到整个试验重复性时的变异性，本书采用被测量（输出量）重复性试验结果的一个标准不确定度分量代替每次测量时引入的标准不确定度分量。根据表干法试验过程及计算公式可知，混合料毛体积相对密度测量结果不确定度的影响量为试件的空中质量、水中质量、表干质量以及重复试验。

根据不确定度的传播定律，沥青混合料毛体积相对密度的合成标准不确定度为：

$$u_c(\gamma_f) = \sqrt{[c_1u(m_a)]^2 + [c_2u(m_w)]^2 + [c_3u(m_f)]^2 + u(\overline{\gamma_f})^2} \tag{7-2}$$

式中：$u_c(\gamma_f)$——试件毛体积相对密度的合成标准不确定度(无量纲)；

$u(m_a)$——试件空中质量的标准不确定度,g；

$u(m_w)$——试件水中质量的标准不确定度,g；

$u(m_f)$——试件表干质量的标准不确定度,g；

$u(\overline{\gamma_f})$——重复性试验引入的标准不确定度。

取表干法各实测质量的平均值,则沥青混合料的空中质量 m_a 为1248.3g,水中质量 m_w 为738.8g,表干质量 m_f 为1250.2g。c_1、c_2、c_3 分别为对应输入量的灵敏系数,由于 $u(\overline{\gamma_f})$ 不在计算公式中,故不计灵敏系数。根据计算公式,可按下式计算 c_1、c_2、c_3(单位为 g^{-1})：

$$c_1 = \frac{\partial \gamma_f}{\partial m_a} = \frac{1}{m_f - m_w} = 0.00196$$

$$c_2 = c_3 = \frac{\partial \gamma_f}{\partial m_w} = \frac{\partial \gamma_f}{\partial m_f} = \frac{m_a}{(m_f - m_w)^2} = 0.00477$$

根据测量不确定度的评定方法,AC-16C沥青混合料毛体积相对密度测量结果的不确定度的评定过程如下。

1. 空中质量 m_a 的标准不确定度

1)电子天平示值误差引入的不确定度

根据说明书可知,天平的示值误差为±0.1g。采用B类评定方法,以均匀分布估计,则天平示值误差引入的标准不确定度为：

$$u(m_a)_1 = \frac{a}{k} = \frac{0.1}{\sqrt{3}} = 0.058(g)$$

2)电子天平最小分辨力引入的不确定度

《公路工程沥青及沥青混合料试验规程》(JTG E20—2011)对表干法测量使用天平的要求为:"当最大称量在3kg以下时,感量不大于0.1g;最大称量在3kg以上时,感量不大于0.5g"。选用最大称量为5kg的电子天平,故取天平感量为0.5g。采用B类评定方法,以均匀分布估计,则由天平最小分辨力引入的标准不确定度分别为：

$$u(m_a)_2 = \frac{a}{k} = \frac{0.25}{\sqrt{3}} = 0.144(g)$$

以上两个影响因素相互独立,故沥青混合料空中质量的标准不确定度合成为：

$$u(m_a) = \sqrt{u(m_a)_1^2 + u(m_a)_2^2} = 0.155(g)$$

则空中质量的合成标准不确定度为：

$$u_c(m_a) = |c_1|u(m_a) = 0.00196 \times 0.155 = 0.0304\%$$

2. 水中质量 m_w 的标准不确定度

1)天平引入的不确定度

试件水中质量由天平引入的不确定度与空中质量的评定方法相同,故水中质量由天平引入的标准不确定度为：

$$u(m_w)_1 = u(m_a) = 0.155(g)$$

2)试验人员读取数据引入的不确定度

由试验人员读取水中质量的误差可以控制在0.3g内,采用B类评定方法,以均匀分布估计,则由试验人员读取数据引入的标准不确定度为:

$$u(m_w)_2 = \frac{a}{k} = \frac{0.15}{\sqrt{3}} = 0.087(\mathrm{g})$$

以上两个影响因素相互独立,故试件水中质量的标准不确定度合成为:

$$u(m_w) = \sqrt{u(m_w)^2_{1(0.5g)} + u(m_w)^2_2} = 0.178(\mathrm{g})$$

则水中质量的合成标准不确定度为:

$$u_c(m_w) = |c_2| u(m_w) = 0.00477 \times 0.178 = 0.0849\%$$

3. 表干质量 m_f 的标准不确定度

1)天平引入的不确定度

试件表干质量由天平引入的不确定度与空中质量的评定方法相同,故在不同的天平感量下,表干质量由天平引入的标准不确定度为:

$$u(m_f)_1 = u(m_a) = 0.155(\mathrm{g})$$

2)擦水误差引入的不确定度

对试件表面水分擦除时产生的误差估计为±1g,采用B类评定方法,以均匀分布估计,则由试件表面水分擦除引入的标准不确定度为:

$$u(m_f)_2 = \frac{a}{k} = \frac{1}{\sqrt{3}} = 0.577(\mathrm{g})$$

以上各影响因素相互独立,故试件表干质量的标准不确定度合成为:

$$u(m_f) = \sqrt{u(m_f)^2_1 + u(m_f)^2_2} = 0.597(\mathrm{g})$$

则试件表干质量的合成标准不确定度为:

$$u_c(m_f) = |c_3| u(m_f) = 0.00477 \times 0.597 = 0.285\%$$

4. 重复试验引入的不确定度

根据表7-1,采用A类评定方法,由贝塞尔公式计算AC-16C沥青混合料的毛体积相对密度的标准偏差,计算过程如下:

$$\overline{\gamma_f} = \frac{\sum_{i=1}^{n}\gamma_{fi}}{n} = 2.441$$

$$u(\gamma_f) = \sqrt{\frac{\sum_{i=1}^{n}(\gamma_{fi} - \overline{\gamma_f})}{n-1}} = 0.023$$

沥青混合料的毛体积相对密度以4个试件测量结果的平均值确定,则AC-16C沥青混合料的毛体积相对密度因重复性试验引入的标准不确定度为:

$$u(\overline{\gamma_f})=\frac{u(\gamma_f)}{\sqrt{4}}=\frac{0.023}{\sqrt{4}}=1.15\%$$

5. 列出不确定度的分量汇总表

根据以上计算结果，AC-16C 沥青混合料毛体积相对密度标准不确定度的分量汇总结果见表 7-2。

AC-16C 沥青混合料毛体积相对密度标准不确定度的分量汇总表　　表 7-2

输入量 X_i	不确定度来源	标准不确定度分量 $u(x_i)$(g)	合成标准不确定度 $u(x)$(g)	灵敏系数 c_i	合成标准不确定度分量 $u_c(y_i)$
空中质量 m_a	示值误差	0.058g	0.155g	0.00196	0.0304%
	最小分辨力	0.144g			
水中质量 m_w	示值误差	0.058g	0.178g	0.00477	0.0849%
	最小分辨力	0.144g			
	读数误差	0.087g			
表干质量 m_f	示值误差	0.058g	0.597g	0.00477	0.285%
	最小分辨力	0.144g			
	擦水误差	0.577g			
重复试验	试件离散性	0.023g	0.023g	—	1.15%

6. 计算合成标准不确定度

各测量不确定度分量之间相互独立，故 AC-16C 沥青混合料毛体积相对密度的合成标准不确定度为：

$$u_c(\gamma_f)=\sqrt{u_c(m_a)^2+u_c(m_w)^2+u_c(m_f)^2+u(\overline{\gamma_f})^2}=0.012$$

当采用相对标准不确定度分量合成时，合成标准不确定度为：

$$\begin{aligned}u_c(\gamma_f)&=\overline{\gamma_f}\times\sqrt{\left[\frac{u_c(m_a)}{1248.3}\right]^2+\left[\frac{u_c(m_w)}{738.8}\right]^2+\left[\frac{u_c(m_f)}{1250.2}\right]^2+\left[\frac{u(\overline{\gamma_f})}{2.441}\right]^2}\\&=2.441\times\sqrt{\left(\frac{0.0304\%}{1248.3}\right)^2+\left(\frac{0.0849\%}{738.8}\right)^2+\left(\frac{0.285\%}{1250.2}\right)^2+\left(\frac{1.15\%}{2.441}\right)^2}\\&=2.441\times0.00471=0.0115\approx0.012\end{aligned}$$

7. 计算扩展不确定度

取包含因子 $k=2$，则 AC-16C 沥青混合料毛体积相对密度的扩展不确定度为：

$$U=ku_c(\gamma_f)=0.024$$

故 AC-16C 沥青混合料毛体积相对密度测量结果的扩展不确定度报告为：

$$\gamma_f=2.441,U=0.024,k=2$$

根据表 7-2 分析可知，沥青混合料毛体积相对密度测量结果的不确定度主要来自表干质量和重复试验引入的不确定度，空中质量和水中质量引入的不确定度较小，可以忽略不计。在称量沥青混合料试件的表干质量时，应严格按照规范的操作要求，用拧干的湿毛巾擦除试件表面的自由水，并要避免吸出试件表面空隙中的水分。另外，重复试验是沥青混合料毛体积相对密度测量结果，引入不确定度的主要因素，这主要是由于试件内部材料组成的不均匀性造成的。虽然采用的是同一级配来成型混合料试件，但是每个试件的组成材料仍然存在差异，在击实成型的过程中，石料与沥青胶浆的黏附与结合形式也不同，导致混合料试件平行试验的毛体积相对密度存在一定的差异性。

第二节　沥青混合料马歇尔模数测量结果的不确定度评定

一、马歇尔试验方法及分析

根据沥青混合料试验规程可知，沥青混合料标准马歇尔试验（图7-2）步骤如下：

（1）将标准马歇尔试件在60℃的恒温水箱中浸水30～40min，与此同时，还应将马歇尔试验仪的上下压头置于同温度的烘箱或水箱中保温；

（2）擦净保温的上下压头，在安装好下压头后迅速将试件置于下压头上并安装好上压头，在上压头的球座上放妥钢球，并对准荷载测定装置的压头；

（3）采用自动马歇尔试验仪时，应提前将仪器的压力传感器和位移传感器与计算机或记录仪正确连接并调零；

（4）启动加载设备，加载速度为（50±5）mm/min，通过传感器可在计算机或记录仪上读取最大荷载和试件的变形量；

（5）试件从恒温水箱中取出到加载结束时间不得超过30s。

图7-2　马歇尔试件及马歇尔试验装置

分析标准马歇尔试验步骤可知，试件的浸水温度和时间、设备的加载速度、传感器的灵敏度与数据显示的精确度及试验操作时间等都会对试验结果产生影响。

二、马歇尔试验的测量分析

根据沥青混合料试验规程，沥青混合料马歇尔模数的数学模型如下：

$$T = \frac{MS}{FL} \tag{7-3}$$

式中：T——试件的马歇尔模数，kN/mm；

MS——试件的稳定度，kN；

FL——试件的流值，mm。

根据马歇尔试验步骤，以 8 个标准的 AC-16C 试件进行试验。测量各试件的尺寸、马歇尔稳定度及流值，根据测量模型计算马歇尔模数，所得结果见表 7-3。

马歇尔试验结果　　表 7-3

序号	高度 (mm)				平均高度 (mm)	稳定度 (kN)	流值 (0.1mm)	马歇尔模数 (kN/mm)
1	63.8	63.6	65.0	64.7	64.3	17.43	33.6	5.19
2	63.0	62.8	64.1	63.9	63.5	17.66	33.4	5.29
3	63.4	63.2	64.5	64.3	63.9	17.05	34.8	4.90
4	62.7	62.5	63.1	62.8	62.8	17.84	35.2	5.07
5	64.2	64.0	63.9	63.7	63.9	17.15	33.7	5.09
6	64.3	64.1	63.5	63.3	63.8	18.13	33.7	5.38
7	63.1	62.9	64.2	64.0	63.6	17.66	34.9	5.06
8	62.9	62.7	64.0	63.8	63.4	17.31	35.8	4.84

三、马歇尔模数测量结果的不确定度评定

根据规范要求，选用 LWD-5 型马歇尔试验仪，测量量程为 0～50.00kN，测量误差为 ±0.05%，精度为 0.01kN。由马歇尔试验步骤和测量模型分析可知，马歇尔模数测量结果的不确定度主要来自马歇尔稳定度、流值、重复试验和仪器加载速度误差引入的不确定度。根据不确定度的传播定律，当采用相对标准不确定度表示时，马歇尔模数的合成标准不确定度为：

$$u_c(T) = \bar{T} \times \sqrt{u_{crel}(MS)^2 + u_{crel}(FL)^2} \tag{7-4}$$

式中：$u_c(T)$——试件马歇尔模数的合成标准不确定度；

$\bar{T}$——马歇尔模数测量结果的平均值；

$u_{crel}(MS)$——马歇尔稳定度 MS 的合成相对标准不确定度；

$u_{crel}(FL)$——流值 FL 的合成相对标准不确定度。

当考虑加载速度误差 v 时，马歇尔模数的合成标准不确定度为：

$$u_c(T) = \bar{T} \times \sqrt{u_{crel}(MS)^2 + u_{crel}(FL)^2 + u_{crel}(v)^2} \tag{7-5}$$

式中：$u_{crel}(v)$——试件加载速度误差的合成相对标准不确定度。

1. 马歇尔稳定度 MS 的标准不确定度

1）显示仪示值误差引入的不确定度

采用 B 类评定方法，将马歇尔试验的示值误差按均匀分布估算，则示值误差引入的相对标准不确定度为：

$$u_{rel}(MS)_1 = \frac{a}{k} = \frac{0.05\%}{\sqrt{3}} = 0.0289\%$$

2）最小分辨力引入的不确定度

马歇尔试验仪的测量精度为0.01kN，采用B类评定方法，按均匀分布估计，则最小分辨力引入的标准不确定度为：

$$u(MS)_2 = \frac{a}{k} = \frac{0.005}{\sqrt{3}} = 0.00289(\text{kN})$$

马歇尔稳定度测量结果的平均值为17.53kN，则其相对标准不确定度为：

$$u_{\text{rel}}(MS)_2 = \frac{0.00289}{17.53} = 0.0165\%$$

3）重复试验引入的不确定度

根据表7-3，采用A类评定方法，由贝塞尔公式求取各试件稳定度的标准偏差为：

$$\overline{MS} = \frac{\sum_{k=1}^{n} MS_k}{n} = 17.53(\text{kN})$$

$$u(MS) = \sqrt{\frac{\sum_{k=1}^{n}(MS_k - \overline{MS})}{n-1}} = 0.363(\text{kN})$$

马歇尔试验一组试件不少于4个，则AC-16C沥青混合料稳定度因重复试验引入的标准不确定度为：

$$u(\overline{MS})_3 = \frac{u(\overline{MS})}{\sqrt{4}} = \frac{0.363}{\sqrt{4}} = 0.182(\text{kN})$$

由稳定度重复试验引入的相对标准不确定度为：

$$u_{\text{rel}}(MS)_3 = \frac{0.182}{17.53} = 1.038\%$$

以上各影响量之间相互独立，当灵敏系数取1时，沥青混合料马歇尔稳定度的合成相对标准不确定度为：

$$u_{\text{crel}}(MS) = \sqrt{u_{\text{rel}}(MS)_1^2 + u_{\text{rel}}(MS)_2^2 + u_{\text{rel}}(MS)_3^2} = 1.039\%$$

2. 流值 *FL* 的标准不确定度

1）显示仪示值误差引入的不确定度

马歇尔试验仪测试的流值量程为0～150.0mm，测量精度为0.1mm，测量误差为±0.5%。采用B类评定方法，按均匀分布估计，则示值误差引入的相对标准不确定度为：

$$u_{\text{rel}}(FL)_1 = \frac{a}{k} = \frac{0.5\%}{\sqrt{3}} = 0.289\%$$

2）最小分辨力引入的不确定度

根据规范要求，记录荷载最大值时的变形量为流值，精确至0.01mm。采用B类评定方法，按均匀分布估计，则记录仪位移最小分辨力引入的标准不确定度为：

$$u(FL)_2 = \frac{a}{k} = \frac{0.005}{\sqrt{3}} = 0.00289(\text{mm})$$

以流值3.4mm为期望值，则位移最小分辨力引入的相对标准不确定为：

$$u_{\text{rel}}(FL)_2 = \frac{0.00289}{3.4} = 0.085\%$$

3)重复试验引入的不确定度

根据表7-3中流值的试验数据,采用A类评定方法,由贝塞尔公式计算试件流值的标准偏差为:

$$\overline{FL}=\frac{\sum_{k=1}^{n}FL_k}{n}=3.4(\mathrm{mm})$$

$$u(FL)=\sqrt{\frac{\sum_{k=1}^{n}(FL_k-\overline{FL})}{n-1}}=0.090(\mathrm{mm})$$

马歇尔试验一组试件不少于4个,则AC-16C沥青混合料流值因重复试验引入的标准不确定度为:

$$u(\overline{FL})_3=\frac{u(\overline{FL})}{\sqrt{4}}=\frac{0.09}{\sqrt{4}}=0.0448(\mathrm{mm})$$

流值因重复试验引入的相对标准不确定度为:

$$u_{\mathrm{rel}}(FL)_3=\frac{0.0448}{3.4}=1.318\%$$

以上各影响量之间相互独立,当灵敏系数取1时,AC-16C沥青混合料流值的合成相对标准不确定度为:

$$u_{\mathrm{crel}}(FL)=\sqrt{u_{\mathrm{rel}}(FL)_1^2+u_{\mathrm{rel}}(FL)_2^2+u_{\mathrm{rel}}(FL)_3^2}=1.352\%$$

3. 加载速度误差 v 引入的标准不确定度

在其他条件相同的情况下,受力试件的加载速度越快,其破坏时所受到的最大破坏荷载会越大。经相关研究表明,沥青混合料试件的强度或模量与加载速度呈对数函数关系,走势如图7-3所示。

与马歇尔模数相比,沥青混合料模量以混合料的面积作为荷载的分析对象,而马歇尔模数则以混合料的变形量作为荷载的分析对象,因此在随加载速度的变化上趋势相近。以曲线图中的斜率来表示单位加载速度变化对马歇尔模数的影响,由图7-3可知,模量随加载速度的变化先快后慢,当加载速度趋于无穷大时,模量的变化量趋于零,则可取斜率代表值为1,0.5,0.1,0.01。沥青混合料试验规程对马歇尔试验仪加载速度的要求为50mm/min,误差为±5mm/min,则其加载速度的相对误差要求为±10%。采用B类评定方法,按均匀分布估计,则在不同的斜率下,加载速度误差引入的相对标准不确定度分别为:斜率 $k=1$ 时,$u(V)_{(k=1)}=\frac{a}{k}=\frac{0.1\times1}{\sqrt{3}}=5.77\%$;斜率 $k=0.5$ 时,$u(V)_{(k=0.5)}=\frac{a}{k}=\frac{0.1\times0.5}{\sqrt{3}}=2.89\%$;斜率 $k=0.1$ 时,$u(V)_{(k=0.1)}=\frac{a}{k}=\frac{0.1\times0.1}{\sqrt{3}}=0.58\%$;斜率 $k=0.01$ 时,$u(V)_{(k=0.01)}=\frac{a}{k}=\frac{0.1\times0.01}{\sqrt{3}}=0.06\%$。

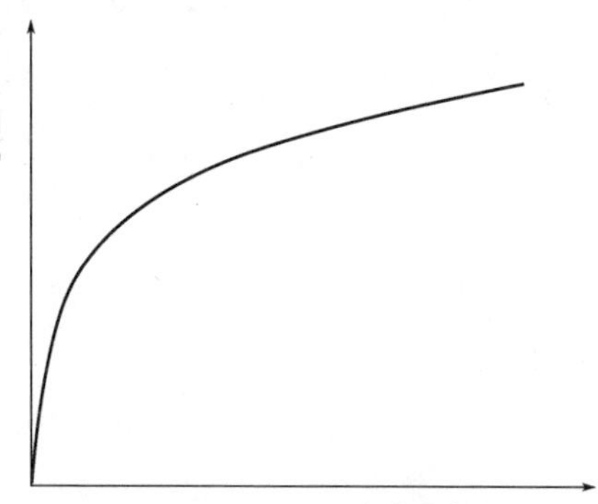

图7-3　模量与加载速度的关系

4. 列出测量不确定度的分量汇总表

根据以上分析，沥青混合料试件马歇尔模数标准不确定度的分量汇总见表7-4。

马歇尔模数标准不确定度的分量汇总表 表7-4

输入量 X_i	不确定度来源		标准不确定度 $u(x_i)$	期望值	相对标准不确定度分量 $u_{rel}(x_i)$	合成相对标准不确定度 $u_{crel}(y_i)$
稳定度 *MS*	示值误差		—	—	0.0189%	0.543%
	最小分辨力		0.00289kN	17.42kN	0.0166%	
	测量重复性		0.0945kN	17.42kN	0.542%	
流值 *FL*	示值误差		—	—	0.289%	1.15%
	最小分辨力		0.00289mm	3.4mm	0.085%	
	测量重复性		0.038mm	3.4mm	1.12%	
加载速度 *V*	速度误差	$k=1$	—	50mm/min	5.77%	5.77%
		$k=0.5$	—		2.89%	2.89%
		$k=0.1$	—		0.58%	0.58%
		$k=0.01$	—		0.06%	0.06%

5. 计算合成标准不确定度

根据不确定度的传播定律，采用式(7-5)，在不同的斜率下，AC-16C 沥青混合料试件马歇尔模数的合成标准不确定度为：

$$u_c(T)_{(k=1)}=5.1\times\sqrt{(0.543\%)^2+(1.15\%)^2+(5.77\%)^2}=0.30(\text{kN/mm})$$

$$u_c(T)_{(k=0.5)}=5.1\times\sqrt{(0.543\%)^2+(1.15\%)^2+(2.89\%)^2}=0.16(\text{kN/mm})$$

$$u_c(T)_{(k=0.1)}=5.1\times\sqrt{(0.543\%)^2+(1.15\%)^2+(0.58\%)^2}=0.07(\text{kN/mm})$$

$$u_c(T)_{(k=0.01)}=5.1\times\sqrt{(0.543\%)^2+(1.15\%)^2+(0.06\%)^2}=0.06(\text{kN/mm})$$

6. 计算扩展不确定度

取包含因子 $k=2$，则不同斜率下的 AC-16C 沥青混合料试件马歇尔模数的扩展不确定度分别为：

$$U_{k=1}=ku_c(T)_{(k=1)}=0.60(\text{kN/mm})$$

$$U_{k=0.5}=ku_c(T)_{(k=0.5)}=0.32(\text{kN/mm})$$

$$U_{k=0.1}=ku_c(T)_{(k=0.1)}=0.14(\text{kN/mm})$$

$$U_{k=0.01}=ku_c(T)_{(k=0.01)}=0.12(\text{kN/mm})$$

则在不同的斜率下，AC-16C 沥青混合料试件马歇尔模数测量结果的不确定度报告可分别表示为：

$$T=5.1\text{kN/mm},U_{k=1}=0.60\text{kN/mm},k=2$$

$$T=5.1\text{kN/mm},U_{k=0.5}=0.32\text{kN/mm},k=2$$

$$T=5.1\text{kN/mm},U_{k=0.1}=0.14\text{kN/mm},k=2$$

$$T=5.1\text{kN/mm},U_{k=0.01}=0.12\text{kN/mm},k=2$$

根据以上不确定度报告绘制斜率与扩展不确定度柱状图，如图 7-4 所示。

由表 7-4 可知，AC-16C 沥青混合料稳定度和流值测量结果的不确定度的主要影响因素均为重复试验。结合图 7-4 分析可知，当斜率 $k=1$ 时，加载速度误差引入的相对标准不确定度为 5.77%，斜率 $k=0.01$ 时为 0.06%，且分别对马歇尔模数引入的扩展不确定度为 0.60kN/mm 和 0.12kN/mm，其值相差 5 倍。可见，加载速度误差引入的不确定度对斜率的敏感性很高，当斜率较大时，加载速度误差对马歇尔模数引入的不确定度很大。因此，为了提高马歇尔试验结果的准确性和可靠性，需要加强对马歇尔试验仪加载速度的重视，并应定期对试验仪加载速度进行鉴定和校准。

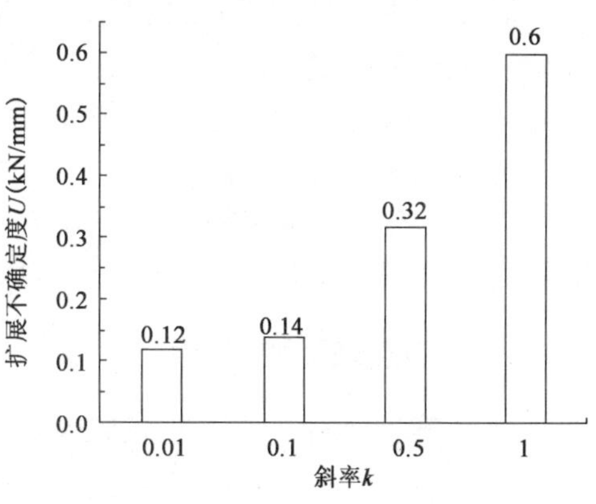

图 7-4　斜率与扩展不确定度的关系

第三节　沥青混合料动稳定度测量结果的不确定度评定

一、动稳定度的试验方法及分析

根据沥青混合料试验规程，沥青混合料的动稳定度采用车辙试验，规范要求的试验温度为 (60 ± 1)℃，试验轮行走的距离为 (230 ± 10) mm，往返碾压速度为 (42 ± 1) 次/min。采用位移传感器或非接触位移计，测量范围为 0 ~ 30mm，精度为 ± 1mm。根据试验规程，车辙试验过程如图 7-5 所示，试验步骤归纳如下：

图 7-5　未脱模的板块试件及车辙试验

(1) 将 300mm × 300mm × 50mm 的板块试件连同试模一起，置于恒温为 60℃ 的烘箱中，保温 5 ~ 12h；

(2) 将带有试模的试件置于车辙试验台上，调整试件位置使试验轮在试件中间，且轮子的行走方向要与试件碾压方向一致；

(3)先开动车辙变形自动记录仪，再启动试验机，在试验轮行走大约1h或试件最大变形达到25mm时停止试验；

(4)在车辙试验自动记录仪上读取45min和60min对应的变形量，按公式计算动稳定度，同一沥青混合料至少平行试验3次。

分析车辙试验步骤可知，试件的温度、试验轮行走的距离及速度和位移传感器的测量精度均是引入动稳定度测量结果不确定度的影响因素。

二、动稳定度的测量分析

根据沥青混合料试验规程，沥青混合动稳定度的数学模型为：

$$DS = \frac{(t_2 - t_1) \times N}{d_2 - d_1} \times C_1 \times C_2 \tag{7-6}$$

式中：DS——沥青混合料的动稳定度，次/mm；

N——试验轮往返碾压速度，通常为42次/min；

d_1——对应于时间t_1的变形量，mm；

d_2——对应于时间t_2的变形量，mm；

C_1——曲柄连杆驱动加载轮往返运行方式，为1.0；

C_2——试件系数，试验室制备宽300mm的试件为1.0。

AC-16C沥青混合料的车辙试验由5个平行试验组成，根据试验步骤及动稳定度的数学计算模型，车辙试验结果见表7-5。

AC-16C沥青混合料动稳定度试验结果表 表7-5

序号	45min变形量d_1(mm)	60min变形量d_2(mm)	动稳定度DS(次/mm)
1	0.879	0.959	7832
2	0.760	0.836	8294
3	0.849	0.927	8052
4	0.923	1.004	7769
5	0.935	1.012	8133
平均值	0.869	0.948	8016

三、动稳定度测量结果的不确定度评定

由车辙试验步骤和动稳定度的测量分析可知，试验轮往返碾压速度误差、试件变形量的读取和重复试验是动稳定度引入不确定度的主要因素。根据不确定度的传播定律，当采用相对标准不确定度表示，动稳定度的合成标准不确定度可表示为：

$$u_c(DS) = \overline{DS} \times \sqrt{u_{rel}(N)^2 + u_{crel}(d_1)^2 + u_{crel}(d_2)^2 + u_{rel}(\overline{DS})^2} \tag{7-7}$$

式中：$u_c(DS)$——动稳定度的合成标准不确定度；

$\overline{DS}$——动稳定度测量结果的平均值；

$u_{crel}(N)$——试验轮碾压速度误差N引入的相对标准不确定度；

$u_{crel}(d_1)$——变形量 d_1 引入的合成相对标准不确定度；

$u_{crel}(d_2)$——变形量 d_2 引入的合成相对标准不确定度；

$u_{rel}(\overline{DS})$——重复性试验引入的相对标准不确定度。

1. 试验轮碾压速度误差 N 引入的标准不确定度

规范要求的碾压速度为(42±1)次/min,记碾压速度的误差为±1 次/min。结合动稳定度的数学计算模型可知,沥青混合料动稳定度的变形量分别取自车辙试验时的第 45min 和第 60min,故由碾压速度误差引入的累计误差为：±1 次/min×(60min－45min)＝±15 次。

以第 45min 和第 60min 变形量的均值为计算量,则碾压速度误差导致的动稳定度误差为：±15 次/(0.948mm－0.869mm)＝±190 次/mm。

采用 B 类评定方法,按均匀分布估计,则碾压速度误差引入的标准不确定度为：

$$u(N)=\frac{a}{k}=\frac{190}{\sqrt{3}}=110(\text{次/mm})$$

以动稳定度 8016 次/mm 为期望值,则碾压速度误差引入的相对标准不确定度为：

$$u_{rel}(N)=\frac{110}{8016}=1.372\%$$

2. 试件变形量引入的标准不确定度

1)变形量 d_1 引入的不确定度

(1)试验机示值误差引入的不确定度。

车辙试验机示值的相对最大允许误差为±0.5%,采用 B 类评定方法,按均匀分布估计,则其相对标准不确定度为：

$$u_{rel}(d_1)_1=\frac{a}{k}=\frac{0.5\%}{\sqrt{3}}=0.289\%$$

(2)最小分辨力引入的不确定度。

车辙试验机的位移最小读数为 0.001mm,采用 B 类评定方法,按均匀分布估计,则由最小分辨力引入的标准不确定度为：

$$u(d_1)_2=\frac{a}{k}=\frac{0.0005}{\sqrt{3}}=0.000289(\text{mm})$$

以 45min 时的变形量 0.869mm 为期望值,则其相对标准不确定度为：

$$u_{rel}(d_1)_2=\frac{0.000289}{0.869}=0.0333\%$$

(3)位移传感器引入的不确定度。

根据传感器说明书,在置信概率为 95% 时,传感器的相对不确定度为 0.1%,按正态分布,则其相对标准不确定度为：

$$u_{rel}(d_1)_3=\frac{0.1\%}{2}=0.05\%$$

以上各影响量之间相互独立，当灵敏系数取 1 时，由变形量 d_1 引入的合成相对标准不确定度为：

$$u_{crel}(d_1)=\sqrt{u_{rel}(d_1)_1^2+u_{rel}(d_1)_2^2+u_{rel}(d_1)_3^2}=0.295\%$$

2）变形量 d_2 引入的不确定度

变形量 d_2 由示值误差和传感器精度引入的标准不确定度与 d_1 相同，故：

$$u_{rel}(d_2)_1=u_{rel}(d_1)_1=0.289\%$$

$$u_{rel}(d_2)_3=u_{rel}(d_1)_3=0.05\%$$

以 60min 时的变形量 0.948mm 为期望值，则变形量 d_2 由最小分辨力引入的相对标准不确定度为：

$$u_{rel}(d_2)_2=\frac{0.000289}{0.948}=0.0305\%$$

当灵敏系数取 1 时，由变形量 d_2 引入的合成相对标准不确定度为：

$$u_{crel}(d_2)=\sqrt{u_{rel}(d_2)_1^2+u_{rel}(d_2)_2^2+u_{rel}(d_2)_3^2}=0.295\%$$

3. 重复试验引入的不确定度

根据表 7-5，采用 A 类评定方法，由贝塞尔公式计算 AC-16C 混合料动稳定度的标准偏差为：

$$\overline{DS}=\frac{\sum_{k=1}^{n}DS_k}{n}=8016(\text{次/mm})$$

$$u(DS)=\sqrt{\frac{\sum_{k=1}^{n}(DS_k-\overline{DS})}{n-1}}=216(\text{次/mm})$$

规范要求以每组不少于 3 个试件进行平行试验，则由重复试验引入的标准不确定度为：

$$u(\overline{DS})=\frac{u(DS)}{\sqrt{n}}=\frac{216}{\sqrt{3}}=125(\text{次/mm})$$

相对标准不确定度为：

$$u_{rel}(DS)=\frac{125}{8016}=1.558\%$$

4. 列出标准不确定度的分量汇总表

根据以上计算结果，AC-16C 沥青混合料动稳定度标准不确定度的分量汇总结果见表 7-6。

AC-16C 沥青动稳定度标准不确定度的分量汇总表　　表 7-6

输入量 X_i	不确定度来源	标准不确定度 $u(x_i)$	期望值	相对标准不确定度分量 $u_{rel}(x_i)$	合成相对标准不确定度 $u_{crel}(y_i)$
碾压速度 N	速度误差	110 次/mm	8016 次/mm	1.372%	1.372%
变形量 d_1	示值误差	—	—	0.289%	0.295%
	最小分辨力	0.000289mm	0.869mm	0.0333%	
	传感器误差	—	—	0.05%	
变形量 d_2	示值误差	—	—	0.289%	0.295%
	最小分辨力	0.000289mm	0.948mm	0.0305%	
	传感器误差	—	—	0.05%	
重复试验	试件离散性	125 次/mm	8016 次/mm	1.558%	1.558%

5. 计算合成标准不确定度

根据不确定度的传播定律，AC-16C 沥青混合料动稳定度的合成标准不确定度为：

$$u_{crel}(DS)=\sqrt{u_{rel}(N)^2+u_{crel}(d_1)^2+u_{crel}(d_2)^2+u_{rel}(DS)^2}=2.117\%$$

$$u_c(DS)=\overline{DS}\times u_{crel}(DS)=170(\text{次/mm})$$

6. 计算扩展不确定度

取包含因子 $k=2$，则 AC-16C 沥青混合料动稳定度测量结果的扩展不确定度为：

$$U=ku_c(DS)=340(\text{次/mm})$$

故 AC-16C 沥青混合料动稳定度测量结果的不确定度报告可表示为：

$$DS=8016\ \text{次/mm},U=340\ \text{次/mm},k=2$$

根据表 7-6 分析可知，动稳定度测量结果的不确定度主要来自试验机的碾压速度误差和重复试验引入的不确定度。可见动稳定度测量结果的不确定度对试验机碾压速度较为敏感，试验前应该校准仪器，使碾压速度符合规范要求。另外，沥青混合料的原材料应符合规范要求，成型方法也应严格按照规范要求进行，避免因试件出现过大的不均匀性而引入较大的不确定度。

第四节　沥青混合料劈裂强度测量结果的不确定度评定

一、劈裂强度试验方法及分析

测试沥青混合料的劈裂强度仪器采用万能材料试验机（MTS-Landmark），根据规范对沥青混合料劈裂强度的要求，可将试验步骤归纳如下：

（1）按照标准马歇尔混合料成型步骤制备试件，将试件置于（15 ±0.5）℃的恒温水槽中不少于 1.5h；

（2）从恒温水槽中取出试件，迅速置于夹具中安放稳定，调整仪器对准中心，上下压条居中、平行，安装好试件变形量的测定装置，并将记录仪与荷载和位移传感器连接；

(3)开动试验机,使压头与上下压条接触,荷载不超过30N,调整好记录仪到零点位置。开启数据记录仪,同时启动试验机,以50mm/min的加载速率向试件加载直至劈裂破坏。

分析试验步骤可知,试件试验时的温度、仪器的加载速度和试验过程中仪具的安装及记录仪调零等操作均可能成为劈裂强度测量结果不确定度的来源。

二、劈裂强度试验的测量分析

根据《公路工程沥青及沥青混合料试验规程》(JTG E20—2011),沥青混合料劈裂强度的数学模型如下:

$$R_T = 0.00628P_T/h \tag{7-8}$$

式中:R_T——试件的劈裂抗拉强度,MPa;

P_T——试件破坏时的最大荷载,N;

h——试件的高度,mm。

为了合理分析沥青混合料差异性对劈裂强度测试结果的影响,选取6个圆柱体平行试件。以AC-16C型沥青混合料为例,根据劈裂强度试验方法实测的混合料破坏荷载及由劈裂强度数学模型计算的结果见表7-7。

AC-16C沥青混合料的劈裂强度 表7-7

序号	1	2	3	4	5	6
破坏荷载(kN)	22.49	22.81	21.86	20.95	23.13	23.76
劈裂强度(MPa)	1.41	1.43	1.37	1.31	1.45	1.49

三、劈裂强度测量结果的不确定度评定

由混合料劈裂强度试验步骤和数学模型分析可知,劈裂强度测量结果的不确定度主要来自试件破坏时的最大荷载、试件的高度和重复试验引入的不确定度。由试件试验时温度、仪器对准调整和加载速度等引入的不确定度很小,可以忽略不计。根据不确定度的传播定律,当采用相对标准不确定度表示时,沥青混合料劈裂强度的合成标准不确定度可表示为:

$$u_c(R_T) = \overline{R_T} \times \sqrt{u_{crel}(P_T)^2 + u_{crel}(h)^2 + u_{rel}(\overline{P_T})^2} \tag{7-9}$$

式中:$u_c(R_T)$——沥青混合料劈裂强度的合成标准不确定度;

$\overline{R_T}$——劈裂强度测量结果的平均值;

$u_{crel}(P_T)$——试件所受破坏荷载的合成相对标准不确定度;

$u_{crel}(h)$——试件高度h的合成相对标准不确定度;

$u_{rel}(\overline{P_T})$——试件离散性引入的相对标准不确定度。

1.破坏荷载P_T的标准不确定度

1)试验机示值误差引入的不确定度

MTS试验机的示值相对最大允许误差为±0.5%,采用B类评定方法,按均匀分布估计,则其相对标准不确定度为:

$$u_{rel}(P_T)_1 = \frac{a}{k} = \frac{0.5\%}{\sqrt{3}} = 0.289\%$$

2）标准测力仪校准引入的不确定度

试验机采用0.3级标准测力仪进行鉴定，该校准源的不确定度为0.3%，置信因子 $k=2$，采用B类评定方法，则由标准测力仪校准引入的相对标准不确定度为：

$$u_{\mathrm{rel}}(P_{\mathrm{T}})_2=\frac{a}{k}=\frac{0.3\%}{2}=0.15\%$$

3）最小分辨力引入的不确定度

试验机荷载读数的分度值为0.1kN，采用B类评定方法，按均匀分布估计，则最小分辨力引入的标准不确定度为：

$$u(P_{\mathrm{T}})_3=\frac{a}{k}=\frac{0.005}{\sqrt{3}}=0.00289(\mathrm{kN})$$

以试验均值22.50kN为破坏荷载的期望值，则最小分辨力引入的相对标准不确定度为：

$$u_{\mathrm{rel}}(P_{\mathrm{T}})_3=\frac{0.00289}{22.5}=0.0128\%$$

以上各影响量之间相互独立，当灵敏系数取1时，沥青混合料破坏荷载 P_{T} 由试验机引入的合成相对标准不确定度为：

$$u_{\mathrm{crel}}(P_{\mathrm{T}})=\sqrt{u_{\mathrm{rel}}(P_{\mathrm{T}})_1^2+u_{\mathrm{rel}}(P_{\mathrm{T}})_2^2+u_{\mathrm{rel}}(P_{\mathrm{T}})_3^2}=0.326\%$$

2.试件高度 h 的标准不确定度

1）直尺测量引入的不确定度

采用钢制直尺测量试件高度，直尺的最大允许误差为±0.1mm，采用B类评定方法，按均匀分布估计，则直尺测量引入的标准不确定度为：

$$u(h)_1=\frac{a}{k}=\frac{0.1}{\sqrt{3}}=0.0577(\mathrm{mm})$$

2）最小分辨力引入的不确定度

钢直尺的最小分辨力为1mm，采用B类评定方法，按均匀分布估计，则由最小分辨力引入的标准不确定度为：

$$u(h)_2=\frac{a}{k}=\frac{0.5}{\sqrt{3}}=0.289(\mathrm{mm})$$

以上两个影响量之间相互独立，当灵敏系数取1时，沥青混合料试件高度 h 合成标准不确定度为：

$$u_{\mathrm{c}}(h)=\sqrt{u(h)_1^2+u(h)_2^2}=0.295(\mathrm{mm})$$

以63.5mm为试件高度的期望值，则试件高度引入的相对标准不确定度为：

$$u_{\mathrm{crel}}(h)=\frac{u_{\mathrm{c}}(h)}{63.5}=\frac{0.295}{63.5}=0.465\%$$

3.试件的离散性引入的不确定度

根据表7-7，沥青混合料的劈裂强度由6个平行试验确定，故试件的离散性引入的测量不确定度为6个试件的破坏荷载值，采用A类评定方法，根据贝塞尔公式计算标准偏差为：

$$\overline{P_{\mathrm{T}}}=\frac{\sum_{k=1}^{n}P_{\mathrm{T}_k}}{n}=22.50(\mathrm{kN})$$

$$u(P_{\mathrm{T}})=\sqrt{\frac{\sum_{k=1}^{n}(P_{\mathrm{T}_k}-\overline{P_T})}{n-1}}=0.989(\mathrm{kN})$$

以一组6个试件进行平行试验,则由试件的离散性引入的标准不确定度为:

$$u(\overline{P_{\mathrm{T}}})=\frac{u(P_{\mathrm{T}})}{\sqrt{n}}=\frac{0.989}{\sqrt{6}}=0.404(\mathrm{kN})$$

相对标准不确定度为:

$$u_{\mathrm{rel}}(\overline{P_{\mathrm{T}}})=\frac{0.404}{22.5}=1.795\%$$

4. 列出不确定度分量汇总表

沥青混合料试件劈裂强度的标准不确定度分量汇总见表7-8。

劈裂强度测量不确定度分量汇总表　　表7-8

输入量 X_i	不确定度来源	标准不确定度 $u(x_i)$	期望值	相对标准不确定度分量 $u_{\mathrm{rel}}(x_i)$	合成相对标准不确定度 $u_{\mathrm{crel}}(y_i)$
破坏荷载 P_{T}	示值误差	—	22.50kN	0.289%	0.326%
	校准引入	—		0.15%	
	读数误差	0.00289kN		0.0128%	
试件高度 h	允许误差	0.0577mm	63.5mm	0.465%	0.465%
	读数误差	0.289mm			
试件离散性	试件差异性	0.404kN	22.50kN	1.795%	1.795%

5. 计算合成标准不确定度

以6个试件的破坏荷载均值为期望值,则劈裂强度为:

$$\overline{R_{\mathrm{T}}}=\frac{0.00628P_{\mathrm{T}}}{h}=\frac{0.00628\times 22500}{63.5}=2.23(\mathrm{MPa})$$

根据式(7-9),沥青混合料试件劈裂强度的合成标准不确定度可表示为:

$$\begin{aligned}u_{\mathrm{c}}(R_{\mathrm{T}})&=\overline{R_{\mathrm{T}}}\times\sqrt{u_{\mathrm{crel}}(P_{\mathrm{T}})^2+u_{\mathrm{crel}}(h)^2+u_{\mathrm{rel}}(\overline{P_{\mathrm{T}}})^2}\\&=2.23\times\sqrt{(0.326\%)^2+(0.465\%)^2+(1.795\%)^2}\\&=0.0420(\mathrm{MPa})\end{aligned}$$

6. 计算扩展不确定度

取包含因子 $k=2$,则沥青混合料劈裂强度测量结果的扩展不确定度为:

$$U=ku_{\mathrm{c}}(R_{\mathrm{T}})=0.084\approx 0.08(\mathrm{MPa})$$

故沥青混合料劈裂强度测量结果的不确定度报告可表示为:

$$R_{\mathrm{T}}=2.23\mathrm{MPa},U=0.08\mathrm{MPa},k=2$$

根据表7-8可知,沥青混合料劈裂强度测量结果的不确定度主要来源与抗压强度相同,均为试件离散性引入的不确定度。由此可知,通过室内力学试验所得平行试件测量结果差异性的主要原因为试件的不均匀性造成的。鉴于以上对沥青混合料抗压强度和劈裂强度测量结果不确定度的评定可知,现有的对抗压强度和劈裂强度测量结果的判定是不够完善的,特别是对于在规范要求范围的抗压强度或劈裂强度临界值附近的测量结果,其值是否合格必须考虑不确定度对测量结果的影响范围。因为合格度与不合格度的大小与估计的测量结果的扩展不确定度有关。只有这样判断,才是科学准确且可信的。

第五节　抗压回弹模量测量结果的不确定度评定

一、抗压回弹模量的试验方法及分析

按照沥青混合料试验规程,采用圆柱法对沥青混合料试件进行抗压回弹模量试验。试验仪器为美国制造的万能材料试验机(MTS-Landmark),试验中试件的最大破坏荷载控制在仪器量程的20% ~80%范围内,采用的量程为100kN,分度值为0.1kN,加载速度控制在2mm/min。根据仪器说明书,对环境的要求为:温度为5 ~40℃,湿度为5% ~85%,该仪器的示值相对最大允许误差为±0.5%,采用0.3级标准测力仪进行鉴定。

根据圆柱法(图7-6)测量沥青混合料抗压回弹模量的要求,将试验步骤归纳如下:

(1)准备好尺寸符合直径(100±2.0)mm、高(100±2.0)mm的试件,将试件置于规定试验温度(本试验温度为15℃)的恒温水槽中浸泡2.5h以上;

(2)调整仪器,将下压板、底座置于试验机升降台座上对中,迅速取出保温的试件放于下压板中央刻度线位置,加上上压板;

(3)开动仪器以2mm/min的加载速率均匀加载直至试件破坏,读取荷载峰值(p),精确至0.1kN;

(4)根据抗压强度破坏荷载平均值p确定加载级别,将p均匀地分为10级荷载,分别取值$0.1p,0.2p,\cdots,0.7p$七级作为试验荷载;

(5)调整好试验机升降台,迅速取出试件并安装上下压板,连接试验机压力与试件变形自动测试装置,调整试验机台座的高度,使加载顶板与压头中心轻轻接触;

图7-6　沥青混合料抗压回弹模量测试

(6)适当调整球座,使试件中心处受压,以2mm/min速度加载至0.1p,记录变形量及荷载的读数,并以相同速度卸载回零,静待30s后,再次记录显示仪上的变形量,加载与卸载两次变形量之差即为试件的回弹变形(ΔL_1);

(7)按照同样的方法依次进行第2,3,…,7级荷载的加载卸载过程,并记录变形量和荷载,得出各级荷载的回弹变形ΔL_i。

分析沥青混合料抗压回弹模量试验步骤可知,试件的各级破坏荷载和回弹变形量、设备的加载速度、传感器的灵敏度及数据显示的准确度等都会对抗压回弹模量的测量结果产生影响。另外,试验的温度及操作人员对仪器仪具和试件位置的校正等都是引入不确定度的影响因素。基于对测量不确定度影响因素不可遗漏的分析原则和科学合理的评定原则,抗压回弹模量测量结果的不确定度在分析过程中应全面考虑各引入不确定度的因素,但在不确定度评定过程中,为了简化评定过程,可以忽略对测量结果影响很小的因素。

二、抗压回弹模量试验的测量分析

根据沥青混合料试验规程,抗压回弹模量的数学模型为:

$$E' = \frac{q_5 \times h}{\Delta L_5} \tag{7-10}$$

$$q_5 = \frac{4p_5}{\pi d^2} \tag{7-11}$$

$$\Delta L_5 = L_{5(加载)} - L_{5(卸载)} \tag{7-12}$$

式中:E'——抗压回弹模量,MPa;

q_5——相应于第5级荷载时的荷载压强,MPa;

h——试件轴心高度,mm;

ΔL_5——相应于第5级荷载时经原点修正后的回弹变形,mm;

p_5——相应于试件破坏荷载的第5级荷载,N;

d——试件直径,mm;

$L_{5(加载)}$——相应于第5级荷载加载时的变形量,mm;

$L_{5(卸载)}$——相应于第5级荷载卸载后的变形量,mm。

由抗压回弹模量的数学模型分析可知,试件相应于第5级荷载时的荷载压强、试件轴心高度及第5级荷载时的变形量是计算抗压回弹模量的直接影响量。AC-16沥青混合料的抗压回弹模量试验采用6个平行试件。经测试,各试件的破坏荷载及相应于第5级的破坏荷载和加载时及卸载后的变形量的试验结果见表7-9。

沥青混合料抗压回弹模量测试结果 表7-9

序　号	破坏荷载(kN)	第5级荷载强度(kN)	加载时变形量(mm)	卸载后变形量(mm)
1	49.56	24.78	0.2231	0.0697
2	47.10	23.55	0.2008	0.0361
3	50.50	25.25	0.2564	0.0981
4	47.20	23.60	0.1997	0.0478

续上表

序　　号	破坏荷载(kN)	第5级荷载强度(kN)	加载时变形量(mm)	卸载后变形量(mm)
5	49.42	24.71	0.2158	0.0550
6	47.20	23.60	0.2004	0.0313
平均值	48.50	24.25	0.2160	0.0563

由表7-9分析可知,沥青混合料抗压回弹模量测量试验相应于第5级的荷载强度、加载时的变形量和卸载后的变形量均不是定值。虽然利用平均值可以计算出期望较高的试验结果,但由各输入量平行试件测量结果离散性引入的不确定度则会对试验结果产生一定的影响。

三、抗压回弹模量测量结果的不确定度评定

由沥青混合料抗压回弹模量试验步骤和数学模型可知,抗压回弹模量是通过逐级加载卸载并获得第5级荷载时的荷载压强及变形量计算得到的。本书以数学模型为主要分析对象,不再对其他各级荷载加载卸载的影响进行分析,故抗压回弹模量的测量结果不确定度主要来自试件相应于第5级荷载时的荷载压强、试件的高度和试件相应于第5级荷载时经原点修正后的回弹变形量引起的不确定度。其中,试件相应于第5级荷载时抗压强度的测量结果不确定度主要来自试件的第5级荷载、试件的直径和试件离散性引入的不确定度;试件相应于第5级荷载时的回弹变形量的测量结果不确定度主要来自试件第5级荷载加载时的变形量、第5级荷载卸载后的变形量和回弹变形重复测量引入的不确定度。根据不确定度的传播定律,采用相对标准不确定度表示,沥青混合料抗压回弹模量的合成标准不确定度可表示为:

$$u_c(E') = \overline{E'} \times \sqrt{u_{crel}(q_5)^2 + u_{crel}(h)^2 + u_{crel}(\Delta L_5)^2} \tag{7-13}$$

式中:$u_c(E')$——沥青混合料抗压回弹模量的合成标准不确定度;

$\overline{E'}$——抗压回弹模量测量结果的平均值;

$u_{crel}(q_5)$——试件相应于第5级荷载时荷载压强 q_5 的合成相对标准不确定度;

$u_{crel}(h)$——试件高度 h 的合成相对标准不确定度;

$u_{crel}(\Delta L_5)$——试件相应于第5级荷载时经原点修正后的回弹变形量 ΔL_5 的合成相对标准不确定度。

1. 试件相应于第5级荷载时荷载压强 q_5 的标准不确定度

1)相应于第5级荷载 p_5 的标准不确定度

(1)MTS试验机示值误差引入的不确定度。

MTS试验机的示值相对最大允许误差为±0.5%,采用B类评定方法,按均匀分布估计,则其相对标准不确定度为:

$$u_{rel}(P_5)_1 = \frac{a}{k} = \frac{0.5\%}{\sqrt{3}} = 0.289\%$$

(2)标准测力仪校准引入的不确定度。

MTS试验机采用0.3级标准测力仪进行鉴定,该校准源的不确定度为±0.3%,置信因子 $k=2$,采用B类评定方法,则由标准测力仪校准引入的相对标准不确定度为:

$$u_{rel}(P_5)_2=\frac{a}{k}=\frac{0.3\%}{2}=0.15\%$$

(3)最小分辨力引入的不确定度。

MTS试验机的荷载最小读数为0.1kN,采用B类评定方法,按均匀分布估计,则最小分辨力引起的标准不确定度为:

$$u(p_5)_3=\frac{a}{k}=\frac{0.05}{\sqrt{3}}=0.0289(\mathrm{kN})$$

以试验相应于第5级荷载24.25kN为期望值,则其相对标准不确定度为:

$$u_{rel}(P_5)_3=\frac{0.0289}{24.25}=0.119\%$$

以上各影响量之间相互独立,当灵敏系数取1时,沥青混合料相应于第5级荷载由试验机引入的合成相对标准不确定度为:

$$u_{crel}(P_5)=\sqrt{u_{rel}(P_5)_1^2+u_{rel}(P_5)_2^2+u_{rel}(P_5)_3^2}=0.347\%$$

2)试件直径d的标准不确定度

(1)直尺测量引入的不确定度。

采用钢制直尺测量试件直径,直尺的最大允许误差为±0.1mm,采用B类评定方法,按均匀分布估计,则直尺测量引入的标准不确定度为:

$$u(d)_1=\frac{a}{k}=\frac{0.1}{\sqrt{3}}=0.0577(\mathrm{mm})$$

(2)最小分辨力引入的不确定度。

钢直尺的最小分辨力为1mm,采用B类评定方法,按均匀分布估计,则由最小分辨力引入的标准不确定度为:

$$u(d)_2=\frac{a}{k}=\frac{0.5}{\sqrt{3}}=0.289(\mathrm{mm})$$

以上两个影响量之间相互独立,当灵敏系数取1时,沥青混合料试件直径d的合成标准不确定度为:

$$u_c(d)=\sqrt{u(d)_1^2+u(d)_2^2}=0.295(\mathrm{mm})$$

以100mm为试件直径的期望值,则试件直径引入的相对标准不确定度为:

$$u_{crel}(d)=\frac{u(d)}{100}=\frac{0.295}{100}=0.295\%$$

3)试件离散性引入的标准不确定度

混合料的抗压强度由6个平行试验决定,故试件离散性引入的测量不确定度为6个试件相应于第5级的荷载值。根据表7-9实测的6个试件相应于第5级的荷载值,采用A类评定方法,由贝塞尔公式计算的标准偏差如下:

平均值:

$$\bar{p}=\frac{\sum_{k=1}^{n}p_k}{n}=24.25(\mathrm{kN})$$

标准偏差：

$$u(p)=\sqrt{\frac{\sum_{k=1}^{n}(p_k-\bar{p})}{n-1}}=0.752(\mathrm{kN})$$

以一组6个试件进行平行试验，则由试件的离散性引入的标准不确定度为：

$$u(\bar{p})=\frac{u(p)}{\sqrt{n}}=\frac{0.752}{\sqrt{6}}=0.307(\mathrm{kN})$$

相对标准不确定度为：

$$u_{\mathrm{rel}}(p)=\frac{0.307}{24.25}=1.266\%$$

4)试件相应于第5级荷载抗压强度的不确定度分量汇总

沥青混合料试件相应于第5级荷载抗压强度的标准不确定度分量汇总见表7-10。

相应于第5级荷载抗压强度的标准不确定度分量　　表7-10

输入量 X_i	不确定度来源	标准不确定度 $u(x_i)$	期望值	相对标准不确定度分量 $u_{\mathrm{rel}}(x_i)$	合成相对标准不确定度 $u_{\mathrm{crel}}(y_i)$
破坏荷载	示值误差	0.289%	—	0.289%	0.347%
	校准引入	0.15%	—	0.15%	
	读数误差	0.0289kN	24.25kN	0.119%	
试件直径	允许误差	0.0577mm	100mm	0.295%	0.295%
	读数误差	0.289mm			
试件离散性	试件差异性	0.307kN	24.25kN	1.266%	1.266%

5)计算合成标准不确定度

根据不确定度的传播定律，沥青混合料试件相应于第5级荷载抗压强度的相对合成标准不确定度为：

$$u_{\mathrm{crel}}(R_{\mathrm{c}})=\sqrt{u_{\mathrm{crel}}(P_5)^2+u_{\mathrm{crel}}(d)^2+u_{\mathrm{rel}}(p)^2}=1.345\%$$

2. 试件高度 h 的标准不确定度

测量试件高度采用与测量直径相同的钢制直尺，故试件高度的测量不确定度来源为直尺测量允许误差和最小分辨力。参考试件直径的不确定度分析结果，当灵敏系数取1时，由试件高度引入的合成相对标准不确定度为：

$$u_{\mathrm{crel}}(h)=u_{\mathrm{crel}}(d)=0.295\%$$

3. 试件相应于第5级荷载时经原点修正后的回弹变形量 ΔL_5 的标准不确定度

1)加载时变形量 $L_{5(加载)}$ 引入的不确定度

(1)允许误差引入的不确定度。

MTS试验机变形量的示值相对最大允许误差为±0.5%，采用B类评定方法，按均匀分布估计，则其相对标准不确定度为：

$$u_{\mathrm{rel}}[L_{5(加载)}]_1=\frac{a}{k}=\frac{0.5\%}{\sqrt{3}}=0.289\%$$

(2)最小分辨力引入的不确定度。

MTS 试验机变形量的最小分辨力为 0.0001mm,采用 B 类评定方法,按均匀分布估计,则最小分辨力引起的标准不确定度为:

$$u[L_{5(\text{加载})}]_2=\frac{a}{k}=\frac{0.00005}{\sqrt{3}}=2.89\times10^{-5}(\text{mm})$$

以相应于第 5 级荷载时的变形量均值 0.2160mm 为期望值,由最小分辨力引入的相对标准不确定度为:

$$u_{\text{rel}}[L_{5(\text{加载})}]_2=\frac{2.89\times10^{-5}}{0.2160}=0.0134\%$$

考虑由试验机变形量最小分辨力引入的相对不确定度太小,因此可以忽略不计。则由相应于第 5 级荷载加载时的变形量 $L_{5(\text{加载})}$ 引入的相对标准不确定度为:

$$u_{\text{rel}}[L_{5(\text{加载})}]=u_{\text{rel}}[L_{5(\text{加载})}]_1=0.289\%$$

2)卸载后的变形量 $L_{5(\text{卸载})}$ 引入的不确定度

$L_{5(\text{卸载})}$ 测量结果不确定度的评定与 $L_{5(\text{加载})}$ 的方法相同,因此,$L_{5(\text{卸载})}$ 引入的相对标准不确定度为:

$$u_{\text{rel}}[L_{5(\text{卸载})}]=u_{\text{rel}}[L_{5(\text{加载})}]=0.289\%$$

3)回弹变形 ΔL_5 重复测量引入的不确定度

沥青混合料的回弹模量由 6 个平行试验决定,故试件相应于第 5 级荷载时经原点修正后的回弹变形引入的测量不确定度为 6 个试件对应的变形量。根据表 7-9 计算出 6 个试件相应于第 5 级荷载时的回弹变形量分别为 0.1534mm,0.1647mm,0.1583mm,0.1519mm,0.1608mm,0.1691mm。采用 A 类评定方法,根据贝塞尔公式计算的标准偏差如下:

平均值:

$$\overline{\Delta L_5}=\frac{\sum_{k=1}^{n}\Delta L_{5k}}{n}=0.1597(\text{mm})$$

标准偏差:

$$u(\Delta L_5)=\sqrt{\frac{\sum_{k=1}^{n}(\Delta L_{5k}-\overline{\Delta L_5})}{n-1}}=0.00659(\text{mm})$$

以一组 6 个试件进行平行试验,则重复测量引入的标准不确定度为:

$$u(\overline{\Delta L_5})=\frac{u(\Delta L_5)}{\sqrt{n}}=\frac{0.00659}{\sqrt{6}}=0.00269(\text{mm})$$

以回弹变形均值 0.1597mm 为期望值,则由重复测量引入的相对标准不确定度为:

$$u_{\text{rel}}(\Delta L_5)=\frac{0.00269}{0.1597}=1.685\%$$

4)相应于第5级荷载回弹变形量的不确定度分量汇总

根据以上对试件相应于第5级荷载时回弹变形输入量不确定度的分析,列出沥青混合料试件相应于第5级荷载回弹变形量的不确定度分量见表7-11。

相应于第5级荷载回弹变形量的不确定度分量　　表7-11

输入量 X_i	不确定度来源	标准(相对)不确定度 $u(x_i)$	期望值	相对标准不确定度分量 $u_{rel}(x_i)$	合成相对标准不确定度 $u_{crel}(y_i)$
加载时的变形量	允许误差	0.289%	—	0.289%	0.289%
	读数误差	2.89×10^{-5}mm	0.2160mm	0.0134%	
卸载后的变形量	允许误差	0.289%	—	0.289%	0.289%
	读数误差	2.89×10^{-5}mm	0.0563mm	0.0513%	
测量重复性	重复测量	0.00269mm	0.1597mm	1.685%	1.685%

5)计算合成标准不确定度

以上各因素互不相关,根据不确定度的传播定律,相应于第5级荷载的回弹变形量 ΔL_5 的相对合成标准不确定度为:

$$u_{crel}(\Delta L_5)=\sqrt{u_{rel}[L_{5(加载)}]^2+u_{rel}[L_{5(卸载)}]^2+u_{rel}(\Delta L_5)^2}=1.734\%$$

4. 沥青混合料抗压回弹模量标准不确定度的分量汇总

根据以上对各输入量引入的不确定度的分析,列出沥青混合料抗压回弹模量的标准不确定度分量,见表7-12。

抗压回弹模量标准不确定度分量汇总表　　表7-12

输入量 X_i	影响因素	不确定度来源	标准(相对)不确定度 $u(x_i)$	期望值	相对标准不确定度分量 $u_{rel}(x_i)$	合成相对标准不确定度分量 $u_{crel}(y_i)_i$	合成相对标准不确定度 $u_{crel}(y_i)$
相应于第5级荷载时的荷载压强	破坏荷载	示值误差	0.289%	—	0.289%	0.347%	1.345%
		校准误差	0.15%	—	0.15%		
		读数误差	0.0289kN	24.25kN	0.119%		
	试件直径	允许误差	0.0577mm	100mm	0.295%	0.295%	
		读数误差	0.289mm				
	试件离散性	试件差异性	0.307kN	24.25kN	1.266%	1.266%	
试件的高度	允许误差和最小分辨力	允许误差	0.0577mm	100mm	0.295%	0.295%	0.295%
		读数误差	0.289mm				
相应于第5级荷载时的回弹变形量	加载时的变形量	允许误差	0.289%	—	0.289%	0.289%	1.734%
		最小分辨力	2.89×10^{-5}mm	0.2160m	0.0134%		
	卸载后的变形量	允许误差	0.289%	—	0.289%	0.289%	
		最小分辨力	2.89×10^{-5}mm	0.0563m	0.0513%		
	回弹变形重复测量	测量的离散性	0.00269mm	0.1597mm	1.685%	1.685%	

5. 计算合成标准不确定度

根据式(7-10)和表(7-9),AC-16C 沥青混合料的抗压回弹模量的均值为:

$$\overline{E'} = \frac{\overline{q_5} \times h}{\overline{\Delta L_5}} = 1934(\text{MPa})$$

根据式(7-13),AC-16C 沥青混合料抗压回弹模量测量结果的合成标准不确定度为:

$$\begin{aligned} u_c(E') &= \overline{E'} \times \sqrt{u_{\text{crel}}(q_5)^2 + u_{\text{crel}}(h)^2 + u_{\text{crel}}(\Delta L_5)^2} \\ &= 1934 \times \sqrt{1.345\%^2 + 0.295\%^2 + 1.734\%^2} \\ &= 42.82(\text{MPa}) \end{aligned}$$

6. 计算扩展不确定度

在工业技术领域通常采用置信概率约为95%的包含因子 $k(k=2)$,则沥青混合料抗压回弹模量测量结果的扩展不确定度为:

$$U = ku_c(E') = 42.82 \times 2 = 85.64 \approx 86(\text{MPa})$$

故沥青混合料抗压回弹模量测量结果的不确定度报告可表示为:

$$E' = 1934\text{MPa}, U = 86\text{MPa}, k = 2$$

根据表 7-10 可知,沥青混合料试件相应于第 5 级荷载抗压强度的不确定度主要来自试件离散性引入的不确定度,这主要是由于试件内部材料组成不均匀造成的。同一级配和沥青用量的平行试件在搅拌和压实成型的过程中,石料和沥青胶浆的黏附与结合形式不尽相同,因此,在材料组成和成型过程中存在不可避免的差异性。为了降低试件离散性引入的不确定度,应该统一选用符合规范要求的石料,并严格控制试件的成型过程,如沥青的搅拌温度、混合料的搅拌时间和压实次数等。鉴于以上对沥青混合料试件相应于第 5 级荷载抗压强度的不确定度评定结果,可知现有的对抗压强度测量结果的判定是不够完善的,特别是对于在规范要求范围的抗压强度临界值附近的测量结果,其值是否合格必须考虑不确定度对测量结果的影响范围,因为合格度与不合格度的大小与估计的测量结果的扩展不确定度有关。只有这样判断,才是科学准确且可信的。

根据表 7-11 可知,沥青混合料试件相应于第 5 级荷载回弹变形量的不确定度主要来自试件重复测量引入的不确定度,与沥青混合料试件相应于第 5 级荷载抗压强度的测量不确定度分析结论相同。由于平行试件存在不可避免的差异性及不均匀性,在各试件受到相同荷载压力时的回弹变形也存在离散性。

根据表 7-12 可知,沥青混合料抗压回弹模量的不确定度主要来自第 5 级荷载时的荷载压强和第 5 级荷载时的回弹变形量引入的不确定度。由测量不确定度的传播定律可知,在混合料抗压回弹模量的不确定度组成中,沥青混合料试件相应于第 5 级荷载时的荷载压强引入的相对合成测量不确定度为 1.345%;沥青混合料试件相应于第 5 级荷载时的回弹变形量引入的相对合成测量不确定度为 1.734%。前者对混合料抗压回弹模量不确定度的贡献占比约为 40%,后者约为 51%,而试件高度 h 引入的不确定度贡献占比仅为 9%,即在沥青混合料抗压回弹模量不确定度的贡献量中:$\Delta L_5(51\%) > q_5(40\%) > h(9\%)$。不确定度在合成的过程中具有累加的传播性质,因此,沥青混合料抗压回弹模量的不确定度主要来自试件内部材料组成的不均匀性。

第八章　水泥混凝土路面试验检测不确定度评定实例

水泥混凝土路面是指以水泥混凝土为主要材料做面层的路面，简称混凝土路面，亦称刚性路面。水泥混凝土路面有素混凝土、钢筋混凝土、连续配筋混凝土、预应力混凝土等各种路面。本章结合测量不确定度的评定方法，以硅酸盐水泥密度、水泥抗压强度、水泥混凝土抗弯拉强度、轴心抗压强度及劈裂强度为分析对象，主要介绍水泥密度及抗压强度、水泥混凝土抗弯拉、轴心抗压及劈裂强度等测量结果的不确定度评定实例。

第一节　硅酸盐水泥密度测量结果的不确定度评定

一、硅酸盐水泥密度试验方法及分析

根据《公路工程水泥及水泥混凝土试验规程》(JTG E30—2005)，硅酸盐水泥密度的试验步骤为：

(1)将无水煤油注入李氏瓶中，液面至0～1ml刻度线内(以弯月液面的下部为准)。盖上瓶塞并放入恒温水槽内，使刻度部分浸入水中(水温应控制在李氏瓶刻度上的温度)，恒温30min，记下第一次读数。

(2)从恒温水槽中取出李氏瓶，用滤纸将李氏瓶内零点以上没有煤油的部分仔细擦净。

(3)水泥预先通过0.9mm的方孔筛，在(110±5)℃温度下干燥1h，并且在干燥器内冷却至室温。称取水泥60g，精确至0.01g，用小匙借助洗净烘干的玻璃漏斗装入李氏瓶中，反复摇动，直至没有气泡排出，再次放入恒温水槽，在相同温度下恒温30min，记下第二次读数。

(4)两次读数时，恒温水槽温差不大于0.2℃。

二、硅酸盐水泥密度试验的测量分析

根据《公路工程水泥及水泥混凝土试验规程》(JTG E30—2005)规定，硅酸盐水泥密度的数学模型为：

$$\rho = 1000 \times \frac{P}{V} \tag{8-1}$$

$$V = V_2 - V_1 \tag{8-2}$$

式中：ρ——水泥的密度，kg/m^3；

P——装入密度瓶的水泥质量g；

V——在试验所确定温度条件下被水泥所排出的液体体积，即李氏密度瓶第二次读数 V_2 减去第一次读数 V_1，cm^3。

根据硅酸盐水泥的试验步骤，调节水箱温度为 20℃，进行 4 组平行试验，实测及计算结果见表 8-1。

水泥密度（李氏瓶法）试验结果　　表 8-1

试验次数	水泥质量 P（g）	李氏瓶液面读数		水泥所排出无水煤油的体积 V（cm^3）	密度 ρ（g/cm^3）
		初始（第一次）无水煤油体积的读数 V_1（cm^3）	装入水泥后无水煤油体积的读数 V_2（cm^3）		
1	60.00	0.2	20.0	19.8	3.03
2	60.00	0.4	20.3	19.9	3.02
3	60.00	0.3	20.3	19.7	3.05
4	60.00	0.2	20.1	19.9	3.02

三、硅酸盐水泥密度测量结果的不确定度评定

根据硅酸盐水泥试验过程和测量模型分析可知，水泥试验结果的测量不确定度为装入密度瓶的水泥质量 P，在试验所确定温度条件下被水泥所排出的液体体积 V 以及重复试验。根据不确定度的传播定律，采用相对标准不确定度表示，则硅酸盐水泥密度的合成标准不确定度为：

$$u_c(\rho)=\bar{\rho}\times\sqrt{u_{crel}(P)^2+u_{crel}(V)^2+u_{rel}(\bar{\rho})^2} \tag{8-3}$$

式中：$u_c(\rho)$——硅酸盐水泥密度的合成标准不确定度；

$\bar{\rho}$——水泥密度测量结果的平均值；

$u_{crel}(P)$——水泥试样烘干质量 P 的合成相对标准不确定度；

$u_{crel}(V)$——李氏瓶第二次读数减去第一次读数 V 的合成相对标准不确定度；

$u_{rel}(\bar{\rho})$——重复试验引入的相对标准不确定度。

1. 试样烘干质量 P 的标准不确定度

1）电子天平示值误差引入的不确定度

由说明书可知天平的示值误差为 ±0.01g，采用 B 类评定方法，以均匀分布估计，则由天平示值误差引入的标准不确定度为：

$$u(P)_1=\frac{a}{k}=\frac{0.01}{\sqrt{3}}=0.0058(\text{g})$$

2）电子天平最小分辨力引入的不确定度

根据《公路工程水泥及水泥混凝土试验规程》（JTG E30—2005）对李氏瓶法测量使用的天平要求为："称量 100g，感量不大于 0.01g"。取天平最大称量为 1000g，感量 0.01g 作为天平的最小分辨力计算其引入的不确定度。采用 B 类评定方法，以均匀分布估计，则由天平最小分辨力引入的标准不确定度为：

$$u(P)_2=\frac{a}{k}=\frac{0.005}{\sqrt{3}}=0.0029(\text{g})$$

当灵敏系数取 1 时,试样烘干质量的合成标准不确定度为:

$$u_c(P)=\sqrt{u(P)_1^2+u(P)_2^2}=0.0065(\mathrm{g})$$

以 $P=60\mathrm{g}$ 为烘干质量的期望值,则烘干质量的相对合成标准不确定度为:

$$u_{crel}(P)=\frac{u_c(P)}{P}=\frac{0.0065}{60}=0.0108\%$$

2. 李氏瓶第二次读数减去第一次读数 V 的标准不确定度

1)第一次读数 V_1 引入的标准不确定度

(1)最小分辨力引入的不确定度。

已知使用的李氏瓶的最小度数为 0.1ml,采用 B 类评定方法,则李氏瓶最小分辨力引入的标准不确定度为:

$$u(V_1)_1=\frac{a}{k}=\frac{0.1}{\sqrt{3}}=0.0577(\mathrm{ml})$$

(2)恒温水槽温差引入的标准不确定度。

考虑水温误差对液体体积变化的影响,规范要求试样在(20 ±0.2)℃的水温下测量试样、无水煤油及瓶的总质量,以 ±0.2℃为水温的波动误差。已知无水煤油的体积膨胀系数为 9.0×10^{-4}ml/℃,容量瓶的容积为 250ml,则水温误差导致的体积误差为:

$$\pm(250\times0.2\times9\times10^{-4})=\pm0.045(\mathrm{ml})$$

取李氏瓶液体体积误差的区间半宽度 $a=0.045\mathrm{ml}$,采用 B 类评定方法,以均匀分布估计,故水温误差引入的标准不确定度为:

$$u(V_1)_2=\frac{a}{k}=\frac{0.045}{\sqrt{3}}=0.026(\mathrm{ml})$$

以上影响体积变化的因素相互独立,当灵敏系数取 1 时,第一次读数 V_1 引入的合成标准不确定度为:

$$u_c(V_1)_3=\sqrt{u(V_1)_1^2+u(V_1)_2^2}=0.0633(\mathrm{ml})$$

V_1 读数的期望值为 250ml,则第一次读数 V_1 引入的相对标准不确定度为:

$$u_{rel}(V_1)_4=\frac{0.0633}{250}=0.0253\%$$

2)第二次读数 V_2 引入的标准不确定度

V_2 标准不确定度的评定与 V_1 标准不确定度的评定方法相同。因此 V_2 引入的相对标准不确定度为:

$$u_{rel}(V_2)=u_{rel}(V_1)_4=0.0253\%$$

灵敏系数取 1,则合成相对标准确定度为:

$$u_{crel}(V)=\sqrt{u_{rel}(V_1)_4{}^2+u_{rel}(V_2)^2}=0.0358\%$$

3. 重复试验引入的标准不确定度

根据表 8-1,采用 A 类评定方法,由贝塞尔公式求取硅酸盐水泥密度的标准偏差为:

$$\bar{\rho}=\frac{\sum_{k=1}^{n}\rho}{n}=3.03(\mathrm{g/cm^3})$$

$$u(\rho)=\sqrt{\frac{\sum_{k=1}^{n}(\rho-\bar{\rho})^2}{n-1}}=0.00817(g/cm^3)$$

则硅酸盐水泥密度的相对标准不确定度为：

$$u_{rel}(\bar{\rho})=\frac{0.00817}{3.03}=0.270\%$$

4. 硅酸盐水泥密度的不确定度分量汇总

根据以上对试件输入量标准不确定度的分析，列出水泥密度的标准不确定度分量，见表8-2。

水泥密度的标准不确定度分量　　表8-2

输入量 X_i	不确定度来源	标准(相对)不确定度 $u(x_i)$	期望值	相对不确定度分量 $u_{rel}(x_i)$,%	合成相对不确定度 $u_{crel}(y_i)$,%
装入密度瓶的水泥 P 质量	烘干质量 P	0.0065g	60	0.0108	0.0108
在试验所确定温度条件下被水泥所排出的液体体积 V	第一次读数	0.0633ml	250	0.0253	0.0358
	第二次读数	0.0633ml	250	0.0253	
测量重复性	重复测量	0.00817g/cm³	—	0.270	0.270

5. 计算合成标准不确定度

根据式(8-3)，水泥密度的相对合成标准不确定度为：

$$u_{crel}(\rho)=\bar{\rho}\times\sqrt{u_{crel}(P)^2+u_{crel}(V)^2+u_{rel}(\bar{\rho})^2}=0.0083(g/cm^3)$$

6. 扩展不确定度

取包含因子 $k=2$，则水泥密度的扩展不确定度为：

$$U=ku_{crel}(\rho)=0.0166\approx0.02(g/cm^3)$$

则水泥密度测量结果的测量不确定度报告可表示为：

$$\rho=3.03g/cm^3, U=0.02g/cm^3, k=2$$

第二节　水泥抗压强度测量结果的不确定度评定

一、水泥抗压强度试验方法及分析

根据《水泥胶砂强度检验方法(ISO 法)》(GB/T 17671—1999)，水泥抗压强度的试验步骤为：

(1)本次试验，水泥采用硅酸盐水泥；

(2)试件按照1份水泥、3份中国标准砂，0.5的水胶比成型，养生条件为标准养生，不考虑标准砂，抗压时温度及加荷速率影响；

(3)3d后试件在300kN，精度为±1%的带有自动记录结果的压力机上以2400N/s±200N/s的速率进行抗压强度测试。

二、水泥抗压强度试验测量分析

依据《水泥胶砂强度检验方法(ISO 法)》(GB/T 17671—1999),水泥抗压强度的数学模型为:

$$R_c = \frac{F_c}{A} \tag{8-4}$$

$$A = b \times h \tag{8-5}$$

式中:R_c——水泥抗压强度;

F_c——破坏时的最大荷载;

A——受压部分面积。

根据水泥抗压强度的试验步骤,利用 MTS 进行 12 组平行试验,水泥受压面积为 $1600mm^2$,结合水泥抗压强度的数学模型,实测及计算结果见表 8-3。

水泥抗压强度试验结果　　表 8-3

序　号	破坏荷载(kN)	抗压强度(MPa)
1	39.07	24.42
2	37.71	23.57
3	40.57	25.36
4	39.03	24.39
5	41.75	26.09
6	37.92	23.70
7	38.12	23.82
8	37.96	23.72
9	39.03	24.39
10	37.92	23.70
11	40.21	25.13
12	40.11	25.07
平均值	39.02	24.45

三、水泥抗压强度测量结果的不确定度评定

分析以上试验步骤与数学模型可知,水泥抗压强度的不确定度来源主要是最大荷载误差、试件宽度 b 和试件高度 h 的测量误差以及试件破坏荷载平行试验的离散性。根据不确定度的传播定律,当采用相对标准不确定度表示,水泥抗压强度的合成标准不确定度可表示为:

$$u_c(R_c) = \overline{R_c} \times \sqrt{u_{crel}(F_C)^2 + u_{crel}(b)^2 + u_{crel}(h)^2 + u_{rel}(\overline{F_c})^2} \tag{8-6}$$

式中:$u_c(R_c)$——水泥抗压强度的合成标准不确定度;

$\overline{R_c}$——水泥抗压强度测量结果的平均值;

$u_{crel}(F_c)$——试件所受最大荷载即破坏荷载的合成相对标准不确定度;

$u_{crel}(b)$——试件宽度 b 的合成相对标准不确定度;

$u_{crel}(h)$——试件高度 h 的合成相对标准不确定度；

$u_{rel}(\overline{F_c})$——试件离散性引入的相对标准不确定度。

1. 最大荷载 F_c 的测量不确定度

1)仪器校准的不确定度 $u_{rel}(F_c)_1$

仪器校准的扩展不确定度 $U_{95}=0.2\%$，以正态分布估计，标准不确定度为：

$$u_{rel}(F_c)_1=\frac{0.2\%}{2}=0.1\%$$

2)仪器的测量不确定度 $u_{rel}(F_c)_2$

仪器的测量不确定度 $U_{95}=1.0\%$，同样以正态分布估计，标准不确定度为：

$$u_{rel}(F_c)_2=\frac{1.0\%}{2}=0.5\%$$

3)读数不确定度 $u_{rel}(F_c)_3$

采用满刻度为300kN、分度值为0.2kN的试验机，若读数引入的最大误差为±0.1kN，相对值估计±0.033%，测得试件最大破坏荷载为41.75kN，其读数的最大误差为±0.21%。

假定读数误差为均匀分布，则标准不确定度为：

$$u_{rel}(F_c)_3=\frac{2.1\%}{\sqrt{3}}=0.121\%$$

参考第六章第一节的分析，当灵敏系数取1时，最大破坏荷载的不确定度为：

$$u_{crel}(F_c)=\sqrt{u_{rel}(F_c)_1{}^2+u_{rel}(F_c)_2{}^2+u_{rel}(F_c)_3{}^2}=0.524\%$$

2. 试件宽度 b 的标准不确定度

(1)千分尺进行测量生产的不确定度 $u(b)$，已知千分尺的最大允许误差为±0.25μm，以均匀分布估计，则：

$$u(b)_1=\frac{a}{k}=\frac{0.25}{\sqrt{3}}=0.144(\mu m)$$

(2)由操作者引入的测量不确定度，测量的最大误差为±0.2mm，以均匀分布估计，则：

$$u(b)_2=\frac{a}{k}=\frac{0.2}{\sqrt{3}}=0.115(mm)$$

由以上两者引起的不确定度可知：千分尺的测量不确定度相对于操作者引入的测量不确定度可忽略不计，取灵敏系数为1，则合成后的标准不确定度为：

$$u(b)\approx u(b)_2=0.115(mm)$$

合成相对标准不确定度为：

$$u_{crel}(b)=\frac{0.115}{40}=0.288\%$$

3. 试件高度 h 的标准不确定度

(1)使用千分尺测量产生的不确定度 $u(h)$，已知千分尺的最大允许误差为±0.25μm，以均匀分布估计，则：

$$u(h)_1=\frac{a}{k}=\frac{0.25}{\sqrt{3}}=0.144(\mu m)$$

(2)由操作者引入的测量不确定度测量的最大误差为±0.2mm,以均匀分布估计,则:

$$u(h)_2=\frac{a}{k}=\frac{0.2}{\sqrt{3}}=0.115(\mathrm{mm})$$

由以上两者引起的不确定度可知:千分尺的测量不确定度相对于操作者引入的测量不确定度可忽略不计,取灵敏系数为1,则合成后的标准不确定度为:

$$u(h)\approx u(h)_2=0.115(\mathrm{mm})$$

合成相对标准不确定度为:

$$u_{\mathrm{crel}}(h)=\frac{0.115}{40}=0.288\%$$

4.试件的离散性引起的不确定度

试件的抗压强度由12个平行试件确定,故试件的离散性引入的测量不确定度为12个试件的极限荷载值。根据表8-3,采用A类评定方法,由贝塞尔公式计算的标准差为:

$$s(F_{\mathrm{c}})=\sqrt{\frac{\sum_{i=1}^{n}(F_{\mathrm{c}}-\overline{F_{\mathrm{c}}})^2}{n-1}}=1.11(\mathrm{kN})$$

标准不确定度为:

$$u(F_{\mathrm{c}})=\frac{1.11}{\sqrt{12}}=0.32(\mathrm{kN})$$

离散性相对标准不确定度为:

$$u_{\mathrm{crel}}(F_{\mathrm{c}})=\frac{0.32}{39.02}=0.82\%$$

5.列出不确定度分量汇总表

水泥抗压强度的标准不确定度分量汇总见表8-4。

水泥抗压强度标准不确定度分量汇总表 表8-4

输入量 X_i	不确定度来源	标准不确定度 $u(x_i)$	期望值	相对标准不确定度分量 $u_{\mathrm{rel}}(x_i)$	合成标准相对不确定度 $u_{\mathrm{crel}}(y_i)$
破坏荷载 F_{c}	示值误差	—	39.02kN	0.1%	0.524%
	校准引入	—		0.5%	
	读数误差	0.1kN		0.121%	
试件宽度 b	允许误差	0.144μm	40mm	0.288%	0.288%
	读数误差	0.115mm			
试件高度 h	允许误差	0.144μm	40mm	0.288%	0.288%
	读数误差	0.115mm			
试件离散性	试件差异性	1.11kN	39.02kN	0.82%	0.82%

6.计算合成标准不确定度

由表(8-3)知,$\overline{R_{\mathrm{c}}}$的测量结果为24.45MPa。根据式(8-6),水泥抗压强度的合成标准不确定度可表示为:

$$u_c(R_c)=\overline{R_c}\times\sqrt{u_{crel}(F_c)^2+u_{crel}(b)^2+u_{crel}(h)^2+u_{rel}(\overline{F_c})^2}$$
$$=24.45\times\sqrt{(0.524\%)^2+(0.288\%)^2+(0.288\%)^2+(0.82\%)^2}$$
$$=24.45\times1.05\%\approx0.26(\text{MPa})$$

7. 计算扩展不确定度

取包含因子 $k=2$，则水泥抗压强度的扩展不确定度为：

$$U=ku_c(R_c)=0.52(\text{MPa})$$

则水泥抗压强度的测量不确定度报告可表示为：

$$R_c=24.45\text{MPa},U=0.52\text{MPa},k=2$$

根据表 8-4 分析可知，水泥抗压强度测量不确定度的主要影响因素为试件的离散性。

第三节　水泥混凝土抗弯拉强度测量结果的不确定度评定

一、水泥混凝土抗弯拉强度试验方法及分析

根据《公路工程水泥及水泥混凝土试验规程》(JTG E30—2005)，水泥混凝土抗弯拉强度的试验步骤为：

(1)试件取出后，用湿毛巾覆盖并及时进行试验，保持试件干湿状态不变。在试件中部量出其宽度和高度，精确至 1mm。

(2)调整两个可移动支座，将试件安放在支座上，试件成型时的侧面朝上，几何对中后，务必使支座及承压面与活动船形垫块的接触面平稳、均匀，否则应垫平。

(3)加荷时，应保持均匀、连续。当混凝土的强度等级小于 C30 时，加荷速度为 0.02～0.05MPa/s；当混凝土的强度等级大于等于 C30 且小于 C60 时，加荷速度为 0.05～0.08MPa/s；当混凝土的强度等级大于等于 C60 时，加荷速度为 0.08～0.10MPa/s。当试件接近破坏而开始迅速变形时，不得调整试验机油门，直至试件破坏，记下破坏极限荷载 F(N)。

(4)记录下最大荷载和试件下边缘断裂的位置。

二、水泥混凝土抗弯拉强度试验的测量分析

根据《公路工程水泥及水泥混凝土试验规程》(JTG E30—2005)规定，水泥混凝土抗弯拉强度的数学模型为：

$$f_f=\frac{FL}{bh^2} \tag{8-7}$$

式中：f_f——抗弯拉强度，MPa；

F——极限荷载，N；

L——支座间距离，mm；

b——试件宽度，mm；

h——试件高度，mm。

根据抗弯拉强度的试验步骤，利用 MTS 进行 6 组平行试验，结合抗弯拉强度的计算公式，

实测及计算结果见表 8-5。

抗弯拉强度试验结果 表 8-5

序号	1	2	3	4	5	6	平均值
破坏荷载(kN)	38.33	38.51	40.05	41.08	36.82	38.65	38.91
抗弯拉强度(MPa)	5.11	5.13	5.34	5.48	4.91	5.15	5.19

三、抗弯拉强度测量结果的不确定度评定

分析以上试验步骤与计算公式可知,水泥混凝土抗弯拉强度的不确定度来源主要是 MTS 的示值与量值误差、试件宽度 b、高度 h 及跨距 L 的测量误差以及试件破坏荷载平行试验的离散性。根据不确定度的传播定律,采用相对标准不确定度表示,水泥混凝土抗弯拉强度的合成标准不确定度可表示为:

$$u_c(f_f)=\bar{f_f}\times\sqrt{u_{crel}(F)^2+u_{crel}(b)^2+u_{crel}(h)^2+u_{crel}(L)^2+u_{rel}(\bar{F})^2} \tag{8-8}$$

式中:$u_c(f_f)$——水泥混凝土抗弯拉强度的合成标准不确定度;

$\bar{f_f}$——弯拉强度测量结果的平均值;

$u_{crel}(F)$——试件所受最大荷载即破坏荷载的合成相对标准不确定度;

$u_{crel}(b)$——试件宽度 b 的合成相对标准不确定度;

$u_{crel}(h)$——试件高度 h 的合成相对标准不确定度;

$u_{crel}(L)$——试件跨径 L 的合成相对标准不确定度;

$u_{rel}(\bar{F})$——试件离散性引入的相对标准不确定度。

1. 破坏荷载 F 的标准不确定度

1)试验机示值误差引入的不确定度

MTS 试验机的示值相对最大允许误差为 ±0.5%,采用 B 类评定方法,按均匀分布估计,则其相对标准不确定度为:

$$u_{rel}(F)_1=\frac{a}{k}=\frac{0.5\%}{\sqrt{3}}=0.289\%$$

2)标准测力仪校准引入的不确定度

试验机采用 0.3 级标准测力仪进行鉴定,该校准源的不确定度为 0.3%,置信因子 $k=2$,采用 B 类评定方法,则由标准测力仪校准引入的相对标准不确定度为:

$$u_{rel}(F)_2=\frac{a}{k}=\frac{0.3\%}{2}=0.15\%$$

3)最小分辨力引入的不确定度

试验机荷载读数的分度值为 0.1kN,采用 B 类评定方法,按均匀分布估计,则最小分辨力引入的标准不确定度为:

$$u(F)_3=\frac{a}{k}=\frac{0.05}{\sqrt{3}}=0.0289(\text{kN})$$

以试验均值 38.91kN 为试件破坏荷载的期望值,则由最小分辨力引入的相对标准不确定度为:

$$u_{rel}(F)_3=\frac{0.0289}{38.91}=0.0743\%$$

以上各影响量之间相互独立，当灵敏系数取1时，水泥混凝土抗弯拉破坏荷载 F 由试验机引入的合成相对标准不确定度为：

$$u_{crel}(F)=\sqrt{u_{rel}(F)_1^2+u_{rel}(F)_2^2+u_{rel}(F)_3^2}=0.334\%$$

2.试件宽度 b 及高度 h 的标准不确定度

1）直尺测量引入的不确定度

采用钢制直尺测量试件直径，直尺的最大允许误差为±0.1mm，采用B类评定方法，按均匀分布估计，则直尺测量引入的标准不确定度为：

$$u(D)_1=\frac{a}{k}=\frac{0.1}{\sqrt{3}}=0.0577(\text{mm})$$

2）最小分辨力引入的不确定度

钢直尺的最小分辨力为1mm，采用B类评定方法，按均匀分布估计，则由最小分辨力引入的标准不确定度为：

$$u(D)_2=\frac{a}{k}=\frac{0.5}{\sqrt{3}}=0.289(\text{mm})$$

以上两个影响量之间相互独立，当灵敏系数取1时，试件宽度 b 及高度 h 的合成标准不确定度为：

$$u_c(D)=\sqrt{u(D)_1^2+u(D)_2^2}=0.295(\text{mm})$$

以150mm为试件宽度（高度）的期望值，则试件宽度（高度）的相对标准不确定度为：

$$u_{crel}(b)=u_{crel}(h)=\frac{0.295}{150}=0.197\%$$

3.试件跨距 L 的标准不确定度

进行弯拉强度试验时，由于加载需要将试件放置于相应的夹具上，根据规范要求确定好450mm的跨距，跨距由试验夹具来控制。根据加工公差控制为±1mm，以均匀分布估计，当灵敏系数取1时，试件跨距的合成标准不确定度为：

$$u_{crel}(L)=\frac{1}{\sqrt{3}}=0.5774(\text{mm})$$

以450mm为试件跨距的期望值，则试件跨距的相对标准不确定度为：

$$u_{crel}(L)=\frac{0.5774}{450}=0.13\%$$

4.试件的离散性引入的不确定度

试件的弯拉强度由6个平行试件确定，故试件的离散性引入的测量不确定度为6个试件的破坏荷载值。根据表8-5，采用A类评定方法，由贝塞尔公式计算的标准差为：

$$\overline{F}=\frac{\sum_{k=1}^{n}F}{n}=38.91(\text{kN})$$

$$u(F)=\sqrt{\frac{\sum_{k=1}^{n}(F-\overline{F})}{n-1}}=1.479(\text{kN})$$

以一组6个试件进行平行试验，则由试件的离散性引入的标准不确定度为：

$$u(\overline{F})=\frac{u(F)}{\sqrt{n}}=\frac{1.479}{\sqrt{6}}=0.604(\text{kN})$$

相对标准不确定度为：

$$u_{\text{rel}}(\overline{F})=\frac{0.604}{38.91}=1.55\%$$

5. 列出不确定度分量汇总表

水泥混凝土抗弯拉强度的标准不确定度分量汇总见表8-6。

弯拉强度标准不确定度分量汇总表　　表8-6

输入量 X_i	不确定度来源	标准不确定度 $u(x_i)$	期望值	相对标准不确定度分量 $u_{\text{rel}}(x_i)$	合成相对标准不确定度 $u_{\text{crel}}(y_i)$
破坏荷载 F	示值误差	—	38.91kN	0.289%	0.435%
	校准引入	—		0.15%	
	读数误差	0.00289kN		0.289%	
试件宽度 b	允许误差	0.0577mm	150mm	0.197%	0.197%
	读数误差	0.289mm			
试件高度 h	允许误差	0.0577mm	150mm	0.197%	0.197%
	读数误差	0.289mm			
试件跨距 L	加工公差	0.5774mm	450mm	0.13%	0.13%
试件离散性		1.479kN	38.91kN	1.55%	1.55%

6. 计算合成标准不确定度

根据公式(8-6)，水泥混凝土抗弯拉强度的合成标准不确定度可表示为：

$$\begin{aligned}u_{\text{c}}(f_{\text{f}})&=\overline{f_{\text{f}}}\times\sqrt{u_{\text{crel}}(F)^2+u_{\text{crel}}(b)^2+u_{\text{crel}}(h)^2+u_{\text{crel}}(L)^2+u_{\text{rel}}(\overline{F})^2}\\&=38.91\times\sqrt{(0.435\%)^2+(0.197\%)^2+(0.197\%)^2+(0.13\%)^2+(1.55\%)^2}\\&=0.638(\text{MPa})\end{aligned}$$

7. 计算扩展不确定度

取包含因子 $k=2$，则水泥混凝土抗弯拉强度的扩展不确定度为：

$$U=ku_{\text{c}}(f_{\text{f}})=1.276\approx1.28(\text{MPa})$$

则水泥混凝土抗弯拉强度的测量不确定度报告可表示为：

$$f_{\text{f}}=38.91\text{MPa},U=1.28\text{MPa},k=2$$

第四节　水泥混凝土轴心抗压强度测量结果的不确定度评定

一、水泥混凝土轴心抗压强度试验方法及分析

根据《公路工程水泥及水泥混凝土试验规程》(JTG E30—2005),水泥混凝土轴心抗压强度的试验步骤为:

(1)圆柱试件在试验前,务必进行端面整平。

(2)在破型前,保持试件原有湿度,在试验时擦干试件。测量其尺寸及外观。首先测量沿试件高度中央部位相互垂直的两个方向的直径,分别记为 d_1,d_2,再分别测量相互垂直两个方向直径端点的四个高度。

(3)将试件置于上下压板之间,试件轴中心应与压力机几何对中。

(4)强度等级小于 C30 的混凝土取 0.3 ~0.5MPa/s 的加荷速度;强度等级大于 C30 小于 C60 时,则取 0.5 ~0.8MPa/s 的加荷速度;强度等级大于 C60 的混凝土取 0.8 ~1.0MPa/s 的加荷速度。当试件接近破坏而开始迅速变形时,应停止调整试验机油门,直至试件破坏,记下破坏极限荷载 F(N)。

二、水泥混凝土轴心抗压强度试验的测量分析

根据《公路工程水泥及水泥混凝土试验规程》(JTG E30—2005)规定,水泥混凝土轴心抗压强度的数学模型为:

$$f_{cc} = \frac{4F}{\pi d^2} \tag{8-9}$$

$$d = \frac{d_1 + d_2}{2} \tag{8-10}$$

式中:f_{cc}——混凝土圆柱体抗压强度,MPa;

F——极限荷载,N;

d——试件计算直径,mm;

d_1,d_2——两个垂直方向的直径,精确至 0.1mm。

根据轴心抗压强度的试验步骤,利用压力试验机进行 10 组平行试验,结合抗压强度的数学模型,实测及计算结果见表 8-7。

轴心抗压强度试验结果　　表 8-7

序　号	极限荷载(kN)	抗压强度(MPa)
1	206.8	12.52
2	289.4	15.64
3	245.3	13.21
4	199.5	11.09
5	238.3	14.54

续上表

序　　号	极限荷载(kN)	抗压强度(MPa)
6	256.1	14.38
7	255.3	13.29
8	195.8	11.25
9	199.2	12.51
10	289.1	15.89
平均值	237.48	13.43

三、轴心抗压强度测量结果的不确定度评定

分析以上试验步骤与数学模型可知,水泥混凝土轴心抗压强度的不确定度来源主要是压力试验机的示值与量值误差、直径 d 的测量误差以及试件破坏荷载平行试验的离散性。根据不确定度的传播定律,当采用相对标准不确定度表示,水泥混凝土轴心抗压强度的合成标准不确定度可表示为:

$$u_c(f_{cc}) = \overline{f_{cc}} \times \sqrt{u_{crel}(F)^2 + u_{crel}(d)^2 + u_{rel}(\overline{F})^2} \tag{8-11}$$

式中:$u_c(f_{cc})$——水泥混凝土轴心抗压强度的合成标准不确定度;

$\overline{f_{cc}}$——轴心抗压强度测量结果的平均值;

$u_{crel}(F)$——极限荷载的合成相对标准不确定度;

$u_{crel}(d)$——试件直径 d 的合成相对标准不确定度;

$u_{rel}(\overline{F})$——试件离散性引入的相对标准不确定度。

1. 极限荷载 F 的标准不确定度

1)试验机示值误差引入的不确定度

压力试验机的示值相对最大允许误差为 ±0.5%,采用 B 类评定方法,按均匀分布估计,则其相对标准不确定度为:

$$u_{rel}(F)_1 = \frac{a}{k} = \frac{0.5\%}{\sqrt{3}} = 0.289\%$$

2)标准测力仪校准引入的不确定度

试验机采用 0.3 级标准测力仪进行鉴定,该校准源的不确定度为 0.3%,置信因子 $k=2$,采用 B 类评定方法,则由标准测力仪校准引入的相对标准不确定度为:

$$u_{rel}(F)_2 = \frac{a}{k} = \frac{0.3\%}{2} = 0.15\%$$

3)最小分辨力引入的不确定度

试验机荷载读数的分度值为 0.1kN,采用 B 类评定方法,按均匀分布估计,则最小分辨力引入的标准不确定度为:

$$u(F)_3 = \frac{a}{k} = \frac{0.005}{\sqrt{3}} = 0.00289(\text{kN})$$

以试验均值235.0kN为试件极限荷载的期望值,则由最小分辨力引入的相对标准不确定度为:

$$u_{rel}(F)_3 = \frac{0.00289}{235.0} = 0.0012\%$$

以上各影响量之间相互独立,当灵敏系数取1时,水泥混凝土轴心抗压极限荷载 F 由试验机引入的合成相对标准不确定度为:

$$u_{crel}(F) = \sqrt{u_{rel}(F)_1^2 + u_{rel}(F)_2^2 + u_{rel}(F)_3^2} = 0.325\%$$

2. 试件直径 d 的标准不确定度

1)直尺测量引入的不确定度

采用钢制直尺测量试件直径,直尺的最大允许误差为±0.1mm,采用B类评定方法,按均匀分布估计,则直尺测量引入的标准不确定度为:

$$u(d)_1 = \frac{a}{k} = \frac{0.1}{\sqrt{3}} = 0.0577(\text{mm})$$

2)最小分辨力引入的不确定度

钢直尺的最小分辨力为1mm,采用B类评定方法,按均匀分布估计,则由最小分辨力引入的标准不确定度为:

$$u(d)_2 = \frac{a}{k} = \frac{0.5}{\sqrt{3}} = 0.289(\text{mm})$$

以上两个影响量之间相互独立,当灵敏系数取1时,水泥混凝土试件直径 d 合成标准不确定度为:

$$u_c(d) = \sqrt{u(d)_1^2 + u(d)_2^2} = 0.295(\text{mm})$$

以150mm为试件直径的期望值,则试件高度引入的相对标准不确定度为:

$$u_{crel}(d) = \frac{u_c(d)}{150} = \frac{0.295}{150} = 0.197\%$$

3. 试件的离散性引入的不确定度

试件的抗压强度由10个平行试件确定,故试件的离散性引入的测量不确定度为10个试件的极限荷载值。根据表8-7,采用A类评定方法,由贝塞尔公式计算的标准差为:

$$\overline{F} = \frac{\sum_{k=1}^{n} F}{n} = 237.48(\text{kN})$$

$$u(F) = \sqrt{\frac{\sum_{k=1}^{n}(F - \overline{F})}{n-1}} = 36(\text{kN})$$

以一组10个试件进行平行试验,则由试件的离散性引入的标准不确定度为:

$$u(\overline{F})=\frac{u(F)}{\sqrt{n}}=\frac{36}{\sqrt{10}}=11.38(\mathrm{kN})$$

相对标准不确定度为：

$$u_{\mathrm{rel}}(\overline{F})=\frac{11.38}{235.0}=4.843\%$$

4. 列出不确定度分量汇总表

水泥混凝土轴心抗压强度的标准不确定度分量汇总见表8-8。

抗压强度标准不确定度分量汇总表　　表8-8

输入量 X_i	不确定度来源	标准不确定度 $u(x_i)$	期望值	相对标准不确定度分量 $u_{\mathrm{rel}}(x_i)$	合成相对标准不确定度 $u_{\mathrm{crel}}(y_i)$
极限荷载 F	示值误差	—	235.0kN	0.289%	0.325%
	校准引入	—		0.15%	
	读数误差	0.00289kN		0.0012%	
试件直径 d	允许误差	0.0577mm	150mm	0.197%	0.197%
	读数误差	0.289mm			
试件离散性	试件差异性	11.38kN	235.0kN	4.843%	4.843%

5. 计算合成标准不确定度

根据式(8-8)，水泥混凝土轴心抗压强度的合成标准不确定度为：

$$\begin{aligned}u_{\mathrm{c}}(f_{\mathrm{cc}})&=\overline{f_{\mathrm{cc}}}\times\sqrt{u_{\mathrm{crel}}(F)^2+u_{\mathrm{crel}}(d)^2+u_{\mathrm{rel}}(\overline{F})^2}\\&=13.43\times\sqrt{(0.325\%)^2+(0.197\%)^2+(4.843\%)^2}\\&=0.652(\mathrm{MPa})\end{aligned}$$

6. 计算扩展不确定度

取包含因子 $k=2$，则水泥混凝土轴心抗压强度的扩展不确定度为：

$$U=ku_{\mathrm{c}}(f_{\mathrm{cc}})=1.304\approx1.30(\mathrm{MPa})$$

故水泥混凝土轴心抗压强度的测量不确定度报告可表示为：

$$f_{\mathrm{cc}}=13.43\mathrm{MPa},U=1.30\mathrm{MPa},k=2$$

第五节　水泥混凝土劈裂强度测量结果的不确定度评定

一、水泥混凝土劈裂强度试验及分析

根据《公路工程水泥及水泥混凝土试验规程》(JTG E30—2005)，水泥混凝土圆柱体劈裂强度的试验步骤为：

(1)准备尺寸为150mm×300mm的圆柱体试件，将已浸水一昼夜的试件从水中取出，用软布吸去试件表面的可见自由水，并称试件的质量。

(2)在试件中部划出劈裂面位置线。圆柱体的母线公差为0.15mm，这两条线应位于同一轴向平面内,彼此相对,两条线的末端在试件的端面上相连,并通过圆心的直径,以明确标明承压面。将试件、劈裂夹具、垫条和垫层放在压力机上,借助夹具两侧杆,将试件对中。启动压力机,当压力机压板与夹具垫条接近时,调整球座使压力均匀接触试件。当压力达到 5kN 时,将夹具的侧杆抽掉。

(3)当混凝土的强度等级小于 C30 时,加荷速度为 0.02 ~0.05MPa/s;当混凝土的强度等级大于等于 C30 且小于 C60 时,加荷速度为 0.05 ~0.08MPa/s;当混凝土的强度等级大于等于 C60 时,加荷速度为 0.08 ~0.10MPa/s。当试件接近破坏而开始迅速变形时,不得调整试验机油门,直至试件破坏,记下破坏极限荷载 F(N)。

二、水泥混凝土劈裂强度试验的测量分析

根据《公路工程水泥及水泥混凝土试验规程》(JTG E30—2005)规定,对于大试件,水泥混凝土劈裂强度的数学模型为:

$$f_{ct} = \frac{2F}{\pi d_m \times l_m} \tag{8-12}$$

式中:f_{ct}——圆柱体劈裂抗拉强度,MPa;

F——极限荷载,N;

d_m——圆柱体截面的平均直径,mm;

l_m——圆柱体平均长度,mm。

根据劈裂强度的试验步骤,利用压力试验机进行 12 组平行试验,结合劈裂强度的数学模型,实测及计算结果见表 8-9。

劈裂强度试验结果 表 8-9

序　　号	破坏荷载(N)	劈裂强度(MPa)
1	201.58	2.65
2	252.35	1.86
3	199.82	2.85
4	231.45	3.21
5	254.21	2.16
6	178.25	2.59
7	223.14	1.96
8	226.30	1.85
9	201.85	2.36
10	189.19	2.58
11	222.92	2.63
12	241.03	2.65
平均值	218.51	2.45

三、劈裂强度测量不确定度的评定

分析以上试验步骤与数学模型可知,水泥混凝土劈裂强度的不确定度来源主要是压力试

验机的示值与量值误差、圆柱体平均长度 l_m、圆柱体截面平均的直径 d_m 的测量误差以及试件破坏荷载平行试验的离散性。根据不确定度的传播定律，当采用相对标准不确定度表示，水泥混凝土劈裂强度的合成标准不确定度可表示为：

$$u_c(f_{ct}) = \bar{f}_{ct} \times \sqrt{u_{crel}(F)^2 + u_{crel}(d_m)^2 + u_{crel}(l_m)^2 + u_{rel}(\bar{F})^2} \tag{8-13}$$

式中：$u_c(f_{ct})$——水泥混凝土劈裂强度的合成标准不确定度；

$\bar{f}_{ct}$——劈裂强度测量结果的平均值；

$u_{crel}(F)$——破坏极限荷载的合成相对标准不确定度；

$u_{crel}(d_m)$——试件直径的合成相对标准不确定度；

$u_{crel}(l_m)$——试件长度的合成相对标准不确定度；

$u_{rel}(\bar{F})$——试件离散性引入的相对标准不确定度。

1. 破坏极限荷载 F 的标准不确定度

1）试验机示值误差引入的不确定度

试验机的示值相对最大允许误差为 ±0.5%，采用 B 类评定方法，按均匀分布估计，则其相对标准不确定度为：

$$u_{rel}(F)_1 = \frac{a}{k} = \frac{0.5\%}{\sqrt{3}} = 0.289\%$$

2）标准测力仪校准引入的不确定度

试验机采用 0.3 级标准测力仪进行鉴定，该校准源的不确定度为 0.3%，置信因子 $k = 2$，采用 B 类评定方法，则由标准测力仪校准引入的相对标准不确定度为：

$$u_{rel}(F)_2 = \frac{a}{k} = \frac{0.3\%}{2} = 0.15\%$$

3）最小分辨力引入的不确定度

试验机荷载读数的分度值为 0.1kN，采用 B 类评定方法，按均匀分布估计，则最小分辨力引入的标准不确定度为：

$$u(F)_3 = \frac{a}{k} = \frac{0.005}{\sqrt{3}} = 0.00289(\text{kN})$$

以试验均值 235.0kN 为试件破坏荷载的期望值，则由最小分辨力引入的相对标准不确定度为：

$$u_{rel}(F)_3 = \frac{0.00289}{235.0} = 0.0012\%$$

以上各影响量之间相互独立，当灵敏系数取 1 时，水泥混凝土劈裂破坏荷载 P 由试验机引入的合成相对标准不确定度为：

$$u_{crel}(F) = \sqrt{u_{rel}(F)_1^2 + u_{rel}(F)_2^2 + u_{rel}(F)_3^2} = 0.325\%$$

2. 试件截面平均直径 d_m 和圆柱体平均长度 l_m 的标准不确定度

1）直尺测量引入的不确定度

采用钢制直尺测量试件直径，直尺的最大允许误差为 ±0.1mm，采用 B 类评定方法，按均匀分布估计，则直尺测量引入的标准不确定度为：

$$u(D)_1=\frac{a}{k}=\frac{0.1}{\sqrt{3}}=0.0577(\mathrm{mm})$$

2)最小分辨力引入的不确定度

钢直尺的最小分辨力为1mm,采用B类评定方法,按均匀分布估计,则由最小分辨力引入的标准不确定度为:

$$u(D)_2=\frac{a}{k}=\frac{0.5}{\sqrt{3}}=0.289(\mathrm{mm})$$

以上两个影响量之间相互独立,当灵敏系数取1时,水泥混凝土试件截面平均直径 d_m 和圆柱体平均长度 l_m 合成标准不确定度为:

$$u_c(D)=\sqrt{u(D)_1^2+u(D)_2^2}=0.295(\mathrm{mm})$$

以150mm为试件直径的期望值,则试件高度引入的相对标准不确定度为:

$$u_{crel}(d_m)=\frac{u_c(D)}{150}=\frac{0.295}{150}=0.197\%$$

以300mm为试件长度的期望值,则试件长度引入的相对标准不确定度为:

$$u_{crel}(l_m)=\frac{u_c(D)}{300}=\frac{0.295}{300}=0.098\%$$

3.试件的离散性引入的不确定度

试件的劈裂强度由12个平行试件确定,故试件的离散性引入的测量不确定度为12个试件的破坏荷载值。根据表8-9,采用A类评定方法,由贝塞尔公式计算的标准差为:

$$\overline{F}=\frac{\sum_{k=1}^{n}p}{n}=218.51(\mathrm{N})$$

$$u(F)=\sqrt{\frac{\sum_{k=1}^{n}(p-\overline{p})}{n-1}}=48.82(\mathrm{N})$$

以一组12个试件进行平行试验,则由试件的离散性引入的标准不确定度为:

$$u(\overline{F})=\frac{u(F)}{\sqrt{n}}=\frac{48.82}{\sqrt{12}}=14.09(\mathrm{N})$$

相对标准不确定度为:

$$u_{rel}(\overline{F})=\frac{14.09}{218.51}=6.448\%$$

4.列出不确定度分量汇总表

水泥混凝土劈裂强度的标准不确定度分量见表8-10。

水泥混凝土劈裂强度的标准不确定度分量汇总表　　表 8-10

输入量 X_i	不确定度来源	标准不确定度 $u(x_i)$	期望值	相对标准不确定度分量 $u_{rel}(x_i)$	合成相对标准不确定度 $u_{crel}(y_i)$
破坏极限荷载 F	示值误差	—	235kN	0.289%	0.325%
	校准引入	—		0.15%	
	读数误差	0.00289kN		0.0012%	
试件高度 d_m	允许误差	0.0577mm	150mm	0.197%	0.197%
	读数误差	0.289mm			
试件长度 l_m	允许误差	0.0577mm	300mm	0.098%	0.098%
	读数误差	0.289mm			
试件离散性	试件差异性	14.09N	218.51N	6.448%	6.448%

5.计算合成标准不确定度

根据式(8-10),泥混凝土劈裂强度的合成标准不确定度为：

$$
\begin{aligned}
u_c(f_{ct}) &= \bar{f}_{ct} \times \sqrt{u_{crel}(F)^2 + u_{crel}(d_m)^2 + u_{crel}(l_m)^2 + u_{rel}(\bar{F})^2} \\
&= 2.45 \times \sqrt{(0.325\%)^2 + (0.197\%)^2 + (0.098\%)^2 + (6.448\%)^2} \\
&= 0.158(\text{MPa})
\end{aligned}
$$

6.计算扩展不确定度

取包含因子 $k=2$,则水泥混凝土劈裂强度的扩展不确定度为：

$$U = ku_c(f_{ct}) = 0.32(\text{MPa})$$

故水泥混凝土劈裂强度的测量不确定度报告可表示为：

$$f_{ct} = 2.45\text{MPa}, U = 0.32\text{MPa}, k = 2$$

第九章　桥涵结构物试验检测不确定度评定实例

桥梁一般指架设在江河湖海上，使车辆行人等能顺利通行的构筑物，是跨越障碍的主要结构。涵洞一般用于跨越天然沟谷、洼地排泄洪水，或横跨大小道路作为人、畜和车辆的立交通道，或作为农田灌溉水渠。桥涵结构物常用砖、石、混凝土和钢筋混凝土等材料筑成。本章结合测量不确定度的评定方法，以岩石单轴抗压强度、岩石点荷载强度、钢筋抗拉强度、粗集料密度及细集料密度为分析对象，主要介绍岩石单轴抗压强度和点荷载强度、钢筋抗拉强度及粗细集料密度等测量结果的不确定度评定实例。

第一节　岩石单轴抗压强度测量结果的不确定度评定

一、岩石单轴抗压强度试验及分析

根据《公路工程岩石试验规程》(JTG E41—2005)，岩石单轴抗压强度的试验步骤为：

(1)桥梁工程用的石料试验，采用立方体试件，边长为(70 ±2)mm，每组试件共6个。

(2)用游标卡尺量取试件尺寸(精确至0.1mm)，对立方体试件在顶面和底面上各量取其边长，以各个面上相互平行的两个边长的算术平均值计算其承压面积。

(3)试件的含水状态可根据需要选择烘干状态、天然状态、饱和状态、冻融循环后状态。试件烘干和饱和状态应符合规程T0205中相关条款的规定，试件冻融循环后状态应符合规程T0241中相关条款的规定。

(4)按岩石强度性质，选定万能试验机。将试件置于压力机的承压板中央，对正上、下承压板，不得偏心。

(5)以0.5 ~1.0MPa/s的速率进行加荷直至破坏，记录破坏荷载及加载过程中出现的现象。抗压试件试验的最大荷载记录以N为单位，精度为1%。

二、岩石单轴抗压强度试验的测量分析

根据《公路工程岩石试验规程》(JTG E41—2005)，岩石单轴抗压强度的数学模型为：

$$R = \frac{P}{A} \tag{9-1}$$

式中：R——岩石的抗压强度，MPa；

P——试件破坏时的荷载，N；

A——试件的截面积，mm^2。

根据岩石抗压强度的试验步骤，利用 MTS 进行 6 组平行试验，使用截面面积为 $4900mm^2$ 的立方体石灰岩试件，结合岩石抗压强度的测量模型，其实测及计算结果见表 9-1。

岩石抗压强度试验结果　　表 9-1

序号	1	2	3	4	5	6	平均值
破坏荷载(kN)	356	316	285	318	498	414	364.5
抗压强度(MPa)	72.65	64.49	58.16	64.90	101.63	84.49	74.39

三、岩石抗压强度测量结果的不确定度评定

分析以上试验步骤与数学模型可知，岩石抗压强度的不确定度来源主要是 MTS 的示值与量值误差、试件截面面积以及试件破坏荷载平行试验的离散性。分析式(9-1)，不考虑相关性，则有贡献的方差为：

$$u^2(R)=\left(\frac{\partial R}{\partial P}\right)^2u^2(P)+\left(\frac{\partial R}{\partial A}\right)^2u^2(A) \tag{9-2}$$

令 $c_1=\frac{\partial R}{\partial P}, c_2=\frac{\partial R}{\partial A}$，根据不确定度的传播定律及合成标准不确定度公式，考虑重复试验引入的标准不确定度，采用相对标准不确定度表示，则岩石抗压强度的合成标准不确定度为：

$$u_c(R)=\overline{R}\times\sqrt{[c_1u_{rel}(P)]^2+[c_2u_{rel}(A)]^2+u_{rel}(\overline{P})^2} \tag{9-3}$$

式中：$u_c(R)$——岩石抗压强度的合成标准不确定度；

$\overline{R}$——岩石抗压强度测量结果的平均值；

$u_{rel}(P)$——试件所受最大荷载即破坏荷载的相对标准不确定度；

$u_{rel}(A)$——试件截面积的相对标准不确定度；

$u_{rel}(\overline{P})$——试件离散性引入的相对标准不确定度；

c_1、c_2——灵敏系数。

根据式(9-1)，可按下式计算灵敏系数 c_1、c_2：

$$c_1=\frac{\partial R}{\partial P}=\frac{1}{A}$$

$$c_2=\frac{\partial R}{\partial A}=-\frac{P}{A^2}$$

观察以上两式可知，由于破坏荷载 P、试件截面积 A 都是比较大的数值，按照这两式计算 c_1、c_2，将得到远小于 1 的数值。如此就会大大降低破坏荷载 P、试件截面积 A 对岩石抗压强度 R 的测量不确定度的贡献，甚至相比于试件离散性引入的测量不确定度，可忽略不计。

考虑到岩石抗压强度的试验步骤及操作实际情形，本节实例中，不再按以上两式计算 c_1、c_2，而应对破坏荷载 P、试件截面积 A、试件离散性三个影响测量不确定度的因素作同等重要考虑，灵敏系数均取为 1。

当然，从另一方面考虑，由于 c_1、c_2 远小于 1，即破坏荷载 P、试件截面积 A 对抗压强度测量不确定度的贡献是比较小的，反映了破坏荷载、试件截面积的测量结果，不会明显影响抗压强度的测量不确定度的数值大小。主要影响因素，还是几组试验中，岩石采样试件抗压强度的

离散性。

由 $u_{crel}(P)=c_1u_{rel}(P)$，$u_{crel}(A)=c_2u_{rel}(A)$知，若取 $c_1=1$、$c_2=1$，则 $u_{crel}(P)=u_{rel}(P)$，$u_{crel}(A)=u_{rel}(A)$，那么，岩石抗压强度的合成标准不确定度可表示为：

$$u_c(R)=\overline{R}\times\sqrt{u_{crel}(P)^2+u_{crel}(A)^2+u_{rel}(\overline{P})^2} \tag{9-4}$$

式中：$u_c(R)$——岩石抗压强度的合成标准不确定度；

$\overline{R}$——岩石抗压强度测量结果的平均值；

$u_{crel}(P)$——试件破坏荷载的合成相对标准不确定度；

$u_{crel}(A)$——试件截面积 A 的合成相对标准不确定度；

$u_{rel}(\overline{P})$——试件离散性引入的相对标准不确定度。

1. 破坏极限荷载 P 的标准不确定度

1）试验机示值误差引入的不确定度

试验机的示值相对最大允许误差为 ±0.5%，采用 B 类评定方法，按均匀分布估计，则其相对标准不确定度为：

$$u_{rel}(P)_1=\frac{a}{k}=\frac{0.5\%}{\sqrt{3}}=0.289\%$$

2）标准测力仪校准引入的不确定度

试验机采用 0.3 级标准测力仪进行鉴定，该校准源的不确定度为 0.3%，置信因子 $k=2$，采用 B 类评定方法，则由标准测力仪校准引入的相对标准不确定度为：

$$u_{rel}(P)_2=\frac{a}{k}=\frac{0.3\%}{2}=0.15\%$$

3）最小分辨力引入的不确定度

试验机荷载读数的分度值为 0.1kN，采用 B 类评定方法，按均匀分布估计，则最小分辨力引入的标准不确定度为：

$$u(P)_3=\frac{a}{k}=\frac{0.005}{\sqrt{3}}=0.00289(\text{kN})$$

以试验均值 364.5kN 为试件破坏荷载的期望值，则由最小分辨力引入的相对不确定度为：

$$u_{rel}(P)_3=\frac{0.00289}{364.5}=0.00079\%$$

以上各影响量之间相互独立，取 $|c_1|=1$，故破坏极限荷载 P 由试验机引入的合成相对标准不确定度为：

$$u_{crel}(P)=|c_1|\sqrt{u_{rel}(P)_1^2+u_{rel}(P)_2^2+u_{rel}(P)_3^2}=0.326\%$$

2. 试件宽度 b 的标准不确定度

（1）计算游标卡尺进行测量产生的不确定度 $u_1(b)$。已知游标卡尺的最大允许误差为 ±0.04mm，以均匀分布估计，则：

$$u_1(b)=\frac{a}{k}=\frac{0.04}{\sqrt{3}}=0.023(\text{mm})$$

(2)计算由操作者引入的测量不确定度试模尺寸 $u_2(b)$。已知测量的最大误差为 ±0.2mm,以均匀分布估计,则:

$$u_2(b)=\frac{a}{k}=\frac{0.2}{\sqrt{3}}=0.115(\mathrm{mm})$$

故合成后的标准不确定度为:

$$u(b)=\sqrt{u_1(b)^2+u_2(b)^2}=0.1173\approx0.117(\mathrm{mm})$$

相对标准不确定度为:

$$u_{\mathrm{rel}}(b)=\frac{0.117}{70}=0.167\%$$

(3)由试件截面积公式 $A=b^2,\frac{\partial A}{\partial b}=2b=2\times70=140$,得截面积合成标准不确定度为:

$$u(A)=\sqrt{\left[\frac{\partial A}{\partial b}u(b)\right]^2+\left[\frac{\partial A}{\partial b}u(b)\right]^2}=\sqrt{2\times(140\times0.117)^2}=23.165$$

取 $|c_2|=1$,则试件截面积 A 合成相对标准不确定度为:

$$u_{\mathrm{crel}}(A)=|c_2|\frac{u(A)}{4900}=\frac{23.165}{4900}=0.473\%$$

3. 试件的离散性引入的标准不确定度

岩石试件的抗压强度由 6 个平行试件确定,故试件的离散性引入的测量不确定度为 6 个试件的破坏荷载值。根据表 9-1,采用 A 类评定方法,由贝塞尔公式计算的标准差为:

$$\overline{P}=\frac{\sum_{k=1}^{n}P}{n}=364.5(\mathrm{kN})$$

$$u(P)=\sqrt{\frac{\sum_{k=1}^{n}(P-\overline{P})^2}{n-1}}=78.97(\mathrm{kN})$$

以一组 6 个试件进行平行试验,则由试件的离散性引入的标准不确定度为:

$$u(\overline{p})=\frac{u(p)}{\sqrt{n}}=\frac{78.97}{\sqrt{6}}=32.24(\mathrm{kN})$$

相对不确定度为:

$$u_{\mathrm{rel}}(\overline{p})=\frac{32.24}{364.5}=8.84\%$$

4. 列出不确定度分量汇总表

岩石抗压强度的标准不确定度分量见表 9-2。

岩石抗压强度标准不确定度分量汇总表　　表 9-2

输入量 X_i	不确定度来源	标准不确定度 $u(x_i)$	期望值	相对标准不确定度分量 $u_{\mathrm{rel}}(x_i)$	合成相对标准不确定度 $u_{\mathrm{crel}}(y_i)$
破坏荷载 P	示值误差	—	364.5kN	0.289%	0.326%
	校准引入	—		0.15%	
	读数误差	0.00289kN		0.00079%	

续上表

输入量 X_i	不确定度来源	标准不确定度 $u(x_i)$	期望值	相对标准不确定度分量 $u_{rel}(x_i)$	合成相对标准不确定度 $u_{crel}(y_i)$
试件宽度 b	允许误差	0.023mm	70mm	0.167%	0.167%
	读数误差	0.115mm			
截面积 A	综合误差	0.117mm	$4900mm^2$	0.473%	0.473%
试件离散性		32.24kN	364.5kN	8.84%	8.84%

5. 计算合成标准不确定度

根据式(9-4),岩石抗压强度的合成标准不确定度为:

$$
\begin{aligned}
u_c(R) &= \bar{R} \times \sqrt{u_{crel}(P)^2 + u_{crel}(b)^2 + u_{rel}(P)^2} \\
&= 74.39 \times \sqrt{(0.326\%)^2 + (0.473\%)^2 + (8.84\%)^2} \\
&= 6.5899(\text{MPa})
\end{aligned}
$$

6. 计算扩展不确定度

取包含因子 $k=2$,则岩石抗压强度的扩展不确定度为:

$$U = ku_c(R) \approx 13.18(\text{MPa})$$

故岩石抗压强度的测量不确定度报告可表示为:

$$R = 74.39\text{MPa}, U = 13.18\text{MPa}, k = 2$$

第二节　岩石点荷载强度测量结果的不确定度评定

一、岩石点荷载强度试验方法及分析

由《公路工程岩石试验规程》(JTG E41—2005)可知,岩石点荷载试验步骤如下:

(1)检查试验仪上、下两个加荷锥头是否准确对中,并利用框架立柱上的标尺读出两锥头间的零位移值;

(2)测量试样的长(l)、宽(b)、高(h)尺寸;

(3)将试件放入球端圆锥之间,使上下锥端位于试件中心处并应与试件紧密接触。量测加载点间距 D 及加载处宽度 W,稳定施加荷载直至试件破坏,记录破坏载荷 P。

二、岩石点荷载强度试验的测量分析

根据《公路工程岩石试验规程》(JTG E41—2005)规定,采用方块体试件试验,岩石点荷载强度的数学模型为:

$$I_s = \frac{P}{D_e^2} \tag{9-5}$$

$$D_e^2 = \frac{4WD}{\pi} \tag{9-6}$$

式中:I_s——岩石点荷载强度,MPa;

P——破坏荷载，N；

D_e——等价岩心直径，mm；

D——加载点间距，mm；

W——加载处宽度，mm。

根据岩石点荷载强度的试验步骤，利用点荷载试验仪进行 16 组平行试验，结合岩石点荷载强度的数学模型，其实测及计算结果见表 9-3。

岩石点荷载强度试验结果　　表 9-3

试件序号	加载点间距 D(mm)	加载处宽度 W(mm)	破坏荷载 P(N)	点荷载强度 I_s(MPa)
1	36.02	42.63	7048	3.603
2	36.81	40.89	7946	4.144
3	35.07	38.49	7946	4.621
4	35.39	39.41	8784	4.944
5	34.17	40.58	7952	4.502
6	36.69	41.11	7886	4.104
7	36.35	39.04	7056	3.903
8	35.43	37.11	7042	4.204
9	36.00	38.61	8674	4.899
10	34.52	36.65	7852	4.872
11	37.04	38.80	7844	4.285
12	35.70	37.29	8674	5.115
13	34.40	36.35	7886	4.951
14	34.78	39.60	7893	4.499
15	34.15	38.43	6960	4.163
16	35.39	38.09	7845	4.568
平均值	35.49	38.94	7830.5	4.46

三、点荷载强度测量结果的不确定度评定

分析以上试验步骤与数学模型可知，岩石点荷载强度的不确定度来源主要是点荷载试验仪的示值与量值误差、加载点间距 D、加载处宽度 W 以及试件破坏荷载平行试验的离散性。分析式(9-5)、式(9-6)，不考虑相关性，则有贡献的方差为：

$$u^2(I_s) = \left(\frac{\partial I_s}{\partial P}\right)^2 u^2(P) + \left(\frac{\partial I_s}{\partial D}\right)^2 u^2(D) + \left(\frac{\partial I_s}{\partial W}\right)^2 u^2(W) \tag{9-7}$$

令 $c_1 = \frac{\partial I_s}{\partial P}, c_2 = \frac{\partial I_s}{\partial A}, c_3 = \frac{\partial I_s}{\partial W}$，根据不确定度的传播定律及合成标准不确定度公式，考虑重复试验引入的标准不确定度，采用相对标准不确定度表示，则岩石点荷载强度的合成标准不确定度为：

$$u_c(I_s) = \overline{I_s} \times \sqrt{[c_1 u_{rel}(P)]^2 + [c_2 u_{rel}(D)]^2 + [c_3 u_{rel}(W)]^2 + u_{rel}(\overline{I_s})^2} \tag{9-8}$$

式中：$u_c(I_s)$——岩石点荷载强度的合成标准不确定度；

$\overline{I_s}$——岩石点荷载强度测量结果的平均值；

$u_{rel}(P)$——试件破坏荷载的相对标准不确定度；

$u_{rel}(D)$——试件加载点间距的相对标准不确定度；

$u_{rel}(W)$——试件加载处宽度的相对标准不确定度；

$u_{rel}(\overline{I_s})$——试件离散性引入的相对标准不确定度；

c_1、c_2、c_3——灵敏系数。

取 $c_1=1$、$c_2=1$、$c_3=1$，则 $u_{crel}(P)=u_{rel}(P)$，$u_{crel}(D)=u_{rel}(D)$，$u_{crel}(W)=u_{rel}(W)$，那么，岩石点荷载强度的合成标准不确定度可表示为：

$$u_c(I_s)=\overline{I_s}\times\sqrt{u_{crel}(P)^2+u_{crel}(D)^2+u_{crel}(W)^2+u_{rel}(\overline{I_s})^2} \tag{9-9}$$

式中：$u_c(I_s)$——岩石点荷载强度的合成标准不确定度；

$\overline{I_s}$——岩石点荷载强度测量结果的平均值；

$u_{crel}(P)$——试件破坏荷载的合成相对标准不确定度；

$u_{crel}(D)$——试件加载点间距的合成相对标准不确定度；

$u_{crel}(W)$——试件加载处宽度的合成相对标准不确定度；

$u_{rel}(\overline{I_s})$——试件离散性引入的相对标准不确定度。

1. 破坏荷载 P 的标准不确定度

1）试验机示值误差引入的不确定度

试验机的示值相对最大允许误差为 ±0.5%，采用 B 类评定方法，按均匀分布估计，则其相对标准不确定度为：

$$u_{rel}(P)_1=\frac{a}{k}=\frac{0.5\%}{\sqrt{3}}=0.289\%$$

2）标准测力仪校准引入的不确定度

试验机采用 0.3 级标准测力仪进行鉴定，该校准源的不确定度为 0.3%，置信因子 $k=2$，采用 B 类评定方法，则由标准测力仪校准引入的相对标准不确定度为：

$$u_{rel}(P)_2=\frac{a}{k}=\frac{0.3\%}{2}=0.15\%$$

3）最小分辨力引入的不确定度

试验机荷载读数的分度值为 0.1kN，采用 B 类评定方法，按均匀分布估计，则最小分辨力引入的标准不确定度为：

$$u(P)_3=\frac{a}{k}=\frac{0.005}{\sqrt{3}}=0.00289(\text{kN})$$

以试验均值 7830.5N 为试件破坏荷载的期望值，则由最小分辨力引入的相对标准不确定度为：

$$u_{rel}(P)_3=\frac{0.00289}{7830.5}=0.000037\%$$

以上各影响量之间相互独立，取 $|c_1|=1$，岩石破坏荷载 P 由试验机引入的合成相对标准

不确定度为：

$$u_{crel}(P)=|c_1|\sqrt{u_{rel}(P)_1^2+u_{rel}(P)_2^2+u_{rel}(P)_3^2}=0.326\%$$

2. 加载点间距 D 的标准不确定度

(1)计算游标卡尺进行测量产生的不确定度 $u_1(D)$。已知游标卡尺的最大允许误差为 ±0.2mm，以均匀分布估计，则：

$$u_1(D)=\frac{a}{k}=0.115(\text{mm})$$

(2)计算由操作者引入的测量不确定度试模尺寸 $u_2(D)$。已知测量的最大误差为 ±0.2mm，以均匀分布估计，则：

$$u_2(D)=\frac{a}{k}=\frac{0.2}{\sqrt{3}}=0.115(\text{mm})$$

故加载点间距 D 合成后的标准不确定度为：

$$u(D)=\sqrt{u_1(D)^2+u_2(D)^2}=0.163(\text{mm})$$

以试验均值 35.49mm 为加载点间距的期望值，取 $|c_2|=1$，则合成相对标准不确定度为：

$$u_{crel}(D)=|c_2|u_{rel}(D)=\frac{0.163}{35.49}=0.458\%$$

3. 加载处宽度 W 的标准不确定度

加载处宽度 W 和加载点间距 D 测量的不确定度来源和评价方法完全相同。则加载处宽度合成标准不确定度为：

$$u(W)=0.163(\text{mm})$$

以试验均值 38.94mm 为加载处宽度的期望值，取 $|c_3|=1$，合成相对标准不确定度为：

$$u_{crel}(W)=|c_2|u_{rel}(W)=\frac{0.163}{38.94}=0.419\%$$

4. 重复试验引入的标准不确定度

采用 A 类评定方法，则由贝塞尔公式求取岩石点荷载强度的标准偏差为：

$$\overline{I_s}=\frac{\sum_{k=1}^{n}I_s}{n}=4.46(\text{MPa})$$

$$u(I_s)=\sqrt{\frac{\sum_{k=1}^{n}(I_s-\overline{I_s})^2}{n-1}}=0.429(\text{MPa})$$

$$u(\overline{I_s})=\frac{u(I_s)}{\sqrt{n}}=\frac{0.429}{\sqrt{16}}=0.107(\text{MPa})$$

以试验均值 4.46MPa 为点荷载强度的期望值，则岩石点荷载强度的相对标准不确定度为：

$$u_{rel}(\overline{I_s})=\frac{0.107}{4.46}=2.399\%$$

5.岩石点荷载强度的不确定度分量汇总

根据以上对试件输入量不确定度的分析，列出岩石点荷载强度的不确定度分量，见表9-4。

岩石点荷载强度标准不确定度分量汇总　　表9-4

标准不确定度分项	不确定度来源	相对标准不确定度(%)
$u_{crel}(P)$	破坏荷载	0.326
$u_{rel}(D)$	加载点间距	0.458
$u_{rel}(W)$	加载处宽度	0.419
$u_{rel}(\overline{I_s})$	测量重复性	2.399

6.计算合成标准不确定度

根据式(9-9)，岩石点荷载强度的合成标准不确定度为：

$$\begin{aligned} u_c(I_s) &= \overline{I_s} \times \sqrt{u_{crel}(P)^2 + u_{crel}(D)^2 + u_{crel}(W)^2 + u_{rel}(\overline{I_s})^2} \\ &= 4.46 \times \sqrt{(0.326\%)^2 + (0.458\%)^2 + (0.419\%)^2 + (2.399\%)^2} \\ &= 0.111(\text{MPa}) \end{aligned}$$

7.扩展不确定度

取包含因子 $k=2$，则岩石点荷载强度的扩展不确定度为：

$$U = ku_c(I_s) = 0.222 \approx 0.22(\text{MPa})$$

则岩石点荷载强度的测量不确定度报告可表示为：

$$I_s = 4.46\text{MPa}, U = 0.22\text{MPa}, k = 2$$

第三节　钢筋抗拉强度测量结果的不确定度评定

一、钢筋抗拉强度试验及分析

根据《金属材料　拉伸试验　第1部分：室温实验方法》(GB/T 228.1—2010)，钢筋抗拉强度试验如下。

1.试验准备

(1)根据钢筋的规格型号每批任取两根钢筋、各截取一根拉伸和一根冷弯试件；

(2)拉伸试样应满足如下条件：试验机两夹头间有足够的自由长度，以使试样原始标距的标记与最接近夹头间的距离不小于 $\sqrt{S_0}$ (S_0 为试样的原始截面积)；

(3)弯曲试样应满足如下条件：试样长度应根据试样厚度(或直径)和所使用的试验设备确定。

2.试验步骤

(1)试验环境要求：试验一般在室温10～35℃范围进行。

(2)钢筋：钢筋原材拉伸试验，将准备好的钢筋原材试样进行标距 $L_0 = \sqrt[k]{S_0}$，其中 L_0 为试样的原始标距，k 为比例系数，S_0 修约至最接近 5mm 的倍数，原始标距的标记应精确到 ±1%。

(3)根据试样的规格选择相应量程的万能试验机、其两端的夹持长度不小于夹头长度的 3/4。

(4)关闭回油阀，打开送油阀，在试验开始时，试验机夹头的分离速率应尽量保持恒定，并使其应力速率控制在 6～60MPa/s，同时还需在相应阶段控制其应变速率至一直施加试验力，读取屈服力(F_e)后，调节加载速率直至原材破裂，记录最大试验力(F_m)。

(5)试样断裂后，应立即打开回油同时关闭送油阀，将试样取出。

(6)量取标距为 $\sqrt[k]{S_0}$ 的断后标距(L_u)并记录下来并精确至 ±0.25mm。原则上只有断裂处与最接近原始标距的距离不小于原始标距的 1/3 时方为有效。但断后伸长率大于或等于规定值，不管断裂位置处于何处测量均有效。

(7)根据试验结果计算出钢筋原材的抗拉强度的试验指标。

二、钢筋抗拉强度试验的测量分析

根据《金属材料　拉伸试验　第 1 部分：室温实验方法》(GB/T 228.1—2010)规定，钢筋抗拉强度的数学模型为：

$$R_m = \frac{F_m}{S_0} \tag{9-10}$$

$$S_0 = \frac{1}{4}\pi d^2 \tag{9-11}$$

式中：R_m——抗拉强度；

F_m——最大力；

S_0——原始横截面积；

d——钢筋直径。

根据钢筋抗拉强度的试验步骤，进行 10 组平行试验，结合钢筋抗拉强度的计算公式，实测及计算结果见表 9-5。

钢筋抗拉强度试验结果　　表 9-5

序号	1	2	3	4	5	6	7	8	9	10	平均值
直径 d(mm)	9.99	9.99	10.00	10.00	10.00	10.01	10.01	10.00	9.99	10.00	9.999
抗拉强度 R_m(MPa)	767	768	767	771	768	760	770	767	763	766	766.7

三、钢筋抗拉强度测量结果的不确定度评定

根据以上试验步骤与数学模型可知，钢筋抗拉强度的不确定度来源主要是试验机测力系统、试件原始横截面积以及钢筋抗拉强度平行试验的离散性。分析式(9-10)、式(9-11)，不考虑相关性，则有贡献的方差为：

$$u^2(R_m) = \left(\frac{\partial R_m}{\partial F_m}\right)^2 u^2(F_m) + \left(\frac{\partial R_m}{\partial S_0}\right)^2 u^2(S_0) \tag{9-12}$$

令 $c_1=\dfrac{\partial R_m}{\partial F_m}, c_2=\dfrac{\partial R_m}{\partial S_0}$，根据不确定度的传播定律及合成标准不确定度公式，考虑重复试验引入的标准不确定度，采用相对标准不确定度表示，则钢筋抗拉强度的合成标准不确定度可表示为：

$$u_c(R_m)=\overline{R_m}\times\sqrt{[c_1u_{rel}(F_m)]^2+[c_2u_{rel}(S_0)]^2+u_{rel}(\overline{R_m})^2} \tag{9-13}$$

式中：$u_c(R_m)$——钢筋抗拉强度的合成标准不确定度；

$\overline{R_m}$——钢筋抗拉强度测量结果的平均值；

$u_{rel}(F_m)$——最大力的相对标准不确定度；

$u_{rel}(S_0)$——原始横截面积的相对标准不确定度；

$u_{rel}(\overline{R_m})$——试件离散性引入的相对标准不确定度；

c_1、c_2——灵敏系数。

由表9-5可知，在拉伸速率变化允许范围内，抗拉强度最大变化达10MPa。可以考虑在钢筋抗拉强度的合成标准不确定度评定中，加入拉伸速率影响带来的不确定度 $u(R_{mV})$，如此，式(9-13)转化为：

$$u_c(R_m)=\overline{R_m}\times\sqrt{[c_1u_{rel}(F_m)]^2+[c_2u_{rel}(S_0)]^2+u_{rel}(R_{mV})^2+u_{rel}(\overline{R_m})^2} \tag{9-14}$$

取 $c_1=1$、$c_2=1$，则 $u_{crel}(F_m)=u_{rel}(F_m)$，$u_{crel}(S_0)=u_{rel}(S_0)$，那么，钢筋抗拉强度的合成标准不确定度可表示为：

$$u_c(R_m)=\overline{R_m}\times\sqrt{u_{crel}(F_m)^2+u_{crel}(S_0)^2+u_{rel}(R_{mV})^2+u_{rel}(\overline{R_m})^2} \tag{9-15}$$

式中：$u_c(R_m)$——钢筋抗拉强度的合成标准不确定度；

$\overline{R_m}$——钢筋抗拉强度测量结果的平均值；

$u_{crel}(F_m)$——最大力的合成相对标准不确定度；

$u_{crel}(S_0)$——原始横截面积的合成相对标准不确定度；

$u_{rel}(R_{mV})$——拉伸速率影响带来的相对标准不确定度；

$u_{rel}(\overline{R_m})$——试件离散性引入的相对标准不确定度。

1. 最大力 F_m 的标准不确定度

1）试验机测力系统示值误差引入的不确定度

1.0级的拉力试验机的示值相对最大允许误差为±1%，采用B类评定方法，按均匀分布估计，则其相对标准不确定度为：

$$u_{rel}(F_m)_1=\frac{a}{k}=\frac{1.0\%}{\sqrt{3}}=0.577\%$$

2）标准测力仪校准引入的不确定度

试验机采用0.3级标准测力仪进行鉴定，该校准源的不确定度为0.3%，置信因子 $k=2$，采用B类评定方法，则由标准测力仪校准引入的相对标准不确定度为：

$$u_{rel}(F_m)_2=\frac{a}{k}=\frac{0.3\%}{2}=0.15\%$$

3）计算机数据采集系统带来的相对标准不确定度

根据《万能试验机计算机数据采集系统评定》(JJF 1103—2003)，其附录B中计算机数据采集系统引入的B类标准不确定度为0.2×10^{-2}，即：

$$u_{rel}(F_m)_3=0.2\%$$

以上各影响量之间相互独立，故钢筋最大力由试验机引入的合成相对标准不确定度为：

$$u_{crel}(F_m)=\sqrt{u_{rel}(F_m)_1^2+u_{rel}(F_m)_2^2+u_{rel}(F_m)_3^2}=0.629\%$$

2. 原始横截面积S_0的不确定度

1）试件直径d的标准不确定度

（1）计算游标卡尺进行测量产生的不确定度$u_1(d)$。已知游标卡尺的最大允许误差为±0.01mm，以均匀分布估计，则：

$$u_1(d)=\frac{a}{k}=\frac{0.01}{\sqrt{3}}=0.006(\text{mm})$$

（2）计算由操作者引入的测量不确定度试模尺寸$u_2(d)$。已知测量的最大误差为±0.02mm，以均匀分布估计，则：

$$u_2(d)=\frac{a}{k}=\frac{0.02}{\sqrt{3}}=0.012(\text{mm})$$

故合成后的标准不确定度为：

$$u(d)=\sqrt{u_1(d)^2+u_2(d)^2}=0.013\approx0.013(\text{mm})$$

2）试件截面积S_0的标准不确定度

由试件截面积$S_0=\frac{1}{4}\pi d^2$，$\frac{\partial S_0}{\partial d}=\frac{\pi}{2}d=\frac{\pi}{2}\times9.999=15.706$，所以$S_0$的合成标准不确定度为：

$$u(S_0)=\sqrt{\left(\frac{\partial S_0}{\partial d}u(d)\right)^2}=\sqrt{(15.706\times0.013)^2}=0.2042$$

取$|c_2|=1$，则试件截面积S_0的合成相对标准不确定度为：

$$u_{crel}(S_0)=|c_2|\frac{u(S_0)}{\frac{1}{4}\pi\times9.999^2}=\frac{0.2042}{78.524}=0.260\%$$

3. 拉伸速率影响带来的相对标准不确定度

由表9-5可知，在拉伸速率变化允许范围内，抗拉强度最大变化为10MPa。所以拉伸速率变化对抗拉强度的影响为±5MPa，按均匀分布考虑，则有：

$$u(R_{mV})=\frac{5}{\sqrt{3}}=2.887$$

$$u_{rel}(R_{mV})=\frac{2.887}{766.7}=0.377\%$$

4. 试件的离散性引入的不确定度

岩石试件的抗压强度由10个平行试件确定，故试件的离散性引入的测量不确定度为10个试件的抗拉强度值。根据表9-5，采用A类评定方法，由贝塞尔公式计算的标准差为：

$$\overline{R_{m}} = \frac{\sum_{k=1}^{n} R_{m}}{n} = 766.70(\text{MPa})$$

$$u(R_{m}) = \sqrt{\frac{\sum_{k=1}^{n}(R_{m} - \overline{R_{m}})^{2}}{n-1}} = 3.20(\text{MPa})$$

以一组2个试件进行平行试验,则由试件的离散性引入的标准不确定度为:

$$u(\overline{R_{m}}) = \frac{u(R_{m})}{\sqrt{n}} = \frac{3.20}{\sqrt{2}} = 2.26(\text{MPa})$$

则相对标准不确定度为:

$$u_{rel}(\overline{R_{m}}) = \frac{2.26}{766.7} = 0.294\%$$

5. 列出不确定度分量汇总表

钢筋抗拉强度标准不确定度分量汇总见表9-6。

钢筋抗拉强度标准不确定度分量汇总表 表9-6

标准不确定度分项	不确定度来源	相对标准不确定度(%)
$u_{crel}(F_{m})$	最大力	0.629
$u_{rel}(S_{0})$	试样原始横截面积	0.260
$u_{rel}(R_{mV})$	应变速率影响	0.377
$u_{rel}(\overline{R_{m}})$	测量重复性	0.294

6. 计算合成标准不确定度

根据式(9-15),钢筋抗拉强度的合成标准不确定度为:

$$\begin{aligned} u_{c}(R_{m}) &= \overline{R_{m}} \times \sqrt{u_{crel}(F_{m})^{2} + u_{crel}(S_{0})^{2} + u_{rel}(R_{mV})^{2} + u_{rel}(\overline{R_{m}})^{2}} \\ &= 766.7 \times \sqrt{(0.629\%)^{2} + (0.260\%)^{2} + (0.377\%)^{2} + (0.294\%)^{2}} \\ &= 6.377(\text{MPa}) \end{aligned}$$

7. 计算扩展不确定度

取包含因子 $k=2$,则钢筋抗拉强度的扩展不确定度为:

$$U = ku_{c}(R_{m}) = 12.75(\text{MPa})$$

故钢筋抗拉强度的测量不确定度报告可表示为:

$$R_{m} = 766.70\text{MPa}, U = 12.75\text{MPa}, k = 2$$

第四节 粗集料密度测量结果的不确定度评定

一、粗集料密度试验及分析

由《公路工程集料试验规程》(JTG E42—2005)可知,粗集料密度测量试验采用网篮法(图9-1),试验步骤如下:

(1)取适当质量的粗集料洗净后浸入水中24h,水面高出试样20mm,使集料充分饱水。

(2)在流水槽中放入吊篮并安装好天平后,待水流稳定将天平调零。将饱水的试样移入网篮中,待水流自由流至溢流孔的最低处时,读取天平稳定时的水中质量 m_w。

(3)提起吊篮,取出试样,用拧干的湿毛巾将集料表面多余的水分擦干,该过程应做到不遗漏集料,也不能将集料表面孔隙中的水分吸出,并在集料保持面干的状态下称取表干质量 m_f。

(4)将孔隙中饱水的集料放入(105 ±5)℃的烘箱中烘干至恒重,在室温下封闭冷却后称取集料在空气中的质量 m_a。

(5)测量结果由两份试样的平均值给出。

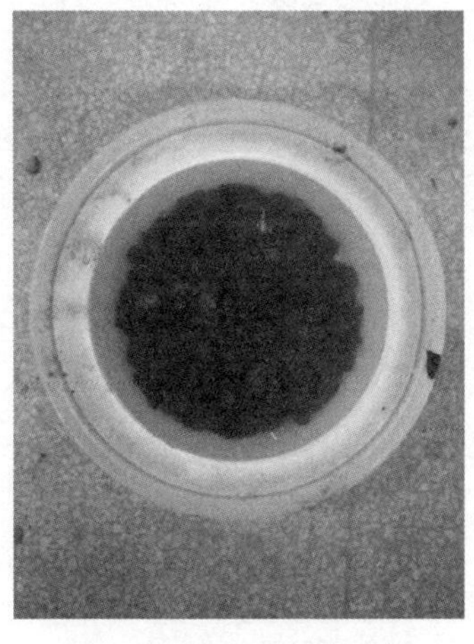

图9-1　浸水集料和网篮装置

粗集料的水中质量、表干质量和烘干质量是计算密度的主要技术参数。在网篮法试验过程中,记录粗集料的水中质量时,一定要待溢流孔处无水流时方可读取天平上的数据。而实际操作中,许多试验人员往往会提前记录数据,此时会导致粗集料的水中质量偏小。在测量粗集料的表干质量时,较粗的粗集料在擦干表面水分时易将孔隙中的水分吸出,而偏细的粗集料则易导致在擦干表面水的过程中遗失部分集料,并且较细的粗集料不易判断表面水的状况,这些因素都会在测量表干质量时引入不确定度。

二、粗集料密度试验的测量分析

根据集料试验规程,粗集料的表观相对密度和毛体积相对密度的数学模型如下。

(1)粗集料表观相对密度的数学模型:

$$\gamma_a = \frac{m_a}{m_a - m_w} \tag{9-16}$$

式中:γ_a——集料的表观相对密度(无量纲);

m_a——集料的烘干质量,g;

m_w——集料的水中质量,g。

(2)粗集料毛体积相对密度的计算公式为:

$$\gamma_b = \frac{m_a}{m_f - m_w} \tag{9-17}$$

式中：γ_b——集料的毛体积相对密度（无量纲）；

m_f——集料的表干质量，g。

根据工程应用要求，将粗集料分为10～20mm、5～10mm和3～5mm三种粒径范围分别进行网篮法测试，对每组分别进行5次重复性试验。按照试验步骤测量各组粗集料的水中质量、烘干质量和表干质量，并根据数学模型计算出表观相对密度和毛体积相对密度，测量结果见表9-7。

粗集料密度试验结果　　表9-7

指标粒径（mm）	序号	水中质量 m_w（g）	烘干质量 m_a（g）	表干质量 m_f（g）	表观相对密度 γ_a	毛体积相对密度 γ_b
10～20	1	713.0	1120.5	1126.2	2.750	2.712
	2	768.2	1206.1	1212.7	2.754	2.713
	3	752.1	1180.6	1188.5	2.755	2.705
	4	741.8	1166.4	1173.3	2.747	2.703
	5	666.7	1046.8	1054.1	2.754	2.702
5～10	1	730.5	1146.7	1153.5	2.755	2.711
	2	741.8	1165.4	1172.0	2.751	2.709
	3	727.2	1142.3	1150.6	2.752	2.698
	4	676.1	1060.1	1069.4	2.761	2.696
	5	666.0	1043.1	1053.6	2.766	2.691
3～5	1	523.2	822.2	826.1	2.750	2.715
	2	614.7	963.0	970.6	2.765	2.706
	3	529.7	829.7	837.9	2.766	2.692
	4	516.1	811.4	817.2	2.748	2.695
	5	578.1	905.4	914.4	2.766	2.692

三、粗集料表观相对密度测量结果的不确定度评定

由粗集料表观相对密度测量的试验过程及测量模型分析可知，质量 m_a、m_w 是在同一台天平上测量的，是相关量。但是 m_a、m_w 在公式中是相减或相除关系，其系统偏差被抵消，因此，此处采用互不相关的关系进行不确定度的合成。为了减少每次称量后合并到整个试验重复性时的变异性，本试验采用被测量（输出量）重复性试验结果的一个测量不确定度分量代替每次测量时引入的不确定度分量。综上，粗集料表观相对密度测量不确定度的输入量为烘干质量、水中质量以及重复试验引入的不确定度。

根据不确定度的传播定律，粗集料表观相对密度的合成标准不确定度为：

$$u_c(\gamma_a)=\sqrt{[c_1u(m_a)]^2+[c_2u(m_w)]^2+u(\overline{\gamma_a})^2} \tag{9-18}$$

式中：$u_c(\gamma_a)$——粗集料表观密度的合成标准不确定度（无量纲）；

$u(m_a)$——烘干质量的标准不确定度，g；

$u(m_w)$——水中质量的标准不确定度，g；

$u(\overline{\gamma_a})$——重复试验引入的标准不确定度。

根据《公路工程集料试验规程》(JTG E42—2005)中网篮法测量粗集料密度的最小质量要求,选择粗集料的烘干质量 m_a 为1000g,水中质量 m_w 为630g。c_1、c_2 分别为对应输入量的灵敏系数,根据数学模型,可按下式计算 c_1、c_2(单位为 g^{-1}):

$$c_1 = \frac{\partial \gamma_a}{\partial m_a} = \frac{1}{m_a - m_w} - \frac{m_a}{(m_a - m_w)^2} = -0.0046$$

$$c_2 = \frac{\partial \gamma_a}{\partial m_w} = \frac{m_a}{(m_a - m_w)^2} = 0.0073$$

根据测量不确定度的评定方法,粗集料表观相对密度测量不确定度的评定过程如下。

1. 粗集料烘干质量 m_a 的标准不确定度

1)电子天平示值误差引入的不确定度

本试验采用上海蒲春 JY10001 静水电子天平,由说明书可知天平的示值误差为 ±0.1g。采用 B 类评定方法,以均匀分布估计,则由天平的示值误差引入的标准不确定度为:

$$u(m_a)_1 = \frac{a}{k} = \frac{0.1}{\sqrt{3}} = 0.058(\mathrm{g})$$

2)电子天平最小分辨力引入的不确定度

根据网篮法测集料密度对天平的要求:"称量应满足试样数量称量要求,感量不大于最大称量的0.05%"。现采用的天平最大称量为5000g,则天平感量不大于2.5g即满足规范要求。为了合理分析天平感量引入的不确定度,分别取0.1g、0.5g、1g、2g作为天平的最小分辨力计算其不确定度。采用B类评定方法,以均匀分布估计,则由天平最小分辨力引入的标准不确定度分别如下。

(1)感量为0.1g:$u(m_a)_{2(0.1g)} = \frac{a}{k} = \frac{0.05}{\sqrt{3}} = 0.0289(\mathrm{g})$;

(2)感量为0.5g:$u(m_a)_{2(0.5g)} = \frac{a}{k} = \frac{0.25}{\sqrt{3}} = 0.144(\mathrm{g})$;

(3)感量为1g:$u(m_a)_{2(1g)} = \frac{a}{k} = \frac{0.5}{\sqrt{3}} = 0.289(\mathrm{g})$;

(4)感量为2g:$u(m_a)_{2(2g)} = \frac{a}{k} = \frac{1}{\sqrt{3}} = 0.577(\mathrm{g})$。

以上两个影响因素相互独立,故粗集料烘干质量的标准不确定度分别如下:

(1)$u(m_a)_{(0.1g)} = \sqrt{u(m_a)_1^2 + u(m_a)_{2(0.1g)}^2} = 0.0648(\mathrm{g})$;

(2)$u(m_a)_{(0.5g)} = \sqrt{u(m_a)_1^2 + u(m_a)_{2(0.5g)}^2} = 0.155(\mathrm{g})$;

(3)$u(m_a)_{(1g)} = \sqrt{u(m_a)_1^2 + u(m_a)_{2(1g)}^2} = 0.295(\mathrm{g})$;

(4)$u(m_a)_{(2g)} = \sqrt{u(m_a)_1^2 + u(m_a)_{2(2g)}^2} = 0.580(\mathrm{g})$。

则在不同的天平感量下,烘干质量的合成标准不确定度分别如下:

(1)$u_c(m_a)_{(0.1g)} = |c_1| u(m_a)_{(0.1g)} = 0.0046 \times 0.0648 = 0.0298\%$;

(2)$u_c(m_a)_{(0.5g)} = |c_1| u(m_a)_{(0.5g)} = 0.0046 \times 0.155 = 0.0713\%$;

(3) $u_c(m_a)_{(1g)} = |c_1|u(m_a)_{(1g)} = 0.0046 \times 0.295 = 0.136\%$；

(4) $u_c(m_a)_{(2g)} = |c_1|u(m_a)_{(2g)} = 0.0046 \times 0.58 = 0.267\%$。

2. 粗集料水中质量 m_w 的标准不确定度

1）天平引入的不确定度

粗集料水中质量由天平引入的不确定度与烘干质量的评定方法相同，故在不同的天平感量下，水中质量由天平引入的标准不确定度分别为：

(1) $u(m_w)_{1(0.1g)} = u(m_a)_{(0.1g)} = 0.0648\text{g}$；

(2) $u(m_w)_{1(0.5g)} = u(m_a)_{(0.5g)} = 0.155\text{g}$；

(3) $u(m_w)_{1(1g)} = u(m_a)_{(1g)} = 0.295\text{g}$；

(4) $u(m_w)_{1(2g)} = u(m_a)_{(2g)} = 0.580\text{g}$。

2）试验人员读数误差引入的不确定度

根据实际测量粗集料水中质量的经验分析，由试验人员读取数据的误差可以控制在0.3g内。采用B类评定方法，以均匀分布估计，则由试验人员读取数据引入的标准不确定度为：

$$u(m_w)_2 = \frac{a}{k} = \frac{0.15}{\sqrt{3}} = 0.087(\text{g})$$

以上影响因素相互独立，故粗集料水中质量的标准不确定度合成为：

(1) $u(m_w)_{(0.1g)} = \sqrt{u(m_w)_{1(0.1g)}^{\ 2} + u(m_w)_2^2} = 0.108(\text{g})$；

(2) $u(m_w)_{(0.5g)} = \sqrt{u(m_w)_{1(0.5g)}^{\ 2} + u(m_w)_2^2} = 0.178(\text{g})$；

(3) $u(m_w)_{(1g)} = \sqrt{u(m_w)_{1(1g)}^{\ 2} + u(m_w)_2^2} = 0.308(\text{g})$；

(4) $u(m_w)_{(2g)} = \sqrt{u(m_w)_{1(2g)}^{\ 2} + u(m_w)_2^2} = 0.586(\text{g})$。

则在不同的天平感量下，水中质量的合成标准不确定度分别为：

(1) $u_c(m_w)_{(0.1g)} = |c_2|u(m_w)_{(0.1g)} = 0.0073 \times 0.108 = 0.0788\%$；

(2) $u_c(m_w)_{(0.5g)} = |c_2|u(m_w)_{(0.5g)} = 0.0073 \times 0.178 = 0.130\%$；

(3) $u_c(m_w)_{(1g)} = |c_2|u(m_w)_{(1g)} = 0.0073 \times 0.308 = 0.225\%$；

(4) $u_c(m_w)_{(2g)} = |c_2|u(m_w)_{(2g)} = 0.0073 \times 0.586 = 0.428\%$。

3. 重复试验引入的不确定度

根据表9-7，采用A类评定方法，运用贝塞尔法公式计算各组粗集料表观相对密度的标准差，计算结果见表9-8。

粗集料表观相对密度的标准差 表9-8

粒径(mm)	表观相对密度平均值$\overline{\gamma_a}$	表观相对密度标准差$u(\gamma_a)$
10～20	2.752	0.00339
5～10	2.757	0.00636
3～5	2.759	0.00917

根据网篮法试验步骤可知，不同粒径的粗集料表观相对密度由2次平行试验确定，故各组粗集料因重复试验引入的标准不确定度分别为：

$$u(\overline{\gamma_a})_{10\sim20\text{mm}}=\frac{u(\gamma_a)}{\sqrt{2}}=\frac{0.00339}{\sqrt{2}}=0.240\%$$

$$u(\overline{\gamma_a})_{5\sim10\text{mm}}=\frac{u(\gamma_a)}{\sqrt{2}}=\frac{0.00636}{\sqrt{2}}=0.450\%$$

$$u(\overline{\gamma_a})_{3\sim5\text{mm}}=\frac{u(\gamma_a)}{\sqrt{2}}=\frac{0.00917}{\sqrt{2}}=0.648\%$$

4. 列出不确定度的分量汇总表

通过列出各不确定度分量及其不确定度来进行概算，有利于系统地分析出各影响量之间的关系及对测量结果影响最大的输入量。根据以上步骤的计算结果，粗集料表观相对密度标准不确定度的分量见表9-9。

粗集料表观相对密度标准不确定度的分量汇总表 表9-9

输入量 X_i		不确定度来源		标准不确定度分量 $u(x_i)$	合成标准不确定度 $u(x)$	灵敏系数 C_i	合成标准不确定度分量 $u_c(y_i)$
烘干质量 m_a		示值误差		0.058g	—	$-0.0046/g^{-1}$	—
		最小分辨力	感量0.1g	0.0289g	0.0648g		0.0298%
			感量0.5g	0.144g	0.155g		0.0713%
			感量1g	0.289g	0.295g		0.136%
			感量2g	0.577g	0.58g		0.267%
水中质量 m_w		示值误差		0.058g	—	$0.0073/g^{-1}$	—
		最小分辨力	感量0.1g	0.0289g	0.108g		0.0788%
			感量0.5g	0.144g	0.178g		0.130%
			感量1g	0.289g	0.308g		0.225%
			感量2g	0.577g	0.586g		0.428%
		读数误差		0.087g	—		—
重复试验	10~20mm	测量重复性		0.00339	0.240%	—	0.240%
	5~10mm	测量重复性		0.00636	0.450%	—	0.450%
	3~5mm	测量重复性		0.00917	0.648%	—	0.648%

5. 计算合成标准不确定度

各标准不确定度分量之间相互独立，故粗集料表观相对密度的合成标准不确定度可按下式计算：

$$u_c(\gamma_a)=\sqrt{u_c(m_a)^2+u_c(m_w)^2+u(\overline{\gamma_a})^2} \tag{9-19}$$

则在不同的天平感量下，各组粗集料表观相对密度的合成标准不确定度分别如下。

(1)粒径为10~20mm：

$$u_c(\gamma_a)_{10\sim20\text{mm}(0.1\text{g})}=\sqrt{(0.0298\%)^2+(0.0788\%)^2+(0.24\%)^2}=0.00254$$

$$u_c(\gamma_a)_{10\sim20\text{mm}(0.5\text{g})} = \sqrt{(0.0713\%)^2+(0.13\%)^2+(0.24\%)^2} = 0.00282$$

$$u_c(\gamma_a)_{10\sim20\text{mm}(1\text{g})} = \sqrt{(0.136\%)^2+(0.225\%)^2+(0.24\%)^2} = 0.00356$$

$$u_c(\gamma_a)_{10\sim20\text{mm}(2\text{g})} = \sqrt{(0.267\%)^2+(0.428\%)^2+(0.24\%)^2} = 0.00559$$

(2)粒径为 5 ~ 10mm：

$$u_c(\gamma_a)_{5\sim10\text{mm}(0.1\text{g})} = \sqrt{(0.0298\%)^2+(0.0788\%)^2+(0.45\%)^2} = 0.00458$$

$$u_c(\gamma_a)_{5\sim10\text{mm}(0.5\text{g})} = \sqrt{(0.0713\%)^2+(0.13\%)^2+(0.45\%)^2} = 0.00473$$

$$u_c(\gamma_a)_{5\sim10\text{mm}(1\text{g})} = \sqrt{(0.136\%)^2+(0.225\%)^2+(0.45\%)^2} = 0.00521$$

$$u_c(\gamma_a)_{5\sim10\text{mm}(2\text{g})} = \sqrt{(0.267\%)^2+(0.428\%)^2+(0.45\%)^2} = 0.00676$$

粒径为 3 ~ 5mm：

$$u_c(\gamma_a)_{3\sim5\text{mm}(0.1\text{g})} = \sqrt{(0.0298\%)^2+(0.0788\%)^2+(0.648\%)^2} = 0.00653$$

$$u_c(\gamma_a)_{3\sim5\text{mm}(0.5\text{g})} = \sqrt{(0.0713\%)^2+(0.13\%)^2+(0.648\%)^2} = 0.00665$$

$$u_c(\gamma_a)_{3\sim5\text{mm}(1\text{g})} = \sqrt{(0.136\%)^2+(0.225\%)^2+(0.648\%)^2} = 0.00699$$

$$u_c(\gamma_a)_{3\sim15\text{mm}(2\text{g})} = \sqrt{(0.267\%)^2+(0.428\%)^2+(0.648\%)^2} = 0.00821$$

6. 计算扩展不确定度

取包含因子 $k=2$，根据式(9-19)，计算各组粗集料的表观相对密度在不同的天平感量下的扩展不确定度，结果见表 9-10。

粗集料表观相对密度扩展不确定度 表 9-10

感量(g)	粒径范围(mm)		
	10 ~ 20	5 ~ 10	3 ~ 5
0.1	0.005	0.009	0.013
0.5	0.006	0.009	0.013
1	0.007	0.01	0.014
2	0.011	0.014	0.016

根据表 9-10 的计算结果，在不同的天平感量下，各组粗集料表观相对密度的扩展不确定度报告可分别表示如下。

(1)粒径为 10 ~ 20mm：

$$\gamma_a = 2.752, U(0.1\text{g}) = 0.005, k = 2$$

$$\gamma_a = 2.752, U(0.5\text{g}) = 0.006, k = 2$$

$$\gamma_a = 2.752, U(1\text{g}) = 0.007, k = 2$$

$$\gamma_a = 2.752, U(2\text{g}) = 0.011, k = 2$$

(2)粒径为5～10mm：

$$\gamma_a = 2.757, U(0.1g) = 0.009, k = 2$$

$$\gamma_a = 2.757, U(0.5g) = 0.009, k = 2$$

$$\gamma_a = 2.757, U(1g) = 0.01, k = 2$$

$$\gamma_a = 2.757, U(2g) = 0.014, k = 2$$

(3)粒径为3～5mm：

$$\gamma_a = 2.759, U(0.1g) = 0.013, k = 2$$

$$\gamma_a = 2.759, U(0.5g) = 0.013, k = 2$$

$$\gamma_a = 2.759, U(1g) = 0.014, k = 2$$

$$\gamma_a = 2.759, U(2g) = 0.016, k = 2$$

根据粗集料表观相对密度的扩展不确定度报告,作出在不同的天平感量下各组粗集料的扩展不确定度对比图,如图9-2所示。

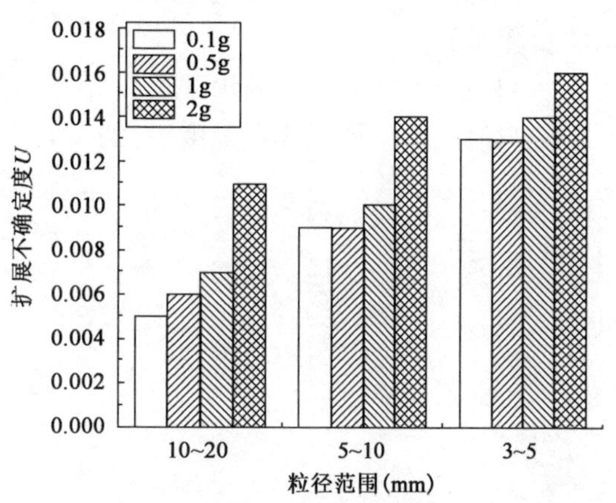

图9-2　不同感量下各组粗集料表观相对密度的扩展不确定度

由表9-9可知,3个输入量对粗集料表观相对密度测量不确定度均有不同程度的影响。在测量模型中,水中质量引入的不确定度大于烘干质量引入的不确定度;在重复性试验中,粗集料的粒径越小,其由重复试验引入的不确定度越大。分析试验过程易知,称取集料水中质量的影响因素更多,并且网篮法测量粒径较小的粗集料易在放料浸水与取料烘干的过程中遗失。因此,除了规范网篮法的操作外,建议通过增加粒径较小粗集料的平行试验次数来减小误差。

根据图9-2可知,同一粒径范围粗集料的表观相对密度扩展不确定度随着天平感量的增大而增大。当天平感量在1g以内时,各组粗集料的扩展不确定度大小相近;当天平感量为2g时,各组粗集料的扩展不确定度均出现了明显的陡增;在相同的天平感量下,粗集料的粒径越小,其扩展不确定度越大。这表明粗集料粒径越小,网篮法测量集料的表观相对密度的不确定度就越大,其试验结果的可靠性也就越低。

在天平感量符合规范要求的前提下,当天平感量取值为2g时,由于最小分辨力引入的不确定度非常大,最终导致测量结果的扩展不确定度也很大。当粒径为10～20mm时,感量为2g的粗集料表观相对密度的扩展不确定度是感量为0.1g的2倍之多,因此,网篮法中使用感量过大的天平所得到的测量数据可靠性很低,在实际称量中应避免使用感量过大的天平。

综上,显然规范中网篮法对天平感量的要求存在不完善之处。那么,天平选用的感量是否越小越好呢?答案也是否定的。根据粗集料表观相对密度的不确定度评定过程可知,天平存在约±0.1g的示值误差以及在水中质量中存在约0.3g的读数误差。若天平感量为0.1g,那么在每次称量时,测量结果均可能会计入0.1g的示值误差或0.3g的读数误差。显然这些误差值并不是实际称重物自身的质量，但由于天平的感量过小，因而会被重复计入称重物的质量之中，使得每次测量结果“失真”。因此，天平的感量不应太大或过小，应选择不确定度分析中，比其他误差量值大且尽可能偏小的感量值。结合网篮法测量粗集料表观相对密度的分析过程，在不确定度分析中存在0.1g与0.3g的误差，并且当天平感量在1g以内时，各粒径粗集料的扩展不确定度大小相近。因此，建议网篮法测量粗集料表观相对密度时，选取感量为0.5g或1g的天平。

第五节　细集料及矿粉密度测量结果的不确定度评定

一、细集料及矿粉密度试验方法及分析

根据集料试验规程可知，细集料及矿粉的表观相对密度测量试验采用容量瓶法（图9-3），试验步骤如下：

（1）称量约300g（m_0）的烘干试样放入盛有半瓶洁净水的容量瓶中。

（2）摇晃瓶身，使试样在温度为（23±1.7）℃的水中充分搅动以排出气泡，塞紧瓶塞后在恒温状态下放置24h，然后使用滴管将水液面定容至容量瓶瓶颈的500ml刻度处，擦除瓶外的水后称取总质量为m_2。

图9-3　容量瓶试验装置

（3）倒出瓶中的水和试样，再向瓶内加入同等温度的水（水温不超过2℃）至刻度线，擦除瓶外的水后称取总质量为m_1。

（4）测量结果由两份试样的平均值计算得出。

根据容量瓶法的步骤分析可知，试样的烘干质量、试样+水+瓶的质量和水+瓶的质量是计算密度的主要参数。另外，除了天平和容量瓶会引入不确定度外，水温的变化和定容精度也会导致称量质量发生改变，因此，测量过程中水温的变化及试验人员定容的精确度也是引入测量结果不确定度的影响因素。

二、细集料及矿粉密度试验的测量分析

根据集料试验规程，细集料及矿粉表观相对密度的数学模型如下：

$$\gamma_a = \frac{m_0}{m_0 + m_1 - m_2} \tag{9-20}$$

式中：γ_a——表观相对密度（无量纲）；

m_0——试样的烘干质量，g；

m_1——水及容量瓶的总质量，g；

m_2——试样、水及容量瓶的总质量，g。

根据容量瓶法的操作步骤，对细集料（矿粉）的密度重复试验 3 次，分别测量质量参数 m_0、m_1 和 m_2。根据数学模型计算细集料（矿粉）的表观相对密度，计算结果见表 9-11。

细集料及矿粉表观相对密度测试结果　　表 9-11

试　样	序号	烘干质量 m_0 (g)	（试样 + 水 + 瓶）质量 m_2(g)	（水 + 瓶）质量 m_1 (g)	表观相对密度 γ_a
细集料	1	300.0	859.1	668.2	2.750
	2	300.0	861.6	670.6	2.752
	3	300.0	860.8	670.0	2.748
矿粉	1	300.0	856.9	667.7	2.708
	2	300.0	860.0	670.7	2.710
	3	300.0	857.5	668.3	2.706

三、细集料及矿粉密度测量结果的不确定度评定

容量瓶法测量细集料（矿粉）表观相对密度的数学模型与粗集料密度模型类似，因此在输入量相关性和重复试验分析上可采用相同的思路。根据上文对容量瓶法试验过程及模型的分析可知，细集料（矿粉）表观相对密度不确定度的输入量为试样的烘干质量、试样 + 水 + 瓶的质量、水 + 瓶的质量以及重复试验。根据不确定度的传播定律，采用相对标准不确定度表示，细集料及矿粉密度相对密度的合成标准不确定度为：

$$u_c(\gamma_a) = \overline{\gamma_a} \times \sqrt{u_{crel}(m_0)^2 + u_{crel}(m_1)^2 + u_{crel}(m_2)^2 + u_{rel}(\overline{\gamma_a})^2} \tag{9-21}$$

式中：$u_c(\gamma_a)$——细集料（矿粉）表观相对密度的合成测量不确定度（无量纲）；

$u_{crel}(m_0)$——烘干质量的合成相对标准不确定度；

$u_{crel}(m_1)$——水 + 瓶总质量 m_1 的合成相对标准不确定度；

$u_{crel}(m_2)$——试样 + 水 + 瓶总质量 m_2 的合成相对标准不确定度；

$u(\overline{\gamma_a})$——重复试验引入的不确定度。

1. 试样烘干质量 m_0 的标准不确定度

1）电子天平示值误差引入的不确定度

由说明书可知天平的示值误差为 ±0.1g，采用 B 类评定方法，以均匀分布估计，则由天平示值误差引入的标准不确定度为：

$$u(m_0)_1 = \frac{a}{k} = \frac{0.1}{\sqrt{3}} = 0.058(\text{g})$$

2）电子天平最小分辨力引入的不确定度

《公路工程集料试验规程》（JTG E42—2005）对容量瓶法测量使用的天平要求为："称量 1kg，感量不大于 1g"。采用天平最大称量为 1000g，感量分别取 0.1g、0.5g、1g 作为天平的最小分辨力计算其引入的不确定度。采用 B 类评定方法，以均匀分布估计，则由天平最小分辨力引入的标准不确定度分别为：

(1)感量为0.1g:$u(m_0)_{2(0.1g)}=\frac{a}{k}=\frac{0.05}{\sqrt{3}}=0.0289(g)$;

(2)感量为0.5g:$u(m_0)_{2(0.5g)}=\frac{a}{k}=\frac{0.25}{\sqrt{3}}=0.144(g)$;

(3)感量为1g:$u(m_0)_{2(1g)}=\frac{a}{k}=\frac{0.5}{\sqrt{3}}=0.289(g)$。

以上两个影响量相互独立,故在不同的天平感量下,试样烘干质量的合成标准不确定度分别为:

(1)$u_c(m_0)_{(0.1g)}=\sqrt{u(m_0)_1^2+u(m_0)_{2(0.1g)}^2}=0.0648(g)$;

(2)$u_c(m_0)_{(0.5g)}=\sqrt{u(m_0)_1^2+u(m_0)_{2(0.5g)}^2}=0.155(g)$;

(3)$u_c(m_0)_{(1g)}=\sqrt{u(m_0)_1^2+u(m_0)_{2(1g)}^2}=0.295(g)$。

以$M_0=300g$为烘干质量的期望值,则烘干质量的相对合成标准不确定度为:

(1)$u_{crel}(m_0)_{(0.1g)}=\frac{u_c(m_0)_{(0.1g)}}{M_0}=\frac{0.0648}{300}=0.0216\%$;

(2)$u_{crel}(m_0)_{(0.5g)}=\frac{u_c(m_0)_{(0.5g)}}{M_0}=\frac{0.155}{300}=0.0517\%$;

(3)$u_{crel}(m_0)_{(1g)}=\frac{u_c(m_0)_{(1g)}}{M_0}=\frac{0.295}{300}=0.0983\%$。

2.试样+水+瓶总质量m_2的标准不确定度

1)天平引入的不确定度

试样+水+瓶总质量由天平引入的不确定度与烘干质量的评定方法相同,故试样+水+瓶总质量由天平引入的合成标准不确定度为:

(1)$u(m_2)_{1(0.1g)}=u_c(m_0)_{(0.1g)}=0.0648(g)$;

(2)$u(m_2)_{1(0.5g)}=u_c(m_0)_{(0.5g)}=0.155(g)$;

(3)$u(m_2)_{1(1g)}=u_c(m_0)_{(1g)}=0.295(g)$。

以$M_2=860g$为试样+水+瓶总质量的期望值,则试样+水+瓶总质量的相对合成标准不确定度为:

$u_{rel}(m_2)_{1(0.1g)}=\frac{u(m_2)_{1(0.1g)}}{M_2}=\frac{0.0648}{860}=0.00753\%$;

$u_{rel}(m_2)_{1(0.5g)}=\frac{u(m_2)_{1(0.5g)}}{M_2}=\frac{0.155}{860}=0.0180\%$;

$u_{rel}(m_2)_{1(1g)}=\frac{u(m_2)_{1(1g)}}{M_2}=\frac{0.295}{860}=0.0343\%$。

2)水温误差引入的不确定度

考虑水温误差对液体体积变化的影响,规范要求试样在(23±1.7)℃的水温下测量试样、水及瓶的总质量,以±1.7℃为水温的波动误差。已知水的体积膨胀系数为2.1×10^{-4}ml/℃,容量瓶的容积为500ml,则水温误差导致的体积误差为:

$$\pm(500 \times 1.7 \times 2.1 \times 10^{-4}) = \pm 0.179(\mathrm{ml})$$

则可取容量瓶液体体积误差的区间半宽度 $a=0.179\mathrm{ml}$，采用B类评定方法，以均匀分布估计，故水温误差引入的标准不确定度为：

$$u(m_2)_2 = \frac{a}{k} = \frac{0.179}{\sqrt{3}} = 0.103(\mathrm{ml})$$

3）容量瓶允差引入的不确定度

试验采用的容量瓶为天玻A级容量瓶，规格为500ml，允差值为±0.25ml。采用B类评定方法，根据《化学分析中不确定度的评估指南》（CNAS-GL006：2018），以三角分布估计，则由容量瓶允差引入的标准不确定度为：

$$u(m_2)_3 = \frac{a}{k} = \frac{0.25}{\sqrt{6}} = 0.102(\mathrm{ml})$$

4）定容误差引入的不确定度

试验人员需要根据容量瓶瓶颈的刻度线来定容至500ml，以1ml为20滴水来估算，一般可以控制定容的误差在2滴水内，即±0.1ml。采用B类评定方法，以均匀分布估计，则由定容误差引入的标准不确定度为：

$$u(m_2)_4 = \frac{a}{k} = \frac{0.1}{\sqrt{3}} = 0.0577(\mathrm{ml})$$

以上影响体积变化的因素相互独立，故液体体积误差引入的合成标准不确定度为：

$$u_c(m_2)_5 = \sqrt{u(m_2)_2^{\ 2} + u(m_2)_3^{\ 2} + u(m_2)_4^{\ 2}} = 0.156(\mathrm{ml})$$

则试样+水+瓶的总质量由液体体积误差引入的相对标准不确定度为：

$$u_{\mathrm{rel}}(m_2)_5 = \frac{u_c(m_2)_5}{V} = \frac{0.156}{500} = 0.0312\%$$

故在不同的天平感量下，试样+水+瓶总质量的相对合成标准不确定度分别为：

（1）$u_{\mathrm{crel}}(m_2)_{(0.1\mathrm{g})} = \sqrt{u_{\mathrm{rel}}(m_2)_{1(0.1\mathrm{g})}^{\ 2} + u_{\mathrm{rel}}(m_2)_5^{\ 2}} = 0.0321\%$；

（2）$u_{\mathrm{crel}}(m_2)_{(0.5\mathrm{g})} = \sqrt{u_{\mathrm{rel}}(m_2)_{1(0.5\mathrm{g})}^{\ 2} + u_{\mathrm{rel}}(m_2)_5^{\ 2}} = 0.0360\%$；

（3）$u_{\mathrm{crel}}(m_2)_{(1\mathrm{g})} = \sqrt{u_{\mathrm{rel}}(m_2)_{1(1\mathrm{g})}^{\ 2} + u_{\mathrm{rel}}(m_2)_5^{\ 2}} = 0.0464\%$。

3. 水+瓶总质量 m_1 的标准不确定度

1）天平引入的不确定度

水+瓶总质量由天平引入的不确定度与烘干质量的评定方法相同，故水+瓶总质量由天平引入的标准不确定度为：

（1）$u(m_1)_{1_{(0.1\mathrm{g})}} = u_c(m_0)_{(0.1\mathrm{g})} = 0.0648(\mathrm{g})$；

（2）$u(m_1)_{1_{(0.5\mathrm{g})}} = u_c(m_0)_{(0.5\mathrm{g})} = 0.155(\mathrm{g})$；

（3）$u(m_1)_{1_{(1\mathrm{g})}} = u_c(m_0)_{(1\mathrm{g})} = 0.295(\mathrm{g})$。

以 $M_1=670\mathrm{g}$ 为水+瓶总质量的期望值，则水+瓶总质量由天平引入的相对标准不确定度为：

(1)$u_{rel}(m_1)_{1(0.1g)}=\frac{u(m_1)_{1(0.1g)}}{M_1}=\frac{0.0648}{670}=0.00967\%$;

(2)$u_{rel}(m_1)_{1(0.5g)}=\frac{u(m_1)_{1(0.5g)}}{M_1}=\frac{0.155}{670}=0.0231\%$;

(3)$u_{rel}(m_1)_{1(1g)}=\frac{u(m_1)_{1(1g)}}{M_1}=\frac{0.295}{670}=0.044\%$。

2)水温误差引入的不确定度

容量瓶法规定的试样水温为23℃,在测量水及容量瓶的总质量时,要求水温波动不超过2℃。已知水的体积膨胀系数为2.1×10^{-4}ml/℃,则水温误差导致的体积误差为:

$$\pm(500\times1\times2.1\times10^{-4})=\pm0.105(\mathrm{ml})$$

则可取容量瓶液体体积误差的区间半宽度$a=0.105$ml,采用B类评定方法,则水温误差引入的标准不确定度为:

$$u(m_1)_2=\frac{a}{k}=\frac{0.105}{\sqrt{3}}=0.061(\mathrm{ml})$$

3)容量瓶允差引入的不确定度

由容量瓶允差引入的不确定度与试样+水+瓶总质量的分析方法相同,故水+瓶总质量由容量瓶允差引入的标准不确定度为:

$$u(m_1)_3=u(m_2)_3=0.102(\mathrm{ml})$$

4)定容误差引入的不确定度

由定容引入的不确定度与试样+水+瓶总质量的分析方法相同,故水+瓶总质量由定容引入的标准不确定度为:

$$u(m_1)_4=u(m_2)_4=0.0577(\mathrm{ml})$$

以上影响体积变化的因素相互独立,故水+瓶总质量由液体体积误差引入的合成标准不确定度为:

$$u_c(m_1)_5=\sqrt{u(m_1)_2^{\ 2}+u(m_1)_3^{\ 2}+u(m_1)_4^{\ 2}}=0.132(\mathrm{ml})$$

则其相对标准不确定度为:

$$u_{rel}(m_1)_5=\frac{u_c(m_1)_5}{V}=\frac{0.132}{500}=0.0264\%$$

故在不同的天平感量下,水+瓶总质量的相对合成标准不确定度分别为:

(1)$u_{crel}(m_1)_{(0.1g)}=\sqrt{u_{rel}(m_1)_{1(0.1g)}^{\ 2}+u_{rel}(m_1)_5^{\ 2}}=0.0281\%$;

(2)$u_{crel}(m_1)_{(0.5g)}=\sqrt{u_{rel}(m_1)_{1(0.5g)}^{\ 2}+u_{rel}(m_1)_5^{\ 2}}=0.0351\%$;

(3)$u_{crel}(m_1)_{(1g)}=\sqrt{u_{rel}(m_1)_{1(1g)}^{\ 2}+u_{rel}(m_1)_5^{\ 2}}=0.0513\%$。

4. 重复试验引入的标准不确定度

根据表9-11,采用A类评定方法,按照贝塞尔公式计算细集料及矿粉表观相对密度的标准差,结果见表 9-12。

细集料及矿粉表观相对密度的标准差 表 9-12

试 样	表观相对密度平均值$\overline{\gamma_a}$	表观相对密度标准差 $u(\gamma_a)$
细集料	2.750	0.00219
矿粉	2.708	0.00185

由容量瓶法试验步骤可知,细集料及矿粉表观相对密度由 2 次平行试验结果确定,故细集料及矿粉因重复试验引入的相对标准不确定度分别为:

$$u_{rel}(\overline{\gamma_a})_{细集料}=\frac{u(\gamma_a)}{\sqrt{2}\overline{\gamma_a}}=\frac{0.00219}{\sqrt{2}\times 2.75}=0.0563\%$$

$$u_{rel}(\overline{\gamma_a})_{矿粉}=\frac{u(\gamma_a)}{\sqrt{2}\overline{\gamma_a}}=\frac{0.00185}{\sqrt{2}\times 2.708}=0.0483\%$$

5. 列出不确定度的分量汇总表

根据以上计算结果,细集料及矿粉表观相对密度标准不确定度的分量,见表 9-13。

细集料及矿粉表观相对密度标准不确定度的分量汇总 表 9-13

输入量 X_i	不确定度来源		标准不确定度 $u(x_i)$	合成标准不确定度 $u_c(x_i)$	期望值	合成相对标准不确定度 $u_{crel}(y_i)$
烘干质量 m_0	示值误差		0.058g	—	—	—
	最小分辨力	感量 0.1g	0.0289g	0.0648g	300g	0.0216%
		感量 0.5g	0.144g	0.155g		0.0517%
		感量 1g	0.189g	0.295g		0.0983%
试样 + 水 + 瓶总质量 m_2	示值误差		0.058g	—	—	—
	最小分辨力	感量 0.1g	0.0289g	0.0648g	860g	0.0321%
		感量 0.5g	0.144g	0.155g		0.0360%
		感量 1g	0.189g	0.295g		0.0464%
	水温误差		0.103ml	0.156ml	500ml	—
	容量瓶允差		0.102ml			
	定容误差		0.0577ml			
水 + 瓶总质量 m_1	示值误差		0.058g	—	—	—
	最小分辨力	感量 0.1g	0.0289g	0.0648g	670g	0.0281%
		感量 0.5g	0.144g	0.155g		0.0351%
		感量 1g	0.189g	0.295g		0.0513%
	水温误差		0.061ml	0.132ml	500ml	—
	容量瓶允差		0.102ml			
	定容误差		0.0577ml			
重复试验 细集料	测量重复性		0.00219	0.00219	2.750	0.0563%
重复试验 矿粉	测量重复性		0.00185	0.00185	2.708	0.0483%

6. 计算合成标准不确定度

根据不确定度的传播定律，细集料及矿粉表观相对密度的合成标准不确定度为：

$$u_c(\gamma_a)=\overline{\gamma_a}\times\sqrt{u_{crel}(m_0)^2+u_{crel}(m_1)^2+u_{crel}(m_2)^2+u_{rel}(\overline{\gamma_a})^2} \tag{9-22}$$

则在不同的天平感量下，细集料及矿粉表观相对密度的合成标准不确定度见表9-14。

细集料及矿粉表观相对密度的合成标准不确定度　　表9-14

感量(g)	细集料	矿粉
0.1	0.002	0.002
0.5	0.003	0.002
1	0.004	0.004

7. 计算扩展不确定度

取包含因子 $k=2$，根据式(9-21)，计算不同感量下的细集料及矿粉表观相对密度的扩展不确定度，结果见表9-15。

细集料及矿粉表观相对密度的扩展不确定度　　表9-15

感量(g)	细集料	矿粉
0.1	0.004	0.004
0.5	0.006	0.004
1	0.008	0.008

则在不同的天平感量下，细集料及矿粉表观相对密度的扩展不确定度报告可分别表示如下。

(1)细集料：

$$\gamma_a=2.750, U(0.1\text{g})=0.004, k=2$$

$$\gamma_a=2.750, U(0.5\text{g})=0.006, k=2$$

$$\gamma_a=2.750, U(1\text{g})=0.008, k=2$$

(2)矿粉：

$$\gamma_a=2.708, U(0.1\text{g})=0.004, k=2$$

$$\gamma_a=2.708, U(0.5\text{g})=0.004, k=2$$

$$\gamma_a=2.708, U(1\text{g})=0.008, k=2$$

根据表9-13可知，在天平感量分别为0.1g、0.5g和1g时，细集料及矿粉测量模型中各输入量引入的相对合成不确定度分别为0.0478%、0.0721%和0.120%。可见在规范要求的天平感量范围内，各输入量引入的相对不确定度均非常小。根据细集料及矿粉表观相对密度的扩展不确定度报告，可作出不同感量下的扩展不确定度对比图(图9-4)。

根据图9-4可知，当天平感量为0.1g时，细集料及矿粉表观相对密度的扩展不确定度最小值均为0.004，最大值均在天平感量取值1g时为0.008，该扩展不确定度均非常小。这表明在规定的天平感量下，容量瓶法测量细集料及矿粉表观相对密度具有很高的可靠性。虽然细集料及矿粉的表观相对密度均在天平感量为0.1g时，取得了最小的扩展不确定度，但是为了避免每次称重可能会计入0.1g的示值误差而导致称量质量“失真”，建议在该测量模型下的天平感量取值为0.5g或1g更合理。

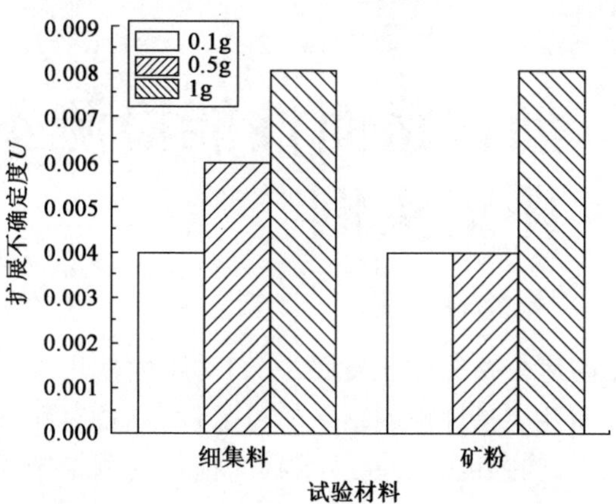

图9-4 细集料及矿粉表观相对密度的扩展不确定度

参考《公路工程集料试验规程》(JTG E42—2005)对容量瓶法测量使用的天平要求,结合本节对容量瓶法测量模型的分析结果,可以发现上述要求需要进一步完善。基于测量不确定度的分析方法,建议容量瓶法测量使用的天平要求为:“称量1kg,感量不大于1g,且不宜小于0.1g”。

第十章　沥青路面性能检测不确定度评定实例

随着社会经济特别是高速公路的飞速发展，人们对路面使用性能和服务质量提出了更高的要求。为了分析沥青路面性能指标检测结果的可靠性，本章对路面破损、路面平整度、路面车辙、路面抗滑性能和路面结构强度等公路技术状况指标的测量结果进行了测量不确定度的评定与分析。

第一节　路面破损测量结果的不确定度评定

一、路面破损检测方法及分析

对于路面破损状况，采用自动化检测设备检测左右两幅行、超车道路面破损，计算公里破损率和 PCI（路面状况指数）评分，并评价每公里的路面损坏状况等级。检测设备采用 ZOYON-RTM 智能道路检测车，它是以机动车为平台，装备有嵌入式多传感器，车载式计算机和装备先进传感器同步控制单元的设备。该车可将信息时代下的光、电、算及“3S”技术（遥感技术、地理信息系统、全球定位系统的统称）综合应用起来，在正常行驶状态下，自动完成路面病害图像生成，并利用计算机软件进行路面破损的识别、归类与统计分析。ZOYON-RTM 智能道路检测车正面与背面如图 10-1 所示。

图 10-1　ZOYON-RTM 智能道路检测车正面与背面

二、路面破损的检测分析

《公路技术状况评定标准》（JTG H20—2018）规定，沥青路面破损状况以 PCI 来评价。PCI

的数学模型如下：

$$PCI = 100 - \alpha_0 DR^{\alpha_1} \tag{10-1}$$

$$DR = 100 \frac{\sum_{i=1}^{i_0} W_i A_i}{A} \tag{10-2}$$

式中：DR——路面破损率，为路面各种破损的折合损坏面积之和与调查路面面积之百分比，%；

A_i——第 i 类破损（分严重程度）的累计面积，m^2；

A——调查的路面面积（调查路段长度与有效路面宽度之积），m^2；

W_i——第 i 类破损（分严重程度）的权重；

α_0——标定系数，沥青路面采用15.00，水泥混凝土路面采用10.66；

α_1——标定系数，沥青路面采用0.412，水泥混凝路面采用0.461。

采用ZOYON-RTM智能道路检测车对长株高速公路路面病害进行采集统计，用人机交互软件检测出公里平均破损率 DR 见表10-1。

长株高速公路路面平均破损率 *DR* 检测结果　　表10-1

起点桩号	路段长度（m）	*DR*（%）	起点桩号	路段长度（m）	*DR*（%）
K0001 +600	400	0.666	K0023 +000	1000	0.289
K0002 +000	1000	0.955	K0024 +000	1000	0.439
K0003 +000	1000	1.040	K0025 +000	1000	0.498
K0004 +000	1000	3.344	K0026 +000	1000	0.442
K0005 +000	1000	0.381	K0027 +000	1000	0.369
K0006 +000	1000	0.012	K0028 +000	1000	0.239
K0007 +000	1000	0.345	K0029 +000	1000	0.304
K0008 +000	1000	0.209	K0030 +000	1000	0.696
K0009 +000	1000	0.253	K0031 +000	1000	0.615
K0010 +000	1000	0.130	K0032 +000	1000	0.591
K0011 +000	1000	0.332	K0033 +000	1000	0.513
K0012 +000	1000	0.364	K0034 +000	1000	0.044
K0013 +000	1000	0.302	K0035 +000	1000	0.169
K0014 +000	1000	0.101	K0036 +000	1000	0.218
K0015 +000	1000	0.588	K0037 +000	1000	0.382
K0016 +000	1000	0.020	K0038 +000	1000	0.341
K0017 +000	1000	0.000	K0039 +000	1000	0.198
K0018 +000	1000	0.000	K0040 +000	1000	0.493
K0019 +000	1000	0.006	K0041 +000	1000	0.342
K0020 +000	1000	0.000	K0042 +000	1000	0.230
K0021 +000	1000	0.000	K0043 +000	165	0.767
K0022 +000	1000	0.000			

三、破损测量结果的不确定度评定

路面破损检测设备采用 ZOYON-RTM 智能道路检测车,通过计算机软件与硬件系统协同工作实现道路路面裂缝、破损数据的自动采集、分类、分析、存储及管理的集成。该设备检测时速 80km/h,路面图像成像宽度 4m,成像宽分辨率 4096 像素/行、1mm/像素。由路面破损检测方法和测量模型可知,路面破损的测量不确定度主要来自路面损坏图像采集、检测车检测时速、路面损坏图像识别和读取的重复性引入的不确定度。

1. 路面破损检测过程中引入的标准不确定度

1)路面损坏图像采集引入的不确定度

《公路路面技术状况自动化检测规程》(JTG/T E61—2014)规定,路面图像采集的裂缝宽的分辨率应≤1mm,并以 0.2m 作为裂缝平均宽度期望值。采用 B 类方法进行评定,以均匀分布估计,则有:

$$u_1 = \frac{a}{k} = \frac{0.5}{\sqrt{3}} = 0.145\%\,(\mathrm{mm})$$

$$u_{1\mathrm{rel}} = \frac{0.29}{200} = 0.145\%$$

2)检测车检测时速引入的不确定度

路面损坏图像采集检测车的有效检测速度为 0 ~ 80km/h。《公路路面技术状况自动化检测规程》(JTG/T E61—2014)规定,检测时速的影响误差≤5%,因此取检测车时速的影响误差分别为 1%,3%,5%。根据《测量不确定度评定与表示》(JJF 1059.1—2012)可知,其结果服从均匀分布,则检测时速相对标准不确定度如下。

(1)检测车时速的影响误差为 5% 时:$u_{2\mathrm{rel}(5\%)} = \frac{a}{k} = \frac{2.5\%}{\sqrt{3}} = 1.443\%$;

(2)检测车时速的影响误差为 3% 时:$u_{2\mathrm{rel}(3\%)} = \frac{a}{k} = \frac{1.5\%}{\sqrt{3}} = 0.866\%$;

(3)检测车时速的影响误差为 1% 时:$u_{2\mathrm{rel}(1\%)} = \frac{a}{k} = \frac{0.5\%}{\sqrt{3}} = 0.289\%$。

2. 路面破损图像识别引入的标准不确定度

使用路面破损识别软件在正常路面的裂缝识别过程中,根据《多功能路况快速检测设备》(GB/T 26764—2011)规定,正常路面的裂缝识别准确率应达到 90% 以上。因此取路面识别的准确率分别为 98%,95%,90%。采用 B 类方法进行评定,以均匀分布估计,则有如下相对不确定度。

(1)路面识别的准确率为 98%:$u_{3\mathrm{rel}(98\%)} = \frac{a}{k} = \frac{1\%}{\sqrt{3}} = 0.577\%$;

(2)路面识别的准确率为 95%:$u_{3\mathrm{rel}(95\%)} = \frac{a}{k} = \frac{2.5\%}{\sqrt{3}} = 1.443\%$;

(3)路面识别的准确率为 90%:$u_{3\mathrm{rel}(90\%)} = \frac{a}{k} = \frac{5\%}{\sqrt{3}} = 2.887\%$。

3. 路面破损图像读取的重复性引入的标准不确定度

使用 ZOYON-RTM 智能道路检测车对长株高速公路路面病害进行采集统计，然后采用人工读取方式读取破损图像，就可以通过连续图像读取路面损坏率 DR 的测量列。由于人眼读取时会产生误差，现对长株高速公路行车道 K0001 + 600—K0043 + 000 路段进行重复读取 5 次。采用 A 类评定方法，采用人机交互软件计算出平均破损率 DR，得到其值分别为：0.4%，0.41%，0.37%，0.44%，0.39%。由贝塞尔公式计算路面破损的平均破损率 DR 的标准偏差，有：

$$\overline{DR} = \frac{1}{n}\sum_{i=1}^{n} DR_i = 0.402\%$$

$$S(DR) = \sqrt{\frac{1}{n-1}\sum_{i=1}^{n}(DR_i - \overline{DR})^2} = 0.026\%$$

路面破损的平均破损率 DR 以检测 5 次破损率的平均值确定，则路面破损的平均破损率因重复性检测引入的标准不确定度为：

$$u(DR) = \frac{0.026\%}{\sqrt{5}} = 0.012\%$$

重复性相对标准不确定度为：

$$u_{4\mathrm{rel}}(DR) = \frac{0.012}{0.402} = 2.985\%$$

4. 列出不确定度分量汇总表

标准不确定度分量见表 10-2。

路面破损标准不确定度分量汇总表　　表 10-2

不确定度来源		标准不确定度 $u(x_i)$	期望值	相对标准不确定度分量 $u_{\mathrm{rel}}(x_i)$
检测车图像采集分辨率		0.29	200	0.145%
速度误差	5%	—	—	1.443%
	3%	—		0.866%
	1%	—		0.289%
破损图像识别	98%	—	—	0.577%
	95%	—		1.443%
	90%	—		2.887%
图像破损重复性		0.012	0.402	2.985%

5. 合成标准不确定度的计算

各不确定度分量之间相互独立，所以合成相对标准不确定度为：

$$u_{\mathrm{crel}}(DR) = \sqrt{u_{1\mathrm{rel}}^2 + u_{2\mathrm{rel}}^2 + u_{3\mathrm{rel}}^2 + u_{4\mathrm{rel}}^2}$$

1)破损图像识别准确率为98%时

(1)检测车时速的影响误差为5%时:

$$u_{crel}(DR)=\sqrt{(0.145\%)^2+(1.443\%)^2+(0.577\%)^2+(2.985\%)^2}=3.273\%$$

(2)检测车时速的影响误差为3%时:

$$u_{crel}(DR)=\sqrt{(0.145\%)^2+(0.866\%)^2+(0.577\%)^2+(2.985\%)^2}=3.062\%$$

(3)检测车时速的影响误差为1%时:

$$u_{crel}(DR)=\sqrt{(0.145\%)^2+(0.289\%)^2+(0.577\%)^2+(2.985\%)^2}=2.953\%$$

2)破损图像识别准确率为95%时

(1)检测车时速的影响误差为5%时:

$$u_{crel}(DR)=\sqrt{(0.145\%)^2+(1.443\%)^2+(1.443\%)^2+(2.985\%)^2}=3.528\%$$

(2)检测车时速的影响误差为3%时:

$$u_{crel}(DR)=\sqrt{(0.145\%)^2+(0.866\%)^2+(1.443\%)^2+(2.985\%)^2}=3.334\%$$

(3)检测车时速的影响误差为1%时:

$$u_{crel}(DR)=\sqrt{(0.145\%)^2+(0.289\%)^2+(1.443\%)^2+(2.985\%)^2}=3.234\%$$

3)破损图像识别准确率为90%时

(1)检测车时速的影响误差为5%时:

$$u_{crel}(DR)=\sqrt{(0.145\%)^2+(1.443\%)^2+(2.887\%)^2+(2.985\%)^2}=4.328\%$$

(2)检测车时速的影响误差为3%时:

$$u_{crel}(DR)=\sqrt{(0.145\%)^2+(0.866\%)^2+(2.887\%)^2+(2.985\%)^2}=4.171\%$$

(3)检测车时速的影响误差为1%时:

$$u_{crel}(DR)=\sqrt{(0.145\%)^2+(0.289\%)^2+(2.887\%)^2+(2.985\%)^2}=4.091\%$$

由于测量结果 $DR_c=0.402$,根据公式 $u_c(DR_c)=DR_c\cdot u_{crel}(DR_c)$ 可得同检测车速影响误差下的各破损图像识别准确率的 DR 合成标准不确定度,见表10-3。

路面破损 *DR* 合成标准不确定度 表10-3

检测车时速的影响误差	*DR* 合成标准不确定度		
	98%	95%	90%
5%	0.013	0.014	0.017
3%	0.012	0.013	0.017
1%	0.012	0.013	0.016

6. 扩展不确定度的评定

取包含因子 $k=2$,根据公式 $U=ku_c(DR_c)$ 可得在不同检测车速影响误差下的各破损图像识别准确率的 DR 扩展不确定度,见表10-4。

路面破损 ***DR*** 的扩展不确定度　　表 10-4

检测车时速的影响误差	*DR* 扩展不确定度		
	98%	95%	90%
5%	0.026	0.028	0.035
3%	0.025	0.027	0.033
1%	0.024	0.026	0.033

综上可知,路面破损率 *DR* 的测量不确定度报告如图 10-2 所示。

1)破损图像识别准确率为 98% 时

(1)检测车时速的影响误差为 5% 时:$DR = 0.402, U = 0.026, k = 2$;

(2)检测车时速的影响误差为 3% 时:$DR = 0.402, U = 0.025, k = 2$;

(3)检测车时速的影响误差为 1% 时:$DR = 0.402, U = 0.024, k = 2$。

2)破损图像识别准确率为 95% 时

(1)检测车时速的影响误差为 5% 时:$DR = 0.402, U = 0.028, k = 2$;

(2)检测车时速的影响误差为 3% 时:$DR = 0.402, U = 0.027, k = 2$;

(3)检测车时速的影响误差为 1% 时:$DR = 0.402, U = 0.026, k = 2$。

3)破损图像识别准确率为 90% 时

(1)检测车时速的影响误差为 5% 时:$DR = 0.402, U = 0.035, k = 2$;

(2)检测车时速的影响误差为 3% 时:$DR = 0.402, U = 0.033, k = 2$;

(3)检测车时速的影响误差为 1% 时:$DR = 0.402, U = 0.033, k = 2$。

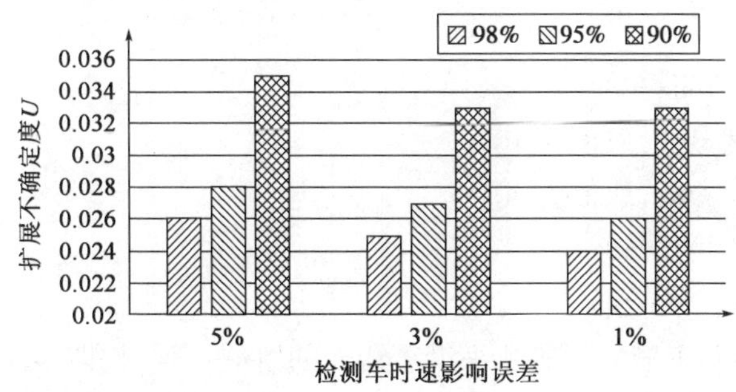

图 10-2　路面破损率 DR 的扩展不确定度

根据图 10-2 可知,当检测车速一定时,路面破损率 *DR* 的扩展不确定度随着破损图像识别准确率的降低而增大,并且当图像识别准确率在 95% 以上时,各检测车速影响误差的 *DR* 扩展不确定度大小相近;当图像识别准确率为 90% 时,各检测车速影响误差的 *DR* 扩展不确定度出现了明显的陡增;在检测车时速影响误差为 5% 时,图像识别准确率为 90% 的路面破损率 *DR* 的扩展不确定度约是图像识别准确率为 98% 的 35%,差异是比较大的。所以,破损图像识别准确率越低,其路面破损的测量不确定度就越大,检测结果的可靠度也就越低。在图像识别准确率一定的情况下,扩展不确定度随检测车速影响误差的增大而增大。从总体比较来看,图像识别准确率在扩展不确定的影响程度上比检测车时速的影响误差大。所以,在检测中应重点考虑图像识别准确率带来的误差影响。因此,使用图像识别准确率低的检测装置所得到的检测数据可靠性很低，在实际检测中应避免使用图像识别准确率低的检测装置。

第二节　路面车辙测量结果的不确定度评定

一、路面车辙检测方法及分析

路面车辙检测设备采用ZOYON-RTM智能道路检测车，其工作原理是通过激光成像技术和数字图像分析技术，得到车道横断面相对高程数据，并按规定模式计算车辙深度。ZOYON-RTM智能道路检测车横向断面有效检测宽度为3.75m，车辙测量精度不超过1mm，满足规范要求。路形、车辙测量精度坑槽深精度不超过5mm，错台差精度不超过1mm。检测指标为路面车辙深度 RD，每10m应计算1个统计值。当横断面数据出现异常或横断面数据不完整时，该检测断面应为无效数据。

二、路面车辙的检测分析

《公路技术状况评定标准》(JTG H20—2018)规定，用车辙深度指数(RDI)来评价车辙严重程度，其数学模型如下：

$$RDI=\begin{cases}100-a_0RD & (RD\leqslant RD_{\mathrm{a}})\\ 60-a_1(RD-RD_{\mathrm{a}}) & (RD_{\mathrm{a}}\leqslant RD\leqslant RD_{\mathrm{b}})\\ 0 & (RD>RD_{\mathrm{b}})\end{cases} \tag{10-3}$$

式中：RD——车辙深度，mm；

RD_{a}——车辙深度参数，取值为10；

RD_{b}——车辙深度参数，取值为40；

a_0——模型参数，为1.0；

a_1——模型参数，为3.0。

对于高速公路，不同车辆的车轮几乎沿着相同的轨迹行驶，长期多次碾压形成明显的沿纵向下沉的轮迹沟槽线，就是车辙。显然车辙的3个基本参数是车辙变形深度、车辙宽度和车辙沿纵向的长度。车辙深度和车辙碾压强度及路面路基结构与材料性能有关，也是表征车辙破损严重程度的参数。《公路技术状况评定标准》(JTG H20—2018)按照车辙深度不同，将车辙破损分为轻度和重度车辙，规定车辙深度大于15mm为重度车辙，小于15mm为轻度车辙。车辙长度也是车辙一个重要特征，由于路面和路基强度差别很大且轮迹路径不同，故沿纵向车辙深度差别很大，因此应计算不同深度的车辙长度。《公路技术状况评定标准》(JTG H20—2018)规定，车辙带来的路面破损面积为：权重(由车辙深度决定)×车辙长度×车辙破损宽度(统一规定为0.4m)。

以沥青路面车辙为例，采用自动化检测设备对长株高速公路进行详细检测，根据断面检测数据计算沥青路面车辙深度(RD)，并汇总计算公里平均车辙深度表。长株高速公路路面1km平均车辙深度见表10-5。

长株高速公路路面车辙深度检测结果　　表 10-5

起点桩号	计算长度(m)	车辙深度(mm)	起点桩号	计算长度(m)	车辙深度(mm)
K0001 +600	400	4.11	K0023 +000	1000	8.23
K0002 +000	1000	4.62	K0024 +000	1000	8.64
K0003 +000	1000	3.55	K0025 +000	1000	6.98
K0004 +000	1000	4.06	K0026 +000	1000	5.92
K0005 +000	1000	2.81	K0027 +000	1000	5.95
K0006 +000	1000	3.44	K0028 +000	1000	4.28
K0007 +000	1000	3.15	K0029 +000	1000	5.71
K0008 +000	1000	5.28	K0030 +000	1000	7.21
K0009 +000	1000	7.46	K0031 +000	1000	8.19
K0010 +000	1000	5.67	K0032 +000	1000	5.92
K0011 +000	1000	6.52	K0033 +000	1000	7.09
K0012 +000	1000	4.31	K0034 +000	1000	2.90
K0013 +000	1000	3.35	K0035 +000	1000	3.23
K0014 +000	1000	4.25	K0036 +000	1000	6.79
K0015 +000	1000	3.77	K0037 +000	1000	4.50
K0016 +000	1000	2.58	K0038 +000	1000	4.16
K0017 +000	1000	3.07	K0039 +000	1000	4.93
K0018 +000	1000	3.22	K0040 +000	1000	6.27
K0019 +000	1000	4.02	K0041 +000	1000	5.19
K0020 +000	1000	3.62	K0042 +000	1000	8.30
K0021 +000	1000	3.48	K0043 +000	165	4.57
K0022 +000	1000	2.69			

三、车辙测量结果的不确定度评定

根据规范要求，本次检测所用的检测设备为 ZOYON-RTM 智能道路检测车，数据采集完成后系统进行全自动处理，自动生成车辙检测结果。由路面车辙检测方法和数学模型分析可知，路面车辙的测量不确定度主要来自路面车辙测量装置精度、检测车检测时速、路面车辙识别和数据读取的重复性引入的不确定度。

1. 路面车辙的标准不确定度

1）路面车辙测量装置精度的不确定度

路面车辙检测的设备采用 ZOYON-RTM 智能道路检测车，车辙测量装置精度不超过 1mm，分别取 0.05mm、0.1mm、0.5mm、1mm 作为车辙的测量精度来计算其测量不确定度，长株高速公路上行行车道 K0001 +600—K0043 +000 路段车辙测量平均值为 4.976mm。采用 B 类方法进行评定，以均匀分布估计，可得由车辙测量精度引入的标准不确定度分别如下。

(1)车辙测量精度为0.05mm时：$u_1=\frac{a}{k}=\frac{0.025}{\sqrt{3}}=0.0144(\mathrm{mm})$，$u_{1\mathrm{rel}}=\frac{0.014}{4.976}=0.281\%$；

(2)车辙测量精度为0.1mm时：$u_1=\frac{a}{k}=\frac{0.05}{\sqrt{3}}=0.0289(\mathrm{mm})$，$u_{1\mathrm{rel}}=\frac{0.0289}{4.976}=0.581\%$；

(3)车辙测量精度为0.5mm时：$u_1=\frac{a}{k}=\frac{0.25}{\sqrt{3}}=0.1443(\mathrm{mm})$，$u_{1\mathrm{rel}}=\frac{0.1443}{4.976}=2.9\%$；

(4)车辙测量精度为1mm时：$u_1=\frac{a}{k}=\frac{0.5}{\sqrt{3}}=0.2887(\mathrm{mm})$，$u_{1\mathrm{rel}}=\frac{0.2887}{4.976}=5.802\%$。

2)检测车检测时速的不确定度

路面损坏图像采集检测车的有效检测速度为0～80km/h，根据《公路路面技术状况自动化检测规程》(JTG/T E61—2014)的规定，检测速度的影响误差应不超过5%，因此取检测车时速的影响误差分别为1%，3%，5%。采用B类方法进行评定，以均匀分布，则检测时速相对标准不确定度如下。

(1)检测车时速的影响误差为5%时：$u_{2\mathrm{rel}(5\%)}=\frac{a}{k}=\frac{2.5\%}{\sqrt{3}}=1.443\%$；

(2)检测车时速的影响误差为3%时：$u_{2\mathrm{rel}(3\%)}=\frac{a}{k}=\frac{1.5\%}{\sqrt{3}}=0.866\%$；

(3)检测车时速的影响误差为1%时：$u_{2\mathrm{rel}(1\%)}=\frac{a}{k}=\frac{0.5\%}{\sqrt{3}}=0.289\%$。

3)车辙数据读取重复性引入的不确定度

路面车辙深度RD可以通过自动化检测设备得到断面检测数据，以采用ZOYON-RTM智能道路检测车对长株高速公路路面车辙进行采集统计为算例进行评定，可以通过连续图像读取路面损坏率RD测量列。由于车辙数据读取时存在误差，现对长株高速公路上行行车道K0001+600—K0043+000路段重复读取5次。采用A类评定方法，其值分别为4.98mm、4.94mm、4.90mm、5.00mm、5.06mm。由贝塞尔公式计算路面车辙的平均车辙深度RD的标准偏差，得：

$$\overline{RD}=\frac{1}{n}\sum_{1}^{n}RD_i=4.976$$

$$S(RD)=\sqrt{\frac{1}{n-1}\sum_{1}^{n}(RD_i-\overline{RD})^2}=0.061$$

路面车辙的平均车辙深度RD由检测5次车辙深度的平均值确定，则路面车辙的平均车辙深度因重复性检测引入的标准不确定度为：

$$u(RD)=\frac{0.061}{\sqrt{5}}=0.027$$

重复性相对标准不确定度为：

$$u_{3\mathrm{rel}}(RD)=\frac{0.027}{4.976}=0.543\%$$

2.列出不确定度分量汇总表

标准不确定度分量见表10-6。

标准不确定度分量汇总表　　表 10-6

不确定度来源		标准不确定度 $u(x_i)$	期望值	相对标准不确定度分量 $u_{rel}(x_i)$
车辙测量装置精度	0.05	0.014	4.976	0.281%
	0.1	0.029		0.581%
	0.5	0.144		2.9%
	1	0.289		5.802%
检测车时速	5%	—	—	1.443%
	3%	—		0.866%
	1%	—		0.289%
图像破损重复性		0.027	4.976	0.543%

3. 合成标准不确定度的计算

各不确定度分量之间相互独立，所以合成标准不确定度为：

$$u_{crel}(DR) = \sqrt{u_{1rel}^2 + u_{2rel}^2 + u_{3rel}^2}$$

1）检测车时速的影响误差为5%时

(1)车辙测量精度为0.05mm时：$u_{crel}(DR) = \sqrt{(0.281\%)^2 + (1.443\%)^2 + (0.543\%)^2} = 1.552\%$；

(2)车辙测量精度为0.1mm时：$u_{crel}(DR) = \sqrt{(0.581\%)^2 + (1.443\%)^2 + (0.543\%)^2} = 1.631\%$；

(3)车辙测量精度为0.5mm时：$u_{crel}(DR) = \sqrt{(2.9\%)^2 + (1.443\%)^2 + (0.543\%)^2} = 3.276\%$；

(4)车辙测量精度为1mm时：$u_{crel}(DR) = \sqrt{(5.802\%)^2 + (1.443\%)^2 + (0.543\%)^2} = 5.997\%$。

2）检测车时速的影响误差为3%时

(1)车辙测量精度为0.05mm时：$u_{crel}(DR) = \sqrt{(0.281\%)^2 + (0.866\%)^2 + (0.543\%)^2} = 1.036\%$；

(2)车辙测量精度为0.1mm时：$u_{crel}(DR) = \sqrt{(0.581\%)^2 + (0.866\%)^2 + (0.543\%)^2} = 1.152\%$；

(3)车辙测量精度为0.5mm时：$u_{crel}(DR) = \sqrt{(2.9\%)^2 + (0.866\%)^2 + (0.543\%)^2} = 3.066\%$；

(4)车辙测量精度为1mm时：$u_{crel}(DR) = \sqrt{(5.802\%)^2 + (0.866\%)^2 + (0.543\%)^2} = 5.885\%$。

3）检测车时速的影响误差为1%时

(1)车辙测量精度为0.05mm时：$u_{crel}(DR) = \sqrt{(0.281\%)^2 + (0.289\%)^2 + (0.543\%)^2} = 0.819\%$；

(2)车辙测量精度为 0.1mm 时：$u_{crel}(DR)=\sqrt{(0.581\%)^2+(0.289\%)^2+(0.543\%)^2}=0.961\%$；

(3)车辙测量精度为 0.5mm 时：$u_{crel}(DR)=\sqrt{(2.9\%)^2+(0.289\%)^2+(0.543\%)^2}=2.999\%$；

(4)车辙测量精度为 1mm 时：$u_{crel}(DR)=\sqrt{(5.802\%)^2+(0.289\%)^2+(0.543\%)^2}=5.85\%$。

由于测量结果 $RD_c=4.98$，根据公式 $u_c(RD_c)=RD_c\cdot u_{crel}(RD_c)$ 可得在不同检测车速影响误差下的各路面车辙指数 *RD* 合成标准不确定度，见表 10-7。

路面车辙深度 *RD* 的合成标准不确定度 表 10-7

车辙测量精度(mm)	*RD* 合成标准不确定度		
	5%	3%	1%
0.05	0.0155	0.0104	0.0082
0.1	0.0163	0.0115	0.0096
0.5	0.0328	0.0307	0.0300
1	0.0600	0.0588	0.0585

4.扩展不确定度的评定

取包含因子 $k=2$，根据公式 $U=ku_c(RD_c)$ 可得在不同检测车速影响误差下的各路面车辙指数 *RD* 的扩展不确定度，见表 10-8。

路面车辙深度 *RD* 的扩展不确定度 表 10-8

车辙测量精度(mm)	*RD* 扩展不确定度		
	5%	3%	1%
0.05	0.0310	0.0207	0.0164
0.1	0.0326	0.0230	0.0192
0.5	0.0655	0.0613	0.0600
1	0.1199	0.1177	0.1170

综上可知，路面车辙深度 *RD* 的不确定度报告如图 10-3 所示。

1)检测车时速的影响误差为 5% 时

(1)车辙测量精度为 0.05mm 时：$RD=4.98$，$U=0.03$，$k=2$；

(2)车辙测量精度为 0.1mm 时：$RD=4.98$，$U=0.03$，$k=2$；

(3)车辙测量精度为 0.5mm 时：$RD=4.98$，$U=0.07$，$k=2$；

(4)车辙测量精度为 1mm 时：$RD=4.98$，$U=0.12$，$k=2$。

2)检测车时速的影响误差为 3% 时

(1)车辙测量精度为 0.05mm 时：$RD=4.98$，$U=0.02$，$k=2$；

(2)车辙测量精度为 0.1mm 时：$RD=4.98$，$U=0.02$，$k=2$；

(3)车辙测量精度为 0.5mm 时:$RD=4.98, U=0.06, k=2$;

(4)车辙测量精度为 1mm 时:$RD=4.98, U=0.12, k=2$。

3)检测车时速的影响误差为 1%时

(1)车辙测量精度为 0.05mm 时:$RD=4.98, U=0.02, k=2$;

(2)车辙测量精度为 0.1mm 时:$RD=4.98, U=0.02, k=2$;

(3)车辙测量精度为 0.5mm 时:$RD=4.98, U=0.06, k=2$;

(4)车辙测量精度为 1mm 时:$RD=4.98, U=0.12, k=2$。

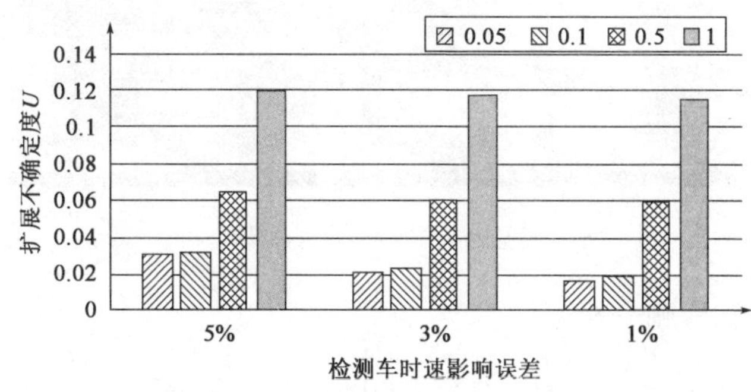

图 10-3　路面车辙深度 RD 的扩展不确定度

根据图 10-3 可知,同一检测车速影响误差时,路面车辙深度 *RD* 的扩展不确定度随着车辙测量精度的提高而减小。并且当车辙测量精度不超过 0.1 时,路面车辙深度 *RD* 的扩展不确定度小且相近;当车辙测量精度大于 0.1 时,路面车辙深度 *RD* 的扩展不确定度出现了明显的陡增;当检测车时速的影响误差为 3% 时,车辙测量精度 1mm 的扩展不确定度是车辙测量精度 0.01mm 的 6 倍,差异是非常大的。车辙测量精度越低,其路面车辙深度 *RD* 的测量不确定度就越大,检测结果的可靠度也就越低。因此,使用车辙测量精度低的检测装置所得到的检测数据可靠性很低,在实际检测中应避免使用车辙测量精度低的检测装置。

路面车辙深度 *RD* 的扩展不确定度随着检测车速影响误差的降低而减小。因此,检测车速的影响误差是不可以忽略的,在检测过程中应控制检测车速,保持在测车道的畅通,避免行驶速度骤然变化,减小车速变化带来的不良影响。

第三节　路面平整度测量结果的不确定度评定

一、路面平整度检测方法及分析

路面平整度检测设备采用 ZOYON-RTM 智能道路检测车,该检测车由车载平台、路面病害破损数据采集和处理、激光平整度测量、车辙检测等系统组成。其工作原理是检测车以一定速度在路面上行驶,固定在汽车上的一排激光传感器通过测试激光束反射回读数器的角度来测试路面,这个距离信号同加速度信号进行互差,消除检测车自身的颠簸,输出一路面真实断面信号。信号处理系统将来自激光传感器的模拟信号转换成数字信号并记录下来。随着汽车的行进,每隔一定距离,采集一次数据。平整度的检测是与路面破损和路面车辙检测同步进行的,如图 10-4 所示。

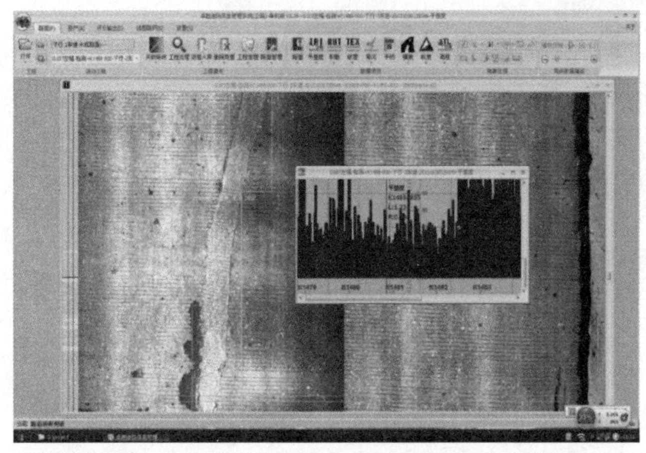

图 10-4　路面平整度处理界面

二、路面平整度的检测分析

《公路技术状况评定标准》(JTG H20—2018)规定,沥青路面平整度以行使质量指数(RQI)来评价。路面行驶质量指数(RQI)的数学模型如下:

$$RQI = \frac{100}{1 + a_0 e^{a_1 \cdot IRI}} \tag{10-4}$$

式中:IRI——国际平整度指数,m/km;

a_0——标定系数,当检测区段为高速公路和一级公路时值取 0.026,为其他等级公路时值取 0.0185;

a_1——标定系数,当检测区段为高速公路和一级公路时值取 0.65,其他等级公路时值取 0.58。

ZOYON-RTM 智能道路检测车具有每公里平整度平均值自动统计功能,平整度激光测距精度 0.01mm,检测指标为国际平整度指数 *IRI*,每 10m 应计算 1 个统计值。超出设备有效检测速度或有效减速度范围的数据为无效数据。以长株高速公路路面平整度检测为例,其具体结果见表 10-9。

长株高速公路路面平整度 *IRI* 检测结果　　表 10-9

起点桩号	路段长度(m)	*IRI*	起点桩号	路段长度(m)	*IRI*
K0001 +600	400	1.78	K0009 +000	1000	1.28
K0002 +000	1000	2.45	K0010 +000	1000	1.34
K0003 +000	1000	2.03	K0011 +000	1000	1.30
K0004 +000	1000	1.63	K0012 +000	1000	1.08
K0005 +000	1000	2.12	K0013 +000	1000	1.09
K0006 +000	1000	1.43	K0014 +000	1000	1.66
K0007 +000	1000	1.95	K0015 +000	1000	1.65
K0008 +000	1000	1.50	K0016 +000	1000	1.38

续上表

起点桩号	路段长度(m)	*IRI*	起点桩号	路段长度(m)	*IRI*
K0017 +000	1000	1.42	K0031 +000	1000	1.76
K0018 +000	1000	1.12	K0032 +000	1000	1.39
K0019 +000	1000	1.33	K0033 +000	1000	1.58
K0020 +000	1000	1.25	K0034 +000	1000	2.19
K0021 +000	1000	1.31	K0035 +000	1000	1.55
K0022 +000	1000	1.42	K0036 +000	1000	3.16
K0023 +000	1000	1.96	K0037 +000	1000	1.94
K0024 +000	1000	1.81	K0038 +000	1000	1.86
K0025 +000	1000	1.56	K0039 +000	1000	2.31
K0026 +000	1000	1.71	K0040 +000	1000	2.43
K0027 +000	1000	1.64	K0041 +000	1000	2.93
K0028 +000	1000	1.88	K0042 +000	1000	2.88
K0029 +000	1000	1.80	K0043 +000	165	3.18
K0030 +000	1000	1.78			

三、平整度测量结果的不确定度评定

对于路面平整度，采用激光自动化检测设备对高速公路双向行、超车道进行检测，数据采集完成后系统进行全自动处理，自动生成平整度检测结果。由路面平整度检测方法和数学模型分析可知，路面平整度的测量不确定度主要来自路面平整度纵向测距传感器、检测车检测时速、平整度测量精度、路面平整度识别和数据读取的重复性引入的不确定度。

1.路面平整度数据采集的标准不确定度

1）纵向测距传感器的不确定度

根据平整度仪校准证书，平整度仪的纵向测距传感器误差为0.02%，采用B类方法进行评定，以均匀分布估计，则检定仪器所引入的相对标准不确定度为：

$$u_{1\mathrm{rel}}=\frac{a}{k}=\frac{0.01\%}{\sqrt{3}}=0.0058\%$$

2）检测车检测时速的不确定度

该设备检测时速为80km/h，根据平整度仪校准证书，检测速度的影响误差为3.2%。采用B类方法进行评定，以均匀分布估计，则检测时速相对标准不确定度为：

$$u_{2\mathrm{rel}}=\frac{a}{k}=\frac{1.6\%}{\sqrt{3}}=0.92\%$$

3）路面平整度仪器测量精度引入的不确定度

路面平整度检测的设备采用ZOYON-RTM智能道路检测车，根据该设备的规格说明，车辙测量精度不超过5%。采用B类方法进行评定，以均匀分布估计，可得由平整度仪器测量精度引入的标准不确定度分别为：

$$u_{3\mathrm{rel}}=\frac{a}{k}=\frac{2.5\%}{\sqrt{3}}=1.44\%$$

2. 平整度数据读取重复性引入的标准不确定度

针对一般惯性平整度仪在低速工作状态下检测不准的问题,本书专门设置在 80km/h 匀速下同时采集左边轮迹带和右边轮迹带处的 *IRI* 值。本次对长株高速公路路面平整度的检测是连续进行的,每 20m 形成一个综合平均值,ZOYON-RTM 智能道路检测车同时具有每公里平整度平均值自动统计功能。由于平整度数据读取时存在误差,现对长株高速公路上行行车道 K0001 +600—K0043 +000 路段重复读取 5 次。采用 A 类评定方法,其值分别为 1.85m/km、1.71m/km、1.82m/km、1.73m/km、1.83m/km。由贝塞尔公式计算路面平整度的国际平整度指数 *IRI* 的标准偏差,有:

$$\overline{IRI}=\frac{1}{n}\sum_{i=1}^{n}IRI_i=1.79$$

$$S(IRI)=\sqrt{\frac{1}{n-1}\sum_{i=1}^{n}(IRI_i-\overline{IRI})^2}=0.06$$

路面平整度的平均国际平整度指数 *IRI* 由检测 5 次国际平整度指数的平均值确定,则路面平整度的平均国际平整度指数 *IRI* 因重复性检测引入的标准不确定度为:

$$u(IRI)=\frac{0.06}{\sqrt{5}}=0.03$$

重复性相对不确定度为:

$$u_{4\mathrm{rel}}(IRI)=\frac{0.03}{1.79}=1.6\%$$

3. 列出不确定度分量汇总表

标准不确定度分量见表 10-10。

标准不确定度分量汇总表 表 10-10

不确定度来源	标准不确定度 $u(x_i)$	期 望 值	相对标准不确定度分量 $u_{\mathrm{rel}}(x_i)$
纵向测距传感器误差	—	—	0.0058%
检测时速	—	—	0.92%
平整度仪测量精度	—	—	1.44%
图像破损重复性	0.03	1.79	1.6%

4. 合成标准不确定度的计算

各不确定度分量之间相互独立,所以合成标准不确定度为:

$$u_{\mathrm{crel}}(IRI)=\sqrt{u_{1\mathrm{rel}}^2+u_{2\mathrm{rel}}^2+u_{3\mathrm{rel}}^2+u_{4\mathrm{rel}}^2}=2.3\%$$

由于测量结果 $IRI_c=1.79$,根据公式 $u_c(IRI_c)=IRI_c\cdot u_{\mathrm{crel}}(IRI_c)$,可得 $u_c(IRI_c)=0.041$。

5. 扩展不确定度的评定

取包含因子 $k=2$,根据公式 $U=ku_c(IRI_c)$ 可得路面平整度 *IRI* 的测量不确定度报告为:$IRI=1.79, U=0.08, k=2$。

第四节　路面抗滑测量结果的不确定度评定

一、路面抗滑检测方法及分析

本节采用 JGMC-2 型路面抗滑性能检测系统进行抗滑性能检测，以按照《公路技术状况评定标准》(JTG H20—2018)的要求提供检测数据。JGMC-2 型路面抗滑性能检测系统测试速度低速为 10km/h，高速时可达 90km/h。传感器测试精度 0.1mm，采样间隔不超过 10mm；工作温度为 -25～60℃，摩擦测试胎(特别光滑型)为(0.7±0.035)MPa；距离测试轮分辨率±20mm，摩擦测试精度为平均摩擦系数±0.01，距离测试精度为±0.1%加上轮胎磨耗(可依据距离改为桩号，且可修正)。测试轮着地时的质量(左、右轮)为(77.56±1)kg。采用横向力系数检测设备或其他具有有效相关关系的自动化检测设备，相关系数应不小于 0.95。检测指标为横向力系数(SFC)，每 10m 计算 1 个统计值。JGMC-2 型路面抗滑检测系统外观如图 10-5 所示。

图 10-5　JGMC-2 型路面抗滑检测系统外观

二、路面抗滑的检测分析

《公路技术状况评定标准》(JTG H20—2018)规定，路面抗滑以路面抗滑性能指数(SRI)进行评价，路面抗滑性能指数(SRI)的数学模型如下：

$$SRI = \left(\frac{100 - SRI_{\min}}{1 + a_0 e^{a_1 \cdot SFC}}\right) + SRI_{\min} \tag{10-5}$$

式中：SFC——横向力系数；

$SRI_{\min}$——抗滑性能限值，取值为 35；

a_0——标定系数，取值为 28.6；

a_1——标定系数，取值为 -0.105。

以 JGMC-2 型路面自动抗滑性能检测车对长株高速公路路面抗滑性能进行数据采集统计为算例进行评定，每 20m 产生一个抗滑检测值，并自动生成的长株高速公路沥青路面公里平均抗滑性能指数。长株高速公路行车道不同抗滑性能路段长度统计结果见表10-11。

长株高速公路路面抗滑 *SFC* 检测结果 表10-11

起点桩号	计算长度(m)	横向力系数 *SFC*	起点桩号	计算长度(m)	横向力系数 *SFC*
K1 +600	400	58.47	K23 +000	1000	53.25
K2 +000	1000	53.45	K24 +000	1000	53.77
K3 +000	1000	58.36	K25 +000	1000	52.87
K4 +000	1000	56.39	K26 +000	1000	53.24
K5 +000	1000	54.40	K27 +000	1000	53.91
K6 +000	1000	55.62	K28 +000	1000	54.02
K7 +000	1000	55.95	K29 +000	1000	53.92
K8 +000	1000	51.28	K30 +000	1000	50.46
K9 +000	1000	51.51	K31 +000	1000	47.76
K10 +000	1000	53.09	K32 +000	1000	50.46
K11 +000	1000	53.06	K33 +000	1000	47.92
K12 +000	1000	51.88	K34 +000	1000	49.18
K13 +000	1000	49.48	K35 +000	1000	57.55
K14 +000	1000	51.48	K36 +000	1000	55.02
K15 +000	1000	52.73	K37 +000	1000	52.10
K16 +000	1000	53.87	K38 +000	1000	51.81
K17 +000	1000	54.54	K39 +000	1000	48.87
K18 +000	1000	52.20	K40 +000	1000	52.78
K19 +000	1000	56.54	K41 +000	1000	49.79
K20 +000	1000	54.76	K42 +000	1000	51.53
K21 +000	1000	54.44	K43 +000	174	50.58
K22 +000	1000	52.95			

三、抗滑测量结果的不确定度评定

路面抗滑采用JGMC-2型路面自动抗滑性能检测车,对高速公路双向行、超车道进行检测,数据采集完成后系统进行全自动处理,自动生成抗滑检测结果。由路面抗滑检测方法和数学模型分析可知,路面抗滑的测量不确定度主要来自抗滑检测系统检测时速、抗滑检测系统精度、环境因素、路面抗滑识别和数据读取的重复性引入的不确定度。

1. 路面抗滑检测系统引入的标准不确定度

1)检测时速引入的不确定度

根据《公路路面技术状况自动化检测规程》(JTG/T E61—2014)的规定,检测速度的影响误差不超过5%。因此,取检测车时速的影响误差分别为1%、3%、5%。采用B类方法进行评定,以均匀分布估计,则检测时速相对标准不确定度如下。

(1)检测车时速的影响误差为5%时：$u_{1rel(5\%)}=\frac{a}{k}=\frac{2.5\%}{\sqrt{3}}=1.44\%$；

(2)检测车时速的影响误差为3%时：$u_{1rel(3\%)}=\frac{a}{k}=\frac{1.5\%}{\sqrt{3}}=0.86\%$；

(3)检测车时速的影响误差为1%时：$u_{1rel(1\%)}=\frac{a}{k}=\frac{0.5\%}{\sqrt{3}}=0.29\%$。

2)摩擦测试精度引入的不确定度

根据JGMC-2型路面抗滑检测系统的性能参数说明，摩擦测试精度为平均摩擦系数±0.01，采用B类方法进行评定，以均匀分布估计，则检测设备所引入的相对标准不确定度为：

$$u_{2rel}=\frac{a}{k}=\frac{0.01}{\sqrt{3}}=0.58\%$$

3)距离测试精度引入的不确定度

根据JGMC-2型路面抗滑检测系统的性能参数说明，距离测试精度为±0.1%加上轮胎磨耗，采用B类方法进行评定，以均匀分布估计，则检测设备所引入的相对标准不确定度为：

$$u_{3rel}=\frac{a}{k}=\frac{0.1\%}{\sqrt{3}}=0.06\%$$

4)传感器测试精度引入的不确定度

JGMC-2型路面抗滑检测系统的传感器测试精度为0.1mm，横向力系数*SFC*的期望值为53。采用B类方法进行评定，以均匀分布估计，则检测设备所引入的相对标准不确定度为：

$$u_1=\frac{a}{k}=\frac{0.05}{\sqrt{3}}=0.029(\text{mm})$$

$$u_{4rel}=\frac{0.029}{53}=0.05\%$$

5)测试轮质量引入的不确定度

测试轮着地时的质量(左、右轮)：(77.56±1)kg。采用B类方法进行评定，以均匀分布估计，则检测设备所引入的相对标准不确定度为：

$$u_1=\frac{a}{k}=\frac{0.5}{\sqrt{3}}=0.299(\text{kg})$$

$$u_{5rel}=\frac{0.299}{77.56}=0.37\%$$

2.路面抗滑检测系统读取数据的重复性引入的标准不确定度

以JGMC-2型路面自动抗滑性能检测车对长株高速公路路面抗滑性能进行数据采集统计为算例进行评定，每20m产生一个抗滑检测值，并自动生成的长株高速公路沥青路面公里平均抗滑性能指数。由于自动抗滑性能检测车在数据读取时存在误差，现对长株高速公路上行行车道K0001+600—K0043+000路段横向力系数*SFC*重复读取5次。采用A类评定方法，其值分别为53.12、52.46、51.32、54.89、50.81。由贝塞尔公式计算路面抗滑的横向力系数*SFC*的标准偏差，有：

$$\overline{SFC}=\frac{1}{n}\sum_{i=1}^{n}SFC_i=52.52$$

$$S(SFC)=\sqrt{\frac{1}{n-1}\sum_{i=1}^{n}(SFC_i-\overline{SFC})^2}=1.6082$$

路面抗滑的横向力系数 SFC 由检测 5 次横向力系数的平均值确定，则路面抗滑的横向力系数 SFC 因重复性检测引入的标准不确定度为：

$$u(SFC)=\frac{1.6082}{\sqrt{5}}=0.7192$$

重复性相对标准不确定度为：

$$u_{6\mathrm{rel}}(SFC)=\frac{0.7192}{52.52}=0.0137$$

3. 环境因素引入的标准不确定度

路面横向抗滑性能的设备采用 JGMC-2 型路面抗滑检测系统。研究表明，沥青路面横向抗滑性能随温度具有很强的负线性相关关系，温度升高会降低路面横向抗滑能力，温度降低会提高路面横向抗滑能力。温度的误差影响为 ±1℃，期望值为 20℃。采用 B 类方法进行评定，以均匀分布估计，则有：

$$u_1=\frac{a}{k}=\frac{0.5}{\sqrt{3}}=0.0577(℃)$$

$$u_{7\mathrm{rel}}=\frac{0.0577}{20}=0.03\%$$

4. 列出不确定度分量汇总表

标准不确定度分量见表 10-12。

标准不确定度分量汇总表　　表 10-12

不确定度来源		标准不确定度 $u(x_i)$	期望值	相对标准不确定度分量 $u_{\mathrm{rel}}(x_i)$
检测时速	5%	—	—	1.44%
	3%	—	—	0.86%
	1%	—	—	0.29%
摩擦测试精度		—	—	0.58%
距离测试精度		—	—	0.06%
传感器测试精度		0.029	53	0.05%
测试轮重量误差		0.299	77.56	0.37%
路面温度误差		0.0577	20	1.37%
图像破损重复性		0.7192	52.52	0.03%

5. 合成标准不确定度的计算

各不确定度分量之间相互独立，所以合成相对标准不确定度如下：

$$u_{crel}(SFC)=\sqrt{u_{1rel}^2+u_{2rel}^2+u_{3rel}^2+u_{4rel}^2+u_{5rel}^2+u_{6rel}^2+u_{7rel}^2}$$

(1)检测车速的影响误差为5%时：

$$u_{crel}(SFC)=\sqrt{(1.44\%)^2+(0.58\%)^2+(0.06\%)^2+(0.05\%)^2+(0.37\%)^2+(1.37\%)^2+(0.03\%)^2}=2.1\%$$

(2)检测车速的影响误差为3%时：

$$u_{crel}(SFC)=\sqrt{(0.86\%)^2+(0.58\%)^2+(0.06\%)^2+(0.05\%)^2+(0.37\%)^2+(1.37\%)^2+(0.03\%)^2}=1.8\%$$

(3)检测车速的影响误差为1%时：

$$u_{crel}(SFC)=\sqrt{(0.29\%)^2+(0.58\%)^2+(0.06\%)^2+(0.05\%)^2+(0.37\%)^2+(1.37\%)^2+(0.03\%)^2}=1.6\%。$$

由于测量结果为 $SFC_c=52.96$，根据公式 $u_c(SFC_c)=SFC_c\cdot u_{crel}(SFC_c)$ 可得在不同检测车速影响误差下的各路面横向力系数 SFC 的合成标准不确定度，见表10-13。

路面横向力系数 SFC 的合成标准不确定度　　表10-13

检测车时速的影响误差	5%	3%	1%
合成标准不确定度	1.11	0.93	0.83

6.扩展不确定度的评定

取包含因子 $k=2$，根据公式 $U=ku_c(SFC_c)$ 可得在不同检测车时速的影响误差下的各路面横向力系数 SFC 的拓展不确定度，见表10-14。

路面横向力系数 SFC 的扩展不确定度　　表10-14

检测车时速的影响误差	5%	3%	1%
扩展不确定度	2.23	1.86	1.65

综上可知，路面横向力系数 SFC 的不确定度报告如图10-6所示。

(1)检测车时速的影响误差为5%时：$SFC=52.96$，$U=2.23$，$k=2$；

(2)检测车时速的影响误差为3%时：$SFC=52.96$，$U=1.86$，$k=2$；

(3)检测车时速的影响误差为1%时：$SFC=52.96$，$U=1.65$，$k=2$。

根据图10-6可知，检测车速一定时，路面横向力系数 SFC 的扩展不确定度随着检测车时速影响误差的降低而减小。当检测车时速影响误差小于3%以上时，路面横向力系数 SFC 扩展不确定度的图像趋于平缓；当检测车速影响误差超过3%时，路面横向力系数 SFC 扩展不确定度的图像出现了明显的陡增；在检测车速影响误差为5%时，检测车速影响误差为5%的路面横向力系数 SFC 的扩展不确定度约是检测车时速影响误差为3%时的35%，差异是比较大的。因此，检测车速的影响误差是不可以忽略的，在实

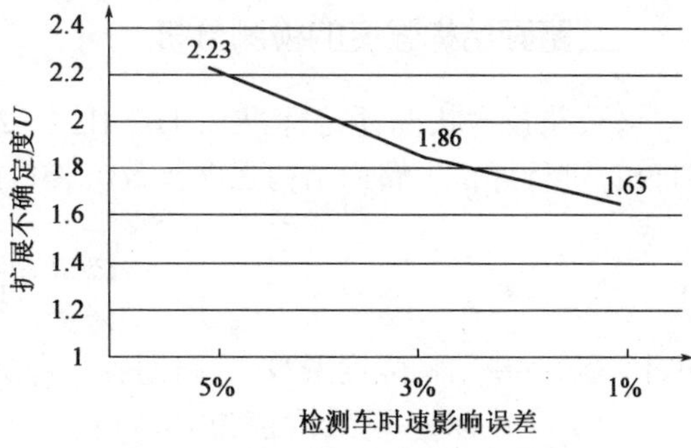

图10-6　路面横向力系数 SFC 的扩展不确定度

际检测中应先加速到 80km/h 再进行检测，在检测过程中应控制检测车速，保持在测车道的畅通，避免行驶速度的骤然变化，减小车速变化带来的不良影响。

第五节　路面结构强度测量结果的不确定度评定

一、路面结构强度检测方法及分析

路面结构强度检测设备为 Dynatest8000 型落锤式弯沉仪，其由荷载发生装置、弯沉检测装置、运算控制系统与车辆牵引系统等组成。该设备是目前国际上使用最广泛、性能较先进、系统稳定性非常可靠的型号，其系统配备 9 个高精度传感器（精确到 0.001mm），各传感器距荷载中心的距离见表 10-15。

Dynatest8000 型落锤式弯沉仪（FWD）传感器距荷载中心的距离　　表 10-15

传感器编号	D1	D2	D3	D4	D5	D6	D7	D8	D9
距荷载中心距离（mm）	0	203	305	457	610	914	1219	1524	1829

检测时采用一级荷载，设定标准荷载为 50kN，与我国路面设计规范采用的 100kN 单轴双轮组（BZZ-100）一侧的荷载对应。根据长株高速公路路面结构，通过 Dynatest8000 型落锤式弯沉仪（图 10-7）对沥青混凝土路面按点/20m 的频率，按 5t 的额定荷载进行加载弯沉测试。

图 10-7　Dynatest8000 型落锤式弯沉仪外观

二、路面结构强度的检测分析

《公路技术状况评定标准》（JTG H20—2018）规定，路面结构强度以路面结构强度指数（PSSI）进行评价。路面结构强度指数（PSSI）的数学模型如下：

$$PSSI = \frac{100}{1 + a_0 e^{a_1 \cdot SSR}} \tag{10-6}$$

式中：SSR——结构强度系数，为路面容许弯沉值与实测代表弯沉值之比；

a_0——标定系数，取值为 15.71；

a_1——标定系数，取值为 −5.19。

以 Dynatest8000 型落锤式弯沉仪对长株高速公路路面弯沉进行数据采集为算例进行评定。采用与贝克曼梁具有有效相关关系的高效自动化弯沉检测设备，相关系数不小于 0.95。检测指标为路面弯沉，每 20m 计算 1 个统计值。路面弯沉检测满足《公路路基路面现场测试规程》(JTG 3450—2019)的规定。根据路面结构强度检测评价标准及路面结构强度指数计算方法，对长株高速公路沥青路面抽检路段 FWD 检测数据进行分公里统计，并对长株高速公路沥青路面结构强度按公里进行评定，具体结果见表 10-16。

长株高速公路路面结构强度公里检测结果　　表 10-16

起讫桩号	BB（精确至 0.01mm）	BB 标准差	代表弯沉值（精确至 0.01mm）	*SSR*
K0006 +000—K0007 +000	11.04	1.79	13.99	1.29
K0007 +000—K0008 +000	11.22	1.89	14.33	1.26
K0008 +000—K0009 +000	10.25	2.02	13.58	1.33
K0009 +000—K0010 +000	9.98	1.99	13.25	1.36
K0010 +000—K0011 +000	10.95	1.44	13.32	1.35
K0011 +000—K0012 +000	10.78	1.68	13.54	1.33
K0012 +000—K0013 +000	10.16	1.58	12.76	1.41
K0013 +000—K0014 +000	10.29	1.65	13.01	1.38
K0014 +000—K0015 +000	10.25	1.58	12.86	1.40

三、结构强度测量结果的不确定度评定

1. 路面弯沉检测设备引入的标准不确定度

1）荷载传感器精度引入的不确定度

Dynatest8000 型落锤式弯沉仪的荷载传感器精度为 2% ±2kPa，采用 B 类方法进行评定，以均匀分布估计，则检定仪器所引入的相对标准不确定度为：

$$u_{1\mathrm{rel}}=\frac{a}{k}=\frac{1\%}{\sqrt{3}}=0.58\%$$

2）弯沉传感器精度引入的不确定度

Dynatest8000 型落锤式弯沉仪的弯沉传感器精度为 2% ±2μm，采用 B 类方法进行评定，以均匀分布估计，则检定仪器所引入的相对标准不确定度为：

$$u_{2\mathrm{rel}}=\frac{a}{k}=\frac{1\%}{\sqrt{3}}=0.58\%$$

3）弯沉传感器系统误差引入的不确定度

Dynatest8000 型落锤式弯沉仪的弯沉传感器系统误差小于 ±2%，采用 B 类方法进行评定，以均匀分布估计，则检定仪器所引入的相对标准不确定度为：

$$u_{3\mathrm{rel}}=\frac{a}{k}=\frac{2\%}{\sqrt{3}}=1.15\%$$

2. 路面弯沉读取数据的重复性引入的标准不确定度

以 Dynatest8000 型落锤式弯沉仪对长株高速公路路面弯沉进行数据采集为算例进行评定。根据路面结构强度检测评价标准及路面结构强度指数计算方法,对本次长株高速公路沥青路面抽检路段 FWD 检测数据进行分公里统计,并按公里对长株高速公路沥青路面结构强度进行评定。由于弯沉数据读取时存在误差,现对长株高速公路上行行车道 K0001 + 600—K0043 + 000 路段重复读取 5 次。采用 A 类评定方法,其值分别为 1.35、1.29、1.39、1.31、1.38。由贝塞尔公式计算路面结构强度的结构强度系数 SSR 的标准偏差,有:

$$\overline{SSR}=\frac{1}{n}\sum_{i=1}^{n}SSR_i=1.344$$

$$S(SSR)=\sqrt{\frac{1}{n-1}\sum_{i=1}^{n}(SSR_i-SSR)^2}=0.043$$

路面结构强度的结构强度系数 SSR 由检测 5 次结构强度系数的平均值确定,则路面结构强度的结构强度系数 SSR 因重复性检测引入的标准不确定度为:

$$u(SSR)=\frac{0.043}{\sqrt{5}}=0.194$$

重复性相对标准不确定度为:

$$u_{4\mathrm{rel}}=u_{\mathrm{rel}}(PSSI)=\frac{0.194}{1.344}=1.44\%$$

3. 列出不确定度分量汇总表

标准不确定度分量见表 10-17。

标准不确定度分量汇总表 表 10-17

不确定度来源	标准不确定度 $u(x_i)$	期　望　值	相对标准不确定度分量 $u_{\mathrm{rel}}(x_i)$
荷载传感器精度	—	—	0.58%
弯沉传感器精度	—	—	0.58%
弯沉传感器系统误差	—	—	1.15%
路面弯沉数据读取的重复性	0.194	1.344	1.44%

4. 合成标准不确定度的计算

各不确定度分量之间相互独立,所以合成标准不确定度为:

$$u_{\mathrm{crel}}(SSR)=\sqrt{u_{1\mathrm{rel}}^2+u_{2\mathrm{rel}}^2+u_{3\mathrm{rel}}^2+u_{4\mathrm{rel}}^2}=2.02\%$$

由于测量结果 $SSR_{\mathrm{c}}=1.35$,根据公式 $u_{\mathrm{c}}(SSR_{\mathrm{c}})=SSR_{\mathrm{c}}\cdot u_{\mathrm{crel}}(SSR_{\mathrm{c}})$ 可得,$u_{\mathrm{c}}(SSR_{\mathrm{c}})=0.027$。

5. 扩展不确定度的评定

取包含因子 $k=2$,根据公式 $U=ku_{\mathrm{c}}(SSR_{\mathrm{c}})$ 可得路面结构强度系数 SSR 的不确定度报告为:$SSR=1.35$,$U=0.05$,$k=2$。

值得注意的是,现在一般采用全自动化检测设备检测沥青路面各项性能指标。由于全自动化检测设备大多数是电子设备,其检测采样方式与传统的抽样方式不一样,即检测过程中,各影响因素的标准方差难以被准确确定。本章虽然对公路技术状况相关指标的测量结果进行了不确定度的评定与分析,但难免存在考虑因素不全面、标准方差确定不精确等问题,不能完全对应满足《测量不确定度评定和表示》(GB/T 27418—2017)的要求,所以,本章内容仅供读者研习参考。

第十一章　测量不确定度评定结果的应用

公路工程材料试验需要提供一个可以供设计、施工、质量评定等方面使用的代表值或在一定保证率下的参考值，如具有95%保证率的抗压强度代表值等。在代表值计算公式中，一般都设置标准差这个参数。而标准差是对在规定测量条件下测得的试验数据值，用统计分析的方法获得，其仅仅反映一系列试验数据值的离散程度。但是，试验数据的获取，与测量对象、测量仪器、测量方法、测量条件以及测量人员等密切相关，而标准差难以反映这5个方面对试验数据的影响。基于此，本章分析了以标准差计算代表值的局限性，基于测量不确定度评定理论与方法，提出使用合成标准不确定度来代替标准差计算代表值。并给出基于测量不确定度的结构可靠性分析及可靠指标、安全系数的计算方法。

以力学理论为基础，我国的沥青路面设计控制标准是依据路面结构的破坏机理达到极限状态来确定的。当设计的路面结构满足累计轴载次数和气候条件等因素确定的控制指标时，该结构层就能在设计使用年限内正常工作。为了提高沥青路面设计指标验算的可靠性，本章结合测量不确定度与区间分析理论，对初始年设计车道日平均当量轴次、设计年限内设计车道的当量设计轴载累计作用次数、沥青混合料层永久变形量和路基顶面竖向容许压应变设计参数或指标进行了计算分析。

第一节　试验结果的代表值或标准值计算

在路基路面结构设计中，一般以一定保证率的试验结果代表值进行路基路面结构分析与计算。代表值或标准值(一般为95%保证率的值)是依据平均值和标准差来计算的。在现有的建筑行业规范与规程中，一般采用系列试验测得量值本身的标准差，即利用规定测量条件下测得的量值，用标准差计算公式直接计算，没有考虑测量对象、仪器、方法、条件以及人员等对测得的量值的影响。这极大地增加了标准差的不可靠性。举例来说，如果由于测量对象、仪器、方法、条件以及人员等问题引入的量值的标准差，是一个不可忽略的数值，甚至比系列试验测得量值本身的标准差还要大，那么，只采用测得量值本身的标准差是很不可靠的。

目前，交通运输部门正在全面推进《测量不确定度评定和表示》(GB/T 27418—2017)在公路工程试验检测行业中的应用，但试验检测从业人员要熟练掌握起来确有一定难度。各省(自治区、直辖市)都在组织试验检测等相关从业人员进行培训，争取尽快掌握测量不确定度的评定和表示方法。但是，试验检测数据的不确定度评定结果怎样使用、如何进一步使用，还是一个比较困惑的问题；法律、法规怎么完善、技术层面如何实施等，都需要进行研究；对测量不确定度理论本身也还需要更深入的研究。

测量的标准偏差简称为标准差，也可称之为方均根误差，即方差的正根值。采用标准差来表示的测量不确定度,称为标准不确定度。本章以无机结合料无侧限抗压强度、弯拉强度测量结果的测量不确定度评定为例,分析合成标准不确定度与标准差之间的差异,构建基于合成标准不确定度的强度代表值计算理论方法,并基于结构安全设计考虑,就相关规范条文提出了修改建议。

一、无机结合料无侧限抗压强度、弯拉强度代表值

大量数理统计分析和工程实践证明,无机结合料的强度波动,符合正态分布规律。根据《公路工程无机结合料稳定材料试验规程》(JTG E51—2009),无机结合料无侧限抗压强度95%保证率的值为:

$$R_{c0.95}=\overline{R}_c-1.645S \tag{11-1}$$

式中:$R_{c0.95}$——95%保证率的值,MPa;

$\overline{R}_c$——平均值,MPa;

S——标准差,按下式计算:

$$S=\sqrt{\frac{1}{n-1}\sum_{i=1}^{n}(x_i-\overline{x})^2} \tag{11-2}$$

其中:x_i——单个试验值;

$\overline{x}$——一系列测得量值的平均值。

无机结合料弯拉强度95%保证率的值为:

$$R_{s0.95}=\overline{R}_s-1.645S \tag{11-3}$$

式中:$R_{s0.95}$——弯拉强度95%保证率的值,MPa;

$\overline{R}_s$——平均值,MPa;

S——标准差,按式(11-2)计算。

式(11-1)、式(11-3)中S前面的系数1.645,表示概率度或者保证率系数。根据数理统计的概念及正态分布概率函数理论,当要求无机结合料强度保证率P必须达到95%以上,此时对应的保证率系数$t=1.645$。

误差理论分析表明,根据来源性质不同,误差可分为随机误差和系统误差两类。随机误差用测量结果的标准偏差即标准差来表示;系统误差则用该分量的最大可能误差,即误差限来表示。式(11-1)、式(11-3)只考虑了随机误差,没有考虑系统误差。当系统误差在总的误差中占比较大时,如此计算获得的95%保证率值,是偏于不安全的。

既然合成标准不确定度u_c也是由标准差得到,由此,借由"标准差"这个桥梁,可把《测量不确定度评定和表示》(GB/T 27418—2017)与现有的各种行业试验规程联系起来。换句话说,现有行业试验规程中,凡是与标准差计算有关的理论与方法,都可以研究如何与合成标准不确定度u_c联系起来,如标准差和变异系数等。

相较随机误差的标准差,合成标准不确定度更能全面反映测量对象、测量仪器、测量方法、测量条件、测量人员以及试件离散性等对测量量值的影响。所以,基于合成标准不确定度的无机结合料无侧限抗压强度95%保证率的值计算公式为:

$$R_{c0.95}=\overline{R}_c-1.645u_c(R_c) \tag{11-4}$$

式中:$R_{c0.95}$——95%保证率的值,MPa;

$\overline{R}_c$——平均值，MPa；

$u_c(R_c)$——无侧限抗压强度测量结果的合成标准不确定度，MPa。

同样，基于合成标准不确定度的无机结合料弯拉强度95%保证率的值计算公式为：

$$R_{s0.95}=\overline{R}_s-1.645u_c(R_s) \tag{11-5}$$

式中：$R_{s0.95}$——95%保证率的值，MPa；

$\overline{R}_s$——平均值，MPa；

$u_c(R_s)$——弯拉强度测量结果的合成标准不确定度，MPa。

变异系数一般定义为标准差与平均值的比值，如果采用合成标准不确定度代替标准差，可用下式计算：

$$C_{vc}=\frac{u_c(R_c)}{\overline{R}_c}\quad 或\quad C_{vc}=\frac{u_c(R_s)}{\overline{R}_s} \tag{11-6}$$

式中：C_{vc}——采用合成标准不确定度计算得到的变异系数。

合成标准不确定度 $u_c(R_c)$ 和 $u_c(R_s)$ 的计算，需要根据具体试验规程，按照《测量不确定度评定和表示》的要求进行。

例如，第六章第一节关于水泥稳定碎石抗压强度测量结果的不确定度评定中，测量结果的标准差 $S=1.78$MPa，而合成标准不确定度 $u_c(R_c)=0.497$MPa。合成标准不确定度小于标准差，究其原因，是由于标准差 S 采用贝塞尔式(4-28)计算得到，对应的是测量结果取观测到的任一次 x_i 时所对应的A类不确定度。而在标准不确定度评定中，试件离散性引入的不确定度采用的是式(4-29)计算所得，式(4-28)比式(4-29)多除了一项$\sqrt{n}$，对应的是测量结果取 n 次的算术平均值时，x 所对应的A类不确定度。虽然增加了破坏荷载 P 和试件直径 D 的标准不确定度，但 $u_c(R_c)$ 还是小于标准差 S。

当然，如果在合成标准不确定度评定中，试件离散性引入的不确定度是采用式(4-28)计算所得，即采用单次测量结果试验标准差，故合成标准不确定度 $u_c(R_c)$ 肯定大于按贝塞尔公式计算得到的标准差 S。

二、基于合成标准不确定度的抗压强度代表值

取$\overline{R}_c=13.30$MPa，$u_c=u_c(R_c)=0.497$MPa，采用式(11-4)计算，则基于合成标准不确定度的水泥稳定碎石无侧限抗压强度95%保证率的值为：

$$R_{c0.95}=13.30-1.645\times0.497=12.48(\text{MPa})$$

而按现行规范，取表6-1中计算得到的标准差 $S=1.78$MPa，用式(11-1)进行计算，则水泥稳定碎石无侧限抗压强度95%保证率的值为：

$$R_{c0.95}=13.30-1.645\times1.78=10.37(\text{MPa})$$

可以看出，基于合成标准不确定度的水泥稳定碎石无侧限抗压强度95%保证率的值，大于按现行规范计算得到的95%保证率的值。

换句话说，只从本例来看，当用于设计时，采用现行规范的式(11-1)计算得到的无侧限抗压强度值，要比根据本章所建立式(11-4)计算得到的值更安全一些。

另外，当测量系列为正态分布时（取 $k=2$），根据扩展不确定度的含义，置信概率约为

95%,则水泥稳定碎石无侧限抗压强度95%保证率的值也可取为:

$$R_{c0.95} = 13.30 - 2 \times 0.497 = 12.31(\mathrm{MPa})$$

本例中,$R_{c0.95}$的三种计算值按大小排序为:合成标准不确定度(12.48MPa) > 扩展不确定度(12.31MPa) > 现行规范标准差(10.37MPa)。

根据以上结论,为了更好地衔接《测量不确定度评定和表示》(GB/T 27418—2017),从更安全的角度出发,建议交通运输行业规程《公路工程无机结合料稳定材料试验规程》(JTG E51—2009)中“T0805—1994 无机结合料稳定材料无侧限抗压强度试验方法”第7款有关报告内容的第(8)点,修改如下:

(8)若干个试验结果的最小值和最大值、平均值$\overline{R}_c$、标准差S、变异系数C_v和合成标准不确定度$u_c(R_c)$,比较S与$u_c(R_c)$,取两者较大者,计算95%保证率的值$R_{c0.95}$[$R_{c0.95} = \overline{R}_c - 1.645S$或$R_{c0.95} = \overline{R}_c - 1.645u_c(R_c)$]。

从设计及安全角度考虑,也可建议无机结合料稳定材料无侧限抗压强度试验在测量不确定度评定的过程中,采用任一次试验所对应的A类不确定度,即单次测量结果实验标准差。此时,合成标准不确定度$u_c(R_c)$肯定大于标准差S,如此,第7款有关报告内容的第(8)点可修改如下:

(8)若干个试验结果的最小值和最大值、平均值$\overline{R}_c$、标准差S、变异系数C_v和合成标准不确定度$u_c(R_c)$,计算95%保证率的值$R_{c0.95}$[$R_{c0.95} = \overline{R}_c - 1.645u_c(R_c)$]。$u_c(R_c)$的评定过程中,试件离散性即重复性引入的不确定度采用单次测量结果实验标准差评定。

三、基于合成标准不确定度的弯拉强度代表值

由第六章第三节知,水泥稳定碎石弯拉强度测量结果的标准差$S = 0.19\mathrm{MPa}$,而合成标准不确定度$u_c(R_s) = 0.334\mathrm{MPa}$。此时,在标准不确定度评定中,试件离散性引入的不确定度仍采用式(4-29)进行计算,但$u_c(R_s)$还是大于标准差S。可见,式(4-28)计算结果虽然大于式(4-29),但如果不能抵消式(6-15)中其他增加项的值,就会出现本例情形,即$u_c(R_s) > S$。

取$\overline{R}_s = 10.00\mathrm{MPa}$,$u_c = u_c(R_s) = 0.334\mathrm{MPa}$,采用式(11-5)计算,则基于合成标准不确定度的水泥稳定碎石弯拉强度95%保证率的值为:

$$R_{s0.95} = 10.00 - 1.645 \times 0.334 = 9.45(\mathrm{MPa})$$

而按现行规范,取表6-5中计算得到的标准差$S = 0.19\mathrm{MPa}$,采用式(11-3)计算,则水泥稳定碎石弯拉强度95%保证率的值为:

$$R_{s0.95} = 10.00 - 1.645 \times 0.19 = 9.69(\mathrm{MPa})$$

可以看出,基于合成标准不确定度的水泥稳定碎石弯拉强度95%保证率的值,小于按现行规范计算得到的95%保证率的值。

换句话说,只从本例来看,当用于设计时,采用式(11-5)计算得到的弯拉强度值,要比根据现行规范式(11-3)计算得到值,偏于安全一些。

另外,当测量系列为正态分布时(取$k = 2$),根据扩展不确定度的含义,置信概率约为95%,则水泥稳定碎石弯拉强度95%保证率的值也可取为:

$$R_{s0.95} = 10.00 - 2 \times 0.334 = 9.33(\mathrm{MPa})$$

本例中，$R_{s0.95}$的三种计算值按大小排序为：现行规范标准差(9.69MPa) > 合成标准不确定度(9.45MPa) > 扩展不确定度(9.33MPa)。

根据以上结论，为了更好地衔接《测量不确定度评定和表示》(GB/T 27418—2017)，从更安全的角度出发，建议交通运输行业规程《公路工程无机结合料稳定材料试验规程》(JTG E51—2009)中“T0851—2009 无机结合料稳定材料弯拉强度试验方法”第7款有关报告内容的第(8)点，修改如下：

(8)若干个试验结果的最小值和最大值、平均值$\overline{R}_s$、标准差S、变异系数C_v和合成标准不确定度$u_c(R_s)$，比较S与$u_c(R_s)$，取两者较大者，计算95%保证率的值$R_{s0.95}$[$R_{s0.95}=\overline{R}_s-1.645S$或$R_{s0.95}=\overline{R}_s-1.645u_c(R_s)$]。

从设计安全角度考虑，也可建议无机结合料稳定材料弯拉强度试验在测量不确定度评定的过程中，采用任一次试验所对应的A类不确定度，即单次测量结果实验标准差。此时，合成标准不确定度$u_c(R_s)$肯定大于标准差S，如此，第7款有关报告内容的第(8)点可修改如下：

(8)若干个试验结果的最小值和最大值、平均值$\overline{R}_s$、标准差S、变异系数C_v和合成标准不确定度$u_c(R_s)$，计算95%保证率的值$R_{s0.95}$[$R_{s0.95}=\overline{R}_s-1.645u_c(R_s)$]。$u_c(R_s)$的评定过程中，试件离散性即重复性引入的不确定度采用单次测量结果实验标准差评定。

实际上，现行规范不止这两个试验涉及利用标准差S来计算95%保证率的值。例如，《公路工程沥青及沥青混合料试验规程》(JTG E20—2011)中“T0713—2000 沥青混合料单轴压缩试验(圆柱体法)”中第5款报告5.1条中的公式(T0713—4)为：

$$E=E'-\frac{t}{\sqrt{n}}S \tag{11-7}$$

式中：E——供路面设计用的抗压回弹模量值，MPa；

E'——一组试件的抗压回弹模量的平均值，MPa；

S——一组试件样品实测值的标准差，MPa；

t——随保证率而变的系数；

n——一组试件的有效试件数。

当采用合成标准不确定度$u_c(E)$代替标准差S时，基于合成标准不确定度的供路面设计用的抗压回弹模量值E的计算公式为：

$$E=E'-\frac{t}{\sqrt{n}}u_c(E) \tag{11-8}$$

式中：$u_c(E)$——沥青混合料抗压回弹模量测量结果的合成标准不确定度，MPa。

本章研究结果所形成的规范条文修改建议，可以推广到存在同样情形的其他试验中，如《公路工程沥青及沥青混合料试验规程》(JTG E20—2001)、《公路工程水泥及水泥混凝土试验规程》(JTG E30—2005)、《普通混凝土配合比设计规程》(JGJ 55—2011)中的相关试验等。

第二节　结构可靠性分析及可靠指标计算

结构可靠度是结构可靠性的概率度量，其更明确、更科学的定义是：结构在规定的时间内，在规定的条件下，完成预定功能的概率。结构可靠度依据结构功能函数的概率密度分布函数计算得到;结构可靠指标一般采用基本变量的统计参数,即均值和方差计算得到。我国现有的建筑行业规范与规程中,一般采用结构抗力和荷载效应系列试验测得量值本身的方差,即利用规定测量条件下测得的量值,用方差计算公式直接计算,其仅仅反映一系列结构抗力和荷载效应试验数据值本身的离散程度。但是,结构抗力和荷载效应试验数据的获取,与测量对象、测量仪器、测量方法、测量条件以及测量人员密切相关,传统的方差计算公式难以反映这5个方面对最终试验数据结果的影响,极大地增加了结构抗力和荷载效应测量量值方差计算结果本身的不可靠性。例如,如果由于测量对象、仪器、方法、条件以及人员等问题引入结构抗力和荷载效应的量值的方差是一个不可忽略的数值,甚至比系列试验测得量值本身的方差还要大,那么,只采用测得量值本身的方差来分析结构可靠度及计算结构可靠指标是很不可靠的。所以,有必要根据概率统计及误差分析领域的新进展,研究并提出能反映测量对象、仪器、方法、条件以及人员影响的方差,并据此分析结构可靠度及计算可靠指标。

《普通混凝土配合比设计规程》(JGJ 55—2011)规定,当混凝土的设计强度等级小于C60时,配置强度按下式计算:

$$f_{cu,0} \geqslant f_{cu,k} + 1.645\sigma \tag{11-9}$$

式中:$f_{cu,0}$——混凝土配置强度,MPa;

$f_{cu,k}$——混凝土立方体抗压强度标准值,这里取设计混凝土强度等级值,MPa;

σ——混凝土强度标准差,按下式计算:

$$\sigma = \sqrt{\frac{1}{n-1}\left(\sum_{i=1}^{n} f_{cu,i}^{2} - nm_{fcu}^{2}\right)} \tag{11-10}$$

其中:$f_{cu,i}$——第 i 组的试件强度,MPa;

m_{fcu}——n 组试件的强度平均值,MPa;

n——试件组数,应大于或等于30。

根据来源性质不同,误差可分为随机误差和系统误差两类。随机误差用测量结果的标准偏差即标准差来表示;系统误差则用该分量的最大可能误差,即误差限来表示。式(11-9)只考虑了随机误差,没有考虑系统误差,当系统误差在总的误差中占比较大时,如此计算配置强度 $f_{cu,0}$是偏于不安全的。

《普通混凝土配合比设计规程》(JGJ 55—2011)中的混凝土强度标准差计算公式(11-10),是多次测量时,试件材料本身强度离散性所引入的随机误差的计算公式。但式(11-10)并没有考虑试验压力机的示值与量值误差、试件承压面积误差等影响测量结果的其他随机误差和系统误差。当用式(11-10)表示多次测量强度离散性引入的标准不确定度 $u_c(\bar{F})$时,混凝土立方体抗压强度$f_{cu} = \dfrac{F}{A}$的合成标准不确定度 $u_c(f_{cu})$为:

$$u_c(f_{cu}) = \sqrt{u_c^2(F) + u_c^2(A) + \sigma^2} \tag{11-11}$$

此时,当混凝土的设计强度等级小于C60时,配置强度可按下式计算:

$$f_{cu,0} \geqslant f_{cu,k} + 1.645u_c(f_{cu}) \tag{11-12}$$

式中:$f_{cu,0}$——混凝土配置强度,MPa;

$f_{cu,k}$——混凝土立方体抗压强度标准值,这里取设计混凝土强度等级值,MPa;

$u_c(f_{cu})$——合成标准不确定度,按式(11-11)计算。

由于 $u_c(f_{cu})>\sigma$，按式(11-12)得到的混凝土配置强度，较公式(11-9)的计算结果保守及安全。

当采用合成标准不确定度来表达测量不确定度时，对于普通混凝土的配置强度，显然合成标准不确定度 $u_c(f_{cu})$ 的计算式(11-11)，较随机误差的标准差 σ 计算式(11-10)更能全面反映测量对象、测量仪器、测量方法、测量条件、测量人员以及试件离散性等对混凝土强度测量量值的影响。

一、基于测量不确定度的结构可靠度计算式

1. 结构可靠度计算式

结构的功能函数一般可写为：

$$Z=g(R,S)=R-S \tag{11-13}$$

式中：R——结构抗力；

S——结构的荷载效应。

若已知结构功能函数 Z 的概率分布函数 $f_Z(Z)$，则结构的可靠度 p_s 可按下式计算：

$$p_s=P\{Z\geqslant 0\}=\int_0^{\infty}f_Z(Z)\mathrm{d}Z \tag{11-14}$$

式中，$f_Z(Z)=f_Z(R,S)=f_R(R)\cdot f_S(S)$，$f_S(S)$ 为已知结构荷载效应 S 的概率分布密度函数，$f_R(R)$ 为已知结构抗力 R 的概率分布密度函数。

失效概率 p_f 可按下式计算：

$$p_f=P\{Z<0\}=\int_{-\infty}^{0}f_Z(Z)\mathrm{d}Z \tag{11-15}$$

此时，$p_s+p_f=1$ 或 $p_s=1-p_f$。

在结构设计基准期内，各种荷载的最大值 Q_T 一般也为随机变量。为实际设计方便，仍采用具体的荷载数值，可理解为荷载的各种代表值等。影响结构抗力 R 的因素主要有三种：材料性能、几何参数及计算模式的不定性。若把这些不定性视为随机变量，则结构抗力是多元随机变量的函数。

2. 基于测量不确定度的结构可靠度计算式

设 R_{u_c} 为考虑材料性能、几何参数及计算模式的不定性后，基于合成标准不确定度计算获得的结构抗力值，S_{u_c} 为基于合成标准不确定度计算得到的结构荷载效应，则结构的功能函数为：

$$Z=g(R_{u_c},S_{u_c})=R_{u_c}-S_{u_c} \tag{11-16}$$

若已知结构功能函数 Z 的概率分布函数 $f_Z(Z)$，则结构可靠度 p_s 可按下式计算：

$$p_s=P\{Z\geqslant 0\}=\int_0^{\infty}f_Z(Z)\mathrm{d}Z \tag{11-17}$$

式中，$f_Z(Z)=f_Z(R_{u_c},S_{u_c})=f_R(R_{u_c})\cdot f_S(S_{u_c})$，$f_S(S_{u_c})$ 为基于合成标准不确定度的结构荷载效应 S_{u_c} 的概率分布密度函数，$f_R(R_{u_c})$ 为基于合成标准不确定度的结构抗力 R_{u_c} 的概率分布密度函数。

式(11-16)为基于测量不确定度的结构功能函数，式(11-17)为基于测量不确定度的结构

可靠度计算公式。

二、基于测量不确定度的可靠指标及安全系数计算式

1. 常用的可靠指标计算式

假设结构抗力 R、荷载效应 S 为两个相互独立的正态随机变量，均值和方差分别为 μ_R、μ_S 及 σ_R、σ_S。此时 Z 也为正态随机变量，均值和方差为 $\mu_Z=\mu_R-\mu_S$，$\sigma_Z=\sqrt{\sigma_R^2+\sigma_S^2}$，则可靠指标 β 的计算表达式为：

$$\beta=\frac{\mu_R-\mu_S}{\sqrt{\sigma_R^2+\sigma_S^2}} \tag{11-18}$$

工程上为了实用考虑，认为式(11-18)也适用于已知随机变量统计参数(如均值 μ_Z、方差 σ_Z 等)的非正态概率分布情形。比如，结构可靠度分析实用方法之一的中心点法，采用 $\beta=\frac{\mu_Z}{\sigma_Z}$ 近似计算可靠指标。

2. 基于测量不确定度的可靠指标计算式

结构抗力 R、结构荷载效应 S 一般由若干个其他量值求得，故可按其他各量的方差或协方差算得其合成标准不确定度。根据《测量不确定度评定和表示》(GB/T 27418—2017)，对结构抗力 R、荷载效应 S 的测量不确定度进行评定，当采用合成标准不确定度来表示时，结构抗力 R 的合成标准不确定度为 $u_c(R)$，结构荷载效应 S 的合成标准不确定度为 $u_c(S)$。

使用合成标准不确定度 $u_c(R)$、$u_c(S)$ 代替标准差 σ_R、σ_S，均值仍为 $\mu_Z=\mu_R-\mu_S$，此时，结构的功能函数 $Z=R-S$ 的合成标准不确定度为：

$$u_c(Z)=\sqrt{u_c^2(R)+u_c^2(S)} \tag{11-19}$$

则可靠指标 β 的计算表达式为：

$$\beta=\frac{\mu_Z}{u_c(Z)}=\frac{\mu_R-\mu_S}{\sqrt{u_c^2(R)+u_c^2(S)}} \tag{11-20}$$

式(11-20)为基于测量不确定度的可靠指标计算公式。

如此，式(11-16)、式(11-17)、式(11-20)就建立了国家标准《测量不确定度评定和表示》(GB/T 27418—2017)与《工程结构可靠性设计统一标准》(GB 50153—2008)之间的联系。例如，若某结构抗力 R 定义为混凝土立方体的抗压强度，则 $u_c(R)$ 可取式(11-11)计算得到的 $u_c(f_{cu})$ 值。

在式(11-18)、式(11-20)中，$u_c(R)>\sigma_R$，$u_c(S)>\sigma_S$。合成标准不确定度 $u_c(R)$、$u_c(S)$ 较标准差 σ_R、σ_S 更能全面反映测量对象、仪器、方法、条件、人员以及试件离散性等对结构抗力 R、结构荷载效应 S 等量值的影响。按式(11-20)计算得到可靠指标较式(11-18)小，从结构设计角度看是更偏于保守和安全的。

应该认识到，在多数情况下，合成标准不确定度 $u_c(R)$、$u_c(S)$ 及 R、S 表征的概率分布是未知的，且 $u_c(R)$、$u_c(S)$ 本身也具有不确定性。比如，当 $u_c(R)$、$u_c(S)$ 及 R、S 所表征的概率分布近似于正态分布时，本章讨论的方法更具有普遍性意义。

从上述角度，对于普通混凝土，建议国家相关行业部门对混凝土的各种强度的合成标准不确定度进行大量的统计分析，以获得其表征的概率分布。比如，普通混凝土立方体抗压强度 f_{cu} 及合成标准不确定度 $u_c(f_{cu})$ 所表征的概率分布。

当结构抗力 R、荷载效应 S 均为对数正态随机变量时，其可靠指标计算式为：

$$\beta=\frac{\mu_{\ln R}-\mu_{\ln S}}{\sqrt{\sigma_{\ln R}^2+\sigma_{\ln S}^2}} \tag{11-21}$$

式中：$\mu_{\ln R}$、$\mu_{\ln S}$——$\ln R$ 和 $\ln S$ 的均值；

$\sigma_{\ln R}$、$\sigma_{\ln S}$——$\ln R$ 和 $\ln S$ 的标准差。

使用合成标准不确定度 $u_c(\ln R)$、$u_c(\ln S)$ 代替标准差 $\sigma_{\ln R}$、$\sigma_{\ln S}$，由于均值不变，则可靠指标 β 的计算表达式为：

$$\beta=\frac{\mu_{\ln R}-\mu_{\ln S}}{\sqrt{u_c^2(\ln R)+u_c^2(\ln S)}} \tag{11-22}$$

变异系数一般定义为标准差与平均值的比值，如果采用标准不确定度代替标准差，可用下式计算：

$$C_{vu}=\frac{u(R)}{\mu_R} \quad 或 \quad C_{vu}=\frac{u(S)}{\mu_S} \tag{11-23}$$

式中：C_{vu}——采用标准不确定度计算得到的变异系数。

若已知变异系数 C_{vu} 和均值 μ_R，则标准不确定度可由下式计算：

$$\mu(R)=\mu_R\times C_{vu} \tag{11-24}$$

当结构抗力 R、荷载效应 S 均为对数正态随机变量时，其可靠指标也可按下式计算：

$$\beta=\frac{\ln\dfrac{\mu_R}{\mu_S}\sqrt{\dfrac{1+C_{vu(S)}^2}{1+C_{vu(R)}^2}}}{\sqrt{\ln[(1+C_{vu(R)}^2)(1+C_{vu(S)}^2)]}} \tag{11-25}$$

3. 基于测量不确定度的安全系数计算式

假设影响结构功能的因素归并为结构抗力 R、荷载效应 S 两个量，则可采用如下结构设计式：

$$k_0\mu_S\leqslant\mu_R \tag{11-26}$$

式中：μ_S、μ_R——设计中取用的荷载效应和结构抗力的均值；

k_0——常数，习惯上称为安全系数。

由式(11-20)得：

$$\frac{\mu_R}{\mu_S}=1+\frac{\beta\sqrt{u_c^2(R)+u_c^2(S)}}{\mu_S} \tag{11-27}$$

即：

$$k_0=1+\frac{\beta\sqrt{u_c^2(R)+u_c^2(S)}}{\mu_S} \tag{11-28}$$

式(11-28)即是基于测量不确定度的安全系数计算公式。当然，也可以采用式(11-23)中的 C_{vu} 来表达，此时式(11-28)变为：

$$k_0 = \frac{1 + \beta \sqrt{c_{\mathrm{vu}(R)}^2 + c_{\mathrm{vu}(S)}^2 (1 - \beta^2 c_{\mathrm{vu}(R)}^2)}}{1 - \beta^2 C_{\mathrm{vu}(R)}^2} \tag{11-29}$$

同理,当 R、S 均为对数正态分布时,也可以推导出安全系数的表达式。

工程上习惯采用结构功能函数中各变量的设计值或公称值,即:

$$kS_k \leqslant R_k \tag{11-30}$$

式中:S_k、R_k——荷载效应和抗力的标准值;

k——相应的设计安全系数。

一般地,均值与标准值之间有如下比例关系:

$$\mu_S = \eta_S S_k \tag{11-31}$$

$$\mu_R = \eta_R R_k \tag{11-32}$$

代入式(11-26)可得:

$$k_0 \eta_S S_k \leqslant \eta_R R_k \tag{11-33}$$

与式(11-30)对比,得:

$$k = k_0 \frac{\eta_S}{\eta_R} \tag{11-34}$$

式中,k_0 由基于测量不确定度的安全系数计算公式(11-28)得到。

三、算例分析

1. 简支梁的可靠指标计算

【例 11-1】 如图 11-1 所示的简支梁,P 为跨中集中荷载,$\mu_P = 10\mathrm{kN}$,$C_{\mathrm{vu}(P)} = 0.12$;$q$ 为均布荷载,$\mu_q = 2\mathrm{kN/m}$,$C_{\mathrm{vu}(q)} = 0.16$;$L = 4\mathrm{m}$ 为梁的跨度。设此梁的承载函数为

$$Z = M - \left(\frac{1}{4}PL + \frac{1}{8}qL^2\right) \tag{11-35}$$

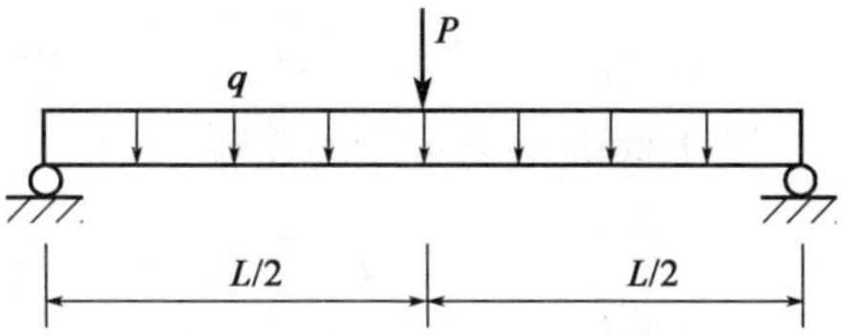

已知 $\mu_M = 18\mathrm{kN \cdot m}$,$C_{\mathrm{vu}(M)} = 0.06$。试采用中心点法计算其可靠指标。

图 11-1　简支梁及其所受荷载图示

解:
$$\mu_Z = a_0 + \sum_{i=1}^{n} a_i \mu_{X_i} = \mu_M - \frac{L}{4}\mu_P - \frac{L^2}{8}\mu_q = 18 - \frac{4}{4} \times 10 - \frac{4^2}{8} \times 2 = 4(\mathrm{kN \cdot m})$$

$$u(P) = \mu_P \times C_{\mathrm{vu}(P)} = 10 \times 0.12 = 1.2(\mathrm{kN})$$

$$u(q) = \mu_q \times C_{\mathrm{vu}(q)} = 2 \times 0.16 = 0.32(\mathrm{kN})$$

$$u(M) = \mu_M \times C_{\mathrm{vu}(M)} = 18 \times 0.06 = 1.08(\mathrm{kN \cdot m})$$

由 $\frac{\partial Z}{\partial M} = 1$,$\frac{\partial Z}{\partial P} = -\frac{L}{4}$,$\frac{\partial Z}{\partial q} = -\frac{L^2}{8}$,根据不确定度传播定律,承载函数 Z 的合成标准不确定度为:

$$u_c(Z)=\sqrt{\left(\frac{\partial Z}{\partial M}\right)^2u^2(M)+\left(\frac{\partial Z}{\partial P}\right)^2u^2(P)+\left(\frac{\partial Z}{\partial q}\right)^2u^2(q)}$$
$$=\sqrt{(1)^2u^2(M)+\left(-\frac{L}{4}\right)^2u^2(P)+\left(-\frac{L^2}{8}\right)^2u^2(q)}$$
$$=\sqrt{1\times1.08^2+\left(-\frac{4}{4}\right)^2\times1.2^2+\left(-\frac{4^2}{8}\right)^2\times0.32^2}$$
$$=1.73666\approx1.737$$

原题中，σ_Z 的计算公式为 $\sigma_Z=\sum_{i=1}^{n}(a_i\sigma_{X_i})^2$，为不相关变量的方差传播定律，其与不确定度传播定律一致。

由此，基于合成标准不确定度的可靠指标为：

$$\beta=\frac{\mu_Z}{u_c(Z)}=\frac{4}{1.737}=2.303$$

本例中，采用的标准不确定度计算得到的变异系数 C_{vu} 大于原题的变异系数 C_v，故算得的可靠指标 2.303 小于原题的计算结果 2.715。

需要说明的是，若按《测量不确定度评定和表示》(GB/T 27418—2017)已经获得本例中 P、q、M 的均值 μ_P、μ_q、μ_M 及标准不确定度 $u(P)$、$u(q)$、$u(M)$，即可直接根据不确定度传播定律计算 $u_c(Z)$，再按式(11-20)得到基于合成标准不确定度的可靠指标 β。

2. 结构概率可靠度直接设计法

【例 11-2】 确定钢拉杆截面面积，使其可靠指标达到 3.2。已知拉力 N 的 $\mu_N=120\text{kN}$，$C_{vu(N)}=0.12$；屈服强度 f 的 $\mu_f=21.5\text{kN/cm}^2$，$C_{vu(f)}=0.09$；拉杆截面面积 A 的 $C_{vu(A)}=0.06$，试求拉杆截面面积 μ_A（N、A、f 均服从对数正态分布）。

解：拉杆抗力 $R=Af$，当 A、f 服从对数正态分布时，抗力 R 也服从对数正态分布：

$$\mu_R=\mu_f\times\mu_A=21.5\mu_A$$

基于标准不确定度的变异系数为：

$$C_{vu(R)}=\sqrt{C_{vu(f)}^2+C_{vu(A)}^2}=\sqrt{0.09^2+0.06^2}=0.108$$

由于抗力和荷载效应（此时为拉杆拉力）均服从对数正态分布，则可按可靠指标公式(11-25)计算：

$$\beta=\frac{\ln\frac{\mu_R}{\mu_N}\sqrt{\frac{1+C_{vu(N)}^2}{1+C_{vu(R)}^2}}}{\sqrt{\ln[(1+C_{vu(R)}^2)(1+C_{vu(N)}^2)]}}=\frac{\ln\frac{21.5\mu_A}{120}\sqrt{\frac{1+0.12^2}{1+0.108^2}}}{\sqrt{\ln[(1+0.108^2)(1+0.12^2)]}}=\frac{\ln0.179\mu_A}{0.161}$$

将 $\beta=3.2$ 代入，得：

$$\mu_A=\frac{e^{3.2\times0.161}}{0.179}=9.35(\text{cm}^2)$$

需要说明的是，本例的求解，需要预先确定基于标准不确定度的变异系数 C_{vu} 值。

结构抗力、荷载效应的各种代表值如标准值等，可使用合成标准不确定度取代试验标准差来计算。相较基于标准差的结构可靠度分析,基于测量不确定度的结构可靠度分析更能全面反映测量对象、仪器、方法、条件、人员以及试件离散性等对结构抗力、荷载效应测量值的影响。当采用均值和方差近似计算可靠指标时,若使用合成标准不确定度代替标准差,得到的可靠指标会变小,从结构安全角度是偏于保守的。相关行业部门应对结构抗力、荷载效应的合成标准不确定度进行大量的统计分析,以获得其表征的概率分布,更好地完善基于测量不确定度的结构可靠度分析理论。

第三节　永久变形量与竖向压应变区间值的计算

一、区间分析基础

1. 区间的基本表示方法

区间 X 的上、下端点分别记作 $\overline{X}$ 和 $\underline{X}$。

区间 X 的中点、宽度和半径的定义如下。

中点:

$$\mathrm{mid}(X)=\frac{1}{2}(\underline{X}+\overline{X}) \tag{11-36}$$

宽度:

$$\mathrm{wid}(X)=\overline{X}-\underline{X} \tag{11-37}$$

半径:

$$\mathrm{rad}(X)=\frac{1}{2}(\overline{X}-\underline{X}) \tag{11-38}$$

2. 区间的基本运算法则

设 $X=[\underline{X},\overline{X}]$,$Y=[\underline{Y},\overline{Y}]\in IR$,则区间的四则运算可表示为:

$$X+Y=[\underline{X}+\underline{Y},\overline{X}+\overline{Y}] \tag{11-39}$$

$$X-Y=[\underline{X}-\overline{Y},\overline{X}-\underline{Y}] \tag{11-40}$$

$$X\times Y=[\min(\underline{X}\,\underline{Y},\underline{X}\,\overline{Y},\overline{X}\,\underline{Y},\overline{X}\,\overline{Y}),\max(\underline{X}\,\underline{Y},\underline{X}\,\overline{Y},\overline{X}\,\underline{Y},\overline{X}\,\overline{Y})] \tag{11-41}$$

$$X\div Y=X\times[1/\overline{Y},1/\underline{Y}],0\notin Y \tag{11-42}$$

二、区间计算公式的推演

根据《公路沥青路面设计规范》(JTG D50—2017)对沥青路面设计指标的理论计算方法,可推演出沥青混合料层永久变形量与路基顶面容许竖向压应变区间的计算公式。

1. 初始年设计车道日平均当量轴次区间的计算公式

根据《公路沥青路面设计规范》(JTG D50—2017)中的公式(A.4.1)可知,计算初始年设计车道日平均当量轴次时,需要统计分析年平均日交通量。因此,无论采用何种统计方法,该值必然存在一定的统计误差，故以区间表示的年平均日交通量更符合实际情况。故初始年设计车道日平均当量轴次区间的计算公式为：

$$[\underline{N_1},\overline{N_1}] = [\underline{AADTT},\overline{AADTT}] \times DDF \times LDF \times \sum_{m=2}^{11}(VCDF_m \times EALF_m) \tag{11-43}$$

式中：$[\underline{AADTT},\overline{AADTT}]$——2 轴 6 轮及以上车辆的双向年平均日交通量区间，辆/d；

DDF——方向系数；

LDF——车道系数；

m——车辆类型编号；

$VCDF_m$——m 类车辆类型分布系数；

$EALF_m$——m 类车辆的当量设计轴载换算系数。

2. 设计年限内设计车道上的当量设计轴载累计作用次数区间的计算公式

设计年限内的交通量平均年增长率是一个无法准确预估的数值，故以区间形式表示的交通量平均年增长率更为合理。设计年限内设计车道上的当量轴次区间的计算公式为：

$$[\underline{N_e},\overline{N_e}] = \frac{365 \times [\underline{N_1},\overline{N_1}]\{(1+[\underline{\gamma},\overline{\gamma}])^t - 1\}}{[\underline{\gamma},\overline{\gamma}]} \tag{11-44}$$

式中：$[\underline{N_e},\overline{N_e}]$——设计年限内设计车道上的当量轴次区间，次；

t——设计年限，年；

$[\underline{\gamma},\overline{\gamma}]$——设计年限内的交通量平均年增长率区间，%。

3. 沥青混合料层永久变形量区间的计算公式

以设计年限内设计车道上的当量轴次和第 i 分层沥青混合料在车辙试验加载 2520 次的永久变形量为区间参数，则沥青混合料层永久变形量区间的计算公式为：

$$[\underline{R_{ai}},\overline{R_{ai}}] = 2.31 \times 10^{-8} k_{Ri} T_{pef}^{2.93} p_i^{1.80} [\underline{N_{e3}},\overline{N_{e3}}]^{0.48} (h_i/h_0) [\underline{R_{0i}},\overline{R_{0i}}] \tag{11-45}$$

式中：$[\underline{R_{ai}},\overline{R_{ai}}]$——沥青混合料第 i 分层永久变形量区间，mm；

k_{Ri}——综合修正系数；

p_i——沥青混合料层第 i 分层顶面竖向压应力，MPa；

T_{pef}——沥青混合料层永久变形等效温度，℃；

$[\underline{N_{e3}},\overline{N_{e3}}]$——以沥青混合料永久变形量为指标的设计年限内设计车道上的当量轴次区间，次；

h_i——第 i 分层厚度，mm；

h_0——车辙试验试件的厚度，mm；

$[\underline{R_{0i}},\overline{R_{0i}}]$——第 i 分层沥青混合料在加载次数为 2520 次时，车辙试验永久变形量区间，mm。

4. 路基顶面容许竖向压应变区间的计算公式

以设计年限内设计车道上的当量轴次为区间参数，则路基顶面容许竖向压应变区间的计算公式为：

$$[\underline{\varepsilon_z},\overline{\varepsilon_z}] = 1.25 \times 10^{4-0.1\beta}(k_{T3}[\underline{N_{e4}},\overline{N_{e4}}])^{-0.21} \tag{11-46}$$

式中：$[\underline{\varepsilon_z},\overline{\varepsilon_z}]$——路基顶面容许竖向压应变区间，$10^{-6}$；

$[\underline{N_{e4}},\overline{N_{e4}}]$——设计年限内设计车道上的当量轴次区间，次；

β——目标可靠度；

k_{T3}——温度调整系数。

三、沥青路面设计参数的确定

以南方某高速公路为分析背景，该高速公路的设计使用年限为15年。根据《公路沥青路面设计规范》(JTG D50—2017)中表3.0.1和附录G，可以确定目标可靠指标$\beta = 1.65$，温度调整系数$k_{T3} = 1.52$。

根据路况调查报告，该高速公路在设计使用年限内的交通量平均值增长率为5%～6%，*DDF*为0.55，*LDF*为0.7，*AADTT*为6672辆/d。根据式(11-47)可知，该高速公路设计使用年限内设计车道累计大型客车和货车的交通量为21.0($\times 10^6$辆)。参考表11-1可知，该高速公路的设计交通荷载等级属于特重交通。

$$N = AADTT \times DDF \times LDF \times \frac{365 \times \{(1+\gamma)^t - 1\}}{\gamma} \tag{11-47}$$

式中：N——设计使用年限内设计车道累计大型客车和货车交通量($\times 10^6$辆)。

设计交通荷载等级　　表11-1

设计交通荷载等级	极重	特重	重	中等	轻
设计使用年限内设计车道累计大型客车和货车交通量($\times 10^6$辆)	≥50.0	50.0～19.0	19.0～8.0	8.0～4.0	<4.0

结合测量不确定度的评定结果，以扩展不确定度报告为转换对象，按下述方法转换为区间形式，设评定参数的扩展不确定度报告为：$Z = X, U = x, k = 2$，则转换的区间形式为：$[X - x, X + x]$。为了准确表达*AADTT*统计的范围大小，以±1%的统计相对不确定度计算*AADTT*的区间为：$[\underline{AADTT},\overline{AADTT}] = [6605, 6739]$(辆/d)，经验证，该区间满足特重交通荷载等级的要求。根据历史交通数据，确定该高速公路为TTC3类，以沥青混合料层永久变形为分析对象，计算的m类车辆类型分布系数与当量设计轴载换算系数的乘积之和为：$\sum_{m=2}^{11}(VCDF_m \times EALF_m) = 6.76$。

根据《公路沥青路面设计规范》(JTG D50—2017)的要求，在计算沥青混合料永久变形时，需要将路面结构分层。以沥青混合料的第1分层永久变形量为例，其分层厚度$h_1 = z_1 = 15$mm，其他各层可参照第一层的计算过程。根据该高速公路的设计要求，设计路面的混合料层厚$h_a = 180$mm，故按下式计算综合修正系数：

$$d_1 = -1.35 \times 10^{-4} h_a^2 + 8.18 \times 10^{-2} h_a - 14.5 = -14.4853$$

$$d_2 = 8.78 \times 10^{-7} h_a^2 - 1.50 \times 10^{-3} h_a + 0.90 = 0.8985$$

$$k_{R1} = (d_1 + d_2 + z_1) \cdot 0.9731^{z_1} = 0.9475$$

参考该高速公路路面设计参数的取值，沥青混合料第1分层顶面竖向压应力p_1取

0.7MPa,永久变形等效温度 T_{pef} 取 23.8℃,车辙试件的厚度为 50mm。对 AC-16C 混合料加载 2520 次时,实测的车辙试验永久变形量为 0.628mm。考虑测量不确定度的影响,参考本书第七章中变形量 d_1 的合成相对不确定度为 0.294%,则当加载次数为 2520 次时,AC-16C 混合料的变形量区间[$\underline{R_{01}}$,$\overline{R_{01}}$]=[0.626,0.630]。

四、基于 INTLAB 的永久变形量和竖向压应变区间的计算

1.计算初始年设计车道日平均当量轴次区间

根据式(11-43)及确定的计算参数,应用 INTLAB 编程计算(程序见附录),计算结果如图 11-2所示。

图 11-2 初始年设计车道日平均当量轴次区间

2.计算设计年限内设计车道上的当量轴次区间

由式(11-44)可知,该公式中存在区间之间的除法运算,故该计算结果会发生区间扩展的现象。为了获得可靠的区间结果并且消除区间扩展的弊端,可将一个区间计算公式拆分为两个点运算公式。在仅对区间扩展结果出现不符合工程的情况时,利用 INTLAB 编程的调整方法为:当在某一区间计算公式中存在区间之间的相减或相除运算,且已验证由该步骤所得的区间结果不符合工程应用的要求时,应将区间之间的相减(相除)运算进行简化,并由两个区间的上端点值或下端点值相减(相除)运算,再将计算结果按大小分配,分别作为计算量区间结果的上下端点值。若计算公式中不存在区间之间的相减或相除时,则直接按照区间的运算规则计算即可。

通过引入消除区间扩展的方法,在 INTLAB 中计算得到的区间结果分别如图 11-3a)与图 11-3b)所示,计算程序见附录。

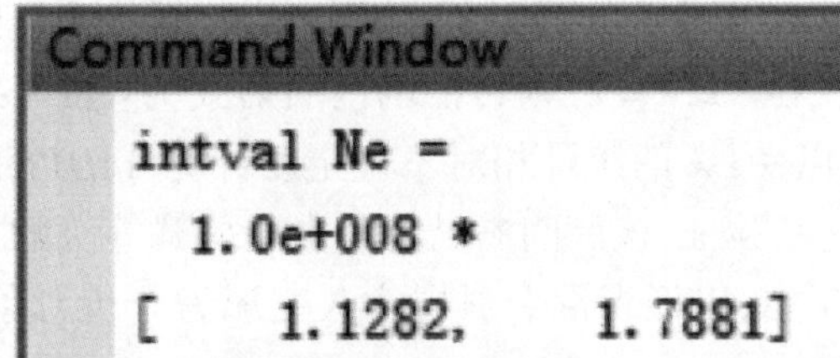

a)调整前的区间结果

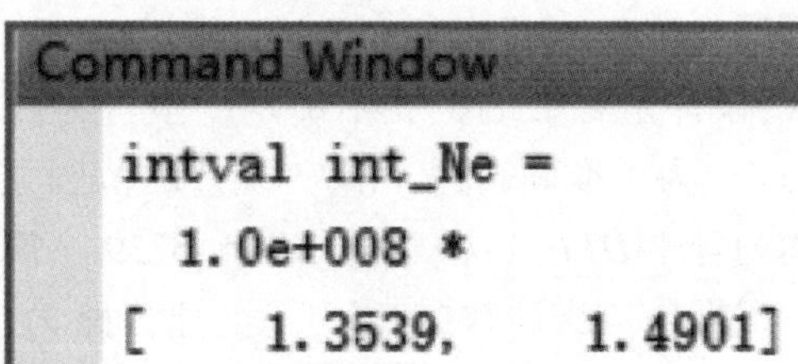

b)调整后的区间结果

图 11-3 当量设计累计轴次

由图 11-3a)可知,程序调整前的当量轴次区间结果为[1.1282,1.7881]($\times 10^8$ 次),该计算结果发生了区间扩展。根据式(11-47)可知,经反算的设计使用年限内设计车道累计大型客车和货车交通量的区间为[16.7,26.5]($\times 10^6$ 辆)。参考表 11-1 可知,该区间超出了特重交通荷载设计等级的范围,为了使计算结果与初始设计的荷载等级保持一致,需要对发生区间扩展部分的计算作出调整。由图 11-3b)可知,调整后的当量轴次区间为[1.3539,1.4901]($\times 10^8$ 次),验算可知,该区间结果符合特重交通荷载设计等级的要求。

3.计算沥青混合料层永久变形量区间

以 AC-16C 混合料的第 1 分层永久变形量为例,由式(11-46)可知,计算过程中不存在区

间扩展的情况。结合已确定的计算参数,应用 INTLAB 编程计算,计算结果如图 11-4a)所示。

4. 计算路基顶面容许竖向压应变区间

由式(11-46)可知,该区间计算公式中不存在区间扩展的情况。根据确定的参数并应用 INTLAB 工具计算的竖向压应变区间结果如图 11-4b)所示,计算程序见附录。

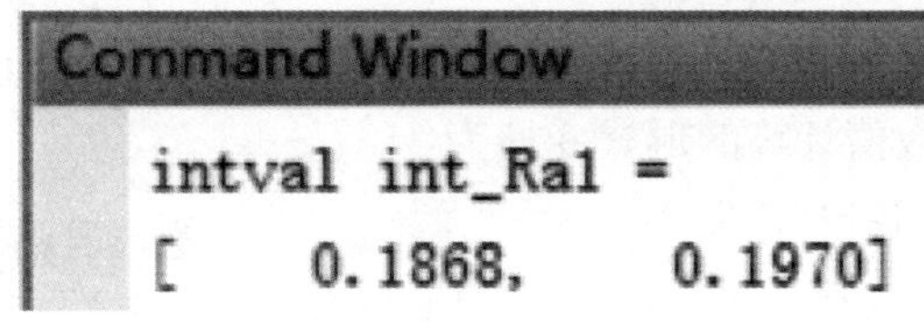

a)永久变形量的区间结果

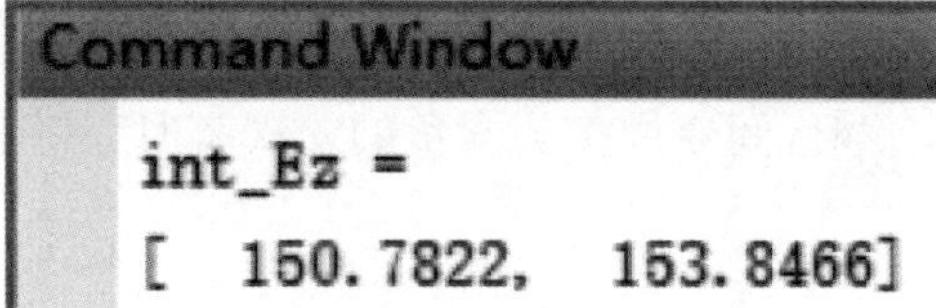

b)路基顶面容许竖向压应变的区间结果

图 11-4　区间结果

第四节　区间运算的点运算简化计算

一、基于点运算法则的区间计算方法

在数学领域中,区间分析理论及其衍生的计算工具(如 INTLAB)已经发展得比较成熟了,并且被许多区间计算开发人员的应用与推广。但在工程领域中,区间分析理论的推广不同于点数值的直接代入计算,其在计算过程中不仅需要结合工程领域的实际情况,对部分区间算法规则作出相应的调整,还需要考虑普通从业人员对区间计算工具的应用能力。基于此,有必要获取一种利用简易工具即可计算区间结果的方法。

以本章的研究内容为基础,实现点数值计算代替区间计算的数学条件为:区间变量范围为正值,考虑的数学运算关系仅包含点数值与区间变量或区间变量之间的加、减、乘、除及区间变量与常数的幂计算。分析区间的四则运算法则易知,区间加法运算易于减法运算,而区间除法运算本质上是一种区间乘法运算的转换形式。因此,为了简化点运算计算区间公式的分析过程,提出仅用加法和乘法的二则运算来实现区间的简化计算。基于以上分析思路,归纳出使用 Excel 点数值计算代替 INTLAB 区间计算的简化原则如下。

(1)当区间计算公式中不存在区间扩展的情况时,即不存在区间变量的相互减法或除法。

①若区间计算公式中没有区间变量作减数或除数时,则可同时取所有区间变量的下端点值代入点数值运算公式中,计算出区间结果的一个端点值;同时取所有区间变量的上端点值代入点数值运算公式中,计算出区间结果的另一个端点值,比较两个端点值的大小,表示为区间形式即为该计算公式的区间结果。

例如:令 $a=3$、$b=[2,4]$、$c=[4,7]$,则 $a+b$ 和 $b+c$ 在 Excel 中实现区间运算结果的过程如图 11-5 所示。

	区间下端点值	区间上端点值	数值/区间结
a	3	3	3
b	2	4	[2, 4]
c	4	7	[4, 7]
$a+b$	5	7	[5, 7]
$b+c$	6	11	[6, 11]

图 11-5　Excel 计算区间结果

②若区间计算公式中含有区间变量作减数或除数时,则首先需要对该区间变量作出以下的形式变换:

设 $X=[\underline{X},\overline{X}]\in IR$,$0<a$ 且 $a\in R$:

当区间变量 X 为常数 a 的减数时,其用于点数值计算的形式变换为:

$$a-[\underline{X},\overline{X}]=a+[-\overline{X},-\underline{X}] \tag{11-48}$$

当区间变量 X 为常数 a 的除数时,其用于点数值计算的形式变换为:

$$\frac{a}{[\underline{X},\overline{X}]}=a\times\left[\frac{1}{\overline{X}},\frac{1}{\underline{X}}\right] \tag{11-49}$$

当区间变量 X 为含负的 a 次幂时,其用于点数值计算的形式变换为:

$$[\underline{X},\overline{X}]^{-a}=\left[\frac{1}{\overline{X}},\frac{1}{\underline{X}}\right]^{a} \tag{11-50}$$

将区间变量进行形式变换后,再按照上一步①中的步骤进行计算即可。

例如:令 $a=3$、$b=[2,4]$、$c=[3,5]^{-2}$,则 $a-b$、a/b 和 $b+c$ 在 Excel 中实现区间运算结果的过程如图 11-6 所示。

(2)当区间计算公式中存在区间扩展的情况时,即区间变量存在相互减法或除法时,首先应结合实际工程情况评估该区间扩展结果是否符合工程应用要求。

①当区间扩展结果符合工程要求时,可对该区间计算公式中存在区间扩展的部分作出以下的形式变换:

设 $X=[\underline{X},\overline{X}]$,$Y=[\underline{Y},\overline{Y}]\in IR$:

当求解的区间扩展计算式为 $X-Y$ 时,其形式变换为:

$$X-Y=[\underline{X},\overline{X}]-[\overline{Y},\underline{Y}]=[\underline{X},\overline{X}]+[-\overline{Y},-\underline{Y}] \tag{11-51}$$

当求解区间扩展计算式为 $\frac{X}{Y}$ 时,其形式变换为:

$$\frac{X}{Y}=\frac{[\underline{X},\overline{X}]}{[\underline{Y},\overline{Y}]}=[\underline{X},\overline{X}]\times\left[\frac{1}{\overline{Y}},\frac{1}{\underline{Y}}\right] \tag{11-52}$$

根据以上方法实现了区间变量的调整后即可按照本简化原则中的方法计算区间结果的两个端点值。

例如:令 $a=[2,4]$、$b=[3,7]$,则 $a-b$ 和 a/b 在 Excel 中实现区间运算结果的过程如图 11-7所示。

	区间下端点值	区间上端点值	数值/区间结果
a	3	3	3
b	2	4	[2, 4]
c	—	—	$[3, 5]^{-2}$
−*b*	−4	−2	[−4, −2]
1/*b*	1/4	1/2	[1/4, 1/2]
c″	1/25	1/9	[1/25, 1/9]
a+(−*b*)	−1	1	[−1, 1]
*a**(1/*b*)	3/4	3/2	[3/4, 3/2]
b+*c*″	51/25	37/9	[51/25, 37/9]

图 11-6 Excel 计算区间结果

	区间下端点值	区间上端点值	区间结果
a	2	4	[2, 4]
b	3	7	[3, 7]
−*b*	−7	−3	[−5, −3]
1/*b*	1/7	1/3	[1/5, 1/3]
a+(−*b*)	−5	1	[−5, 1]
*a**(1/*b*)	2/7	4/3	[2/7, 4/3]

图 11-7 Excel 计算区间结果

②当区间扩展结果不符合工程的应用要求时，则需要调整发生区间扩展公式的计算规则。借鉴该部分 INTLAB 的调整方法，此时可按照区间计算公式中不存在区间扩展的情况处理。即在不对计算公式中存在区间扩展的部分作出任何调整的前提下，按照本简化原则①中的方法计算区间结果的两个端点值，并比较大小后给出区间结果。

例如：令 $a=[2,4]$、$b=[3,7]$，若 $a-b$ 和 a/b 的扩展区间结果经验证不符合工程的应用要求时，则该运算在 Excel 中的过程如图 11-8 所示。

	区间下端点值	区间上端点值	区间结果
a	2	4	[2, 4]
b	3	7	[3, 7]
a−*b*	−1	−3	[−3, −1]
a/*b*	2/3	4/7	[4/7, 2/3]

图 11-8　Excel 计算区间结果

二、基于 Excel 的永久变形量和竖向压应变区间的计算

根据已归纳出的区间点运算简化原则，沥青混合料层永久变形量与路基顶面容许竖向压应变区间计算过程如下。

（1）区间公式（11-43）中不存在区间扩展的情况，可按照简化原则的第 1 条第①点计算，如：

$$\underline{N_1}=\underline{AADTT}\times DDF\times LDF\times\sum_{m=2}^{11}(VCDF_m\times EALF_m)=17190(\text{次})$$

$$\overline{N_1}=\overline{AADTT}\times DDF\times LDF\times\sum_{m=2}^{11}(VCDF_m\times EALF_m)=17539(\text{次})$$

（2）区间公式（11-44）中存在区间扩展且所得区间结果不符合工程要求的应用范围，则根据简化原则的第 2 条第②点计算，如：

区间变量形式变换公式为：

$$[\underline{N_e},\overline{N_e}]=365\times[\underline{N_1},\overline{N_1}]\{(1+[\underline{\gamma},\overline{\gamma}])^t-1\}\times\left[\frac{1}{\overline{\gamma}},\frac{1}{\underline{\gamma}}\right]$$

$$\underline{N_e}=365\times\underline{N_1}\times((1+\underline{\gamma})^t-1)\times\frac{1}{\underline{\gamma}}=135392823(\text{次})$$

$$\overline{N_e}=365\times\overline{N_1}\times((1+\overline{\gamma})^t-1)\times\frac{1}{\overline{\gamma}}=149005923(\text{次})$$

（3）区间公式（11-45）中既不存在区间扩展情况，也没有区间形式变换的要求，故按照简化原则第 1 条第①点计算：

$$\underline{R_{ai}}=2.31\times10^{-8}\times k_{Ri}\times T_{pef}^{2.93}\times p_i^{1.80}\times\underline{N_e}^{0.48}\times(h_i/h_0)\times\underline{R_{0i}}=0.1869(\text{mm})$$

$$\overline{R_{ai}}=2.31\times10^{-8}\times k_{Ri}\times T_{pef}^{2.93}\times p_i^{1.80}\times\overline{N_e}^{0.48}\times(h_i/h_0)\times\overline{R_{0i}}=0.1969(\text{mm})$$

（4）区间公式（11-46）中的区间变量存在负的常数次幂，需要对区间变量作相应的形式变换，故按照简化原则的第 1 条第（2）点计算：

$$[\underline{\varepsilon_z},\overline{\varepsilon_z}]=1.25\times10^{4-0.1\beta}\left(\left[\frac{1}{k_{T3}\times\overline{N_e}},\frac{1}{k_{T3}\times\underline{N_e}}\right]\right)^{0.21}$$

$$\underline{\varepsilon_z}=1.25\times10^{4-0.1\beta}\times\left(\frac{1}{k_{T3}\times\overline{N_e}}\right)^{0.21}=150.4354(\times10^{-6})$$

$$\overline{\varepsilon_z}=1.25\times10^{4-0.1\beta}\times\left(\frac{1}{k_{T3}\times\underline{N_e}}\right)^{0.21}=153.4927(\times10^{-6})$$

根据以上计算步骤,在 Excel 中实现的沥青路面设计指标区间计算过程,结果如图 11-9 所示。

区间参数			点数值参数		
2轮6轴及以上车辆的双向年平均日交通量*AADTT*区间(辆/天)	[6605,6739]		方向系数*DDF*	0.55	
			车道系数*LDF*	0.7	
交通量平均增长率*r*区间(%)	[5,6]		设计年限*t*(年)	15	
加载2520次车辙试验永久变形量区间R_{01}(mm)	[0.626,0.630]		$\sum_{m=2}^{11}(VCDF_m\times EALF_m)$	6.76	
计算初始年设计车道日平均当量轴次区间					
			下端点值	上端点值	
2轮6轴及以上车辆的双向年平均日交通量*AADTT*(辆/d)			6605	6739	
当量设计轴载累计作用次数N_1(次/d)			17190	17539	
区间结果(次/d)			[17190,17539]		
计算设计年限内设计车道的当量轴次区间			计算沥青混合料层永久变形量区间		
	下端点值	上端点值	综合修正系数*kRi*	0.9475	
交通量平均增长率*r*	0.05	0.06	第1层顶面竖向压应力p_1(MPa)	0.7	
交通量平均增长率形式变换1/*r*	20	16.67	永久变形等下温度T_{pef}(℃)	23.8	
当量设计轴载累计作用次数*Ne*(次)	135392823	149005923	第1分层厚度h_1(mm)	15	
区间结果(×10⁸次)	[1.3539,1.4901]		车辙试件的厚度h_0(mm)	50	
计算路基顶面容许竖向压应变区间				下端点值	上端点值
目标可靠度*B*	1.64		车辙试验永久变形量R_{01}(mm)	0.626	0.630
温度调整系数kT_3	1.52		混合料层永久变形量R_{a1}(mm)	0.1869	0.1969
当量设计累计轴次形式变换1/(k_{T3}*Ne)	4.415E-09	4.8592E-09			
路基顶面容许竖向压应变E_z(×10⁻⁶)	150.7822	153.8466	区间结果(mm)	[0.1869,0.1969]	
区间结果(×10⁻⁶)	[150.7822,153.8466]				

图 11-9　Excel 点数值计算路面设计指标区间的过程与结果

将利用 INTLAB 与 Excel 计算的区间结果汇总,见表 11-2。

不同计算方式下沥青路面设计指标的区间结果　　表 11-2

计算指标	计算方式	
	INTLAB 计算的区间结果	Excel 点数值计算的区间结果
初始年设计车道日平均当量轴次区间(次/d)	[17190,17539]	[17190,17539]
设计年限设计车道当量轴次数区间($\times10^8$ 次)	[1.3539,1.4901]	[1.3539,1.4901]
混合料第 1 分层永久变形量区间(mm)	[0.1868,0.1970]	[0.1869,0.1969]
路基顶面容许竖向压应变区间($\times10^{-6}$)	[150.7822,153.8466]	[150.7822,153.8466]

由表 11-2 对比可知,忽略计算工具有效位数保留精度累计计算的传递误差,可以得出沥青路面设计指标基于 Excel 点数值计算的区间结果与 INTLAB 区间计算的结果完全一致。

区间计算结果如何使用于设计、施工及质量控制中，是一个需要进一步深入研究的问题。根据表 11-2，举例来说，若初始年设计车道日平均当量轴次区间值[17190，17539]次/d 为符合某种概率分布规律下具有 95% 的置信区间，则可根据概率论中随机变量函数的概率分布计算理论，依据式(11-45)、式(11-46)求得沥青混合料永久变形量和路基顶面容许竖向压应变的概率分布密度函数，再取其 95% 置信区间的下置信界限值，作为设计控制指标。

附录　沥青路面设计指标区间的 INTLAB 计算程序

```
clc,clear,closeall
1.输入区间变量及点参数
int_AADTT = infsup(6605,6739);        % 输入交通平均增长率区间
DDF = 0.55;                           % 方向系数
LDF = 0.7;                            % 车道系数
VE = 6.76;                            % m 类车辆类型分布系数与当量设计轴载换算
                                        系数的乘积累加之和
int_r = infsup(0.05,0.06);            % 年平均交通量增长率区间
t = 15;                               % 设计使用年限
2.计算当量设计轴载累计作用次数区间
int_N1 = int_AADTT * DDF * LDF * VE
3.计算设计年限内设计车道的当量轴次区间
Ne = 365 * int_N1 * ((1 + int_r)^t - 1)/int_r%(发生扩展)
4.消除区间扩展算法
N11 = inf(int_N1);                    % 提取当量设计累计轴次下端点值
N12 = sup(int_N1);                    % 提取当量设计累计轴次上端点值
r1 = inf(int_r);                      % 提取年平均交通量增长率下端点值
r2 = sup(int_r);                      % 提取年平均交通量增长率上端点值
Ne1 = 365 * N11 * ((1 + r1)^t - 1)/r1; % 计算设计年限内设计车道的当量轴次区间下
                                         端点值
Ne2 = 365 * N12 * ((1 + r2)^t - 1)/r2; % 计算设计年限内设计车道的当量轴次区间上
                                         端点值
int_Ne = infsup(Ne1,Ne2)              % 输出设计年限内设计车道的当量轴次区间
5.计算沥青混合料永久变形量的区间
Kr1 = 0.9475;                         % 输入综合修正系数
p1 = 0.7;                             % 输入顶面竖向压应力
Tpef = 23.8;                          % 输入永久变形等下温度
h1 = 15;                              % 输入第一层厚度
```

```
h0 = 50;                                   % 输入车辙试验的板厚
int_R01 = infsup(0.626,0.630);             % 输入加载 2520 次的车辙变形量区间
int_Ra1 = 2.31 * 10^-8 * Kr1 * Tpef^2.93 * p1^1.8 * int_Ne^0.48 * (h1/h0) * int_R01
```

6. 计算路基顶面竖向压应变区间

```
B = 1.64;                                  % 输入目标可靠度
KT3 = 1.52;                                % 输入温度调整系数
int_Ez = infsup(1.25 * 10^(4 - 0.1 * B) * (KT3 * int_Ne)^( -0.21))
```

参考文献

[1] 费业泰.误差理论与数据处理[M].北京:机械工业出版社,1987.

[2] 费业泰.误差理论与数据处理[M].7版.北京:机械工业出版社,2015.

[3] 沙定国.实用误差理论与数据处理[M].北京:北京理工大学出版社,1993.

[4] 沙定国.误差分析与测量不确定度评定[M].北京:中国计量出版社,2003.

[5] 李金海.误差理论与测量不确定度评定[M].北京:中国计量出版社,2003.

[6] 倪育才.实用测量不确定度评定[M].北京:中国质检出版社,2016.

[7] 唐利民,郑健龙.区间分析岩土工程理论与方法[M].北京:科学出版社,2017.

[8] 中华人民共和国国家质量监督检验检疫总局,中国国家标准化管理委员会.测量不确定度评定和表示:GB/T 27418—2017[S].北京:中国标准出版社,2017.

[9] 中华人民共和国建设部.岩土工程勘察规范(2009版):GB 50021—2001[S].北京:中国建筑工业出版社,2009.

[10] 中华人民共和国交通运输部.公路路基设计规范:JTG D30—2015[S].北京:人民交通出版社股份有限公司,2015.

[11] 中华人民共和国交通运输部.公路沥青路面设计规范:JTG D50—2017[S].北京:人民交通出版社股份有限公司,2017.

[12] 中华人民共和国交通运输部.公路水泥混凝土路面设计规范:JTG D40—2011[S].北京:人民交通出版社,2011.

[13] 中华人民共和国交通部.公路土工试验规程:JTG 3430—2020[S].北京:人民交通出版社,2020.

[14] 中华人民共和国交通部.公路工程集料试验规程:JTG E42—2005[S].北京:人民交通出版社,2005.

[15] 中华人民共和国交通部.公路工程无机结合料稳定材料试验规程:JTJ 057—1994[S].北京:人民交通出版社,1994.

[16] 中华人民共和国交通部.公路工程沥青及沥青混凝土试验规程:JTJ 052—2000[S].北京:人民交通出版社,2000.

[17] 中华人民共和国交通部.公路水泥及水泥混凝土试验规程:JTG E30—2005[S].北京:人民交通出版社,2005.

[18] 中华人民共和国交通部.公路工程岩石试验规程:JTG E41—2005[S].北京:人民交通出版社,2005.

[19] 中华人民共和国建设部.回弹法检测混凝土抗压强度技术规程:JGT/T 23—2001[S].北京:建筑工业出版社,2001.

[20] 中华人民共和国国家质量监督检验检疫总局.金属材料 室温拉伸试验方法:GB/T 228—2002[S].北京:中国标准出版社,2002.

[21] 中华人民共和国交通运输部.公路路基路面现场测试规程:JTG 3450—2019[S].北京:人民交通出版社股份有限公司,2019.

[22] 中华人民共和国交通部.公路工程质量检验评定标准　第一册　土建工程:JTG F80-1—2004[S].北京:人民交通出版社,2004.

[23] Tang, L. M., Xiao,Y., Xie, J. W., Fatigue Cracking Checking of Cement Stabilized Macadam Based on Measurement Uncertainty and Interval Analysis[J]. Construction & Building Materials, 2020,(250):1-15.

[24] Tang, L. M., Xiao D. Y., Monthly Attenuation Prediction for Asphalt Pavement Performance by Using GM (1,1) Model[J]. Advances in Civil Engineering, 2019(2):1-11.

[25] 唐利民.基于区间分析理论的变形监测数据处理方法[J].公路交通科技,2019,36(02):61-66.

[26] Xie, J. W., Tang, L. M., Lv, S. T., etc. Standardization of Fatigue Characteristics of Cement-Treated Aggregate Base Materials under Different Stress States[J]. Applied Sciences-Basel, 2018,8(9):1500.

[27] 王雷,唐利民.基于区间参数的路基回弹模量计算方法[J].中外公路,2018,38(01):15-20.

[28] 唐利民,郑健龙.基于区间适定和区间不适定性理论的参数反演方法[J].土木工程学报,2016,49(11):91-96.

[29] 唐利民,郑健龙.邓肯-张模型参数反演的两种不适定问题[J].地震工程学报,2015,37(S1):1-6.

[30] 唐利民.GM(1,1)病态问题求解的调整计量单位法[J].武汉大学学报(信息科学版),2014,39(9):1038-1042.

[31] 唐利民,郑健龙.一种非饱和膨胀土抗剪强度区间本构模型的构建及计算方法[J].中国,ZL201510051980.2[P].2018-1-16.

[32] Moore R E. Interval Arithmetic and Automatic Error Analysis in Digital Computing[R]. California: Stanford University, 1962.

[33] Moore R E, Kearfott R B, Cloud M J. Introduction to Interval Analysis[R]. Society for Industrial and Applied Mathematics, 2009.